西部民族地区城市化过程中农民土地权益的法律保障研究

宋才发 等著

人民出版社

责任编辑:陈寒节
责任校对:湖 催

图书在版编目(CIP)数据

西部民族地区城市化过程中农民土地权益的法律保障研究/
宋才发 等著
　—北京:人民出版社,2009.1
　ISBN 978 - 7 - 01 - 007242 - 5

　Ⅰ.西…　Ⅱ.宋…　Ⅲ.民族地区 - 农业 - 土地法 - 研究 -
中国　Ⅳ.D922.324

中国版本图书馆 CIP 数据核(2008)第 129773 号

西部民族地区城市化过程中农民土地权益的法律保障研究
XIBU MINZU DIQU CHENGSHIHUA GUOCHENGZHONG
NONGMIN TUDI QUANYI DE FALU BAOZHANG YANJIU

宋才发 等著

人民出版社 出版发行
(100706　北京朝阳门内大街 166 号)

北京新魏印刷厂印刷　新华书店经销

2009 年 1 月第 1 版　2009 年 1 月北京第 1 次印刷
开本:710 毫米×1000 毫米　1/16　印张:23.00
字数:352 千字　印数:1 - 2500 册

ISBN 978 - 7 - 01 - 007242 - 5　定价:45.00 元

邮购地址:100706　北京朝阳门内大街 166 号
人民东方图书销售中心　电话:(010)65250042　65289539

目　录

绪　论

　　本项目是项目负责人在主持国家"985 工程"二期建设重点立项项目研究之后,新获得的一项国家司法部研究课题。要完整地实现我国的社会主义现代化,就必须使包括西部民族地区在内的广大农村都走上城市化的发展道路。《中华人民共和国国民经济和社会发展第十一个五年规划纲要》提出了我国城市化发展的战略目标:"坚持大中小城市和小城镇协调发展,提高城镇综合承载能力,按照循序渐进、节约土地、集约发展、合理布局的原则,积极稳妥地推进城镇化,逐步改变城乡二元结构。"①要鼓励农村人口进入中小城市和小城镇定居,特大城市要从调整产业结构的源头入手,形成用经济办法等控制人口过快增长的机制。随着农村城市化进程的加快,我国近十多年来城市(城镇)建设占用耕地和粗放利用土地的情况相当严重,切实保护失地农民的土地权益是实现农村城市化、现代化目标的制度基础。

一、城市化是中国农村实现现代化的必由之路

　　城市和乡村是两种不同的生产生活方式,它们代表着两种完全不同的社会文化类型。城市化意味着经济形态由农村生产生活方式向城市生产生活方式的嬗变与发展。我国城市化的发展方向和实质,就是要把庞大的农村人口逐步转移到城市,这也是当代农民追求和分享改革开放的积极成果和现代文明的迫切愿望。我国现有城市的承载能力还无法接纳如此众多的农村人口,

---

　　① 《中华人民共和国国民经济和社会发展第十一个五年规划纲要》,《国务院公报》2006 年第 12 期,第 31 页。

因而推进城市化、促进现代化的关键在于,既要消除农民进城的各种制度性障碍,又要加强社会主义新农村建设,走城乡协调发展的和谐社会之路。我国城市化的发展绝不能以牺牲农村和农民的切身利益和长远利益为代价,不能出现西方国家城市化过程中曾经出现过的城镇繁荣而农村败落的局面。作为社会主义国家和后现代化国家,我们应当把体系化城市发展战略作为我国的城市化战略,要在又好又快地发展大城市、特大型城市、区域性大城市的同时,特别注重中小城市又好又快地健康发展。既要发展城市(城镇)、建设城市(城镇)、繁荣城市(城镇),又要发展农村、建设农村、繁荣农村,只有实现城乡共同发展和相互协调,才能真实高效地实现我国城市化、现代化的战略目标。

小城镇在我国城市化发展进程中占有十分重要的地位。早在20世纪50年代,我国政府就提出了"控制大城市,发展小城市"的积极主张。1982年的全国城市规划会议更加明确地提出了"控制大城市规模,合理发展中等城市,积极发展小城镇"的方针。我国在一定时期内加快小城镇的发展步伐,对于农业、工业、第三产业和乡镇企业的发展确实起了重要的支撑和促进作用。小城镇在区位空间上接近农村地区,城镇居民与农民有着天然的盟友联系。发展小城镇可以把城乡两个市场很好地结合和利用起来,让更多的农村人口就地城市化,这不仅有利于节约土地,而且有利于城乡之间生产要素的自由流动。1989年12月26日,由第七届全国人民代表大会常务委员会第十一次会议通过的《中华人民共和国城市规划法》第4条规定:"国家实行严格控制大城市规模、合理发展中等城市和小城市的方针,促进生产力和人口的合理布局。大城市是指市区和近郊区非农业人口五十万以上的城市。中等城市是指市区和近郊区非农业人口二十万以上、不满五十万的城市。小城市是指市区和近郊区非农业人口不满二十万的城市。"①20世纪90年代以来,随着经济全球化发展趋势的紧迫和可持续发展的要求,国家对城市发展的方针又作了进一步的充实和完善。在《21世纪议程》中提出,要适当控制大城市人口增长过

---

① 《中华人民共和国城市规划法》,《中华人民共和国常用法律大全》,法律出版社2006年版,第854页。

快的势头,发展大城市的卫星城市;积极、适当的发展中小城市,大力发展小城镇,同时进行完善城市基础设施建设和组织城乡结合开发。2006 年 3 月 14日第十届全国人民代表大会第四次会议通过的《中华人民共和国国民经济和社会发展第十一个五年规划纲要》,又进一步地提出了"合理的城镇化空间格局"方案:"已形成城市群发展格局的京津冀、长江三角洲和珠江三角洲等区域,要继续发挥带动和辐射作用,加强城市群内各城市的分工协作和优势互补,增强城市群的整体竞争力。具备城市发展条件的区域,要加强统筹规划,以特大城市和大城市为龙头,发挥中心城市作用,形成若干用地少、就业多、要素集聚能力强、人口分布合理的新城市群。人口分散、资源条件较差、不具备城市群发展条件的区域,要重点发展现有城市、县城及有条件的建制镇,成为本地区集聚经济、人口和提供公共服务的中心。"①在我国现阶段就是要积极实施以工促农、以城带乡,工业反哺农业、城市支持农村,以城市推进城乡协调发展,走和谐社会发展之路。这正是我国西部民族地区现阶段城市化发展必须遵循的新方针和新准则。

必须合理地确定我国城市化的发展规模。城市(城镇)规模过大,易于导致人口拥挤、交通堵塞、环境污染、社会治安差等"城市病"的发生。但是,如果城镇达不到或者根本就没有一定的发展规模,又会造成重复投资、重复建设、公用设施利用率低、公共资源浪费等问题。因此,适度控制城镇发展规模对于城市化健康发展是至关重要的。改革开放以来,我国城市化经历了一个较快增长的历史过程。据统计资料显示,1978—1999 年总人口以每年 1.29%的速度增长,相应的城市增长率却是 3.79%,几乎是前者 3 倍。1978—2004年间城市化水平增加了 23.84 个百分点,近几年城市化水平一直以年均 1 个多百分点的速度增长。城市化水平每提高 1 个百分点,新增加的城市(城镇)人口就约有 1500 万,也就是说我国平均每年都有超过 1000 万的农村人口被城市化。我国已经初步形成了一个庞大的城镇体系。譬如,1980 年全国只有

① 《中华人民共和国国民经济和社会发展第十一个五年规划纲要》,《国务院公报》2006 年第 12期,第 32 页。

223 座城市,其中,15 座城市人口超过 100 万。到 1999 年就发展到 667 座城市,其中,37 座城市人口超过 100 万。同期建制镇由 3200 个增加到 1.8 万个,增长了 4.6 倍。到 2003 年全国有 174 座城市人口超过 100 万;同期建制镇也增加到 20226 个,比 1978 年的 2173 个增长了 9.3 倍。但是,我国的城镇化尤其是小城镇发展,在规模与地域分布上仍然存在着许多亟待改进的问题:(1)小城镇数量多,规模布局不合理。据统计,在我国 5 万多个小城镇(其中,1.8 万个建制镇和 4 万多个乡政府所在地及部分农村集镇)中,有相当一部分镇区面积不足 1 平方公里,人口不到 1 万人。(2)小城市比例过大,规模分散,集中度较低。1978—1999 年我国增加了 472 个建制市,其中,人口在 30 万的中小城市占新建制市的 75.84%;人口在 30 万以下的中小城市占建制市的比重从 1978 年的 62.83% 上升到 1999 年的 72.01%,而人口在 10 万以下的小城市所占比重则从 1978 年的 15.18% 一度上升到 27.56%,至今仍然高于 1978 年的水平[1]。这些数据仅仅是对建制市的统计,事实上我国的小城市还包括大量不属于建制市的县城甚至行政级别更低的镇。(3)小城镇对农村的辐射面和力度有限,对农村产业带动力不足。(4)小城镇人均占地数量大,人地矛盾进一步加剧。(5)小城镇环境污染仍然相当严重,集中治理难度较大。选择和确定一个合适的城镇发展规模,关键在于正确的统筹人地关系,充分发挥人力资源、土地资源的最大效益。人多地少是我国的基本国情,是形成城镇化发展科学决策的根本依据,也是选择和确定合适的城镇发展规模的根本依据。小城镇在城市化进程中的作用是不能低估的,但是又不能忽视小城镇本身的局限性,不能把大力发展小城镇作为我国城市化的发展目标和主要途径,发展小城镇只能是城市化的辅助方式[2]。

城市化水平是衡量一个国家或者地区经济社会发展水平的重要标志。尽管自 1978 年以来城镇化率在不断上升,但我国仍然是一个低城市化水平和城

---

[1] 董大敏:《城市化战略中的城镇规模问题研究》,《云南社会科学》2005 年第 4 期,第 79—80 页。

[2] 宋才发:《西部民族地区城市化过程中农民土地权益的法律保障问题研究》,《黑龙江民族丛刊》2006 年第 4 期,第 7—18 页。

镇化水平滞后的国家。我国城市化水平低主要是由如下几个因素决定的：
(1)城市化落后于工业化。城市(城镇)化是随着工业化而发生的经济和人口
分布重心向城市转移,城市数量和城市人口迅速增加,城市在国家经济和社会
生活中的作用不断增强的过程。然而我国的城镇化率与工业化率却由1949
年的1.93个百分点拉大到1978年的26.38个百分点,年均落后0.8431个百
分点。改革开放以后呈现缩小的态势,即由1978年的26.38个百分点缩小到
2002年的5.81个百分点,年均落后0.857个百分点。据世界银行《2000/
2001年世界发展报告》显示,目前我国城市人口占总人口32%,远远低于中等
国家城市人口比重为43%的平均值,离发达国家75%的城市化水平相差更
远。(2)城市化落后于非农化。"非农化"是指农村剩余劳动力不断地由农业
转向其他产业的一种社会经济过程,是工业化、城市化和农业现代化的集中概
括,非农化是城市化发展的关键环节。1952年我国城镇化滞后于非农业人口
的比重为4.04个百分点,到1978年扩大到11.58个百分点,年均滞后0.29
个百分点。改革开放以来,我国城市化与非农业人口比重差距继续扩大,即由
1978年的11.58%扩大为2001年的12.34%,年均扩大0.033个百分点。
(3)城市化落后于经济GNP/GDP发展水平。我国城市化水平落后于本国工
业化水平和人均GDP增长幅度,1997年城市化率为29.92%,工业化率(指在
GDP中的比重)为43.5%,二者之比仅为0.69,远远低于1.4-2.5的合理范
围。从国际比较角度看,根据世界银行的统计资料显示,1992年、1995年、
1997年,我国城镇化水平比世界平均水平分别低15、12.5、11个百分点。(4)
与国际比较我国处于低收入国家水平。譬如,1980年我国的城市化水平仅接
近20%,与印度尼西亚的22%相当,远远低于世界平均水平。1999年我国的
城市化水平上升到32%左右,仍处于低收入国家平均水平(31%)的行列。
1980年我国人口超过100万的城市人口集中度为8%,低于世界平均水平但
略高于低收入国家平均7%的水平。1995年我国人口超过100万的城市人口
集中度为11%,低于世界平均水平,处于低收入国家平均水平7%的行列①。

---

① 参见姜爱林:《加速发展阶段的中国城镇化》,《天府新论》2004年第6期,第43页。

我国城市化目前正处于难得的快速发展期。城市化是工业化的必然结果,城市是市场中心、信息中心、科技中心和产业集聚地。我国的城市化标准起码包括如下4个方面转换的内容:(1)农业人口向非农业人口转换;(2)农业用地向非农业用地转换;(3)经济投入和产出由农业向非农产业转换;(4)由农村生活方式向城市生活方式转换。我国的国情决定了城市化的发展进程必须把握节奏、循序渐进、稳步推进。加快我国城市化进程的重点和难点在农村,尤其是在西部民族地区。然而伴随着西部大开发战略的成功实施,西部少数民族地区的城镇化发展在提速,这就预示着我国城市化已进入快速发展的阶段①。根据全国第五次人口普查的统计结果,到2000年底西部地区的云南省共有人口4240.8万人,城镇人口990.6万人,城镇化水平达到23.36%("八五"末为18.73%);"十五"云南省城镇化水平进入了快速发展阶段,城镇化水平达到26%左右,城镇体系进一步合理,城镇功能日趋完善②。另据有关部门统计资料显示,我国城市化水平已经由1978年的18%提高到2004年的41.8%;城市人口增长率已经达到2.5%,预计2004—2020年间将有3亿人由农村迁移到城镇③。"十一五"期间及本世纪的头20年,是我国城市化及各项事业发展的重要战略机遇期。据估计到2010年,我国将有50%的人口居住在城镇中,我国将正式迈入城市化国家。到2020年这一数字将增长到60%左右,快速增长过程还将持续30年左右。国家建设部负责人曾表示,速度已经不是我国城市化的主要问题,关键是要面对和解决因为增长所带来的具体问题。如城乡差距的进一步拉大问题,由此而来的环境保护问题,失业农民保障等社会问题,地方政府债务危机日益严重以及交通压力等问题。判断城市化是否健康顺利发展起码有三个要素:(1)能否尊重自然环境、保护能源资源;(2)能否既尊重当地历史和文化,又能够创造新的文化氛围;(3)能否尊

---

① 参见宋才发等著:《民族地区城镇化建设及其法律保障研究》导论,中央民族大学出版社2006年版,第11—13页。
② 韦承二:《加快城镇化进程,促进民族地区小康社会建设》,《黑龙江民族丛刊》2005年第4期,第53页。
③ 石磊:《如何克服我国城市化进程中的"逆淘汰"现象》,《光明日报》2005年7月20日,第11版。

重当地的低收入阶层①。《中华人民共和国国民经济和社会发展第十一个五年规划纲要》明确提出:"规划城市规模与布局,要符合当地水土资源、环境容量、地质构造等自然承载力,并与当地经济发展、就业空间、基础设施和公共服务供给能力相适应。""加快破除城乡分割的体制障碍,建立健全与城镇化健康发展相适应的财税、征地、行政管理和公共服务等制度。完善行政区划设置和管理模式。改革城乡分割的就业管理制度,深化户籍制度改革,逐步建立城乡统一的人口登记制度。"②没有大城市就没有经济和科技发展的龙头,没有中小城市就没有城镇体系的骨干,没有小城镇就没有连接城乡、协调发展的纽带,大中小城市和小城镇在我国现代化建设和城市化发展中各自占有极其重要的地位和作用。

二、土地权益缺失是导致失地农民利益受损的根本原因

保护耕地是我国的基本国策。土地资源是民生之本、发展之基,是人类活动最重要的物质资源,是一切财富之母。国土资源部发布2006年度全国土地利用变更的调查报告显示,截止2006年12月31日,全国耕地面积为18.27亿亩,比2005年末净减少460.2万亩。2006年全国共减少耕地1011.0万亩;全国现有人均耕地面积1.39亩。根据"十一五"规划纲要,到2010年末全国耕地面积必须守住不低于18亿亩这根红线。这就意味着在"十一五"期间,我国年均净减少耕地面积不能超过650万亩③。为加强对土地的科学管理,保护、开发土地资源,合理利用土地资源并切实保护耕地,促进社会经济的可持续发展,根据《中华人民共和国宪法》(以下简称《宪法》)的规定,我国于1986年6月25日制定了《中华人民共和国土地管理法》(以下简称《土地管理法》),1988年、1998年、2004年又分别进行了修订和修正。现行《土地管理法》第2条规定:中华人民共和国实行土地的社会主义公有制,即全民所有制

---

① 赵何娟:《城镇化进程关键不是速度》,《中国文化报》2006年11月28日,第4版。
② 《中华人民共和国国民经济和社会发展第十一个五年规划纲要》,《国务院公报》2006年第12期,第32页。
③ 记者夏珺:《我国耕地面积逼近18亿亩红线》,《人民日报》2007年4月13日,第1版。

和劳动群众集体所有制。"任何单位和个人不得侵占、买卖或者以其他形式非法转让土地。土地使用权可以依法转让。""国家为了公共利益的需要,可以依法对土地实行征收或者征用并给予补偿。国家依法实行国有土地有偿使用制度。"①第4条规定:"国家实行土地用途管制制度。国家编制土地利用总体规划,规定土地用途,将土地分为农用地、建设用地和未利用地。严格限制农用地转为建设用地,控制建设用地总量。前款所称农用地是指直接用于农业生产的土地,包括耕地、林地、草地、农田水利用地、养殖水面等;建设用地是指建造建筑物、构筑物的土地,包括城乡住宅和公共设施用地、工矿用地、交通水利设施用地、旅游用地、军事设施用地等;未利用地是指农用地和建设用地以外的土地。使用土地的单位和个人必须严格按照土地利用总体规划划定的用途使用土地。"②十分珍惜、合理利用土地和切实实行保护耕地是我国的基本国策。因而《中华人民共和国国民经济和社会发展第十一个五年规划纲要》指出:各级政府必须"管住总量、严控增量、盘活存量,控制农用地转为建设用地的规模。"③在西部民族地区推进城市化建设的进程中,一定要建立健全用地定额标准,推行多层标准厂房;开展农村土地整理,调整居民点布局,控制农村居民点占地,推进废弃土地复垦;控制城市大广场建设,发展节能省地型公共建筑和住宅;按照国务院的规定,到2010年实现所有城市建设禁用实心粘土砖。

　　大量农用地在城市化过程中被转变为非农建设用地。作为世界上人口最多、耕地资源相对稀缺的国家,我国人均耕地面积仅为世界平均水平的30%。20世纪90年代我国大中城市建设用地扩展速度非常快,年增长率接近4%,远远高于世界发达地区平均1.2%的城市扩张速度。城市扩张占用耕地的比

---

①　《中华人民共和国土地管理法》,《中华人民共和国常用法律大全》,法律出版社2006年版,第1310页。

②　《中华人民共和国土地管理法》,《中华人民共和国常用法律大全》,法律出版社2006年版,第1310—1311页。

③　《中华人民共和国国民经济和社会发展第十一个五年规划纲要》,《国务院公报》2006年第12期,第33页。

例大,平均达到 70% 左右,西部地区甚至高达 80.9%①。在不到世界 10% 的耕地上,承载着世界 22% 的人口,我们必须像珍惜生命一样去珍惜每一寸耕地。据权威统计资料显示,从 1996—2003 年,全国耕地从 19.51 亿亩减少到 18.51 亿亩,7 年之内净减少 1 亿亩。现在我国人均耕地面积仅有 1.43 亩,不到世界平均水平的一半②。2004 年全国耕地 12244.43 万公顷(18.37 亿亩),与 2003 年相比净减少 80.03 万公顷;2004 年全国共出让土地面积 17.87 万公顷,出让价款 5894.14 亿元。其中,招拍挂出让面积和出让款分别为 5.21 万公顷和 3253.68 亿元,分别占出让总面积和总价款的 29.2% 和 55.2%③。更为严峻的是有限的耕地资源仍在继续大量的减少。我国耕地后备资源也严重不足,60% 以上分布在水源缺乏或者水土流失、沙化、盐碱化严重的地区,通过开发补充耕地的潜力十分有限。13 亿人口的吃饭问题,始终是我国政府一件头等重要的大事。所以,温家宝总理在 2004 年 10 月 28 日"全国深化改革严格土地管理工作电视电话会议上的讲话"中痛心地指出:"推进工业化、城镇化,不可避免地要占用一些土地。但近年来乱占滥用耕地、严重浪费土地的问题,已经到了令人触目惊心的地步。一些地方不具备条件,不经批准,盲目兴建开发区。到今年 8 月,全国清理出各类开发区(园区)6866 个,规划面积 3.86 万平方公里,超过全国现有城镇建设用地总面积。一些城市建设盲目铺摊子,建宽马路、大广场,大量占用城郊良田。不少企业盲目圈占耕地,搞'花园式'厂区,厂房该建多层的却建单层,占地过多,有的企业甚至圈占上千亩、几千亩土地搞园区。一些地方为了满足投资商提出的多占土地的不合理要求,压低地价、甚至'零地价'招商。这些问题导致耕地越占越多,土地利用效率越来越低。有的地方近几年来建设用地成倍增长,占地增长速度大大高于经济增长速度。有的地方在今后几年之内,就将用完除基本农田以外的全部

---

① 刘英楠:《城市化进程蚕食耕地惊人》,《科学时报》2005 年 1 月 10 日,第 1 版。

② 温家宝:《深化土地管理制度改革 依法切实加强土地管理》,《国务院公报》2005 年第 4 期,第 5 页。

③ 数据资料来源见《经济参考报》2005 年 6 月 25 日,第 4 版。

耕地,面临无地可用的局面。照这样下去,工业化、城镇化进程将难以为继。"①按照《全国土地利用总体规划纲要》的规划,从 2000—2030 年的 30 年间,我国城市建设占用耕地将超过 5450 万亩,即是说有 5450 万亩耕地由劳动群众集体所有变为国家所有,将有更多的农民失去赖以生存和养老的土地。究其原因,农地大量流失就在于没有长效的保护农地的机制,保护农地长效机制的核心在于依法界定并保护农民的土地权益;农民土地权益的缺失是导致耕地大量流失的根本原因。

农民失去土地就等于失去了最根本的生存基础。在《中华人民共和国宪法》、《中华人民共和国土地管理法》等法律赋予农村集体经济组织和农民的土地所有权中,就已经包含着农民的生存权和发展权。农地不仅是农民与生俱来的一种长久而稳定的农业生产资料、生存保障资料,而且是一种持续稳定的发展资料,因为农民享有依法将农地耕作方式改为最佳利用方式和途径的权利。一旦失去了赖以生存的土地,对大多数失地农民及其家庭来说,就意味着失去了生存和发展的基础。在某些新建城市(城镇),失地农民成了新的贫困阶层。在有些地方,失地农民已经成为"三无人员"(种地无田、上班无岗、低保无份),甚至成为孕育社会不稳定因素的群体。据统计资料显示,目前全国失地农民约有 4000 万人,而且正在以每年超过 250 万人的速度增长。失地农民的生存发展问题,已经成为当今社会关注的焦点之一。在失地农民向非农转移的过程中,除了少数人能够利用城区发展带来的商机经商办企业之外,大多数失地农民由于文化素质和劳动技能普遍很低,在土地以外的其他工作岗位竞争中处于劣势,特别是年龄在 40 岁以上的农民,一旦失去土地就陷入失业、难于创业的困难境地。国家统计局对全国 2942 个失地农户的调查表明,这些失地农户共有 7187 名劳动力,其中,征地时安置就业 197 人,仅约占劳动力总数的 2.7%;外出务工 1784 人,约占 24.8%;经营第二、三产业 1965人,约占 27.3%;从事农业 1087 人,约占 25.2%;闲居在家 1434 人,约占

---

① 温家宝:《深化土地管理制度改革 依法切实加强土地管理》,《国务院公报》2005 年第 4 期,第 6 页。

20%①。再譬如,位于西部民族地区的贵州省六盘水市,1978 年经国务院批准正式建市,是一座能源原材料工业城市,全市国土总面积 9914 平方公里,总人口 297.5 万。自 1997 年以来,随着城市规模的不断扩大,六盘水市非农建设项目共占用农业用地 50458 亩,其中,耕地 40333 亩,非耕地 10125 亩。按照建设用地类型划分:能源建设用地 10403 亩,交通建设用地 20880 亩,水利建设用地 706 亩,城镇建设用地 11707 亩,其他用地 6760 亩。农用地转为非农建设用地共造成失地农民 93239 人。按照失地程度划分,完全失地的农民有 11770 人,失去土地大于 50% 的有 15022 人,失去土地小于 50% 的有 66447 人。调查资料表明,六盘水市建设用地拆迁安置以货币为主,辅以留地安置和其他安置。全市共拆迁安置 92465 人,96% 以上为货币安置。城镇建设用地的补偿费是按照年产值(旱地 716 元/亩,水田 760 元/亩)的 9 倍、10 倍及青苗补偿费付给农户(其中,土地补偿费的 20% 付给村集体经济组织,安置费按照年产值的 5 倍、6 倍直接付给农户),资金补偿到位率 100%。失去土地对农民的生活水平影响相当大。据抽样调查结果显示,在被调查的 84 户(313 人)失地农民中,有劳动力的为 174 人。其中,继续务农的 16 人占 9.2%,小本经商 7 人占 4.0%,外出务工 27 人占 15.5%,短期打零工 79 人占 45.4%,自救从事其他行业 11 人占 6.3%,长期赋闲在家 43 人占 24.7%。失地农民人均收入较耕地征用前提高、持平、降低的,分别占被调查总数的 23%、14% 和 63%;人均消费支出较耕地征用前提高、持平、降低的,分别占被调查总数的 78%、11% 和 11%。由于失地农民生活来源减少、收入降低,而消费支出增加,多数人的生活水平在一定程度上有所下降,失地农民半数成为当地的困难户。随着国家建设用地和城镇化发展占用农地数量的不断扩大,贵州省每年失地农民达 3—4 万人(仅六盘水市就已有失地农民约 10 万人,而且还以每年万人以上的速度上升)②。因此,推进工业化、城镇化进程,一定要统筹城乡发展,形成城市对农村的带动机制。全面建设小康社会的目标能否实现,关键取

---

① 韩俊:《聚焦失地农民》,《金色通道》2005 年第 10 期,第 48 页。
② 孟秀琴:《农民失地问题分析及对策建议》,《贵州民族学院学报》2005 年第 5 期,第 125—126 页。

决于"三农"问题解决的程度。而统筹城乡发展,改变城乡二元结构又是解决"三农"问题的根本路径选择。所以,温家宝总理曾一针见血地指出:"要统筹城乡经济社会发展,把推进工业化、城镇化和解决'三农'问题紧密结合起来。农村集体土地转为建设用地的过程,应当是农民分享工业化、城镇化成果的过程,应当有利于增加而不是损害农民利益,应当有利于缩小而不是扩大城乡差距。要合理调整土地收益分配关系,切实维护农民利益。"①

现行的征地制度和保护农民利益的法律仍滞后于经济发展的现实。我国现行的土地征用制度大多形成于计划经济时代,主要特征是政府运用行政命令手段代替市场机制,由集体土地变为国有土地的过程不是一个平等的产权交易过程,基本上是一个行政性的强制征收过程。再加上农民失去了依法保障的土地权益,低价征收、征用农民土地,是当前农民利益流失最为严重的问题。一个公认的估计是政府通过对农地的"征用制＋批租制",可以获得土地出让金的60—80%。根据陈锡文(2004年)的估算,改革开放以来在土地农转非的过程中,政府获得了2万亿元以上的收益,这个数额远远高于因长期实行"剪刀差"给农民造成的6000—8000亿元的经济损失②。现行法律规定对失地农民和集体经济组织的补偿是根据土地产值确定的,其主要依据是该土地在作为农业用地时的价值。《土地管理法》第47条规定:"征收土地的,按照被征收土地的原用途给予补偿。征收耕地的补偿费用包括土地补偿费、安置补助费以及地上附着物和青苗的补偿费。征收耕地的土地补偿费,为该耕地被征收前三年平均年产值的6—10倍。征收耕地的安置补助费,按照需要安置的农业人口数计算。需要安置的农业人口数,按照被征收的耕地数量除以征地前被征单位平均每人占有耕地的数量计算。每一个需要安置的农业人口的安置补助费标准,为该耕地被征收前三年平均年产值的4—6倍。"③这就

---

① 温家宝:《深化土地管理制度改革 依法切实加强土地管理》,《国务院公报》2005年第4期,第8—9页。

② 参见王海全:《我国农地制度改革路向的产权经济学分析》,《天府新论》2005年第6期,第38页。

③ 《中华人民共和国土地管理法》,《中华人民共和国常用法律大全》,法律出版社2006年版,第1315页。

意味着政府在给农民支付补偿的时候,只承认农民把土地作为农用地时的产值,而当土地作为非农用地以后巨大的级差地租则与农民无关。失地农民问题引发的社会矛盾不断加剧,其直接的因素就是目前的土地征用制度存在着重大缺陷。要从根本上解决失地农民的利益问题,迫切需要新的立法规范来保障农民的土地权益。众所周知,土地的家庭承包制作为一项制度创新,实行20多年来确实功不可没。但是,它并没有涉及到土地产权制度的改革,没有最大限度的满足亿万农民对土地财产权的需求;集体经济组织只有土地占有权、使用权、收益权,没有处分权,它不能够通过买卖、转让、馈赠等方式改变所有权主体和所有权性质。这就导致了农村土地产权主体事实上的不明确、所有权缺位、承包不稳定、流转权不规范、土地资源不能优化配置等弊端,严重地制约了农村生产力的进一步发展。依据现行法律规定,农村所有土地属于集体所有,农民只有承包经营权,土地的买卖、地价的确定农民基本没有发言权。政府不管是为了公共利益的国家重点工程建设,还是搞土地储备或者以营利为目的的商业开发,或者作为"以地招商"吸引外资,征地基本都是政府以"低价"向农民"强制性"的征收。农村集体经济组织非农建设用地实际上不能出租、转让和抵押,等等。因此,必须从我国社会主义市场经济发展的实际情况出发,认真总结改革开放20多年来的实践经验,修改和完善那些不适应农村城市化建设和农民致富奔小康需要的法规政策。譬如,要进一步从法律条文上明确"国家为公共利益的需要",依法对集体所有的土地实行"征收"和"征用"的具体内涵;进一步细化和完善国家征用农地的具体程序,保证在城市(城镇)建设征用农民土地的过程中,土地权利人有充分的知情权、参与权和发言权;依法允许农村集体经济组织非农建设用地直接进入土地市场流转,只要符合土地利用规划并在国家严格的土地用途管制之下,可以通过市场开发商和土地所有者进行平等的交易谈判,实现集体土地与国有土地同样用途、同等价格、同等收益的目标;依法允许和鼓励农民以租赁、参股等办法参与土地收益的二次分配,让农民真正获得长期稳定的收益。如果法规和政策继续允许政府一如既往的强行低价征用农地,继续禁止农村集体经济组织农地的市场流转,农民只能获得土地收入的利益而无土地上权利的享有,那么农民土地权益就被事实上虚拟化,立法者的善意就可能不自觉地成就了又一种事实上的不平等。也正因为如此,国务院副总理曾培炎强调对农村土地管理一定要把握好四个原则:(1)注重利用法律手段,尊重和保护农村集体土地所有权;(2)重视运用经济手段,合理调整土地收益分配关系,促进土地集约使用;要规范土地收益用途,取之于民用之于民,切实保障被征地农民的切身利益;(3)要利用必要的行政手段,加强城乡建设用地管理,严格规范农村非农用地转为城市建设用地;(4)要深化土地管理制度改革,加快实施省以下土地垂直管理,正确履行政府职能,搞好政府对土地市场的调控,加强土地规划、计划①。

三、完善城市化过程中失地农民合法权益保护的法律制度

必须依法加强土地利用总体规划、城市总体规划、村庄和集镇规划的实施管理。为了切实保护农村集体经济组织与广大失地农民的合法权益,《土地管理法》第19条规定了土地利用总体规划的编制原则:(1)严格保护基本农田,控制非农业建设占用农用地;(2)提高土地利用率;(3)统筹安排各类、各区域用地;(4)保护和改善生态环境,保障土地的可持续利用;(5)占用耕地与开发复垦地相平衡。②《国务院关于深化改革严格土地管理的决定》明确规定,只有当国家为了公共利益的需要时才能够动用征地权,任何一级政府不得利用国家的强制力去为一般营利企业牟取农民手中的土地。在土地利用总体规划和城市总体规划确定的建设用地范围外,不得设立各类开发区(园区)和城市新区(小区)。要加强土地利用计划管理,"农用地转用的年度计划实行指令性管理,跨年度结转使用计划指标必须严格规范。改用农用地转用年度计划下达和考核办法,对国家批准的能源、交通、水利、矿山、军事设施等重点建设项目用地和城、镇、村的建设用地实行分类下达,并按照定额指标、利用效益等分别考核。""凡不符合规划、没有农用地转用年度计划指标的,不得批准

---

① 曾培炎:《土地管理把握四项重要原则》,《西部时报》2004年10月13日,第2版。
② 《中华人民共和国土地管理法》,《中华人民共和国常用法律大全》,法律出版社2006年版,第1312页。

用地。""凡不符合土地利用总体规划、没有农用地转用计划指标的建设项目,不得通过项目用地预审。""要按照控制总量、合理布局、节约用地、保护耕地的原则,编制乡(镇)土地利用总体规划、村庄和集镇规划,明确小城镇和农村居民点的数量、布局和规模。鼓励农村建设用地整理,城镇建设用地增加要与农村建设用地减少相挂钩。"[①]为依法实施土地利用总体规划,控制建设用地总量,引导集约用地,切实保护耕地,保证经济社会的可持续发展,国土资源部于1999年2月24日制订了《土地利用年度计划管理办法》,2004年10月29日国土资源部第9次部务会议又作了修订。《办法》第4条规定的土地利用年度计划指标包括:(1)农用地转用计划指标。分为城镇村建设占用农用地指标和能源、交通、水利等独立选址的重点建设项目占用农地指标。(2)土地开发整理计划指标。分为土地开发补充耕地指标和土地整理复垦补充耕地指标。(3)耕地保有量计划指标。各地可以根据实际需要,在上述分类的基础上增设控制指标[②]。国土资源部《关于做好土地利用总体规划修编前期工作的意见》也指出,我国正处在工业化、城镇化加快发展的进程中,土地需求十分强烈。开展土地利用总体规划修编工作,对于保护耕地、合理利用土地意义重大。只有做好修编前期工作,才能突破传统的土地利用模式,既保证当前经济社会发展的合理土地需求,又保证对经济社会发展的可持续土地供给。规划修编工作要以节约利用土地、严格保护耕地为根本指导方针,坚决防止借规划修编名义随意扩大建设用地规模[③]。为防止政府滥用"公共目的"征地,立法还应当对政府强制性取得土地的权力进行严格的限制性规定,对征收农地的目的和范围做出严格的界定。通过立法界定土地征收过程中的"公共利益"范畴,是完善失地农民土地权益保护机制的首要问题。即使农村集体建设用地,也必须符合土地利用总体规划、村庄和集镇规划,并纳入土地利用年度计划,凡占用农用地的必须依法办理审批手续。必须依法禁止擅自通过

---

① 《国务院关于深化改革严格土地管理的决定》,《国务院公报》2004年第35期,第12—13页。
② 国土资源部:《土地利用年度计划管理办法》,《国务院公报》2005年第23期,第27页。
③ 《关于做好土地利用总体规划修编前期工作的意见》,《国务院公报》2005年第21期,第15页。

"村改居"等方式将农民集体所有的土地转为国有土地;禁止农村集体经济组织非法出让、出租集体土地用于非农业建设;禁止城镇居民在农村非法购置宅基地;禁止占用基本农田挖鱼塘、种树和其他破坏耕作层的活动;禁止以建设"现代农业园区"或者"设施农业"等名义,占用基本农田变相从事房地产开发。

必须严格执行土地管理法律法规的规定。《中共中央关于制定国民经济和社会发展第十一个五年规划的建议》指出,要"稳定并完善以家庭承包经营为基础、统分结合的双层经营体制,有条件的地方可以根据自愿、有偿的原则依法流转土地承包经营权";"坚持最严格的耕地保护制度,加快征地制度改革,健全对被征地农民的合理补偿机制。"①为此就要严格执行一系列土地管理法律法规的规定:(1)严格依照法定权限审批土地。农用地转用和土地征收的审批权在国务院和省、自治区、直辖市人民政府,各省、自治区、直辖市人民政府不得违反法律和行政法规的规定下放土地审批权;严禁规避法定审批权限,将单个建设项目用地拆分审批权。各类用地建设项目在审批前必须进行严格的预审。2001年6月28日通过的《建设项目用地预审管理办法》,2004年10月29日又根据国民经济和社会发展的实际情况进行了修订。《办法》第3条对预审应当遵循的原则作出了明确规定:"(一)符合土地利用总体规划;(二)保护耕地,特别是基本农田;(三)合理和集约利用土地;(四)符合国家供地政策。"第15条还规定:"预审未通过的"、核准或者批准建设项目前,"不得批准农用地转用、土地征收,不得办理供地手续。"②(2)严格执行占用耕地补偿制度。各类非农业建设经批准占用耕地的,建设单位必须补充数量、质量相当的耕地,补充耕地的数量、质量实行按照等级折算,防止占多补少、占优补劣。不能自行补充的,必须按照各省、自治区、直辖市的规定缴纳耕地开垦费;耕地开垦费要列入专户管理,不得减免和挪作他用,政府投资的建设项目也必须将补充耕地费用列入工程概算。(3)禁止非法压低地价招商。

---

① 《中共中央关于制定国民经济和社会发展第十一个五年规划的建议》,《求是》2005年第20期,第5页。
② 国土资源部:《建设项目用地预审管理办法》,《国务院公报》2005年第25期,第19页、20页。

省、自治区、直辖市人民政府要依照基准地价制定并公布协议出让土地最低价标准。协议出让土地除必须严格执行规定程序外,出让价格不得低于最低价标准,违反规定出让土地造成国有土地资产流失的,要依法追究责任;情节严重的,依照刑法的规定,以非法低价出让国有土地使用权罪追究刑事责任。
(4)严格依法查处违反土地管理法律法规的行为。当前要着力查处有法不依、执法不严、违法不究和滥用行政权力侵犯农民合法权益的问题。要加大土地管理执法力度,严肃查处非法批地、占地等违法案件。对用而不批、少批多用、批而不用等乱占耕地的现象,除了责令其退还非法占有的耕地外,还必须对其责任人在经济、行政方面予以处罚,情节严重者要追究其法律责任;对于非法批准占用土地、征收土地和非法低价出让国有土地使用权的国家机关工作人员,要依照《监察部国土资源部关于违反土地管理规定行为行政处分暂行办法》给予行政处分;依照《中华人民共和国刑法》、《中华人民共和国土地管理法》、《最高人民法院关于审理破坏土地资源刑事案件具体应用法律若干问题的解释》和最高人民检察院关于渎职犯罪案件立案标准的规定,追究刑事责任;对于非法批准征收、使用土地,给当事人造成直接经济损失的,还必须依法承担赔偿责任①。

必须建立和完善耕地保护和土地管理的责任制度。要依法健全政府征地程序,维护农村集体经济组织的土地所有权和农民的土地承包权。依据2007年3月16日第十届全国人民代表大会第五次会议通过的《中华人民共和国物权法》(以下简称《物权法》)的规定,今后凡征用农村土地必须经农村集体经济组织和农户确认,征地的过程要公开透明。不得随意大面积、成建制地把农村集体土地转为国有土地,变为城市建设和工业用地。要长期坚持最严格的土地管理制度,严格控制工业建设和城镇建设用地的占用规模,严格执行耕地占补平衡制度,做到面积和产能的双平衡。无论是土地承包,还是农地流转、征收、征用,都要充分运用法律手段管好土地,切实保障农民的土地财产权利。

---

① 见《中华人民共和国土地管理法》,《中华人民共和国常用法律大全》,法律出版社2006年版,第1318—1319页;《国务院关于深化改革严格土地管理的决定》,《国务院公报》2004年第35期,第11—12页。

具体地说就是要做到如下几点:(1)明确土地管理的权力和责任。调控新增建设用地总量的权力和责任在中央,盘活存量建设用地的权力和利益在地方,保护和合理利用土地的责任在地方各级人民政府,省、自治区、直辖市人民政府应当负主要责任。地方各级人民政府要对土地利用总体规划确定的本行政区域内的耕地保有量和基本农田保护面积负责,政府主要领导是第一责任人。地方各级人民政府都要建立相应的工作制度,采取多种形式,确保耕地保护目标落实到基层。(2)强化对土地执法行为的监督。要建立公开的土地违法立案标准,对于有案不查、执法不严的,上级国土资源部门要责令其作出行政处罚决定或者直接给予行政处分。要坚决纠正违法用地只通过罚款就补办合法手续的行为,对违法用地及其建筑物和其他设施,按照法律规定应当拆除或者没收的,不得以罚款、补办手续取代;确实需要补办手续的依法处罚后,从新、从高进行征地补偿和收取土地出让金及有关费用。(3)加强土地管理行政能力建设。市、县人民政府要保证基层国土资源管理所的机构、编制、经费到位,切实发挥基层国土资源管理所在土地管理执法中的作用。国土资源部要会同有关部门抓紧建立和完善统一的土地分类、调查、登记和统计制度,启动新一轮土地调查,保证土地数据的真实性。要充分利用现代高新技术加强土地利用动态监测,建立土地利用总体规划实施、耕地保护、土地市场的动态监测网络。(4)严格土地管理责任追究制度。对于违反法律法规规定擅自修改土地利用总体规划的、发生非法占用基本农田的、未完成耕地保护责任考核目标的、征地侵害农民合法权益引发群体性事件且未能及时解决的、减免和欠缴新增建设用地土地有偿使用费的、未按期完成基本农田图件备案工作的,要严格追究责任,对于有关责任人员由上级主管部门或者监察机关依法定权限给予行政处分。同时上级政府要责令限期整改,整改期间暂停农用地转用和征地审批。(5)建立耕地保护责任的考核体系。国务院定期向各省、自治区、直辖市人民政府下达耕地保护责任考核目标。各省、自治区、直辖市人民政府要向国务院报告耕地保护责任目标的履行情况;实行耕地保护责任考核的动态监测和预警制度①。国务院于 2005 年 10 月 28 日下达的《省级政府耕地保护责任目标考核办法》第 4 条规定:"从 2006 年起,每五年为一个规划期,在每个规划期的期中和期末,国务院对各省、自治区、直辖市各考核一次。考核的标准是:(1)省级行政区域内的耕地保有量不得低于国务院下达的耕地保有量考核指标。(2)省级行政区域内的农田保护面积不得低于国务院下达的基本农田保护面积考核指标。(3)省级行政区域内各类非农建设经依法批准占用耕地和基本农田后,补充的耕地和基本农田的面积与质量不得低于已用的面积与质量。同时符合上述三项要求的,考核认定为合格;否则,考核认定为不合格。"第 8 条、第 9 条还规定:"耕地保护责任目标考核结果,列为省级人民政府第一责任人工作业绩考核的重要内容。对考核确定为不合格的地区,由监察部、国土资源部对其审批用地情况进行全面检查,按程序依纪依法处理直接责任人,并追究有关人员的领导责任。""县级以上地方人民政府应当根据本办法,结合本行政区域实际情况,制定对下一级人民政府耕地保护责任目标考核办法。"②

必须完善对失地农民的征地补偿和安置制度。我国目前并不是按照土地的实际价格对失地农民进行补偿的,而是按照被征用土地的原来的用途及以征地前若干年的产值标准进行计算的。譬如,2002 年西部民族地区一些城市的土地补偿和安置费最高标准为 1.8 万元/人(不含青苗和地上附着物补偿),仅相当于同年当地城镇居民可支配收入的 1.5 倍。按照 2002 年农村居民人均生活消费支出计算,只能维持 7 年左右的生活;按照 2002 年城镇居民人均消费支出计算,仅能够维持 2 年多的生活③。这种偏低的补偿费不仅严重地损害了农民和农村集体经济组织的利益,而且践踏了农村集体经济组织和农民对耕地的保护权。为了保护失地农民的土地权益,必须通过立法规定征地补偿以市场价值为依据,不能以侵害农民利益为代价去降低城镇建设成

① 《国务院关于深化改革严格土地管理的决定》,《国务院公报》2004 年第 35 期,第 15—16 页。

② 国务院办公厅:《省级政府耕地保护责任目标考核办法》,《国务院公报》2005 年第 35 期,第 45—46 页。

③ 高勇:《失去土地的农民如何生活》,《人民日报》2004 年 2 月 2 日,第 9 版。

本。必须尽快提高征地补偿标准,采取多种办法和途径,解决被征地农民的就业和最低生活保障、养老保障以及医疗保障在内的社会保障问题。为此就要依据《国务院关于深化改革严格土地管理的决定》的要求,认真做好如下5个方面的法规完善工作:(1)完善征地补偿办法。县级以上地方政府要采取切实措施,使被征地农民的生活水平不因征地而降低;要保证依法足额和及时支付土地补偿费、安置补助费以及地上附着物和青苗补偿费。"依照现行法律规定支付土地补偿费和安置补助费,尚不能使被征地农民保持原有生活水平的,不足以支付因征地而导致无地农民社会保障费用的,省、自治区、直辖市人民政府应当批准增加安置补助费。土地补偿费和安置补助费的总和达到法定上限,尚不足以使被征地农民保持原有生活水平的,当地人民政府可以用国有土地有偿使用收入予以补贴。省、自治区、直辖市人民政府要制定并公布各市县征地的统一年产值标准或者区片综合地价,征地补偿做到同地同价,国家重点建设项目必须将征地费用足额列入概算。大中型水利、水电工程建设征地的补偿费标准和移民安置办法,由国务院另行规定。"①(2)妥善安置被征地农民。县级以上地方人民政府应当制定具体办法,使被征地农民的长远生计有切实保障。"对有稳定收益的项目,农民可以经依法批准的建设用地土地使用权入股。在城市规划区内,当地人民政府应当将因征地而导致无地的农民,纳入城镇就业体系,并建立社会保障制度;在城市规划区外,征收农民集体所有土地时,当地人民政府要在本行政区域内为被征地农民留有必要的耕作土地或者安排相应的工作岗位;对不具备基本生产生活条件的无地农民,应当异地移民安置。劳动和社会保障部门要会同有关部门尽快提出建立被征地农民的就业培训和社会保障制度的指导性意见。"②(3)健全征地操作程序。在征地过程中,要维护农民集体土地所有权和农民土地承包经营权的权益。在征地依法报批前,要将拟征地的用途、位置、补偿费标准、安置途径等告知被征地农民;对于拟征地现状的调查结果须经被征地农村集体经济组织和农户确认;

---

① 《国务院关于深化改革严格土地管理的决定》,《国务院公报》2004 年第 35 期,第 13 页。
② 《国务院关于深化改革严格土地管理的决定》,《国务院公报》2004 年第 35 期,第 13—14 页。

确有必要的,国土资源部门应当依照有关规定组织听证。要将被征地农民知情、确认的有关材料作为征地报批的必备材料。要加快建立和完善征地补偿安置争议的协调和裁决机制,维护被征地农民和用地者的合法权益。(4)加强对征地实施过程的监管。"征地补偿安置不落实的,不得强行使用被征土地。各省、自治区、直辖市人民政府应当根据土地补偿费主要用于被征地农户的原则,制定土地补偿费在农村集体经济组织内部的分配办法。被征地的农村集体经济组织应当将征地补偿费用的收支和分配情况,向本集体经济组织成员公布并接受监督。农业、民政等部门要加强对农村集体经济组织内部征地补偿费用分配和使用的监督。"①(5)要加快清理拖欠和挤占挪用农民征地补偿安置费问题。要设立统一的土地征用补偿金专用银行账户,村民凭银行支票直接领取,征迁工作人员不得经手现金。要形成由政府牵头、监察机关、审计机关、村民代表多方参与、齐抓共管、通力合作的监督机制,对土地征管部门、乡(镇)政府、村委会、村民小组进行跟踪监督,落实农村集体经济组织的民主理财、村务公开和财务审计制度,确保土地征用补偿金规范使用,发现问题要及时处理,把矛盾消灭在萌芽状态。要加强对农村集体内部征地补偿费分配和使用的监督,坚持土地补偿费主要用于被征地农户的原则,制订土地补偿费在农村集体经济组织内部的分配办法。

必须运用《物权法》来保护失地农民的土地权益。要从根本上保护失地农民的土地权益,需要把政府征收农民土地的行为纳入司法审查范围,需要有新的立法和政策出台,以保证在征收、征用农民土地的过程中,土地权利人有充分的知情权、参与权和申诉权。政府在提出用地申请时一定要事先进行公告,让土地权利人对其合理性和合法性提出质疑;在批准用地后要再次公告,并就赔偿、补偿等问题与土地权利人进行协商,如有争议应当允许当事人申诉和申请仲裁。《物权法》第十一章专门规定了"土地承包经营权"②。将土地承包经营权确定为物权,它对于依法保护农民土地权益具有如下几点实在作

① 《国务院关于深化改革严格土地管理的决定》,《国务院公报》2004年第35期,第14页。
② 《中华人民共和国物权法》,《国务院公报》2007年第14期,第11页。

用:(1)根据物权法定原则,权利的内容、效力与公示办法等都必须由法律确定,而不应当由发包人通过承包合同约定的方式加以排除。因此《物权法》实际上限制了发包人通过任意制定承包合同条款来剥夺承包人合法权益的情形,从权利维护上保护了集体经济组织中农民土地承包经营者的合法权益。(2)《物权法》将土地明确为物权后,土地承包经营权的期限只能由法律规定,从而使农民的土地权利具有较高的稳定性。譬如,《物权法》第126条规定:"耕地的承包期为30年。草地的承包期为30年至50年。林地的承包期为30年至70年;特别林木的林地承包期,经国务院林业行政主管部门批准可以延长。前款规定的承包期届满,由土地承包经营权人按照国家有关规定继续承包。"①这个规定就有利于保护农民对所经营的土地进行长期投资与改良,有利于促进农业经济的持续发展。(3)《物权法》将土地承包经营权确定为物权,实际上就是确立了农民对于土地的直接利益主体的法律地位,使农民行使权利参加集体土地的管理有了强有力的法律保障,从而有利于限制一些乡村干部擅自非法转让土地,有利于防止农村集体经济组织耕地资源的流失。(4)《物权法》将土地承包经营权确定为物权之后,权利人可以在法律规定的范围内,对所承包的土地行使充分占有、使用、收益以及依法处分的权利。通过对承包权进行转包、出租、互换、转让、分割等各种形式的处分,从而促进农村土地的合法流转,提高农地的经营效率。但是《物权法》也明确规定,承包人有权处分的只是土地承包的经营权,而不是土地所有权本身;"流转的期限不得超过承包期的剩余期限。未经依法批准,不得将承包地用于非农建设。"②(5)《物权法》在保护农民土地承包经营权上的一个重大制度创新就是确立"成员"制度。《物权法》第59—63条规定,在农村集体土地所有权中,不仅涵盖了农民的生存权、发展权,而且包含了集体所有权中的成员权。根据"集体成员集体所有"的规定,农民的土地被征收后,土地补偿费的使用与分配办法等,必须经过集体经济组织或者村民委员会讨论,以获得村民代表多数

---

① 《中华人民共和国物权法》,《国务院公报》2007年第14期,第11页。
② 《中华人民共和国物权法》,《国务院公报》2007年第14期,第11页。

同意后作出决议,这样就可以减少甚至杜绝过去那种由村干部(村党支部书记、村主任)擅自转让集体土地的情况发生。即使发生了损害农民土地权益的行为,失地农民也可以依据《物权法》赋予的"成员"权以及物权性质的土地承包权向人民法院提起诉讼,追究乡村干部的民事责任。

第一章 西部民族地区城市化过程中的农民土地权益

　　城市化不仅是物质文明进步的象征,而且是精神文明前进的动力,是推动经济社会现代化的重要因素。21世纪被人们称之为城市化的世纪,西部民族地区经济社会的发展和进步离不开城市化。西部大开发战略与西部大开发"十一五"发展规划的实施,为西部民族地区城市化建设提供了前所未有的大好机遇。但是,西部民族地区的城市化有其本身的特殊性和艰巨性,在城市化过程中尤其要妥善地处理好农民土地权益的保障问题。农民的土地权益是层次分明、结构有序的一束权利,土地承包经营权在一系列农民权利中处于中心地位。土地权益是农民经济、政治、社会等一系列权利的集中体现,生存权、发展权是农民土地权益的核心和实质。党中央、国务院高度重视农村土地管理工作和保护农民土地权益问题,为此出台了一系列保护农民切身利益的政策措施。切实保护农民的土地权益,不仅是对农民生存权和发展权的保障,而且是破解"三农"问题的起点,也是构建西部民族地区社会主义和谐社会、巩固民族团结的必由之路。

第一节 西部民族地区的城市化

一、城市化与西部民族地区的发展

(一)城市的演变

城市的产生以及城市性质、功能和形态的演变,通常与整个社会经济形态的转型密切相关。在社会经济发展和转型过程中,城市本身也在不断地演进和发展。迄今为止,人类社会经济形态经历了两次大的转型,目前正在迎接第三次重大转型。前两次转型分别是从采集、渔猎经济向农业经济转型,以及从农业经济向工业经济转型,我们今天正在迎接的是知识经济的勃兴。

农业的出现和发展使城市诞生于世界。人类社会发展史告诉我们,在原始社会晚期(大约公元前7000年左右),人类逐渐学会了种植作物和驯养野生动物,原始农业和畜牧业产生领域,出现了第一次社会大分工。尤其是早期冶金术的出现和发展,人们能够因之而生产一些重要的生产工具,使得社会生产力不断提高。人类社会逐渐从采集和渔猎为基础的经济,向以种植和饲养为基础的经济转变,人类历史上的第一次经济革命——农业革命便悄然出现了。这一次社会经济转型产生了两个方面的积极成果:一是粮食产量显著提高,使猎人和采集者变成了农民,人们开始由游牧生活转向定居生活;二是生产力的提高使交换剩余产品成为可能,人口密集度也显著提高,从而为城市的产生创造了基本的条件。考古发现表明,大约在公元前3500年左右,在一些土地肥沃、交通便利、人口密集的地区,如四大文明古国所在地的黄河流域、两河流域、尼罗河流域和印度河流域,就已经产生了最原始的城市。然而就总体来说,在公元前1000年之间,城市的数目和规模都很小。在前工业社会时期,无论是东方还是西方,城市所担负的职能主要是行政、宗教中心或者军事重镇。由于生产力水平的低下,社会分工和交往仅局限在狭小的范围内,各个国家和地区基本上处于比较封闭和孤立的状态,整个人类社会是以农业为主的自给自足的自然经济社会。城市尽管也是商品交换的中心,但是主要作用是保护居民不受外来者的侵犯,充当行政管理的中心,提供宗教活动和礼仪庆典的场所。中国封建时代各个城市也无一不是各级行政中心,经济职能始终处于从属的地位。即使是经济社会较为发达的唐代,还曾规定"诸非州县之所,不得置市"。在中世纪的欧洲,许多城市基本是王侯和教会为防御外敌入侵而修建的城堡,其发展与罗马天主教有着密切的关系。

现代工业城市已经成为生产和交换的中心。自18世纪中后期开始于英国的工业革命,彻底改变了原有城市的性质、职能、结构和形态。机器和无机能源(煤炭、石油等)的利用,使制造业生产摆脱了对水力和风力等动力的依赖状态,规模经济效益和聚集经济效益使产业和人口不断向城市聚集,城市规模的扩张带动了生产服务业和消费服务业的快速发展。旧的传统城市开始逐渐蜕化和转型,乡村工业基础上的现代工业城市新兴。在工业经济时代,产业区位的原材料指向十分明显,许多产业在原材料丰富的地区聚集发展成为城市。随着这些城市经济、社会、文化等各方面联系的加强,许多城市逐渐连成一体,日渐形成大都市带和城市群。譬如,美国的5大湖区城市群就是如此。进入20世纪七八十年代以来,未来学家托夫勒等人就曾提出,在新技术革命的作用下,人类社会正在经历由工业社会向后工业社会或者信息社会的转变。20世纪90年代以来,人们确信随着知识在经济增长中的作用日益增强,"以知识为基础的经济"(简称"知识经济")正在发达国家方兴未艾,在大部分发展中国家也初见端倪。知识已经成为最重要的生产要素,经济增长比任何时候都更加依赖于知识的生产、扩散和广泛应用。在知识经济这种新型经济形态下,城市日益成为知识、信息中心和全球经济网络的连接点。

(二)城市的本质与涵义

古典经济学和新古典经济学对城市本质的认识是不全面的。随着交易成本概念的普及,交易成本经济学成为经济学分析的新范式,因而为我们今天分析城市的性质提供了新的工具。经济学家亚当·斯密认为,分工是由市场来协调的。他看到了市场交易在促进分工和经济增长方面的巨大功效,但是他却没有意识到市场交易是需要成本的。新古典经济学的"完全理性"、"完备信息"以及"资产通用性"等假设,使经济学家进一步把市场交易看成是无成本的。然而经济学家科斯看出了古典经济学和新古典经济学的缺陷。他发表的《企业的性质》一文,从交易成本入手揭示了尽管分工是由市场来协调的,但是大量的分工协作却是由企业来完成的原因。科斯的解释是:虽然市场交易能协调分工,但是需要成本;企业的出现一定是因为企业方式的成本低于市场方式的成本,交易成本的节约是企业产生的原因[①]。古典经济学和新古典经济学认为,人口和厂商聚集在城市可以共享基础设施,产生规模经济效益,使生产成本最小化。然而单纯从生产成本的角度,很难解释厂商和经济活动为何要高度聚集在工资和地价高昂的城市,更不能解释现代大都市的兴起与发展的奥秘。科斯的交易成本理论则可以使人们更准确地理解城市的潜在本质。综合上述理论分析可以看出,城市的本质就是协调分工、节约生产成本和交易成本、提高交易效率的空间组织形式。厂商和经济活动之所以布局在城市,除了源自规模经济效益之外,更重要的是城市市场规模大、信息灵通、联系便捷、信用发达、制度相对完善,极大地减少了经济活动的交易成本,从而最终提高了交易效率,进一步促进了分工的深化。

学术界对于"城市"还缺乏一个统一而完备的定义。城市的存在已近5000 年的历史,人口学家、经济学家、社会学家、地理学家、建筑学家等都从不同的角度来看待和谈论城市。通常认为,城市具有密集性、经济性、社会性这三个特征。马克思曾经说过,城市本身表明了人口、生产工具、资本、享乐和需求的集中,而在乡村里所看到的却是相反的情况——孤立和分散。城市是社会经济活动集中的场所,人口和产业集中的密度将城市和乡村区别开来。经济是社会生活的基础,城市由于经济的发展而产生,巨大的规模经济效益和聚集经济效益使城市的生产成本和交易成本得以节省,产业和人口进一步聚集,推动了城市规模的扩张。城市的社会关系多样而复杂,城市经济的高度分工和相互依赖以及流动性,使原先基于家族血缘、种姓团体、地缘情感、文化纽带的社会组织和经济组织分崩离析,取代的是基于职业利益和行业利益的新型组织。由此我们倾向:"城市是在特定的地域范围内,人口和产业高度聚集,并具有复杂的劳动分工和相互依赖关系、同乡村形成鲜明对照的人类社会组织形态。"[②]

---

① 1937 年 11 月,罗纳德·H·科斯教授发表了其著名论文《企业的性质》,提出了交易费用的概念,并运用这一概念有力地解释了企业产生的原因。

② 成德宁著:《城市化与经济发展——理论、模式与政策》,科学出版社 2004 年版,第 20 页。

(三)西部民族地区经济社会的发展离不开城市化

城市化是乡村向城市转变的一种复杂过程,同时也是一种影响极为深远的经济社会变化的过程。城市化是由社会生产力的变化所引起的人类生产方式、生活方式和居住方式改变的过程,突出地表现为乡村人口向城市人口转化以及城市不断发展完善的过程。城市化不仅仅是人口在地域空间单纯的移动问题,也不仅仅是居住区向城市汇聚的过程,更重要的是乡村传统封闭的文化向城市现代开放文化的转变,以及人们生产方式、生活方式趋向按照城市的存在方式、运行方式去发展的过程。因此,城市化不仅仅是物质文明进步的表现,也是精神文明前进的动力,是推动经济社会现代化的极为重要的因素。概括地说,城市化过程主要包含如下四个方面的内容:(1)城市化是人口和劳动力向城市转移的过程,城市人口的比重是城市化水平的重要指标;(2)城市化是第二、第三产业在城市聚集发展的过程,非农产业在一定区域的聚集是城市化的本质和动力;(3)城市化是新的城市地域、城市景观的涌现以及基础设施的改善过程;(4)城市化是城市文明、城市意识、城市生活方式等的形成和传播的过程。

城市对于经济社会发展的巨大作用主要源于城市所具有的聚集功能和扩散功能。城市聚集了一定地域内的主要生产要素、经济要素和其他社会要素。在当代更是聚集了信息、装备、科学技术知识以及高水平的人才。这种聚集使得城市区域的外部成本低廉、生产增长迅速、经济实力增强,生活质量提高。于是城市具有了极强的对外吸引力,成为一定地域内的市场中心、信息中心、经济中心和其他社会要素中心。聚集在城市的各种要素,经过加工、改造向城外扩散、传播,从而带动周围地区经济社会的发展。目前,城市在世界各国的经济增长和社会发展中都具有十分重要的地位。在经济发达国家,绝大多数人口居住在城市,经济增长和技术创新业主要来自于城市。在发展中国家,城市人口虽然只占总人口的1/3左右,但是创造的GDP却占整个国家的60%以上。因此,城市是人类文明和进步的标志,现代经济在某种意义上来讲就是城市经济。对任何国家而言,国家的繁荣和经济增长与城市的繁荣和经济增长是息息相关的。

世界正在快速地趋向于城市化。随着经济全球化的趋势日益明显,产业在全球范围内重新布局,促使世界上的城市正在进行重新定位和组合。在这样一种浩浩荡荡的世界潮流面前,作为发展中国家的中国别无选择,国内各民族地区的繁荣和进步从根本上说离不开城市化。在富裕的工业化国家,从乡村型农业社会向城市型工业社会转型花了几个世纪。而在今天的中国,这一进程要被迫缩短到一代或者两代人的时间。中国的城市化面临着庞大的人口压力、高昂的城市化成本、环境和资源的高度约束等巨大障碍。中国的城市化就是在这样的背景下迅速而艰难地展开的。西部民族地区的城市化,由于低于全国平均水平的经济社会发展程度,由于更加脆弱的生态环境和教育科技的落后等因素,面临着较全国而言更大的困难。当代中国正处于社会转型期,也是社会矛盾的多发期。西部民族地区的城市化由于受诸多因素的影响和制约,面临着种种尖锐复杂的矛盾和冲突,城市化进程中农民土地权益的保障问题,尤其成为迫切需要解决的突出问题和典型问题。西部民族地区是我国多民族的聚居区,妥善地处理好农民土地权益问题,对于推动整个城市化进程,促进民族地区经济社会发展,安定边疆,巩固民族大团结都具有极为重大的现实意义。

《西部大开发"十一五"发展规划》规划了西部民族地区城市化建设的蓝图及举措。在"十一五"期间,西部民族地区城市化建设要坚持以线串点、以点带面,依托交通枢纽和中心城市,充分发挥资源富集、现有发展基础较好等优势,加快培育和形成区域经济增长极,带动周边地区发展。要在城市建设、土地管理、人口及劳动力流动、重大基础设施建设和重要产业布局等方面,加强统筹规划和协调,打破地区封锁和市场分割,优化经济发展空间布局,加快建立分工合理、协作配套、优势互补的成渝、关中—天水、环北部湾(广西)等重点经济区,成为带动和支撑西部大开发的战略高地。鼓励南贵昆、呼包银、兰(州)西(宁)等区域依托交通干线,加快形成有特色的城市带。同时要充分发挥省会城市及地区中心城市工业化水平比较高、人口密度较大、知识资源丰富、地理区位条件优越、交通相对便利、自然生态环境相对较好等综合优势,提高城市综合承载能力,发挥聚集效益和带动作用。支持各类国家及省级开发区提高生产制造层次和利用外资水平,带动城市圈产业结构调整和技术升级。

二、西部民族地区城市化发展的历史进程

自新中国成立以来,中国城市化的发展进入了一个新的历史阶段。西部民族地区城市化建设的过程与全国城市化的过程基本上是同步的,大致经历了4个发展阶段。

(一)西部民族地区城市化建设的起步阶段(1949—1957年)

这一阶段是以工矿企业发展为主要动力,西部地区城市数量快速增长的时期。1949年新中国建国初期,我国学习和借鉴第一个社会主义国家苏联的经验,确立了"重工业优先发展"的工业化道路,实施区域经济均衡发展的宏观经济布局。这两个重要的经济指导思想,具有明显地促进中西部地区加快发展的倾向性。一方面,支撑我国重工业发展的自然和矿产资源主要分布所在地的西部地区,优先发展重工业必然有利于促进整个西部地区的快速发展。另一方面,区域经济均衡发展要求改变建国前我国经济片面集中于东部沿海地区的状况,需要中西部地区工业化有一个较快的发展。从1953年开始,新中国进入了第一个五年计划建设时期。国家结合156个重点建设项目,新建和扩建了部分城市,这些城市主要有太原、包头、兰州、西安、武汉、大同、成都和洛阳,全部是中西部城市[1]。1955年6月,国务院颁布了建国后第一个市镇建设法规——《国务院关于设置市、镇的规定》,同年12月又颁布了《国务院关于城乡划分标准的决定》,使我国城镇化建设开始处于稳定和健康发展之中。1949—1957年,全国城市数量由135座增加到176座,城镇人口由1949年的5765万人增加到1957年的9949万人,城镇人口增加了72.6%,人口城镇化率由10.6%提高到15.4%,增长了4.8个百分点,年均提高0.6个百分点。在这一时期,我国城市建设重点开始由东向西逐步转移和推进。1949—1957年,我国共新增城市41座,其中,东部地区由69个增至72个,增长4.3%;中部地区城市由53个增至73个,增长37.7%;西部地区城市由13个

---

[1]　李树琼著:《中国城市化与城镇发展》,中国城市出版社2001年版,第37页。

增至 31 个,增长 138.5%。其中,广西、内蒙古、新疆、宁夏、贵州、云南等 6 个民族地区新设城市 11 个。由于城市建设重点的西移,因而我国城市空间布局的东、中、西比重,也由 1949 年的 51.1%、39.3% 和 9.6%,变成为 1957 年的 40.9%、41.5% 和 17.6%,初步改变了我国城市东密西疏的不平衡状态[1]。

(二)西部民族地区城市化建设的不稳定发展阶段(1957—1965 年)

这一阶段是全国城市化和西部民族地区城市化大起大落的阶段。1958 年,在"用城市建设的大跃进来适应工业建设大跃进"的口号召唤下,我国城镇数量猛增,城镇人口迅速膨胀。譬如,1957—1961 年,我国城市数量由 1957 年的 176 个增至 1961 年的 208 个,年均增加 8 个;建制镇由 1956 年的 3672 个增至 1961 年的 4429 个,年均增加 151 个。城镇人口由 1957 的 9949 万人增至 1960 年的 13073 万人,年均增加 1041 万人;人口城镇化率由 1957 年的 15.4% 升至 1960 年的 19.7%,提高 4.3 个百分点,年均提高 1.43 个百分点,比 1949—1957 年时期快 1.38 倍[2]。由于城镇数量迅速发展和城市人口增长过快,许多城市负担过重,市政基础设施超负荷运转,居民住房异常紧张,城镇居民生活异常困难,国民经济的发展水平无法承受。为了克服由盲目冒进造成的困难,纠正"大跃进"所造成的错误,1961 年 1 月党中央提出了"调整、巩固、充实、提高"的方针。在城镇建设上采取了大规模压缩城镇人口,提高设置市镇标准,撤销部分市镇建制等应急措施。到 1963 年底,全国共下放城镇职工 1887 万人,减少城市人口 3000 万人,人口城市化率也由 1960 年的 19.7% 下降至 1963 年的 16.8%。到 1964 年底,全国共撤销了 39 个市,使城市数量减至 169 个。到 1965 年底,全国共撤销 1527 个镇,使建制镇减至 2902 个。西部民族地区也与全国一样,工业化和城市建设出现了大起大落和严重的失误。西部民族地区城市的数量则由 1957 年的 31 座,迅速增加到 1960 年的 44 座,随后又很快地减少到 1964 年的 31 座,到 1965 年也仅有城市 32 座。

---

① 宋才发等著:《民族地区城镇化建设及其法律保障研究》,中央民族大学出版社 2006 年版,第 42—43 页。

② 胡顺延、周明祖、水延凯著:《中国城镇化发展战略》,中共中央党校出版社 2002 年版,第 93 页。

经过近 8 年的起伏徘徊,整个西部民族地区仅增加 1 座城市。西部民族地区城市市区的非农业人口起伏变化也较大。由 1957 年的 737.76 万人很快增加到 1961 年的 958.09 万人,1963 年降至 888.08 万人,到 1965 年才恢复至 947.56 万人。8 年时间,西部民族地区城市市区非农业人口年均增长率仅为 3.2%,远远低于上一个时期的发展速度[①]。

(三)西部民族地区城市化建设的停滞阶段(1966—1976 年)

1966—1976 年,我国经历了"文化大革命"这场史无前例的"十年动乱"。这一时期大批城镇职工、干部和知识青年被下放到农村,国家把大量的资金用于"三线建设",工业建设大分散、小集中,工业企业布点"靠山、分散、隐蔽",致使新城市很少建成,老城市无力发展,城镇发展基本处于停滞不前的状态之中。从 1966—1976 年,我国的城市数量从 172 个增加到 188 个,年平均递增不到 1.5 个;城镇人口年平均增长 2.06%,低于同时期城镇人口自然增长率,城镇人口比重由 1966 年的 17.86%下降为 1976 年的 17.44%,城市化处于停滞阶段[②]。尽管如此,但由于西部民族地区是"三线建设"的重点地区,这在一定程度上促进了西部民族地区工业化的进程。然而,这些建设对西部民族地区城市化发展几乎没有起到什么积极的促进作用,它的直接后果就是破坏了当地的自然环境和生态平衡,恶化了原有城市的基础设施条件。这一时期,西部民族地区城市数量仅增加 6 座,从 1965 年的 32 座增加到 1976 年的 38 座。城市市区非农业人口从 1965 年的 947.56 万人增加到 1975 年的 1148.38 万人,年均增长率仅有 1.9%[③]。

(四)西部民族地区城市化建设的恢复及其稳步发展阶段(1976 年以后)

党的十一届三中全会以来,我国的政治、经济形势发生了深刻的变化。随着一系列改革开放政策措施的贯彻落实,城市和农村经济都有了较快的发展,城市化建设进入了逐步恢复和稳定发展的时期。1978—1984 年,政治上的拨乱反正和农村经济体制改革是推动城市化发展的主要动力。通过政治上的拨

---

① 刘勇著:《中国城镇化战略研究》,经济科学出版社 2004 年版,第 171 页。
② 王放著:《中国城市化与可持续发展》,科学出版社 2002 年版,第 99 页。
③ 刘勇著:《中国城镇化战略研究》,经济科学出版社 2004 年版,第 172 页。

乱反正、正本清源,大批上山下乡的知识青年、干部、职工纷纷返回城镇。通过开放城乡集贸市场和大力发展乡镇企业,大批农村从业人员也开始进入城镇。由于上述种种因素的推动,我国城市化建设在原有的基础上开始全面恢复,城市化进程迅速加快。1978—1984 年这 6 年间,全国设市城市由 193 个增至 300 个,增加 107 个,年均增加 18 个;建制镇由 2173 个增至 7186 个,增加 5013 个,年均增加 836 个;城镇人口由 17245 万人增至 24017 万人,增加 6772 万人,年均增加 1129 万人;人口城镇化率由 17.9% 上升到 23%,上升 5.1 个百分点,年均上升 0.85 个百分点。以 1984 年 10 月中共十二届三中全会通过的《中共中央关于经济体制改革的决定》为标志,我国进入了以城市为重点的经济体制改革时期。这一时期,全国第二、三产业从业人员的大量增加,以及乡镇企业从业人员的大量增加,是全面推动城市化发展的强大动力。譬如,1984—1992 年这 8 年间,全国设市的城市由 300 个增至 517 个,增加了 217 个,年均增加 27 个;建制镇由 7186 个增至 14539 个,增加了 7353 个,年均增加 919 个;城镇人口由 24017 万人增至 32372 万人,增加了 8355 万人,年均增加 1044 万人;人口城镇化率由 23% 上升到 27.6%,上升了 4.6 个百分点,年均上升 0.58 个百分点[1]。以 1992 年春邓小平南巡讲话和 10 月中共十四大召开为标志,我国进入了全面建立社会主义市场经济体制的新时期。这一时期,随着中国建立市场经济体制进程的不断加快,市场化程度不断加深,我国的产业结构日趋合理,第二、三产业从业人员所占比重不断加大,乡镇经济得到迅猛发展,中国的城市化建设进入了稳定发展的时期。截至 2000 年,全国设市城市由 517 个增加到 663 个,增加了 146 个,年均增加 18.3 个;建制镇由 14539 个增至 20312 个,增加了 5773 个,年均增加 722 个;城镇人口由 32372 万人增至 45594 万人,增加了 13222 万人,年均增加 1653 万人;人口城镇化率由 27.6% 上升到 36.1%,上升了 8.5 个百分点,年均上升 1.06 个百分点[2]。

---

[1] 胡顺延、周明祖、水延凯著:《中国城镇化发展战略》,中共中央党校出版社 2002 年版,第 102 页。

[2] 胡顺延、周明祖、水延凯著:《中国城镇化发展战略》,中共中央党校出版社 2002 年版,第 10 页。

纵观整个中国城市化的历史,1978 年改革开放以后是我国城市发展最为迅速、最为稳定的时期。在 1978—2000 年的 22 年间,全国设市城市由 193 个增至 663 个,增加了 470 个,增长了 2.44 倍,年均增加 21.4 个;建制镇由 2173 个增至 20312 个,增加了 18139 个,增长了 8.35 倍,年均增加 825 个;城镇人口由 17245 万人增至 45594 万人,增长了 28349 万人,年均增加 1289 万人;人口城镇化率由 17.9% 上升到 36.1%,上升了 18.2 个百分点,年均上升 0.83 个百分点,这个速度是 1949—1978 年间年均上升 0.25 个百分点的 3.32 倍。截止到 2000 年底,西部地区共有各类建制市 160 个,建制镇 6177 个,城镇人口 10208 万,占总人口的比重为 28.1%。在 160 个城市中,100 万人口以上的特大城市有 8 个,其中,200 万以上人口的超大城市有 3 个,分别为重庆、成都、西安;100 万以上人口的城市为昆明、贵阳、兰州、乌鲁木齐、包头;50—100 万人口的城市有 5 个;20—50 万人口的中等城市有 47 个;20 万人口以下的小城市有 100 个①。同时,西部各省区市之间的城市化水平亦呈现出较大的差异性,城市化水平最高的为内蒙古,达到 42.68%,城市化水平最低的为西藏,只有 18.93%。从城市空间分布形态来看,由于受自然条件和人文因素的影响,西南地区城市密度明显高于西北地区。沿西陇海铁路、南昆铁路、成渝铁路以及长江水道,构成了西部城市的密集区和密集带。其中,尤以成都平原最为密集,达到每万平方公里有 38.5 个城镇,1.8 个建制市。而在省、区、市内部,又形成了以省会城市为中心的省会邻近地区的城镇密集区。

三、西部民族地区城市化的特点

城市化是一个国家和地区经济社会发展的重要标志,也是人类社会走向文明和进步不可逾越的历史阶段。我国西部民族地区与东部地区的差距,在城市化方面尤为明显和突出。推进西部民族地区城市化进程,是西部大开发战略的重要组成部分。从总体上看,西部民族地区的城市化具有如下几个特

---

① 牛凤瑞、宋迎昌、盛广耀著:《西部大开发,聚焦在城镇》,社会科学文献出版社 2002 年版,第 50 页。

点：

第一，城市经济的总体水平低，综合效益差，城市的集聚与辐射作用不强，能够带动整个区域发展的中心城市少。由于历史的、政治的、经济的和地理的原因，我国西部民族地区城市布局比较分散，没有形成实力强大的城市连绵带。因此，西部民族地区的区域经济比较薄弱，与东部沿海地区形成了很大的差异。相对来说，西部民族地区已形成了5个重点城市区域，即成渝地区、关中地区、南(宁)贵(阳)昆(明)地区、兰(州)银(川)西(宁)地区和天山北坡地区。但是，由于这些地区的区域较大，中心城市较弱，实际上难以很快形成具有较强集聚能力和辐射能力的经济核心地区。

第二，城市基础设施建设水平较低，这一点从5大自治区与全国的比较中就能够清晰地显现出来。我们以2004年为例，全国城市人均住宅面积是24.97平方米，西藏是20.06平方米，内蒙古是21.38平方米，广西是26.74平方米，宁夏是22.90平方米，新疆是21.32平方米，除了广西超过全国平均水平之外，其余自治区均落后于全国人均住宅面积的平均水平。全国城市用水普及率是88.85%，西藏是69.01%，内蒙古是82.21%，广西是78.74%，宁夏是61.10%，新疆是98.12%，除了新疆超过全国平均水平之外，其余自治区均落后于全国用水普及率的平均水平。全国城市燃气普及率是81.53%，西藏是41.88%，内蒙古是62.79%，广西是67.39%，宁夏是49.39%，新疆是87.25%，除了新疆超过全国平均水平之外，其余自治区均落后于全国燃气普及率的平均水平。每万人拥有公共交通车辆全国是8.41标台，西藏是26.00标台，内蒙古是5.22标台，广西是6.31标台，宁夏是3.99标台，新疆是13.11标台，有3个自治区落后于全国平均水平。全国人均道路面积是10.34平方米，西藏是14.37平方米，内蒙古是9.44平方米，广西是9.22平方米，宁夏是9.11平方米，新疆是11.01平方米，有3个自治区落后于全国平均水平。人均公共绿地面积全国是7.39平方米，西藏是0.48平方米，内蒙古是6.97平方米，广西是6.41平方米，宁夏是4.75平方米，新疆是6.75平方米，所有自治区都落后于全国平均水平。每万人拥有的公共厕所全国是3.21座，西藏是2.71座，内蒙古是6.56座，广西是1.56座，宁夏是3.69座，新疆是4.04座，有2个自治区落后于全国平均水平①。实施西部大开发战略以来,国家加大了对西部民族地区基础设施的投入,西部民族地区城市基础设施建设获得了很大的发展。然而上述数据表明,西部民族地区城市基础设施的水平总体上仍然落后于全国平均水平,有些项目的差距还相当大。

第三,多数城市属于资源开发型,城乡二元结构的特征突出。西部许多地区城市工业的兴起是国家产业布局调整的产物,属于外部嵌入型。因而这些城市与周围农村、牧区的经济联系较差,城市与城市之间的相互封闭性较强,发达的城市与落后的农村二元结构状态明显。乌鲁木齐、兰州、贵阳、西宁、银川等城市的发展起因于国家的投资推动,为这些城市注入了发达的技术和文化,外部迁入人口占城市总人口的40—50%,但是,周围乡村地区仍然以自给自足的自然经济为主,城市的发展并没有真正起到带动区域经济发展的应有作用。

第四,城市特色不明显,对外开放程度低。从一定的意义上讲,发展市场经济的关键在于城市的特色和开放程度。西部民族地区的城市在功能作用方面,基本上没有突破传统框框的束缚。城市发展基本上各自为政、结构趋同、缺乏特色。这里我们仅以省会城市为例,城市经济特色不鲜明,省会城市的产业发展与所担负的经济中心功能关联度弱,难于在全省经济发展中发挥应有的促进和带动作用。西部民族地区不少中小城市更是缺乏特色,实际上是一定区域范围内的行政中心。从发达地区的各类城市来看,它除了要发挥行政中心的功能外,还必须加强市场经济的功能建设。西部民族地区城市开放程度低,主要表现在城市建设和城市经营上,计划经济体制时代的色彩和影响至今仍然比较浓。城市开放程度低的主要原因,说到底是观念创新和思想解放程度不够。城市的对外开放实际上就是城市经济的市场化,不仅城市建设要对外开放,而且城市经营也要对外开放。

---

① 以上数据资料均摘自国家统计局编:《中国统计年鉴2005》,中国统计出版社2005年版,第389页。

四、西部民族地区城市化面临的机遇与挑战

党的第十六次全国代表大会明确地提出了我国在 21 世纪实施社会主义现代化建设第三步战略部署,特别是头 20 年全面建设小康社会的目标和任务。党的十六届三中全会进一步明确地提出了科学发展观,即"坚持以人为本,树立全面、协调、可持续的发展观,促进经济社会和人的全面发展",强调做到"五个统筹"。《中华人民共和国国民经济和社会发展第十一个五年规划纲要》也提出:"根据资源环境承载能力、发展基础和潜力,按照发挥比较优势、加强薄弱环节、享受均等化基本公共服务的要求,逐步形成主体功能定位清晰,东中西良性互动,公共服务和人民生活水平差距趋向缩小的区域协调发展格局。"[1]党的十六届六中全会又进一步作出了《中共中央关于构建社会主义和谐社会若干重大问题的决定》。该决定指出:"目前,我国社会总体上是和谐的。但是,也存在不少影响社会和谐的矛盾和问题"[2]。区域发展很不平衡又是主要问题之一,《决定》强调要落实区域发展总体战略,促进区域协调发展。西部大开发战略是我国区域发展的总体战略之一,为西部民族地区城市化建设提供了前所未有的良好机遇。

西部大开发战略是党中央、国务院高瞻远瞩、总揽全局,面向 21 世纪做出的重大决策。西部大开发主要是西部民族地区的大开发。从西部大开发的区位概念上看,"西部"包括西藏、新疆、青海、内蒙古、甘肃、四川、宁夏、重庆、陕西、云南、广西、贵州 12 个省、自治区和直辖市。西部面积达 687 万平方公里,约占全国总面积的 71.5%,人口约 3.55 亿,占全国总人口的 28.4%,整个西部地域范围主要是少数民族聚居的地区。西部地区有世居民族 38 个,全国 5 个少数民族自治区全部在西部,30 个自治州有 27 个在西部,全国少数民族人

---

① 《中华人民共和国国民经济和社会发展第十一个五年规划纲要》,人民出版社 2006 年版,第 34 页。

② 《中共中央关于构建社会主义和谐社会若干重大问题的决定》,人民出版社 2006 年版,第 3 页。

口的80%在西部①。1999年召开的中央经济工作会议提出了实施西部大开发的基本思路和战略重点,西部大开发战略随之正式启动。2000年初,中央人民政府提出西部大开发的基本方针是优势互补、互重互利、长期合作、共同发展。2001年国务院西部开发办公室发布了《关于西部大开发若干政策措施的实施意见》,阐明了以拨款、优惠贷款、减免税收为主要内容的主要政策措施。2004年7月,国家发布了1999年颁布后经过修订的《中西部地区外商投资优势产业目录》,吸引外商到西部民族地区投资兴办企业。2005年初,在北京人民大会堂召开了西部大开发5周年座谈会。胡锦涛总书记就西部大开发做出重要指示,提出要用科学发展观统领西部大开发的各项工作。温家宝总理在《开拓创新 扎实工作 不断开创西部大开发的新局面》一文中指出,要保持西部大开发政策的连续性、稳定性,同时要根据形势变化和政策实施过程中出现的问题及时加以完善。总之,加快西部民族地区城市化建设是实施西部大开发的客观要求,实施西部大开发的重点应当把它放在包括城市化在内的经济社会发展上。又好又快地促进西部民族地区城市化建设,是促进城乡经济协调发展的主要手段,也是着力于解决当地十分突出的城乡“二元经济”矛盾的根本措施。又好又快地进行西部民族地区城市化建设,有利于西部民族地区经济社会的可持续发展,城市化有利于将人口集中于少数环境条件较好的地区,从而减少分散的人类活动对西部已经脆弱的生态环境的影响。又好又快地进行西部民族地区城市化建设,还有利于西部经济增长极的培养,辐射和带动整个区域经济的持续快速发展,尤其是有利于加强西部民族地区的基础设施建设,促进西部民族地区市场化水平的迅速提高。

　　西部民族地区城市化有其特殊性和艰巨性,面临着巨大的挑战。其特殊性表现为城市化进程滞后于工业化水平,城市化速度进展缓慢,城市化率低于全国平均水平。其艰巨性主要存在于:(1)基础设施落后,制约民族地区经济整体发展;(2)科技水平较低,劳动力科技素质不高;(3)产业结构单一,缺少

---

　　①　金炳镐、青觉:《中国共产党三代领导集体的民族理论和实践》,黑龙江教育出版社2004年版,第437页。

市场竞争力,影响城市化所需资金的积累;(4)生态环境脆弱,生态问题突出,严重影响可持续发展。除此之外,还有一个问题是必须慎重对待和需要妥善处理的,这就是西部大部分地区自然环境恶劣,光、热、水、土、气等环境要素配置不佳,处于生态系统脆弱地带。譬如,秦岭、祁连山、昆仑山以北土地和光热资源丰富,但是气候干燥,水资源短缺,水土流失、荒漠化、沙漠化相当严重;西南重庆、四川、贵州、广西、云南5省区市水热条件优越,但是多崇山峻岭,平地稀少,交通不便,陡坡开垦、森林过伐造成的水土流失非常严重;青藏高原地区平均海拔4500—5000米,光照充足,但是气候高寒,热量不足,交通不便。由此导致的是西部民族地区适宜城市化建设的土地不多,与此相应的是城市化建设需要转移的农村人口太多、包袱太重。城市化建设占用农民土地,必然对农民土地权益产生冲击。西部民族地区地处边陲,这些矛盾冲击往往又和民族、宗教等问题交织在一起,极易激化矛盾,影响社会稳定和边疆巩固。因此,西部民族地区的城市化尤其要妥善处理好农民的土地权益问题。

第二节 西部民族地区农民土地权益的内涵和实质

一、农民权利与农民土地权益

法律意义上的权利可以分为"权"和"利"两部分。"权"重在指民主权利或者政治权利,"利"重在指物质利益或者经济利益。"利"是"权"的基础,"权"是"利"的保障,公民物质利益是公民行使民主权利的基础,民主权利是获取物质利益的保障。"农民权利"是农民在生产和生活中所应当享有的政治权利(民主权利)与经济利益(物质利益)的总称。在当下的中国,农民权利的缺失主要表现为农民的准国民待遇。我国宪法规定,凡是具有中华人民共和国国籍的人都是中华人民共和国公民。尽管农民是中华人民共和国公民,但是却享受不了城市公民所享有的那些权利、待遇。我国社会的公益事业和福利事业,无论是医疗、教育、社会保障,还是就业、分配、社会福利等,都过于集中地向城市和市民倾斜,人为地造成了市民和农民两种社会身份的割裂以及城乡二元结构的对立。在依法治国,构建社会主义和谐社会的今天,必须通过法律规定农民应当享有的各种权利和实现权利的手段。要对农村的发展确立理性的治理机制,合理地划分国家、社会和农民对于农村的治理权限,并且在此基础上依法构建合理的农民权利体系。从广义范围上来看,农民应当享有如下权利:村民自治权、充分的受教育权、司法救济权、经济自由权、农地所有权和利用权、私有财产权、迁徙自由权、平等就业权、社会保障权、人格平等权、自由结社权、拒绝摊派权、自我发展权,等等。

"农民的土地权益"是指农民围绕土地所产生的并且应当享有的一系列民主权利与获得物质利益权利的总称。从现行法律和政策角度分析,农民的土地权益是层次分明、结构有序的一束权利①。它主要包括:(1)我国现行立法确认了土地的两种所有权类型,即国家土地所有权和农民集体土地所有权。"土地集体所有"本质上是农民"共同共有"或者"联合所有",这种所有权是农民集体成员获得一束土地权利的基础。现行法律规定农民集体土地所有权由村农民集体、村内各农业集体经济组织(村民小组)、乡(镇)农民集体三级所有。无论哪一级集体的土地,都是农民共同共有或者联合所有的。应当按照农民共同共有的原则理解集体所有权,按照按份共有的原则分享土地承包经营权。也就是说,土地承包经营权可以资本化、股份化。(2)土地承包经营权的性质应当是物权而不是债权,进一步说它是"自物权"。无论是《民法通则》、《物权法》,还是《土地承包法》都倾向于这种理解。在《民法通则》中,土地承包经营权不是规定在"债权"中,而是放在"财产与财产所有权有关的财产权"一节中阐述的。在《土地承包法》中,对土地承包经营权的规定具有物权性质。对土地承包经营权是自物权的法律定性,下面我们将予以详细阐述。(3)按照《土地管理法》和《确定土地所有权与使用权的若干规定》等法律法规的规定,农村宅基地使用权是使用权人占有、使用集体所有的土地,在该土

① 参见王景新著:《现代化进程中的农地制度及其利益格局重构》,中国经济出版社2005年版,第35—38页。

地上建造住房以及其他附着物的权利。农民取得宅基地使用权要进行申请，并经过集体经济组织的审核和政府的批准，并予以登记。村民以户为单位进行申请，一户只能申请一处宅基地，宅基地的面积不能超过省、自治区、直辖市规定的标准。农村集体经济组织因公共设施和公益事业建设的需要，经县人民政府批准有权收回宅基地，并对没有宅基地的村民重新分配宅基地。农村宅基地使用权没有期限限制，除了法律规定的宅基地使用权消灭原因外，一旦农户取得宅基地，只要有合法的所有人，那么该宅基地就不被收回。农村宅基地使用权的长期性决定了其具有可转让性和可继承性，只要有适格的继承人，农村宅基地就可以为农户永久地使用下去。但是，宅基地不能单独转让，只能随房屋一起转让，法规政策一直在限制受让农村房屋的主体。农村宅基地只能供农户建造住宅并且用于个人居住，而不能用于生产性经营或者用于出租，宅基地使用权人只能出租宅基地上的建筑物，宅基地也不能单独抵押。宅基地使用权是农民的一项重要的财产权利，它受法律保护，任何单位和个人不得侵犯，农民有权在法律允许的范围内自由行使其权利。(4)农民土地具有空间权、邻地利用权和其他项权利。

二、农民土地权益的内涵

农民土地权益是一个内涵十分丰富的概念，它包括农民作为一个集体所拥有的集体土地所有权；对于家庭承包和以其他方式承包的土地，农民拥有对其占有、使用、处分、收益、继承、转让、出租、入股、抵押等多项权利；农民还有使用宅基地的权利等。《物权法》第 58 条规定："集体所有的不动产和动产包括：(一)法律规定属于集体所有的土地和森林、山岭、草原、荒地、滩涂；(二)集体所有的建筑物、生产设施、农田水利设施；(三)集体所有的教育、科学、文化、卫生、体育等设施；(四)集体所有的其他不动产和动产。"第 59 条规定："农民集体所有的不动产和动产，属于本集体成员集体所有。下列事项应当依照法定程序经本集体成员决定：(一)土地承包方案以及将土地发包给本集体以外的单位或者个人承包；(二)个别土地承包经营权人之间承包地的调整；(三)土地补偿费等费用的使用、分配办法；(四)集体出资的企业的所有权变动等事项;(五)法律规定的其他事项。"第60条还规定:"对于集体所有的土地和森林、山岭、草原、荒地、滩涂等,依照下列规定行使所有权:(一)属于村农民集体所有的,由村集体经济组织或者村民委员会代表集体行使所有权;(二)分别属于村内两个以上农民集体所有的,由村内各该集体经济组织或者村民小组代表集体行使所有权;(三)属于乡镇农民集体所有的,由乡镇集体经济组织代表集体行使所有权。"①城镇集体所有的不动产和动产,依照法律、行政法规的规定由本集体享有占有、使用、收益和处分的权利。集体经济组织或者村民委员会、村民小组应当依照法律、行政法规以及章程、村规民约向本集体成员公布集体财产的状况。集体所有的财产受法律保护,禁止任何单位和个人侵占、哄抢、私分、破坏。集体经济组织、村民委员会或者其负责人作出的决定侵害集体成员合法权益的,受侵害的集体成员可以请求人民法院予以撤销。

在农民土地权益中集体土地所有权是基础,土地承包经营权是核心,宅基地使用权等则是其重要的具体内容。《物权法》第十一章专门规定了"土地承包经营权"。《物权法》第124条规定:"农村集体经济组织实行家庭承包经营为基础、统分结合的双层经营体制。农民集体所有和国家所有由农民集体使用的耕地、林地、草地以及其他用于农业的土地,依法实行土地承包经营制度。"第125条规定:"土地承包经营权人依法对其承包经营的耕地、林地、草地等享有占有、使用和收益的权利,有权从事种植业、林业、畜牧业等农业生产。"②耕地的承包期为30年。草地的承包期为30—50年。林地的承包期为30—70年;特殊林木的林地承包期,经国务院林业行政主管部门批准可以延长。前款规定的承包期届满,由土地承包经营权人按照国家有关规定继续承包。土地承包经营权自土地承包经营权合同生效时设立。县级以上地方人民政府应当向土地承包经营权人发放土地承包经营权证、林权证、草原使用权证,并登记造册,确认土地承包经营权。《物权法》第128—133条还规定:"土

---

① 《中华人民共和国物权法》,《国务院公报》2007年第14期,第7页。
② 《中华人民共和国物权法》,《国务院公报》2007年第14期,第11页。

地承包经营权人依照农村土地承包法的规定,有权将土地承包经营权采取转包、互换、转让等方式流转。流转的期限不得超过承包期的剩余期限。未经依法批准,不得将承包地用于非农建设。""土地承包经营权人将土地承包经营权互换、转让,当事人要求登记的,应当向县级以上地方人民政府申请土地承包经营权变更登记;未经登记,不得对抗善意第三人。"承包期内发包人不得调整承包地。因自然灾害严重毁损承包地等特殊情形,需要适当调整承包的耕地和草地的,应当依照农村土地承包法等法律规定办理。承包期内发包人不得收回承包地。农村土地承包法等法律另有规定的,依照其规定。"承包地被征收的,土地承包经营权人有权依照本法第四十二条第二款的规定获得相应补偿。""通过招标、拍卖、公开协商等方式承包荒地等农村土地,依照农村土地承包法等法律和国务院的有关规定,其土地承包经营权可以转让、入股、抵押或者以其他方式流转。"①

由于土地承包经营权是一系列农民权利的核心,因而本书在这里着重就农民土地承包经营权问题展开论述。

(一)土地承包经营权的立法背景

我国农地产权制度经历了三次大的变革。第一次是土地革命。新中国成立之后,人民政府把封建地主所有的土地制度改造成为农民私有的土地制度。这次土地革命使农民获得了土地,极大地解放了农村劳动生产力,出现了农村经济繁荣和社会稳定的局面。第二次是农业合作化。这次变革是将农民私有土地制度改造为集体所有、统一经营使用的土地制度。改造的结果是农民失去了土地的所有权与使用权,只能够在集体所有的土地上集体耕作。这次变革排除了土地的商品化利用,抑制了农民潜在的生产积极性和生产能力的充分发挥,最终导致了农业生产的衰退和农民的贫穷。第三次是改革开放以来实行的土地承包经营责任制。这次改革是将土地所有权与经营权适当分离,赋予农民土地使用权②。现行的"土地承包经营权"是对农民土地权利的一种

---

① 《中华人民共和国物权法》,《国务院公报》2007 年第 14 期,第 11 页。
② 参见喻文莉:《农地使用制度改革之探索》,《安徽大学学报(哲学社会科学版)》2002 年第 5 期。

称谓,该权利产生的基础是20世纪90年代以来农村普遍实行的家庭承包责任制,更早时期的则是20世纪80年代初实行的各种形式的家庭联产承包责任制。当时以安徽省小岗村为代表的家庭联产承包责任制,采取的办法确实是多种多样的。但是,主要有下列几种:包产到户、包产到劳、专业承包、联产计酬责任制、小段包工、定额计酬、联产到组、联产到劳,包干到户。土地承包经营权是由包干到户这种集体经济生产方式而产生的,由农民个人对集体土地进行包种,由原来的农民全体成员共同在集体土地上耕作,变成每一个农户承包一定数量的土地单独耕作,由此产生了土地承包经营权。"包"在这里含有责任的意思,它不是一个规范的法律术语,更多地是指一种责任的承担,是把整个任务承担下来、负责完成,因而又含有担保、保证任务完成的意思。在承包之前,必须有一个责任的指标,使国家、集体的利益得到切实保障,农民在保证完成任务的基础上才可以有土地的包种。

(二) 土地承包经营权的法律性质

土地承包经营权是在我国实行家庭联产承包责任制之后逐渐明晰和确定的一种权利。自从它产生以来,法学界就将其作为分析研究的对象。学者们的研究产生了如下几种具有代表性的观点:

1. 土地承包经营权的物权主张

土地承包经营权具有物权性。它主要有如下一些基本的观点:(1)认为承包经营权是一种新的物权形式。承包经营权是因承包合同所产生的物权,具有一般物权所具有的优先权、追及权等效力。承包经营权在内容上以使用和收益为主,从而与传统民法的用益物权相似。但是,承包经营权作为一种在土地公有制基础上产生的物权形式,又与用益物权存在着必然的差别:一是承包经营权是多种性质权利的集合,它包括了在承包经营中的生产经营计划权、劳动力安排自主权、经营决策权以及产品的处分权等;二是承包经营主要解决的问题是农村集体经济组织内部的经营方式问题,承包经营关系并不是典型的商品交换关系,因而承包经营权也不具有完全的商品交换性质;三是承包经营权的内容要以承包经营人所承包的具体经营项目来确定,因而应当视承包经营权为一种新的物权①。（2）也有学者认为,将此类物权称为"承包经营权"并不确切,应当称为"承包使用权"。因为这类物权具有使用权的特征而不具有经营权的特征,它是使用权的一个类型,而不是经营权的一个类型。承包使用权是在农村土地等自然资源的所有权与使用权益相分离的基础上产生的一类新型物权②。（3）也有学者认为承包经营权是一种新型的他物权,是对标的物直接占有、使用和收益的权利,因而是物权;承包经营权的作用主要是保障承包人对发包人的物进行使用和收益,所以它应当属于用益物权③。（4）还有学者认为,承包经营权就是一种物权,其理论依据为:一是《民法通则》所明文规定的,民法通则明确地将土地承包经营权规定在财产所有权和与财产所有权有关的财产权即物权范围之内;二是承包经营人在一定程度即在法律规定和合同约定的范围内直接控制、利用集体所有或者由集体使用的土地的权利,无须他人的协助,与债权大不相同;三是一个具有排他性的财产权,不仅其他任何人,发包土地的农村集体经济组织或者村民委员会也都必须承担义务,不妨碍土地承包经营人依法行使权利④。

2. 土地承包经营权的债权主张

土地承包经营权具有债权性。持债权说的学者认为,尽管土地承包经营权被规定在《民法通则》第5章第1节"财产所有权和与财产所有权有关的财产权"中,并且通常认为该节是对"物权制度"的规定。但是,土地承包经营权依然是一种债权。其理由在于:（1）承包人必须依据承包经营合同或者发包人的意思完成规定的生产经营任务,即达到"承包指标",依据联产承包经营合同,发包人对土地承包经营权的标的物仍然有相当大的支配力。（2）土地承包经营权实质体现的是集体内部分工、分配的权利义务关系。这种内部关系从承包人的身份上亦有反映,因这种内部关系而取得的承包经营权,实际上只有对人的效力而并无对事的效力。（3）承包人不能自主转让土地承包经营

---

① 王利明著:《民法新论》,中国政法大学出版社1988年版,第237—238页。
② 彭万林著:《民法学》,中国政法大学出版社1994年版,第279页。
③ 张俊浩著:《民法学原理》,中国政法大学出版社1991年版,第446—447页。
④ 王家福、黄明川著:《土地法的理论与实践》,人民日报出版社1991年版,第57页。

权。最高人民法院《关于审理农村承包合同纠纷案件若干问题的意见》第3条规定:"承包人将承包合同转让或转包给第三者,必须经发包人同意,并不得擅自改变原承包合同的生产经营等内容,否则转让或转包合同无效"①。(4)对于国家所有而由集体使用的土地上的承包经营权会产生矛盾。如果农用土地上已经设立了土地使用权,是否可以在其上再行设立物权性质的承包经营权?(5)土地承包人在保留其土地承包经营权的前提下,将所承包的土地转包给他人,在土地转包关系中,转承包人所取得的对土地的使用权利也是土地承包权。如果是物权性质,那就是在土地承包经营权之上再行设立一个相同性质的土地承包经营权,这显然违背一般物权法理论的②。

3. 土地承包经营权的自物权性质

土地承包经营权具有自物权性。在探讨土地承包经营权的性质时,我们认为首先应当澄清土地承包经营权的外延。在土地承包法中,土地承包经营权主要是指农民集体内部成员在使用属于农民集体的土地时所享有的权利。但是,土地承包法在规范、调整这种权利时,又对属于国家所有由农民使用的土地使用权以"土地承包经营权"冠名并一体保护,这就导致了土地承包经营权权利性质的混乱。而且获得土地承包经营权的农民在转让这种权利之后,产生的具有债权性质的土地使用权,也被称之为土地承包经营权,这样一来就难免会产生对其性质的诸多相异议的认识。从土地承包法的立法意旨看,土地承包经营权中的土地是指农村土地,农村土地的所有权归属有两种——国家所有和农民集体所有。农民集体组织内部的成员对集体土地的使用为所有人的使用,而农民对国家所有的土地的使用为非所有人的使用。尽管"国家所有"在我国事实上是指全民所有(当然也包括农民),但是"全民所有"如何行使其所有权,仍然是一个还没有搞清楚的、极端抽象的、具有深刻政治色彩的问题,远不如"农民集体所有"实在和具体。如果单纯从物权法的角度讲,由于集体组织内部农民对属于农民集体的土地行使的土地承包经营权是所有

①　最高人民法院:《关于审理农村承包合同纠纷案件若干问题的意见》,《中华人民共和国最高人民法院司法解释全集》,人民法院出版社1994年版,第1498页。

②　梁慧星主编:《中国物权法研究》(下),法律出版社1998年版,第706—707页。

人权益,而对国家所有的农村土地的土地承包经营权是非所有人权益,这就使得前一种权利具有自物权的性质,而后一种权利具有了他物权的性质。也就是说,农民集体组织内部的土地承包经营权,实际上是一种农民基于对土地的所有权而行使的使用、收益权利,是共有人对共有财产分别管理、使用、收益的权利,因而具有自物权性质。国家所有依法由农民使用的土地承包经营权是一种用益物权。对两种不同的权利冠之以相同名称并一体规范,必然会出现理论和实践上的某些混乱。

在《土地承包法》中还有其他几类权利也被冠以土地承包经营权。它们主要是:(1)农民转承包出去的土地经营权,依据接受转包的主体的不同,使该类土地承包经营权又具有不同的性质。如接受转包的主体如果为农民集体内部的成员,则该土地承包经营权仍然是所有权人享有的自物权。如果接受转包的主体是农民集体外部成员,即邻村或者其他人,则这种土地承包经营权就为所有权人以外的人对集体土地的使用,属于"用益物权",也属"他物权"的范畴。(2)以其他方式承包土地的土地承包经营权,包括对"四荒土地"①的承包,以及通过招标、拍卖等方式承包土地。《土地承包法》对承包主体的不同予以区别对待,显示了土地承包经营权的不同状态。譬如,《中华人民共和国土地承包法》第48条规定:"发包方将农村土地发包给本集体经济组织以外的单位或者个人承包,应当事先经本集体经济组织成员的村民会议三分之二以上成员或者三分之二以上村民代表的同意,并报乡(镇)人民政府批准。"②该条法律对不同的承包主体规定了不同的承包程序,实质表明的是存在着不同的承包经营权。考察这几种土地承包经营权,我们可以把它们归结

---

① 荒山、荒坡、荒沟、荒滩简称为"四荒"土地。《中华人民共和国土地管理法实施条例》第17条规定,"四荒"土地用于种植、林业、畜牧业或者渔业生产的,使用期可以长达不超过50年。

② 《中华人民共和国土地承包法》,《中华人民共和国常用法律大全》,法律出版社2006年版,第179页。评析该条法律,可以看出土地承包法的制定仍然是不成熟的。应该承认,规定发包方在将本集体内部土地发包给外部成员时需经农民集体成员大部分同意,这一点是正确的。表明对集体所有土地的处分经由大多数人的同意,充分体现了集体的意志。但是,同时需要报经乡人民政府批准,则是道理不足的。所有人对自有物的使用权的处分不应该受到任何人的干扰,否则就违背了物权的排他性。这也是农村土地使用权自由流转最大的制度障碍,恰恰给各种不法的土地侵权以合法的借口。

为两类:一类是农民集体内部成员对农民集体土地的使用,这是土地承包法要着力保护的;另一类则是非土地所有权人对农村土地的使用,这是土地承包法想要一体规范的。把两种性质不同的权利冠以相同的法律名称,从立法理论和立法实践两方面来看,都是不妥当的。对此我们认为必须把两者分开,对农民集体内部成员的承包经营权冠之以"土地承包经营权",因为无论是从土地承包经营权的产生、发展,还是从其实质来看,土地承包经营权的核心都是农民集体内部成员的承包经营权。此外,新创"农地使用权"的概念,将非土地所有权人对农村土地的使用权纳入其范畴(对此问题我们将在其他章节中加以详细地阐述)。

农民集体内部成员的承包经营权是从集体土地所有权的权能中分离出来的一种权利,其目的在于使单个农户对划定地块的土地享有排他的支配权,具有对抗该块土地上其他所有者的权利。由于我国的土地立法未赋予土地承包经营权人自由转让土地使用权的效力,土地经营权的潜在继承者应当重新订立承包合同,农户的市场决策权也受到限制。因此,农民集体内部成员的承包经营权并不是完整的使用权和收益权。这即是说,农民集体内部成员的承包经营权不是用益物权,而仅仅是所有权权能的分离。在通常情况下,所有权权能与所有权的分离形式和结果有两种:(1)权能的分离形成相对独立的他物权,分离的形式与内容都是由法律直接规定的,当事人不可以任意变更。(2)权能的分离不形成他物权,分离的方式与内容当事人可自行约定。按照以上两种方式,土地所有权的权能在转移于非所有人时,其权能的分离可创设一种独立的用益物权,具有相对独立的可与所有权剥离的权利义务关系。譬如,国有土地使用权即是土地所有权与使用收益权能分离的结果。这种收益权能的分离在形成他物权时,分离出去的权能对所有人的所有权构成一定的限制,该土地使用权人在其权力范围内可以对抗任何第三人,甚至可以对抗所有权人。

当土地所有权主体为多数人共有时,在其所有权的权能没有转移于非所有人而是由各个共有人分别行使时(即农民集体所有的土地由农民个人使用),各个共有人在这些分割成块的土地范围内各自行使使用权能,这时权能的分离并不形成他物权,而是属于所有人自己行使所有权的各项权能的情况。

占有、使用、收益和处分四项权能,在各个共有人所有权的行使和所有人利益最终实现的过程中,各自起着不同的作用。但是,每一项权能都从一个侧面表现了所有权所具有的本质属性,即对于自己所有财产的支配。农民集体组织内部成员的承包经营权是劳动群众集体所有制在农民身上的一种体现,是农民基于集体成员的特定身份而依法享有的权利,应该说这种农村土地承包经营权是一种身份权,是一项与农民的集体成员身份不可分离的权利①。从思想观念上分析,农民认为农村土地为集体所有,而自己是集体一员,就想当然的享有所有权。其实农民自己也十分清楚,这种所有权不是个人的所有权,而是集体的所有权,只有在农民集体共同协商、共同决策的情况下,才会确认给农民个人享有从所有权中分离出的使用权能。譬如,我国现行的"增人不增地、减人不减地"的土地使用政策在短期内难以实现,原因就在于农民由于家庭内人口的增减,对土地使用政策固定不变持抵制的态度。这种情况反映在实践中,就是农民通过集体的力量支配农民集体所有土地,不断地对土地的承包期限予以调整,甚至许多地方还打乱承包土地方案,再次进行重新发包。这些行为体现着农民认为新增人口作为农民集体的一员,就应该享有对土地的基本权利的观念。而为顺应农民正当支配自己土地的合法权利,国家基于农村稳定的考虑,又提出了"大稳定、小调整"的政策。在这里"大稳定"是指绝大多数的农户承包土地要保持稳定,不得随意重包。"小调整"是为解决人口增加问题,在个别农户之间小范围的调整土地,且方案要经过村民大会或者村民代表大会 2/3 以上成员通过。这就说明农民集体组织内部成员承包经营权的客体——土地,在所有权方面是特定的,特定范围的土地归属特定的农民集体,农民对于特定地块的排他性支配权还不是绝对的,有赖于农民集体行使所有人的权利来分配、调整。这就表明了农民集体组织内部成员的承包经营权是受所有权限制的权利,不能对抗所有权人的支配,反映了该种土地承包经营权的自物权性质——只是从所有权中剥离的权能在农民手中运作,而不具备

---

① 有学者认为集体土地使用权是一种"人役权"。参见关涛:《作为生存法的不动产物权制度》,《中国法学》1999 年第 1 期。

独立的用益物权性质。

农民集体内部成员的承包经营权在内容上以使用和收益为主,从而与传统民法上的用益物权相似。但是,作为一种在农村集体土地所有制基础上产生的物权形式,其与用益物权必然存在着差别,有着自己的特性。这主要体现在如下几个方面:(1)它是从集体所有权中分离出来的使用权能。"使用权能"指按照物的性能和用途对物加以利用,以满足人生产生活所需要的权利。行使使用权能是实现物的使用价值的一种手段。使用权能尽管在所有权的行使以及所有人利益最终实现过程中起着使用的作用,但是在有些情况下,权能之间会发生吸收和竞合。譬如,占有权能经常会被使用权能吸收,使用权能也可能与收益权能发生竞合。因此,所有权的使用权能也会同时表现出占有、收益,甚至一定程度的处分,以达到其使用的目的。我国农民集体内部成员的承包经营权,就是一种使用权能从所有权中分离出来的状态,同时具有占有、收益和一定程度的处分的内容。(2)农民集体内部成员的承包经营权主要解决的是如何在农民集体内部分配、使用土地,它不具有完全的商品交换关系,只是对自有物的使用权利的分割,是一种自物权。(3)农民集体内部成员的承包经营权是在法律规定和合同约定的范围内直接控制、利用集体所有土地的权利,无须他人的协助。(4)农民集体内部成员的承包经营权是一种具有排他性的物权。不仅农民集体以外的其他任何人,就是农民集体内部发包土地的农村集体经济组织或者村民委员会也必须承担义务,不得妨碍土地使用权人依法行使权利。农民个人是农村集体土地使用权的主体,又是构成农村土地所有权的主体——农民集体的个体成员。农民个人因其与农民集体的这种天然联系(地域的或者历史的原因),使其获得的农村土地使用权是一种法律赋予的权利。《土地承包法》第 5 条规定:"农村集体经济组织成员有权依法承包由本集体经济组织发包的农村土地。任何组织和个人不得剥夺和非法限制农村集体经济组织成员承包土地的权利。"①这即是说农民集体内部成员的

①　《中华人民共和国土地承包法》,《中华人民共和国常用法律大全》,法律出版社 2006 年版,第 176 页。

承包经营权是法律确认的,是农民集体成员(农户)对农民集体所有的土地占有、使用、收益以及处分该权利的排他性权利。

(三)农民集体内部成员承包经营合同的法律性质

农民集体土地所有权在本质上属于共同共有。"共有"是数个主体对同一物共同享有所有权。为了行使所有权并从中获得一定的收益或者行使使用权能,共有人之间通常必须确定如何利用、管理共有物。各共有人之间约定某个人或者各自分别占有共有物的特定部分,并对该部分进行使用、收益或者管理的协议就是分管契约[①]。分管契约具有如下特点:(1)当事人必须是共有人,即是共有人之间通过约定而达成的协议;(2)其内容是由某个或者各共有人对共有物的特定部分进行分别使用、收益或管理[②];(3)共有物的管理和利用是基于共有关系而产生的约定,是共有人共同支配共有财产的具体表现,就其性质而言,是物权而不是债权[③]。也就是说,由于分管契约是基于共有关系而产生的,共有人基于分管契约而进行使用、收益是支配共有财产的形式,共有人依分管契约所享有和行使的权利是物权。

农村集体土地使用权的确立基于权利双方签订的土地承包合同。从土地承包法的规定来看,土地承包合同具有分管契约的上述特点。主要体现在如下几个方面:(1)土地承包合同的设立本身是为了对农村集体土地进行使用、收益并予以管理。由于农村集体土地所有权主体是农民集体,而这种由人数众多的个人组成的松散团体,对土地无法做到共同使用、共同受益,而且这种共同使用、共同受益的做法,在"人民公社化"时期已经证明是一种低效率、高耗费的做法。因此,将土地分割为地块并订立分管契约,以明确使用权主体及其责任,有利于有效地利用农村土地,使之利用和产出最大化。(2)土地承包合同订立的双方,一方为农村集体经济组织或者村民委员会(即发包方);另一方为农村集体经济组织内部的成员——农民个人(即承包方)。其中,发包方本身兼具农民的身份及农民集体代表的身份,使得该合同订立的双方均为

---

① 谢在全著:《分别共有内部关系的理论与实务》,台湾三民书局1995年版,第91页。
② 王利明著:《物权法研究》,中国人民大学出版社2002年版,第338页。
③ 孟勤国著:《物权二元结构论》,人民法院出版社2002年版,第157页。

集体土地的共有人。根据《土地承包法》第 18 条的规定,土地承包合同的订立必须遵守如下原则:平等行使承包土地的权利,不得予以歧视或者不平等待遇;民主协商、公平合理,要尊重每个成员的意愿,保护其合法利益;承包方案应当经大部分成员的同意;承包程序要合法①。这些原则表明,土地承包合同是基于共有人的充分协商,在共有人之间通过约定达成的协议。(3)土地承包合同的内容是集体土地所有权人中的各个农民对其共有物——集体土地的特定部分进行分别使用、收益和管理。也就是说,由于法律对土地承包合同中双方的权利、义务以及合同的期限有着明确的规定②。因此,土地承包合同主要是就承包土地的位置、面积、质量等级等进行约定。这种约定是建立在共同共有人经过充分协商的基础之上,体现了对各个共有人权益的平等保护。由此可见,创设我国农村集体内部成员土地使用权的土地承包经营合同,具有在共有人之间订立的分管契约的属性。

农民的土地承包经营权任何组织和个人不得侵犯。《土地承包法》第 22 条规定:"承包合同自成立之日起生效。承包方自承包合同生效时取得土地承包经营权。"该法第 9 条还规定:"国家保护集体土地所有者的合法权益,保护承包方的土地承包经营权,任何组织和个人不得侵犯。"③这些法律规定说明,合同一经成立,依据该合同取得的土地承包经营权就受到法律保护。因此,农民集体内部成员的承包经营权是一种法定的支配性权利,而不是相对性权利,该权利的本质是物权;而农民集体内部成员的承包经营合同作为一种分管契约,具有物权性质,必须能够对抗任何组织和个人。确定农民集体内部成员承包经营合同为分管契约的意义在于,由于农村集体土地所有权是一种对集体土地的共同共有关系,农村集体土地使用权是在共有关系之上建立的对

---

① 《中华人民共和国土地承包法》,《中华人民共和国常用法律大全》,法律出版社 2006 年版,第 177 页。

② 我国《土地承包法》第 13、14、16、17 条分别规定了土地承包合同中发包方和承包方的权利和义务。并在第 20 条规定了土地承包合同的期限。这说明在合同的主要条款中可以由当事人双方约定的,只有对承包的具体土地的协商与确认。

③ 《中华人民共和国土地承包法》,《中华人民共和国常用法律大全》,法律出版社 2006 年版,第 177 页、176 页。

土地予以利用的自物权,而土地承包合同是为对集体共有土地加以利用所签订的分管契约,有利于明晰土地上的各种权利义务关系。明确农民集体内部成员承包经营合同为共有人的分管契约,对于西部民族地区城市化过程中的农民土地权益的保护有着极其重要的意义。基于任何人不得侵犯他人的合法权益的原则,以及国家在新修订的《宪法》和刚出台的《物权法》中,都明确规定公民合法的私有财产不受侵犯的原则,那么作为农民个人私有财产的农民集体内部成员的承包经营权是不允许任何人侵犯的,除了基于《宪法》规定的公共利益的需要,任何人不得剥夺。

(四)土地承包经营责任制的弊端

尽管农民集体内部成员承包经营权有着自物权的性质,是属于农民个人所有的、合法的财产权利。但是,这种法律性质并非人所共知,绝大多数人甚至大多数学者也没有清楚地认识到这一点。将农民集体内部成员承包经营权与土地使用权混淆并一体规制,从而导致农村土地承包经营责任制在其运行过程中没有完善的法律为依据,渐渐产生出各种弊端。自 20 世纪 80 年代后期开始,农业经济的增长速度逐渐放慢,农村土地承包责任制的弊端渐露端倪,制约着农业生产的长足发展。其弊端主要表现为[①]:

第一,现行土地承包制以牺牲人类稀缺的农地资源的使用效率为代价谋求承包关系的稳定,与现代社会的利益原则相悖。在农村土地承包制实行初期,以稳定承包关系为出发点,农民在取得承包经营权后有权自己经营,无权将土地转包、出租、抵押、入股,等等。在新一轮农村土地承包经营中,国务院在批转农业部《关于稳定和完善土地承包关系的意见》中规定,在坚持土地集体所有和不改变土地农业用途的前提下,经发包人同意,允许承包方在承包期间对承包标的依法转包、转让、互换、入股,其合法权益受法律保护。根据这一规定,承包方转让土地承包权,必须以发包方的同意为前提,这无疑削弱了土地使用权的自由流通性。土地承包关系固然需要稳定,但是稳定并不意味着"凝固化",稳定并不排斥土地权利的市场化流动。稳定寓于流动之中,流动

---

① 喻文莉:《农地使用制度改革之探索》,《安徽大学学报(哲学社会科学版)》2002 年第 5 期。

是稳定的存在和实现形式;土地产权的有序流动是农村土地资源得以优化资源配置的唯一手段①。唯有通过土地使用权流转机制,才能发挥农业用地的规模效益,实现农业生产效益利润的最大化。因此,现行承包制度对稳定的片面理解与做法,恰恰妨碍了土地资源市场配置机制的有效建立,阻碍了农村市场化、现代化、城市化进程,在相当程度上影响了土地资源效用的充分发挥。

第二,农村集体土地所有权制度上的立法缺陷为各种侵权行为的发生留下了隐患,而承包经营制度的运作便成为侵权事件发生的诱因。根据《宪法》、《民法通则》的规定,农村的土地除了法律规定属于国家所有的以外,归农民集体所有。再依据《土地管理法》和《物权法》的规定,属于村内部的农民集体和乡(镇)农民集体所有的土地,由集体经济组织、村民委员会或者村民小组经营管理。然而"集体经济组织"并不是一个科学的民法概念,其性质极为模糊。村民小组的组织机能实际上已经弱化,故发包时村民委员会往往作为发包方主体。这样一来农村集体土地的实际操作权,便自然而然地落入某些乡村干部的手中,于是发包方无视农民的合法利益和效率要求,随意限制甚至于剥夺农民承包权、强行撕毁合同、随意缩短承包期等侵蚀承包人利益的事件便屡屡发生。

第三,土地承包权的期限性规定致使农民稳定的经营权缺乏相应的制度保障,其直接后果是导致对土地的掠夺式经营,不利于对土地资源的有效保护。农业生产需要长期的投入,生产周期较长。在第一轮土地承包中,承包期为 15 年;在第二轮承包中,承包期延长至 30 年。现行具有期限性特征的承包责任制,并未赋予农民长期而稳定经营的制度保障,由此引发了农地利用中的短期行为,甚至出现竭泽而渔的掠夺式经营的现象,从而造成土地资源的退化,生产能力的下降、衰竭和生态环境的恶化等恶性后果。加之承包期届满时重新缔结合同,又引起农村社会秩序不应有的动荡,从而危及社会稳定。仔细考察不难发现,土地承包经营责任制上述弊端的产生,深层原因就在于没有认识到其自物权性质,而一直将其视为一种债权。譬如,承包人的经营权须经发

---

① 迟福林著:《走入 21 世纪的中国农村土地制度改革》,中国经济出版社 2000 年版,第 237 页。

包人同意方可转让,这是一种共有人分管契约的订立与变更的情形,却被理解为是一种普通债权的转让并加以规定。如同普通债权那样,承包权具有期限性;承包权的取得和行使必须依赖于合同的订立和切实履行。冷静地审视我国土地承包制所存在的弊端与缺陷,深入探究弊端产生的深层原因,我们不能不得出这样一个结论:完成土地承包经营权从债权性质向物权性质的转化过程,还土地承包经营权的自物权之本来面目,是保障农民土地合法权益的最直接手段。2007 年 3 月 16 日颁布的《物权法》第 126 条明确规定,农民个人或者家庭对耕地的承包期 30 年届满后,"由土地承包经营权人按照国家有关规定继续承包"①。这无疑是从立法上给了农民一颗定心丸,我们期盼《物权法》自 2007 年 10 月 1 日施行以后,能够从根本上解决这个问题。

(五)农民土地承包经营权对西部民族地区城市化的影响

农民享有土地承包经营权并没有改变农民土地集体所有的性质,但是在土地使用权方面却有着实质性的变化。农民拥有了经营土地的权利,无异于获得了对自己劳动力的支配权。在自主劳动的情况下,农民对土地的使用更加适应农业生产的自然规律,也为农村分工和专业化创造了条件。农业生产具有季节性、分散性等特点,农民可以根据农业生产的特点灵活安排劳动时间和劳动种类,并相机选择其他的就业机会。土地承包经营权的确立使农村出现了大量的剩余劳动力,这些剩余劳动力尽一切可能投向一切可以获得新收益的其他领域。应该说,国家赋予农民土地承包经营权的初衷是基于促进农业增长的考虑,并不是为了推动农村城市化。农民土地承包经营权的法律规定,却对农村城市化的进程显示出巨大的推动力。农民享有土地承包经营权,享有相对独立的经营自主权和人身自由权,使得农村原有的强制性行政控制被彻底打破。农户作为一个独立的市场经营主体的法律地位,在一切可能的领域与市场发生联系并根据市场需要来安排生产,这就从根本上动摇了国家用行政办法控制农业与农产品的计划经济体制,而且为城市化进程提供了充足的剩余劳动力。所以,农民享有土地承包经营权是推动城市化发展制度创

---

① 《中华人民共和国物权法》,《国务院公报》2007 年第 14 期,第 11 页。

新的基础和前提。由于城市化是以非农产业为主要推动力量,农业产业的自身特点,决定了土地承包经营权的界定对城市化进程的推动作用只是基础性的。为了使农民摆脱对农村土地的强烈依赖性,培养其独立生存和发展的能力,就必须赋予农地使用权以及农地使用权的可流动性,促使农民转向非农产业,加速农村城市化以及社会结构的转型。农地使用权制度的建立作为农业法律制度建设的一个重要组成部分,这是西部民族地区城市化进程中的关键,是保护农民土地权益的最基本的法律制度。我国的土地承包经营权是在农民自我创新的基础上形成的一种权利形态,它需要农地使用权的配合而达致其设置的目的,建立农地使用权制度必须适应我国的基本国情。

三、农民土地权益的实质

城市化建设需要大量的土地供应。城市的存量土地是有限的,由此导致大量农民土地的被征收。由于农民土地征收制度以及一系列与土地相关的法律制度的不健全,最终导致农民土地权利受损。失地农民权利的缺失反映出农民土地权益的实质。

(一)城市建设的土地供应

西部民族地区的城市化离不开土地这个载体。"城市土地"是指城市区域内非农业用地的总称,是已经实现和将要实现城市景观化的土地。城市土地具有如下特点:(1)稀缺性。土地总量是固定的,而需求量却随着人口增加和经济发展而不断增长。在特定的地域内,不同用途的土地的类型也是极其有限的。(2)位置的固定性。土地属于不动产,其空间位置不可能随着土地产权的流转而改变。(3)利用的永久性和集约性。土地不会因使用而耗损和灭失,它可以反复使用和永续利用,并且因人类劳动的连续投入而不断发挥其性能。除了农业用地往往受土地面积的限制以外,城市用地可以不外延扩大土地的使用面积,向空中和地下发展,提高土地的集约利用程度。(4)利用的再生性和逆转的相对困难。人类可以对现有的土地进行再开发和重新利用,以提高土地利用效率。然而农业用地转化为建设用地相对容易,建设用地转化为农业用地相对困难,而且时间长和成本高。(5)资产属性和与附着物价值的可分性。城市土地具有价值属性,是一种特殊且重要的资产。城市土地的本身价值与构筑在其上的附着物的价值可以分别计算。

城市建设的土地供应通常分为计划供应和市场供应。《物权法》对城市建设用地的取得作出了规定。《物权法》第137—138条规定:"设立建设用地使用权,可以采取出让或者划拨等方式。工业、商业、旅游、娱乐和商品住宅等经营性用地以及同一土地有两个以上意向用地者的,应当采取招标、拍卖等公开竞价的方式出让。严格限制以划拨方式设立建设用地使用权。采取划拨方式的,应当遵守法律、行政法规关于土地用途的规定。""采取招标、拍卖、协议等出让方式设立建设用地使用权的,当事人应当采取书面形式订立建设用地使用权出让合同。建设用地使用权出让合同一般包括下列条款:(一)当事人的名称和住所;(二)土地界址、面积等;(三)建筑物、构筑物及其附属设施占用的空间;(四)土地用途;(五)使用期限;(六)出让金等费用及其支付方式;(七)解决争议的方法。"①对于征用农民集体土地作为建设用地,《物权法》第151条规定:"集体所有的土地作为建设用地的,应当依照土地管理法等法律规定办理。"②计划供应是政府继续运用计划机制来分配和管理土地。用地单位需要使用建设用地必须向政府申报用地计划,经过政府审批以后以计划方式下达。在我国过去相当长的时期内,对于建设用地一直是实行计划供应。市场供应是指通过市场对土地资源进行调控。市场对于土地资源的供应集中体现在价格、供求和竞争三种机制上。市场机制的整体功能,就是通过上述三大机制相互联系和相互制约的作用,共同调节土地资源在不同生产部门的流向、数量和比例,从而使社会需求达到平衡。

根据城市土地来源渠道的不同,城市土地供应又分为存量土地供应和增量土地供应。存量土地供应主要是指通过盘活原闲置的城市土地、提高原土地利用效率和改变原土地利用方式而形成的土地供应。我国城市中的存量土地几乎都是以划拨方式取得的。由于我国长期实行土地无偿使用制度,城市

---

① 《中华人民共和国物权法》,《国务院公报》2007年第14期,第11—12页。
② 《中华人民共和国物权法》,《国务院公报》2007年第14期,第12页。

土地的利用效率普遍不高,在不少地方还存在建设用地闲置的问题。在土地供应制度的改革中,存量土地应当主要以有偿使用的方式进入土地市场流通。增量土地的供应是指将非城市土地依法转化为城市土地的供应方式。我国实行国家土地所有制和农村集体土地所有制,无论是农村土地还是城市土地都不允许买卖转让。根据现行法律规定,国家可以通过征收的方式,变更农村集体土地所有权为国家土地所有权。随着农村城市化进程的加快,城市在不断发展,土地需求量在不断增加,于是政府就成为建设用地的最大拥有者和储备者,政府不断地以变更农村集体土地所有权为国家土地所有权的方式获得城市建设用地。城市增量土地供应遵循的模式是先征收农民集体用地,然后再向城市用地者让渡土地产权。

(二)失地农民权利的缺失

随着工业化和城镇化的快速推进,因许多农地尤其是耕地被占用而产生大量的失地农民。失地农民是一个新生群体,也是当今社会的一个弱势群体。由于农地保护的相关法律法规不健全,失地农民的权益受损严重:(1)土地使用权丧失。社会经济发展带来的城市化不可避免的会占用一些耕地。我国农村每年因国家建设和公益事业的需要,正常占用的土地达到400多万亩,其中大约有200多万亩是属于农民的耕地,这些耕地的占用可能使100多万农民失去土地[①]。(2)就业权没有着落。中国是传统的农业大国,土地是农民赖以生存的生活资料来源,务农是许多农民主要的甚至是唯一的工作。受现实生产力的制约,在目前城市失业人员大量存在的前提下,农民大量的被转移到第二产业或者第三产业比较困难,政府目前还没有能力承担对农民的生活保障。城市化推进过程中出现大量土地被征用,一些地方政府和单位又不能够很好地落实对失地农民的就业安置,失地农民无田可种、无工可打,最基本的就业权无着落。(3)生活保障权缺失。农民失去赖以生存的土地本该有相应的安置,对失地农民的居住安排、重新就业、生活观念和习惯的转变等问题都应该

---

① 资料来源于2006年3月8日农业部副部长在人民大会堂出席中外记者招待会的谈话,当天的电视和新闻广播都作了报道。

有所考虑。因企业用工制度逐步市场化,对失地农民就业安置的渠道越来越少,简单的采取货币化安置办法就成为地方政府越来越普遍的选择。为了减少麻烦和所谓不留"后遗症",一些单位或者机构对失地农民的补偿,也乐于采用一次性货币安置的简单办法。然而对农民的货币补偿标准往往又极为偏低,这就使得失地农民的基本生活难以为继。(4)市民权残缺不全。中国仍然存在世界上独特的户籍管理体制,形成中国特有的城乡二元结构的分治状态。户籍制度带来的歧视性,已经成为社会许多不公平状况的重要诱因。户口等级造成了就业机会不均等、受教育机会不均等、社会福利不均等以及其他方面的不均等。失地农民虽然拥有了城市户口,许多地方还是把他们排斥在市民之外,许多附加在户籍上的利益实际上仍然与他们无缘。

(三)生存权、发展权是农民土地权益的实质

土地权益是农民作为农村集体成员的经济、政治、社会等权利的综合体现。农民所拥有的诸多权利和利益,都是附着在他们赖以安身立命的土地之上的,直接或者间接地与土地相关联。农民一旦失去了土地,也就意味着失去了那些与土地相关联权利、利益存在的基础和条件,因而导致那些权利和利益的损害或者完全流失。归纳起来一句话就是,农民土地权益实质上蕴含的是农民的生存权和发展权。

土地是一项重要的财产资源。土地是"财富之母",它隐藏着巨大的商业价值。农民尽管从农村集体那里取得的是一项"土地承包经营权",但是这种权利的物化权、财产权透过《物权法》已经非常明朗,这就为土地的市场化流动创设了前提,为农户的土地权利和利益提供了法律保障。随着土地资源的短缺,人地矛盾的加剧,农业比较利益的提高,土地资源的增值效用将逐渐增大,土地的含金量亦将越来越高,农民土地的财产属性和财产权利属性将日益显化。因而农民一旦失去土地,也就永远地失去了他们最重要的财产资源。中国是一个有着13亿人口的发展中国家,社会保障体系正在建立之中。3亿多城市人口社会保障的兑现,国家财政每年都要予以大量的补贴。在此情况下,9亿多农民的社会保障问题更是难以解决。现实状况只能是农民靠土地来养活自己,土地就是农民的基本生活保障,就是农民安身立命之本,失去土

地也就失去了基本的生活来源。就西部民族地区的普遍情况而言,失地农民自身素质不高,文化程度偏低,劳动技能较差,小农意识浓厚,市场竞争意识不强,主要以土地为劳动对象,土地成为农民就业机会的重要资源,失去土地就意味着失去了就业机会。失地农民还会失去与土地相关的其他一系列权益链。譬如,政府对农民的技术、资金、农资等方面的支持都是以土地为基础的,失去了土地也就失去了获得这些政府支持的机会。农民作为产权主体,需要通过村民自治的民主投票和监督行动来制衡村级公共权力。失去土地的农民必然失去对村民自治的热情,也就失去了对民主政治权利最基本的追求。土地还是农民行使公民其他权利的基础,农民失去了土地,那些与土地密切相关的文化、教育、卫生等方面权利的实现,也就会随之而来受到极大的限制甚至完全丧失。综上所述,农民的财产权、生活保障权、就业权、民主政治权利以及文化教育权利等都与土地权益密不可分,决定着农民的生存与发展。国家需要对这个问题高度重视,切实依法加以妥善解决。

第三节　西部民族地区城市化中农民土地权益保障的重大意义

党中央国务院高度重视保护农民土地权益。党的十六届六中全会作出了《中共中央关于构建社会主义和谐社会若干重大问题的决议》,从构建和谐社会的高度出发,强调"实行最严格的耕地保护制度,从严控制征地规模,加快征地制度改革,提高补偿标准,探索确保农民现实利益和长期稳定利益的有效办法,解决好征地农民的就业和社会保障"[①]。国务院明确地把国土资源部门作为宏观管理部门,强调要积极运用土地政策参与宏观调控,切实管住管好"地根",并且作出了改革省以下国土资源管理体制的重大决策。在部署和开展对土地市场治理整顿的基础上,国务院于2004年10月作出了《关于深化改

---

① 《中共中央关于构建社会主义和谐社会若干重大问题的决定》,人民出版社2006年版,第9页。

革严格土地管理的决定》,2006 年又下发了《关于建立国家土地督察制度有关问题的通知》。针对当前经济运行和土地管理中存在的突出矛盾和问题,国务院专门召开会议研究加强土地调控工作,并且于 2006 年 8 月下发了《国务院关于加强土地调控有关问题的通知》。该通知是新时期加强土地管理和调控工作的又一个重要文件,尤其为农村土地管理工作进一步指明了方向。党中央和国务院的一系列举措充分说明加强土地管理、保护农民土地权益的重要意义。在西部民族地区城市化建设中,一定要加倍珍惜每一寸土地资源,妥善地保护好农民的土地权益。

一、保护农民土地权益是对人权的根本保障

人权是指在一定的社会历史条件下,每个人按其本质和尊严享有或者应该享有的基本权利。我国人权的实质内容和目标是人的生存和发展,人权的本质特征和要求是人的自由和平等。没有自由、平等作保证,自然人就无法作为人来谋求生存和发展,也就更谈不上人权。自由、平等是为人的生存和全面发展服务的,一旦脱离了人的生存和发展,自由和平等就会流于形式,甚至变成空洞无物和失去意义的东西。因此就其完整的意义而言,人权就是人人自由、平等地生存和发展的权利,就是人人基于生存和发展所必需的自由、平等权利。我们可以从多个角度来考察人权:(1)按享受权利的主体分,人权包括"个人人权"和"集体人权"两种。前者是指个人依法享有的生命、人身和政治、经济、社会、文化等各方面的自由平等权利,后者是指作为个人的社会存在方式的集体应该享有的权利。譬如,种族平等权、民族自决权、发展权、环境权、和平权等。(2)按照权利的内容分,人权包括公民、政治权利和经济、社会、文化权利两大类。前者是指一些涉及个人的生命、财产、人身自由的权利以及个人作为国家成员自由、平等地参与政治生活方面的权利,后者是指个人作为社会劳动者参与社会、经济、文化生活方面的权利。譬如,就业、劳动条件、劳动报酬、社会保障、文化教育等权利。总之,人权是涉及社会生活各方面的广泛、全面、有机的权利体系,是人的人身、政治、经济、社会、文化诸方面权利的总称。它既是个人的权利,也是集体的权利。

　　我国历来重视公民人权的法制保障。迄今为止,我国已经加入了20项国际人权公约和议定书。我国现行《宪法》第33条第3款规定了"国家尊重和保障人权"①的原则,并且在"公民的基本权利和义务"一章中,对公民权利作了全面、系统的规定。我国法律关于人权保障的规定主要体现在如下几个方面:(1)保障人身权。包括保护生命权、健康权、人身自由权、婚姻自由权、人格尊严权、姓名权、肖像权、名誉权、荣誉权以及个人隐私权,等等。我国法律严禁危害人的生命和健康;严禁非法拘禁他人或者以其他方法侵犯人身自由;严禁侮辱他人的人格,损害他人的名誉和荣誉,侵犯他人的肖像权及个人隐私权,等等。对违反上述规定者,依危害程度、情节轻重予以刑事、民事或者行政处罚。(2)保障政治权利和自由。包括保护公民的选举权、被选举权、罢免权、批评权、控告权、检举权、建议权、监督权、言论自由权、出版自由权、集会自由权、结社自由权、通信自由权、宗教信仰自由权、游行示威自由权,等等。(3)保障经济权利。《宪法》规定:"国家保护个体经济、私营经济的合法的权利和利益"②,"公民的合法的私有财产不受侵犯","国家依照法律规定保护公民的私有财产权和继承权"③。我国《劳动法》规定,劳动者享有平等就业和选择职业的权利、接受职业技能培训的权利、取得劳动报酬的权利、休息休假的权利以及获得劳动安全卫生保护的权利。(4)保障文化教育权利。我国宪法和有关法律规定,国家举办各种学校,发展社会主义教育事业,普及初等义务教育,发展中等教育、职业教育和高等教育,等等。(5)社会保障权利。我国宪法和有关法律规定,国家建立健全同经济发展水平相适应的社会保障制度。我国公民在退休、年老、疾病或者丧失劳动能力的情况下,有从国家和社会获得物质帮助的权利等。

　　我国政府始终把解决公民生存权和发展权问题放在首位。经过50多年

---

①　《中华人民共和国宪法修正案(2004.3.14)》,《中华人民共和国常用法律大全》,法律出版社2006年版,第1863—1864页。

②　《中华人民共和国宪法修正案(1999.3.15)》,《中华人民共和国常用法律大全》,法律出版社2006年版,第17页。

③　《中华人民共和国宪法修正案(2004.3.14)》,《中华人民共和国常用法律大全》,法律出版社2006年版,第1863页。

的努力,我国各族人民的生活水平实现了从贫困到温饱、再从温饱到小康的两次跨越,经济建设取得了举世瞩目的成就。旧中国80%的人长期处于饥饿、半饥饿状态。1949年我国城镇居民人均现金收入不足100元,农村居民人均纯收入不足50元。目前我国以占世界7%的耕地,基本解决了占世界22%的人口的温饱。2005年国内生产总值(GDP)达18.2万亿元,人均GDP达到13985元,人民生活总体上达到了小康水平。"十五"期间,国内生产总值年均增长9.5%,城镇居民人均可支配收入年均增长9.6%,农村居民人均纯收入年均增长5.3%,全国城镇人均住房面积达到26平方米①。我国在解决贫困人口的温饱问题方面取得了举世公认的成就。农村贫困人口从1978年的2.5亿人,下降到2003年的2900万人。2004年中央财政安排扶贫资金122亿元,农村贫困人口比上年减少290万。2004年5月,在上海召开的全球扶贫大会高度评价我国的扶贫成就。会议指出,中国的扶贫成就是一个生动的例子,可以证明人类消除贫困不是遥不可及的目标,中国的例子将改变整个世界关于扶贫争论的悲观基调。我国的医疗卫生体系已基本形成。到2004年,全国共有卫生机构29.6万个,医院和卫生院床位304.7万张,卫生技术人员439万人。平均期望寿命已从新中国成立前的35岁上升到71.4岁,比发展中国家平均指数高出10岁,达到中等发达国家的水平;孕产妇死亡率从1949年新中国成立前的1500人/10万,下降到2003年的51.3人/10万;婴儿死亡率由新中国成立前的200‰下降到2003年的25.5‰②。

科学发展观的核心是以人为本。以人为本就是要实现以人的全面发展为目标,从人民群众的根本利益出发谋发展、促发展,不断地满足人民群众日益增长的物质文化要求,切实保障人民群众的经济、政治、文化权益,让发展成果惠及全体人民。党的十六届六中全会强调,坚持以人为本是构建社会主义和谐社会必须坚持的原则之一,要做到发展为了人民、发展依靠人民、发展成果

① 《中华人民共和国国民经济和社会发展第十一个五年规划纲要》,人民出版社2006年版,第7页。

② 中国人权研究会:《我国在生存权和发展权方面取得了哪些进展》,《人民日报》2005年8月22日,第9版。

由人民共享,促进人的全面发展。在当前的形势下,保护农民土地权益是树立和落实科学发展观,构建社会主义和谐社会的需要,是对失地农民生存权和发展权的根本保障。保护农民土地权益,说到底就是保护农民的人权。

二、保护农民土地权益是破解"三农"问题的起点

一个民族的复兴没有绝大多数人的积极参与是不可能成功的。农民作为民主革命的主体,积极参与了以农村包围城市的革命战争,在中国共产党的领导下推翻了三座大山的压迫,建立了新中国。1978年开始的改革开放,也正是由于广大农民首先参与所带来的巨大活力和示范作用,使得中国改革获得了稳定的基础和广大的发展空间,避免了重蹈苏联和东欧社会主义国家改革的覆辙。在今天,我们要实现邓小平提出的"三步走"战略,全面建设小康社会,根本问题是要解决农业劳动力向非农产业转移和农村贫困落后问题,也同样离不开动员广大农民的积极参与。可以说,"三农"问题作为中国现代化过程中的基本问题,与中国共产党的使命和现代化事业成败密切相关:(1)"三农"问题是中国共产党在革命时期需要解决的基本问题。在民主革命时期,革命的性质、革命的主力军以及农民占人口的比重,都决定了中国共产党必须解决好如何动员和领导农民的问题,才能取得民主革命的胜利,才能建立自己领导的政权。1945年5月14日刘少奇在中共七大上指出:"中国现在的革命,实质上就是农民革命。目前中国工人阶级的任务,基本上就是解放中国的农民。"[①]正是由于中国共产党正确认识了中国民主革命的特点和解决了如何领导农民革命的问题,才完成了民主革命的任务,建立了中华人民共和国。(2)"三农"问题是中国共产党作为执政党需要解决的基本问题。由于中国面临的国情是马列主义所没有预见到的,在这样的国家无产阶级如何夺取政权和开展社会主义建设,不仅没有现成的答案,甚至遇到许多与马列主义某些论断相矛盾的问题。其中最突出的就是怎样解决在个体农民占人口绝大多数的条件下,无产阶级怎样建设社会主义。20世纪50年代初期,农民由革命的主

---

① 刘少奇:《论党》,《刘少奇选集》(上卷),人民出版社1981年版,第331页。

力军变成被改造的对象,户籍制度和人民公社制度将农民束缚于土地之上,农民的要求被视为"资本主义自发倾向",一再受到压抑。1978年以后,党中央和国务院承认了农民的创新行为,特别是当这些创新与传统社会主义理论发生冲突的时候,坚决地站到了农民一边,充分肯定了家庭经营和乡镇企业的创举,从而推动了整个中国的改革开放事业。(3)"三农"问题是中国未来现代化建设需要彻底解决的最大问题。经过50多年的经济发展和20多年的改革开放,我国的综合国力大大提高。但是,买方市场的形成、产业结构的调整以及节约能源、保护环境等因素,将会使得"三农"的核心问题——大量农民向非农产业转移受到较大制约。20世纪80年代至90年代中期,那种低成本、外延型扩张的乡镇企业黄金年代已经不会再现。同时由于农业人口严重过剩,生产率太低,农民的收入增长遇到了较大地阻碍;而农民收入增长缓慢又将进一步影响农村的消费和积累。此外,世界进入21世纪以来,随着冷战格局的解体和经济全球化的推进,中国越来越多地溶入国际经济,既能够获得经济全球化带来的某些好处,也遇到了国际资本对国内经济的猛烈冲击,尤其是落后的农业和技术落后的乡镇企业。这一切都使得解决"三农"问题的复杂程度和难度,远远大于过去的20年。总之,"三农"问题并不单纯是农民、农业和农村问题。它不仅是中国现代化的基本问题,还关系到中国的工业化、城市化、共同富裕、可持续发展以及以人为本和构建社会主义和谐社会等一系列经济社会发展的重大问题。可以说,"三农"问题的解决之日,就是中国现代化的实现之时。

"三农"问题的实质是现代化进程中的城乡经济和社会关系问题[①]。现阶段中国农民问题,集中到一点就是农民的权益缺失。它包括土地问题、生产经营收益问题、剩余农民的转移就业问题、农民的社会和政治权益问题、农民组织化问题等。农业问题主要是经济问题,它包括适合国情的农业发展模式和经营方式问题、提高农业综合生产能力问题、国家对农业支持保护和提高国际

---

① 参见王景新著:《现代化进程中的农地制度及其利益格局重构》,中国经济出版社2005年版,第23—28页。

竞争力问题、农业现代化问题、农业可持续发展问题,等等。农村问题可归结为农村综合开发与发展问题,它包括农村区域三次产业结构问题、农村基础设施建设以及工业化和城镇化问题、新型社区建设和乡村自治模式选择问题、农村社会安定和有序发展问题等。在当代世界现代化进程中,普遍存在着"二元经济结构"和城乡差别。任何国家的现代化都是从农业的原始积累开始的。现代化的过程就是土地、资本、劳动力等农业资源向城市和工业转移的过程。但是,其他国家的这个过程较短(大约为 20—30 年),城乡差距也没有我国这样突出。在我国城市和农村两大经济系统被人为分开,工业和城市长期靠过度剥夺"三农"而发展。有专家估计,近年来通过城乡间不平等的制度安排,全国农民每年向城市作了大约 2 万亿元的贡献,如果改变这种不平等的制度安排,农民收入就能增加一倍①。"三农"问题从来都是全局性问题。如果说土地问题是"三农"中最基本的问题,那么,由征地造成的农民失地问题和与此相关联的农民补偿安置问题,则是"三农"问题中最尖锐的问题之一。从长期来看,农民问题是"三农"问题的中心,现在更是处于核心地位,要解决"三农"问题应该以农民问题为突破口。现阶段农民问题的突出表现就是农民权益被剥夺,特别是土地权益的被践踏。要解决"三农"问题必须以保护好农民的土地权益为起点。只有建立起完善的土地法律制度,对农民土地权益予以切实保护,才可能实现农业生产资料向城市的转移,推动国家的现代化;才可能实现土地的自由有序流转,为我国农业现代化奠定制度基础;才可能实现农村的生产发展、生活宽裕、乡风文明、村容整洁,建设好社会主义新农村。

三、保护农民土地权益是构建和谐社会的重要基础

社会和谐是中国特色社会主义的本质属性,是国家富强、民族振兴、人民幸福的重要保证。自党的十六大以来,党对社会和谐的认识不断深化,明确了构建社会主义和谐社会在中国特色社会主义事业总体布局中的地位,作出了

---

① 陆学艺教授参加"中央领导听取经济学家、社会学家对《2004 年政府工作报告》建议座谈会"的发言。

一系列决策以保障和谐社会建设取得新的成效。党的十六届六中全会作出的《中共中央关于构建社会主义和谐社会若干重大问题的决议》,对构建社会主义和谐社会进行了全面部署。强调要扎实推进社会主义新农村建设,促进城乡协调发展;要贯彻工业反哺农业、城市支持农村和多予少取放活的方针,加快建立有利于改变城乡二元结构的体制机制,推进农村综合改革,促进农业不断增效、农村加快发展、农民持续增收;要坚持农村基本经营制度,保障农民土地承包经营的各项权利,发展农民专业合作组织,增强农村集体经济组织服务功能;要实行最严格的耕地保护制度,从严控制征地规模,加快征地制度改革,提高补偿标准,探索确保农民现实利益和长期稳定收益的有效办法,解决好被征地农民的就业和社会保障①。从根本上来说,农业兴则国家富,农村稳则国家安,农业兴和农村稳的主体是农民。保护好农民的土地权益是国家兴旺发达和长治久安的根本前提,保护好农民土地权益是构建和谐社会的重要基础。在西部民族地区城市化过程中,保护农民土地权益更是重中之重。

在国家和发达地区的大力帮助和支援下,民族自治地方充分发挥自身优势,保持了经济发展、政治稳定、社会进步、民族和睦的良好局面。1994—2003年,中国民族自治地方国内生产总值年均增速为9.87%,高于全国平均水平近1个百分点。1994年民族自治地方人均国内生产总值相当于全国人均的63.5%,2003年上升至66.3%。2003年,民族自治地方完成地方财政收入674亿元人民币,比1994年增加了2.3倍。同年,西藏人均国内生产总值为6871元人民币,相当于全国人均的75.5%;新疆人均国内生产总值为9700元人民币,相当于全国人均的106.6%②。在经济发展的同时,少数民族群众的宗教信仰自由得到充分尊重和保障。截至2003年底,西藏自治区共有1700多处藏传佛教活动场所,住寺僧尼约4.6万人;新疆维吾尔自治区共有清真寺23788座,教职人员26000多人;宁夏回族自治区共有清真寺3500多座,教职

---

① 《中共中央关于构建社会主义和谐社会若干重大问题的决定》,人民出版社2006年版,第1—9页。

② 中华人民共和国国务院新闻办公室:《中国的民主政治建设》,《光明日报》2005年10月20日,第7版。

人员 5100 人,各种宗教活动正常进行。同时,各民族生活方式得到尊重。包括尊重少数民族生活习惯,尊重和照顾少数民族的节庆习俗,保障少数民族特殊食品的经营,扶持和保证少数民族特需用品的生产和供应以及尊重少数民族的婚姻、丧葬习俗等。民族地区的体育卫生等社会事业也得到发展。截至 2003 年底,中国共举办了 7 次全国性少数民族传统体育运动会。2003 年在宁夏回族自治区举办的第七届全国少数民族传统体育运动会上,共有 14 个竞赛大项,表演项目 125 个。截至 2003 年底,全国共有民族医院 157 个,其中藏医院 55 个,蒙医院 41 个,维医院 35 个,傣医院 1 个,其他民族医院 25 个,实有床位 5829 张①。

民族地区和谐社会的构建事关我国和谐社会构建的全局。从一定意义上讲,民族地区和谐社会构建的意义重大、任务艰巨,需要改变的不和谐因素相对较多。这些不和谐因素主要包括各民族间经济文化发展差距加大,产生负面影响;民族区域自治权力不够完善,滞后于民族地区经济社会发展的要求;国外敌对势力支持的分裂主义威胁民族团结和祖国统一;现代化和经济全球化对民族传统观念和文化产生较大冲击;一些民族地区不同民族成员之间的冲突影响民族关系的和谐,等等。在这种错综复杂的条件下,尤其要保护好农民的土地权益,要让其成为民族地区城市化的助推器,而不能成为不和谐因素的导火索。社会主义和谐社会是民主法治、公平正义、诚信友爱、充满活力、安定有序、人与自然和谐相处的社会。在西部民族地区城市化的进程中,要通过切实保护农民土地权益来为构建和谐社会打下坚实的基础。

四、保护农民土地权益是巩固民族团结的必由之路

西部地区是我国少数民族聚居和贫困人口较多的地区。内蒙古、宁夏、广西、西藏、新疆 5 个民族自治区均处于西部。在全国 55 个少数民族中,有 52 个少数民族分布在这里。在全国超过 100 万人口的 18 个少数民族中,有壮、

---

① 中华人民共和国国务院新闻办公室:《中国的民族区域自治》,《中国民族报》2005 年 3 月 1 日,第 2 版。

满、回、苗、维吾尔、彝、土家、蒙古、藏、布依、侗、瑶、白、哈尼、哈萨克、傣等16个民族集中分布在这一地区。西部地区有内蒙古、广西、云南、西藏、新疆5个省区地处我国西部边疆,分别与俄罗斯、尼泊尔、印度、缅甸、老挝、蒙古、越南等国家接壤,边境线长达20000公里,且有维吾尔、蒙古、哈萨克、塔吉克、傣等20多个民族跨边境而居。西部地区是中国贫困人口最集中和贫困发生面积最广大的地区。1998年全国贫困发生率平均为4.6%,而西藏、青海、贵州、宁夏、云南、甘肃、新疆、重庆、内蒙古、四川的贫困发生率分别为19.0%、14.0%、12.9%、12.6%、12.2%、11.5%、8.9%、6.6%、6.4%和5.5%,大大高于全国的平均水平。在《国家"八七"扶贫攻坚计划》所列的592个贫困县中,西部民族地区所占的比重较大,达到232个,占全国贫困县总数的39.19%。其中,贵州、云南、宁夏、内蒙古、青海、广西、新疆的贫困县比重分别高达60%、59.35%、44.44%、36.90%、35.90%、33.73%和29.41%,远远高于全国平均27.27%的水平[1]。

政府保护好农民土地权益必将得到各族人民的衷心拥护。胡锦涛同志《在中央民族工作会议暨国务院第四次全国民族团结进步表彰大会上的讲话》中指出:"我国是统一的多民族国家,有56个民族,少数民族有一亿多人口,分布在全国各地,民族自治地方占国土面积的64%。西部和边疆绝大部分地区都是少数民族聚居区。这一基本国情,决定了民族问题始终是我们建设中国特色社会主义必须处理好的一个重大问题,也决定了民族工作始终是关系党和人民事业发展全局的一项重大工作。"[2]在西部民族地区城市化过程中,切实保护好农民的土地权益,就是对党的民族政策和民族区域自治制度的最好落实。一方面,保护好农民土地权益,体现了人民政府对少数民族群众生产生活的真心关怀和真诚帮助,体现了人民政府对民族地区经济社会发展的大力支持,体现了人民政府对各民族平等相待的民族政策,也体现了党和政府

---

① 宋才发等著:《民族地区城镇化建设及其法律保障研究》,中央民族大学出版社2006年版,第38页。

② 胡锦涛:《在中央民族工作会议暨国务院第四次全国民族团结进步表彰大会上的讲话》,《中国民族报》2005年5月28日,第2版。

以科学发展观构建社会主义和谐社会在民族地区的成功实践。另一方面,农民土地权益是农民作为集体成员的经济、政治、社会等权利的集中体现,保护好农民土地权益,是对民族自治地方享有充分自主权的最好说明。当前我们完全可以说,保护农民土地权益是巩固民族团结,维护各民族和睦,增强各民族凝聚力和向心力的必由之路。

第二章 西部民族地区城市化过程中农地征收状况及制度安排

　　法律赋予了国家对土地一级市场的垄断权。当城市建设用地缺乏的时候,政府可以动用拥有的土地征收权将农民集体所有的土地征收为国有土地,征地已成为满足各类建设用地的主要途径。随着西部民族地区基础建设投资的不断增长,重点建设项目及工业园区建设步伐的加快,城市建设占用农地的比重呈逐步上升的态势,占用农地的数量急剧增加。城市建设用地供需矛盾突出,农地转化为城市建设用地中的违法问题日趋加剧,土地使用率低,土地资源浪费现象十分严重。长期以来国家实施产业非均衡和区域非均衡的发展战略以及缺乏有效的区域调控措施,加之西部民族地区恶劣的自然条件,导致西部民族地区经济基础差,城市化水平大大落后于东部发达地区。由于西部民族地区农牧民文化素质相对较低,自我维权意识淡薄,加之土地征用监督机制不完善,因征收农地致使农民利益受损的问题时有发生。目前西部民族地区失地农民的生存和发展问题相当严重,解决失地农民权益问题的难度也相当大,必须从立法和制度安排上予以统筹解决。

第一节 城市化过程中农地征收现状及其未来趋势

一、城市化过程与我国的农地征收

　　土地是一个法定的具有专门含义的概念。土地是由地球陆地一定高度和深度范围内的土壤、岩石、矿藏、水文、大气和植被等要素构成的自然综合体①。现实的土地已不是一个单纯的自然综合体,而是一个蕴涵着人类正反两方面活动成果的自然—经济综合体②。在学理上,对土地可以从不同的角度进行界定以及类型化。譬如,土地经济学上的自然土地和经济土地之分;土地资源学上的农地、建设用地和未利用地之分;土地法学上的全民所有制土地和集体所有制土地之分,等等。土地分类是一种现实的需要,"对于土地分类的忽视,不但是公共政策的一个致命的缺点,而且也注定了土地利用方面不少私人投机的失败"③。世界各国都十分重视对土地的科学分类,这不仅能够清晰了解一个国家各类土地的数量及其结构,便于对各类土地分别进行合理的开发、利用与管理,同时也有利于对土地进行科学的征税、搞好地产经营。

　　国土资源部是我国土地资源、矿产资源、海洋资源等自然资源的规划、管理、保护与合理利用的国务院所属职能部门。我国现行土地分类的标准是国土资源部于 2001 年 8 月 21 日颁布的《土地分类(试行)》。国土资源部从土地使用的角度,将土地分为三种类型④:(1)农用地。农用地是指直接用于农业生产的土地,包括耕地、园地、林地、牧草地及其他农用地。其中,其他农用地是指上述耕地、园地、林地、牧草地以外的农用地,包括畜禽饲养地、设施农业用地、农村道路、坑塘水面、养殖水面、农田水利用地、田坎、晒谷场等用地。(2)建设用地。建设用地是指建造建筑物、构筑物的土地,包括商业、工矿、仓储、公用设施、公共建筑、住宅、交通、水利设施、特殊用地等。建设用地包括居民点及独立工矿用地(城市、建制镇、农村居民点、独立工矿用地、盐田、特殊用地)⑤、交通运输用地(用于运输通行的地面线路、场站等用地,包括民用机场、港口、码头、地面运输管道和居民点道路及其相应附属设施用地)、水利设施用地(用于水库、水工建筑的土地)。(3)未利用地。未利用地是指农用地

① 毕宝德主编:《土地经济学》(第 5 版),中国人民大学出版社 2006 年版,第 3 页。
② 周诚著:《土地经济学原理》,商务印书馆 2003 年版,第 7 页。
③ 伊利、莫尔豪斯著:藤维藻译:《土地经济学原理》,商务印书馆 1982 年版,第 33 页。
④ 国土资源部地籍管理司:《2005 全国土地利用变更调查报告》(附件 2),中国大地出版社 2006 年版。
⑤ 特殊用地是指居民点以外的国防、名胜古迹、风景旅游、墓地、领域等用地。

和建设用地以外的土地,它包括还未利用土地(目前还未利用的土地包括难于利用的土地,主要有荒草地、盐碱地、沼泽地、沙地、裸岩石砾地、其他未利用地)、其他土地(未列入农用地、建设用地的其他水域地,主要包括河流水面、湖泊水面、苇地、滩涂、冰川及永久积雪)。

现行的土地法律法规乃至相关的土地政策中大量使用"农用地"、"建设用地"、"未利用地"等概念,而这些法律法规和政策并未对这些概念进行定义或者解释。在我国的土地管理、土地规划和土地司法中,基本上都是依据和采纳国土资源部《土地分类(试行)》中的定义。如《中华人民共和国土地管理法》在"第五章　建设用地"中[1],并没有对"什么是建设用地"做出立法上的说明或者解释,《土地分类(试行)》中关于"农用地"、"建设用地"、"未利用地"的定义实际上就承担了这一任务。在某种意义上说,国土资源部的《土地分类(试行)》不仅仅是一个部门规章,它实际上已经成为我国土地基本法律重要的有机组成部分。

二、我国城市建设用地制度的历史嬗变[2]

我国城市建设用地制度经历了从过去计划经济时代的行政划拨体制到现在市场经济条件下的市场流转体制转变的过程。1986 年《中华人民共和国土地管理法》颁布后,经过近 20 年的实践发展,国家土地所有权与国家土地使用权相分离的制度已渐趋成熟,从土地的无偿、无限期使用到有偿、有限期使用,从土地供应的无序状态到今天的统一收购储备,从国有土地的协议出让到现在的土地"招、拍、挂",无一不显现出国有土地使用制度的规范化和市场化。在计划经济体制下,我国城市建设用地制度的特点是行政划拨、无偿无期限使用、禁止土地使用权转让等。行政划拨就是土地由国家行政机关调拨分配使用。譬如,国家机关、部队、学校、国营企业等,如果建设需要使用土地,可

---

① 《中华人民共和国土地管理法》(2004 年 8 月 28 日修订),《中华人民共和国常用法律大全》,法律出版社 2006 年版,第 1310 页。

② 参见毕宝德先生主编的《土地经济学原理》(第 5 版)一书中第十章第二节"中国城市现行土地使用制度"的内容,中国人民大学出版社 2006 年第 5 版,第 211—218 页。

以按照一定的建设用地审批程序,经审批后无偿拨给用地。国家因进行经济、文化、国防建设或者兴办社会公共事业,如果需要使用国家机关、部队、学校、国有企业等正在使用的土地,不是通过购买或者租赁方式取得,而是由国家运用行政手段无偿调用。无偿无期限使用就是国家机关、部队、学校、国营企业等从国家得到用地时不支付地价,在使用中也无须交纳地租或者土地使用费,也没有规定明确的土地使用期限。禁止土地使用权转让就是禁止土地使用者以买卖、出租、赠与、交换等方式将土地使用权直接转给其他单位或者个人。如果土地使用者不再需要使用该土地,则必须将土地无偿地返还给国家有关部门,由国家对该土地进行重新安排配置。

我国自 20 世纪 80 年代初开始城市土地使用制度的改革。改革的基本目标是实行城市国有土地的有偿使用制度,把城市国有土地使用权从所有权中分离出来,推向市场进行流转,全面开放城市国有土地使用权市场。20 多年来,为了适应市场经济条件下城市快速发展建设用地的需要和保证国家粮食安全的需要,国家本着“一要吃饭,二要建设”的基本原则,出台了促进和规范城市建设用地的一系列法律法规和政策,初步形成了有中国特色的城市建设用地制度。这些制度主要有城市建设规划制度、土地征收(征用)制度、土地使用权出让制度、土地使用权转让制度、土地使用权出租制度、土地使用权抵押制度和土地使用权终止制度等。依据现行的国家法律法规以及相关政策规定,我国城市建设用地除了法律法规明确规定少量特殊的可继续实行行政划拨方式用地外,基本上都是通过规范化和市场化的“招、拍、挂”方式从国家有偿取得。由于我国法律赋予了国家对土地一级市场的绝对垄断的权利,因而当城市建设用地缺乏的时候,国家往往动用其拥有的土地征收“最高统治权”,将大量农民集体所有的土地征收为国有土地。

三、农地征收的基本内涵与特征

(一)农地及农地征收的基本内涵

人们对“农地”一词的理解和使用并不完全一致。“农地”的称谓是一种简称。农地既可以看作是“农用地”的简称,也可以看作是“农民集体土地”的简称,还可以看作是"农村土地"的简称。这三种对"农地"的理解和使用是有明显差异的。当"农地"被视为"农用地"简称的时候,农地是指直接用于农业生产的土地,划分的标准是土地的利用途径和方式。当"农地"被视为"农民集体土地"简称的时候,农地是指农民集体所有的土地,划分的标准是土地所有者(或者土地所有权归属)的不同。而当"农地"被视为"农村土地"简称的时候,农地是指"农民集体所有和国家所有依法由农民集体使用的耕地、林地、草地,以及其他依法用于农业的土地"①,划分的标准是双重的,实际上结合了土地使用的途径和土地所有权(一部分使用权)这两个方面的内容②。我们在本书里采用的是第三种解释并使用的。

农地征收是财产征收的下位概念,是"土地征收"(Land Expropriation)的最主要的形式。我国至今尚无一部法律对"土地征收"做出明确的立法上的解释,学界对它的界定实际上也是五花八门的。如有专家认为,"土地征收"是一种土地公有取得制度,一般是指国家为了公共利益的需求,依照法律规定而强制取得其他民事主体土地并给予补偿的一种行政行为③。因此,我国"土地征收"通常是指"国家为了社会公共利益的需要,按照法律规定的批准权限和程序批准,并依法给予农民集体经济组织和农民个人(家庭)补偿后,强制将土地农民集体所有转变为国家所有的一种行政行为"④。也有专家将"土地征收"界定为"国家为了社会公共利益的需要,依法将农民集体所有的土地变更为国有土地,并依法给予补偿的制度"⑤。还有专家认为,"土地征收是国家或政府为了公共目的而强制性将私有土地收归国有并给予补偿的一种基本土

① 《中华人民共和国农村土地承包法》,《中华人民共和国常用法律大全》,法律出版社 2006 年版,第 176 页。

② 实际上,我国《农村土地承包法》中的"农村土地"是一个含糊不清的概念。在某种程度上也反映出我国在土地问题上的困境及整个土地制度体系的内在混乱。

③ 张慧芳著:《土地征用问题研究——基于效率与公平框架下的解释与制度设计》,经济科学出版社 2005 年版,第 24 页。

④ 张慧芳著:《土地征用问题研究——基于效率与公平框架下的解释与制度设计》,经济科学出版社 2005 年版,第 29 页。

⑤ 张庆华著:《中国土地操作实务》,法律出版社 2003 年版,第 27—28 页。

地法律制度"①。根据我们目前收集到的相关资料进行综合分析,国内学者对何为"土地征收"的种种不同解释,不下30余种②。定义本来是一种揭示事物本质的一种方式,也是进行科学研究的重要手段。所以我们认为,尽管学者们对于"土地征收"概念的表达有所不同,但是,对于"土地征收"概念所应当包含的几个基本要素的认识则大体上是相同的。具体地说,土地征收应当是为了公共利益(公共目的),土地征收的主体只能是国家(或者政府),土地征收的对象只能是国家所有之外的土地,土地征收使用的方式是强制性的,土地征收之后必须给予补偿,土地征收是一种行政行为(当然也有不少学者坚持"制度说")等等。有鉴于此,我们在本书里将"土地征收"的概念,定义为国家为了公共利益的需要,依照法律的规定,强制并且有偿取得国家所有之外土地的行为及其一系列相关制度的安排。

"农地征收"作为"土地征收"的下位概念,对农地征收下定义,实际上就是一个从"种概念"到"属概念"的演绎的过程。由此而来,我们可以将"农地征收"界定为国家为了公共利益的需要,依照法律的规定,强制并有偿取得农民集体所有土地的行为及其一系列相关制度的安排。

(二)农地征收的主要特征

征收制度自所有权制度产生起就作为对所有权的一种限制而存在,它与所有权制度共同发展,并在社会所有权的观念下获得其存在的合理性。一般而言,征收是指国家为了公共目的而强制地并且通常是有偿地取得其他主体的所有权或者其他财产的一种行为。土地由于其有限性和不可替代性而成为最普遍的被征收对象。当代世界各国普遍建立了为公共利益需要而征收土地的制度。就所有权而言,这也是所有权社会化的一种必然结果。随着社会、经济发展以及人口数量的急剧增长,人地关系变得越来越紧张,使得土地利用中

---

① 李珍贵,唐健,张志宏:《中国土地征收权行使范围》,《中国土地科学》2006年第1期。
② 为了研究简约起见,我们在这里并未将港澳台及海外学者的观点一一列举,这并非是一种不严谨或者不科学的态度,而是我们认为在这个问题上,国内的大陆学者更有发言权。同时,由于中国实行的是社会主义土地公有制与国外的土地私有制大相径庭,因而我国的土地征收制度必然是世界上最具特色的。

的个人利益与公共利益的冲突也越来越突出,甚至出现因个人土地权利的行使而妨碍公共利益的现象。再加上土地资源的特殊性、不可移动性以及自然承载力的无法替代性,对某些特定的地块,在没有需求弹性的情况下,国家就不得不动用法律所赋予的强制性特权,对某一特定地块进行强制性征收。世界主要国家都建立了土地征用制度,并在法律中规定了国家征用土地的权利(力)。譬如,在日本称之为"土地收用"或者"土地收买"制度;英国称之为"强制收买"制度;在德国和我国的台湾省称之为"土地征收"制度;在美国叫做"最高土地权的行使"制度;在我国的香港特别行政区叫做"官地收回"制度。尽管各地区的叫法不一,但是基本的法律制度和法律精神是一致的,即国家在特定的情况下有权对特定的土地加以征用。

(三)土地征收权是政府的一项特殊权利

土地征收权是《宪法》特别授予政府的一项权利,是以满足公共利益的需要而对私人财产权的一种约束。土地征收权的合法性在于为了公共利益用地需要,土地征收的公共性目的成为征地是否合法的唯一标准,也成为被征地者抗诉土地征收权行使的依据。如果不是为了公共利益,那么被征地人就有权力加以拒绝。同时,即使是为了公共利益服务的目的,对被征地人所造成的损失,基于对私人财产保护的原则,也要对其加以合理的补偿,否则就会对土地所有者或者使用者的合法利益造成侵害。

农地征收(我国土地征收实际上主要是农地征收,在某种程度二者是互用的)一般具有如下 5 个主要特征:即征收权主体特定性、公共目的性、强制性、补偿性、权属变更性。其中的补偿性、公共目的性这两个特征是核心,因为这是农地征收制度里保护被征收入、防止政府滥用征收权力的最重要的两项制度安排。(1)主体的特定性。农地征收的主体只能是国家。农地征收实质上是国家取得土地所有权的一种特殊方式,是国家对于土地的最高主权(最高统治权)的体现,其他任何组织与个人均不享有这种权利(力),国家也不能将该项权利(力)授予其他任何组织与个人。土地征收法律关系中的当事人只能是国家和被征收农地的所有人,而不能是其他①。(2)目的的公共性。国家进行农地征收只能是为了满足社会公共利益的需要,世界各国的法律法规和农地征收实践莫不如此。农地征收目的的公共性,不仅是一项具体农地征收权行使的前提条件,也是评判一项具体农地征收权行使是否合法的唯一标准。至于什么是"公共利益"以及如何界定与表达"公共利益",世界各国在这些问题上均有所差异。(3)方式的强制性。强制性是农地征收的突出特征。它表现为国家基于公共目的而行使征收农地的权利,这种权利高于其他一切土地权利,任何土地权利人都必须服从于国家的农地征收权。农地征收强制性的核心要素是:这种征收行为产生的是一种典型的命令与服从的纵向行政法律关系,而不是一种基于平等基础上的自愿与协商的横向民事法律关系。被征地者的自主性和意愿在农地征收中被弱化,甚至是被抑制。当然,这一切都是以国家合法行使农地征收权力为前提的。(4)征收的有偿性。农地征收虽然是强制性的,但是它给原土地所有人造成了事实上的损失。因此基于公平原则的理念,世界各国(地区)都明确规定国家不是无偿取得原所有者的土地,而是必须给予合理的经济补偿。对于补偿理论的基础、补偿的原则、补偿的标准以及如何补偿等一系列问题,各个国家(地区)学者看法与政府的做法并不完全一致。譬如,法律经济学者对为什么要"给予公平合理的补偿",最简单的解释是它能够预防政府过度使用征收权。如果不存在公平补偿的规定,政府很可能就会积极的征收更多的土地以降低自己的投入成本,而这种做法对整个社会来讲通常是浪费资源和低效的。(5)权属的变更性。农地被国家征收以后农地的所有权发生转移。我国的农地征收过程,实际上就是农民集体的农地所有权向国家土地所有权转移的过程。国家获得了农地的所有权之后,再通过划拨、出让、出租等方式将土地使用权让渡给建设用地单位,至此土地所有权的属性便发生了实质性的变更。

---

① 在实践中,由于农地征收补偿款往往是由用地单位付给被征地农户或者农村集体的,因而容易使人认为用地单位也是农地征收基本法律关系的一方主体。实际上,用地单位并不与被征地农户发生直接的法律关系。

四、农地征收与农地征用的根本区别

"农地征收"和"农地征用"这两个概念具有一定的联系。农地征收与农地征用都属于通过运用国家强制力而对公民的土地权利进行限制的形式,都是为了公共利益需要,都必须经过法定程序去取得,都需要依法给予补偿。上述农地征收发生土地所有权属的变更,正是农地征收与农地征用的根本区别。具体地说,"农地征收"和"农地征用"这两个概念的主要区别点在于:(1)二者的法律效果不同。农地征收是土地所有权的改变,农地征用则是土地使用权的改变。这是两者最主要、也是本质的区别。(2)二者的适用条件不同。农地征用一般适用于临时性的紧急状态,也适用于临时性的公共用途。而即使不存在紧急状态,为了共同利益的需要也可以实施农地征收。(3)二者适用的法律不同。农地征收主要适用土地法和城市规划法。农地征用适用的多是调整紧急状态的法律。(4)二者的补偿不同。在农地征用的情况下,如果标的物没有毁损灭失,就应当返还原物。而在农地征收的情况下,不存在返还的问题。由于农地征收是所有权的移转,对其做出的补偿也相对更高一些。(5)二者适用的程序不同。由于农地征收要发生所有权的移转,所以,农地征收的程序比农地征用更为严格①。

必须注意准确地使用"农地征用"的概念。长期以来,我国法律法规及其相关政策中一直是使用"土地征用"一词;实际上"土地征用"被不合逻辑地扩大了使用范围。因为从法理上讲,"土地征收"与"土地征用"在权属转移、适用条件、适用法律、适用程序、补偿标准等方面都具有较大的差异。在现实土地征用的实践中,大量的并不是"征用"而是"征收"。这样一来,就导致整个土地管理及土地所有权人权益保护出现了严重的问题。在我国 2004 年最新

① 尽管 2004 年我国宪法修正案中第一次区分了土地征收和土地征用这两个概念,实际上,我国关于土地征收和土地征用之间的区别仍然主要是在学理上,现行的法律法规几乎没有针对土地征收和土地征用的适用条件、适用法律、补偿标准及适用程序等做出具体而有区别的规定。对此,中国人民大学法学院王利明教授提出:我国物权法草案中应当分别规定征收与征用。参见王利明:《物权法草案中征收征用制度的完善》,《中国法学》2005 年第 6 期。

通过的"宪法修正案"里,第一次区分了"土地征收"和"土地征用"两个概念。《中华人民共和国宪法》第 10 条第 3 款"国家为了公共利益的需要,可以依照法律规定对土地实行征用。"修改为:"国家为了公共利益的需要,可以依照法律规定对土地实行征收或者征用并给予补偿。"[①]"宪法修正案"明确地区分"土地征收"与"土地征用"的概念,具有重要的理论意义和实践意义。从理论上看,"宪法修正案"对农地征收与农地征用的区分,使我国的立法更加规范和严谨。从实践上看,不是所有的公共建设都需要进行转移农地所有权的农地征收,一些属于临时性的项目可能只需取得农地使用权即可满足需要。因此,"农地征用"可以填补这方面的制度空白,使用"农地征用"有利于对被征用人的权利予以保护。

五、土地利用以及土地征收的现实状况

国土资源部公布的资料显示,"十五"期间我国耕地面积总共净减少 9240 万亩(年均净减少耕地 1848 万亩)。具体变化的情况是:建设占用耕地 1641 万亩,灾毁耕地 381 万亩,生态退耕 8065 万亩,因为农业结构调整减少耕地 1293 万亩。以上 4 项共减少耕地 11380 万亩。同期土地整理复垦开发补充耕地 2140 万亩。同期东、中、西部耕地面积分别净减少 2107 万亩、1987 万亩、5146 万亩,各占全国耕地面积净减少的 23%、21%和 56%[②]。"十五"期间,全国共新增建设用地 3285 万亩(年均新增建设用地 657 万亩)。其中,新增独立工矿用地 1315 万亩,新增城镇建设用地 618 万亩,新增交通用地 546 万亩,新增村庄用地 477 万亩,新增特殊用地、水利设施建设用地等 329 万亩。同期东、中、西部新增建设用地分别为 1796 万亩、583 万亩、906 万亩,各占全国新增建设用地的 55%、18%和 27%。截至 2005 年 10 月 31 日,在全国 31 个省(区、市)土地调查面积中,农用地 98.56 亿亩,占 69.1%;建设用地 4.79

---

① 《中华人民共和国宪法修正案(2004.3.14)》,《中华人民共和国常用法律大全》,法律出版社 2006 年版,第 1863 页。

② 国土资源部地籍管理司:《2005 全国土地利用变更调查报告》,中国大地出版社 2006 年版,第 3 页。

亿亩,占3.4%;未利用地39.26亿亩,占27.5%[①]。

2005年是全面贯彻落实《国务院关于深化改革严格土地管理的决定》第2年,根据土地利用变更调查结果,截至2005年10月31日[②],全国耕地12206.72万公顷(18.31亿亩);园地1153.33万公顷(1.73亿亩);林地23574.51万公顷(35.36亿亩);牧草地26214.64万公顷(39.32亿亩);其他农用地2553.35万公顷(3.83亿亩);居民点及独立工矿用地2600万公顷(3.90亿亩);交通运输用地233.33万公顷(0.35亿亩);水利设施用地360万公顷(0.54亿亩);其余为未利用地。与2004年相比,耕地面积减少0.30%,园地面积增加2.31%,林地面积增加0.30%,牧草地面积减少0.21%,居民点及独立工矿用地面积增加1.11%,交通运输用地面积增加3.37%,水利设施用地面积增加0.26%。2005年全国耕地净减少36.16万公顷(542.4万亩)。其中,建设占用耕地13.87万公顷(208.1万亩)。另外,查出往年已经建设但未变更上报的建设占用耕地面积7.34万公顷(110.1万亩);灾毁耕地5.35万公顷(80.2万亩);生态退耕39.03万公顷(585.5万亩);因农业结构调整减少耕地1.23万公顷(18.5万亩),土地整理复垦开发补充耕地30.67万公顷(460.0万亩)。土地整理复垦开发补充耕地面积为建设占用耕地的144.56%。全年新增建设用地43.2万公顷。其中,新增独立工矿(包括各类开发区、园区)建设用地15.11万公顷,新增城镇建设用地9.82万公顷,新增村庄建设用地6.6万公顷,新增交通、水利等基础设施建设用地10.76万公顷。

"十五"期间我国土地利用变化主要有两大特点。这两大特点一是由于经济增长过快,投资规模逐年加大,各项建设用地需求量急剧增大,建设占用相当数量的耕地。全国城乡新增建设用地3285万亩,建设占用耕地1641万亩。二是生态退耕数量大,这是耕地面积减少较多的主要因素之一。全国耕

---

① 国土资源部地籍管理司:《2005全国土地利用变更调查报告》,中国大地出版社2006年版,第3页。

② 我国每年公布的全国土地利用变更状况的起止时间是从头一年的11月1日至第2年的10月31日。

地面积由 2000 年 10 月底的 19.24 亿亩,减少为 2005 年 10 月底的 18.31 亿亩,耕地净减少 9240 万亩,其中生态退耕减少耕地 8065 万亩。从各年度的情况看,"十五"初期特别是 2002—2003 年,不少地区出现了盲目投资、低水平重复建设,圈占土地、乱占耕地的势头,两年年均新增建设用地达 682 万亩。2004 年以来,全国深入开展土地市场治理整顿,国土资源管理系统全面贯彻落实《国务院关于深化改革严格土地管理的决定》,基本刹住了盲目设立开发区,大量"圈占"土地之风,遏制了乱占滥用耕地的势头,形势趋于好转。2004—2005 年年均新增建设用地 415 万亩,比前两年出现较大幅度的下降。

征用农地已成为满足我国各类建设用地的主要途径。国土资源部的调查研究表明,2000—2001 年两年共批准用地 327 万亩,有 247 万亩建设用地是通过征地取得,占总用地的 76%。其中,征用耕地 171 万亩,占总用地的 52%。征地项目不仅包括交通、能源、水利等基础设施项目(占 52%)和经济适用住房、市政共用设施等城市公益性项目(占 12%),还包括工商业、房地产等城市经营性项目(占 22%),道路、学校、企业等乡镇村建设用地项目(占 13%)。有些省的部分高效农业项目、设施项目也是通过征地取得土地使用权的①。目前征地成为我国城市化中满足各类建设用地需求的主要方式,无论是单独选址项目,还是城市分批次用地,均采用征收的方式解决新增建设用地来源,客观上形成了为"公共利益"需要动用征地权的扩大行为。这种状况在"某种程度上已为政策法规所承认,这种现象在世界上是绝无仅有的。"②我国第二轮土地利用总体规划的规划期为 1997—2010 年,尽管目前时间刚过半,但是全国建设占用耕地指标已经超过了 2/3,特别是在局部地区,如沿海经济比较发达、城市建设发展比较迅速的浙江、江苏、山东以及北京等省、直辖市,指标已经被突破或者将近用完。近些年来的开发区"圈地运动",在各地土地利用总体规划屡屡被突破的过程中扮演了重要的角色。土地市场秩序在治理整顿之前,开发区规划面积居然超过了全国现有城镇建设用地面积的总

① 鹿心社主编:《研究征地问题 探索改革之路》(二),中国大地出版社 2003 年版,第 28 页。鹿心社为国土资源部副部长、中国土地估价师协会会长。

② 鹿心社主编:《研究征地问题 探索改革之路》(二),中国大地出版社 2003 年版,第 46 页。

和。如火如荼的清理整顿抖出了某些地方的"家底",该核减的核减,该撤销的撤销,最终使开发区数量由原来的6866个减少到2053个,规划面积从3.86万平方公里压缩到1.37万平方公里①。

20世纪90年代我国城市(145个大中城市)建设用地的总扩张面积为3534 km²。这些扩张主要发生在东部沿海的12个省、市和自治区,它们占总扩张面积的75.3%,中部地区占14.5%,西部地区占10.2%。这145个大中城市的建设用地面积扩张了39.8%。其中,位于东部沿海地区的城市扩展速度最快,位于中部地区的城市扩展速度最慢,分别为43.0%和17.8%。在世界发达地区,城市建设用地的年均扩张率为1.2%左右,而中国东部较发达地区城市建设用地的年均扩张速度约为4.2%,远高于世界发达地区的平均水平。城市人均建设用地面积的变化从1990—2000年,东部地区城市人均用地增长最快,从1990年的人均94.4 m²增加到2000年的104.0 m²,增长了10.2%。然而中部地区则出现城市人均用地大幅度下降的现象,在2000年人均用地为83.6 m²,下降了7.7%;西部地区人均城市建设用地也下降了1.4%,2000年为86.2 m²,低于东部地区。该项权威研究表明:(1)我国城市扩张占用耕地比例大。城市一般分布在自然条件较好的地区,周边多为农田,因此城市扩张主要占用耕地。在选择的145个大中城市的建设用地扩张中,有70.0%的新增加城市建设用地来自耕地。东部地区城市建设用地扩张占用耕地的比例最低为69.0%,中部地区为72.0%,西部地区最高为80.9%,高于全国平均水平近11个百分点。(2)耕地生产力高的地区流失的耕地量大。我国城市扩展主要占用自然条件较好的平原耕地,在这些被城市侵占的农田中,山地和丘陵地区耕地比例很小。通过比较,1995年城市市辖区(不包括市辖县)耕地的粮食单产和全国耕地的平均粮食单产,145个城市中有97个城市市辖区耕地粮食单产超过全国平均水平(6700 kg/hm²)。其中,有63个城市的粮食单产达到10000 kg/hm²,约为全国平均水平的1.5倍。西部地区在

① 李倩:《规划为何被故意做大?——新一轮规划修编中怪现象透视》,《中国土地》2005年第3期。

20 世纪 90 年代城市人口增加迅速,城市建设用地扩张较快。在新增城市建设用地中,占用耕地比例最大,达到了 80.9%。虽然西部地区耕地较少,质量总体较差,但是,许多西部城市的市辖区粮食产量并不低,如银川、成都和德阳等。另外,城市周围常有生产力较高的菜地和园地,这些优质的园地和菜地是城市居民的主要菜篮子,它对保证城市生态系统正常运转有着重要的意义①。国土资源部执法监察局局长张新宝在通报土地违法情况时指出,在新《土地管理法》实施以来的 7 年中,也就是 1999—2005 年,全国共发现土地违法行为 100 多万件,涉及土地面积近 50 多万亩;比 2004 年全国新增的建设用地总量(402 万亩)多出近 100 万亩。根据卫星遥感监测对新增建设用地进行检查发现,前几年违法用地平均占新增建设用地总宗数的 34%,有的地方高达 80%以上;已撤销的部分开发区有将近一半的用地是租用集体土地,连农用地转用手续都没有办②。2006 年 6 月 25 日是全国第 16 个"土地日",也是《土地管理法》颁布 20 周年纪念日。国土资源部执法监察局做了一个统计,2006 年的前 5 个月,全国国土资源部门共立案土地违法案件 25153 起,与 2005 年同期基本持平,但是涉及的土地面积达到 12241.7 公顷,同比上升了近 20%。也就是说,平均每一宗违法案件涉及的土地面积更多了③。

六、未来农地征收的基本趋势

"十五"期间我国耕地减少了近 1 亿亩,全国人均耕地由上年的 1.41 亩降为 1.4 亩。这就意味着"十一五"期间全国要保证 18 亿亩的耕地保有量,我们只有 3100 万亩可减耕地的余地。未来 5 年的耕地保有量已作为具有法

---

① 谈明洪、李秀彬、吕昌河:《20 世纪 90 年代中国大中城市建设用地扩张及其对耕地的占用》,《中国科学 D 辑 地球科学》2004 年第 12 期,第 1157—1165 页。
② 陆昀:《地方政府扮演土地违法重要角色》,《中华工商时报》2006 年 4 月 25 日,第 2 版。
③ 林英:《坚守耕地保有量的底线》,《光明日报》2006 年 6 月 24 日,第 A4 版。

律效力的约束性指标,写进了《国民经济和社会发展第十一个五年规划纲要》①,可用建设耕地只有 0.31 亿亩,相比较于"十五"期间全国耕地面积净减少 924 万亩而言,这个数字是相当少的。根据《全国土地利用总体规划纲要》,预计 2000—2030 年的 30 年间,占用耕地将超过 5450 万亩②。

"十一五"时期是全面建设小康社会的关键时期,经济发展仍将继续保持较快增长势头,我国仍处在快速工业化和城镇化阶段,资源相对不足的矛盾非常突出。建设用地、灾毁、退耕等因素叠加起来,土地管理尤其是保护耕地工作面临的压力非常大。城镇用地的空间拓展将日益成为现在及未来几十年中国土地利用变化的主要特征。由于城市的周边多为土壤肥沃、生产力较高的耕地,城市扩张必然要导致优质耕地的损失,从而更进一步加剧原本就紧张的耕地供需之间的矛盾。但是,保有稳定并且充足的耕地数量,是整个社会包括经济运行的重大安全保障,总量上保证 18 亿亩耕地是我们未来 5 年必须坚定不移守护的"红线"③。对此,国土资源部在《国土资源"十一五"规划纲要》中明确地提出:"要严格控制各类建设占用耕地",要"按照'循序渐进、节约土地、集约发展、合理布局、积极稳妥地推进城镇化'的要求,统筹城乡协调发展,确定各级、各类城市的规模和布局,切实防止城市无序扩张。加强建设用地审批管理,严格核定各类建设占用耕地的数量,有效控制耕地减少过多状况"。同时要"加快土地征收和集体建设用地流转制度改革","明确整地范

---

① 《中华人民共和国国民经济和社会发展第十一个五年规划纲要》中将"耕地保有量保持 1.2 亿公顷(18 亿亩)"作为我国"十一五"时期经济社会发展的约束性指标之一。所谓约束性指标是在预期性指标基础上进一步明确并强化了政府责任的指标,是中央政府在公共服务和涉及公众利益领域对地方政府和中央政府有关部门提出的工作要求。政府要通过合理配置公共资源和有效运行行政力量确保实现。

② 该指标实际上已被突破,仅在"十五"期间,全国耕地面积总共净减少 9240 万亩。

③ 《中华人民共和国国民经济和社会发展第十一个五年规划纲要》中提出我国的城镇化率由 2005 年的 43% 增长到 2010 年的 47%,年均增长为 4%(预期性指标),而耕地保有量由 2005 年的 1.22 亿公顷(18.31 亿亩)增长到 2010 年的 1.2 亿公顷(18 亿亩),年均增长为 −0.3%(约束性指标)。而 2005 年是全面贯彻落实《国务院关于深化改革严格土地管理的决定》第 2 年,与 2004 年相比,2005 年耕地面积减少 0.3%。由此看来,在"十一五"期间,我国耕地每年递减 0.3% 的目标实现难度极大。实际上,国务院最新的要求是必须将 18 亿亩基本农田的保有持续到 2020 年。

围,控制征地规模;规范征地补偿标准,完善征地补偿办法;拓宽安置途径,建立失地农民的就业和社会保障体系;健全征地程序,建立和完善争议协调和裁决的机制,维护被征地农民的合法权益,保障征地工作顺利进行。建立集体建设用地流转机制,促使集体建设用地依法取得并规范流转。制订盘活存量集体建设用地的政策,促进集体建设用地在市场流转中优化布局"①。为此,国土资源部在下发《关于下达〈2006年全国土地利用计划〉的通知》中,明确规定农用地转用计划实行指令性管理,不得突破。各地要严格农用地转用审批的规划和计划审查,凡不符合规划、没有农用地转用计划指标的,不得批准农用地转用,杜绝超计划批地、用地现象的发生,确保农用地转用不突破计划规模②。

第二节 西部民族地区城市化过程中农地征收基本状况

一、西部民族地区土地利用情况与农地资源变化状况

我国西部民族地区主要包括重庆、四川、贵州、云南、西藏、陕西、甘肃、青海、宁夏、新疆、内蒙古、广西等12个省、自治区、直辖市,面积685万平方公里,占全国的71.4%。我国有50个少数民族聚居在西部地区,80%以上的少数民族分布于西部地区,5个自治区全部在西部地区,30个自治州中有27个州地处西部。西部地区地域广阔,自然资源丰富,人口密度较低,有较东部地区广阔的发展空间。总人口约4亿人,占全国总人口的30%,人口密度为52人/km²。但是,西部地区气候干旱,热、水、土的配合有较大缺陷,生态环境十分脆弱,耕地只占全国的30%左右,且耕地质量总体较差,大于25度坡地共计约500万hm²,占西部地区耕地总量的15%左右,远高于全国4%的平均水

① 《国土资源"十一五"规划纲要》,《中国国土资源报》2006年4月28日,第2版。
② 田春华:《2006年全国土地利用计划下达》,《中国国土资源报》2006年4月25日,第1版。

平。耕地后备资源丰富，未利用土地比例占全国未利用土地的80%，可见人地关系矛盾十分突出①。西部民族地区还面临着长江和黄河中上游地区的水土流失、西北干旱区的荒漠化和草地退化、西南和青藏高原的生物多样性减少，以及部分地区的环境污染等一系列的生态破坏及退化问题。所有这些，对全国的生态环境具有重要的跨区域性影响②。

由于我国目前缺少专门关于"西部民族地区"土地或者农地资源的准确统计数据，我们主要是依据实地调研的数据以及采用国土资源部公布的西部12个省、自治区、直辖市农地资源数据进行综合研究，因而只能大体反映出西部民族地区土地利用状况与农地资源变化③。下面我们重点对5个自治区2005年土地利用状况与农地资源变化情况进行分析④。

（一）内蒙古自治区的土地利用状况与农地资源变化情况

根据2005年内蒙古自治区土地利用变更调查数据统计汇总资料显示，年内各类土地面积变化总量为11000157.7亩，占全区土地面积的0.64%。2004年全区耕地年末面积为104648454.7亩，2005年实际增加3176641.7亩，减少1313790.2亩，年内净增加1862851.5亩，2005年末全区耕地保有量为106511306.2亩。2005年全区建设用地净增加332970.3亩，比往年有所增长。其中，以前批准本年度变更的有210770.2亩，未批先建的有57557.7亩，本年度批准本年度变更198877.0亩。2005年全区各类建设项目占用土地

---

① 譬如，西藏自治区拥有120万平方公里的土地面积，在这块广阔的土地上只居住有230万人口，人均拥有0.52多平方公里，相当于人均拥有780亩土地，占15.4%的土地面积所承载的国民总人口的量不足0.2%。但除去雪岭冰山和高山荒漠，可以利用的土地特别是耕地非常有限，可耕种的土地面积只有330万亩左右，仅占自治区土地面积的0.18%，人均拥有的耕地面积不到1.5亩，与全国人均1.4亩的水平基本持平。就耕地资源而言，西藏根本就无"博"可言。考虑到西藏的自然环境十分恶劣，耕地的产出率较低，且有部分耕地需要轮休，绝大多数地区只能产出一季的状况后，西藏的实际则是"地大田薄"，与全国水平相比，西藏的耕地资源绝无优势可言，人均粮食还显不足。参见扎央，罗绒战堆：《西藏的人口与土地资源的承载能力》，《人口与经济》2002年第2期。

② 参见何书金等：《中国西部典型地区土地利用变化对比分析》，《地理研究》2006年第1期。

③ 以下数据主要根据国土资源部《2004全国土地利用变更调查报告》（中国大地出版社，2005年版）和《2005全国土地利用变更调查报告》（中国大地出版社2006年版）计算得出。

④ 5个自治区2005年土地利用状况与农地资源变化情况，实际上也就是5个自治区"十五"期间土地利用状况与农地资源总体变化情况的反映。

368170.3 亩,其中,居民点及独立工矿用地 296357.3 亩,交通建设用地 72291.8 亩,水利设施用地 25893.1 亩。在居民点及独立工矿的用地数量中,主要是独立工矿的面积增加较大,为 220261.0 亩,其主要原因是由于内蒙古出于西部大开发和振兴东北老工业基地,这些建设均需占用较大的土地面积。建设项目占用耕地 72878.5 亩,其中,居民点及独立工矿用地占用 42890.9 亩,交通建设占用耕地 24251.2 亩,水利建设占用耕地 5736.4 亩。本年度以前批准本年度实际变更的占用耕地 11984.1 亩,本年度批准的实际变更占用耕地面积 47502.6 亩,未批准先建占用耕地 13391.8 亩。建设用地年内减少 35200.0 亩,主要原因是村庄规划整理和工矿用地复垦以及扶贫移民、生态移民、工矿治理等,是一些居民点及工矿的建设用地变为耕地、林地、牧草地及未利用土地。

(二)广西壮族自治区的土地利用状况与农地资源变化情况

根据全区 2005 年土地变更调查统计结果显示,本年度全区各类用地面积变化总量为 1764110.5 亩,占全区土地总面积的 0.5%。到 2005 年末,广西农用地、建设用地、未利用地占土地总面积的百分比分别是:75.31%、3.83%、20.86%。全区各类土地变化情况呈如下趋势:建设用地增加,农用地、未利用地减少。分别为农用地净减 1552229.0 亩,净减 0.06%;建设用地净增 294011.1 亩,净增 2.20%;未利用地净减 138788.2 亩,净减 0.19%。2005 年全区耕地减少总量为 1009835.3 亩,主要原因是生态退耕、农业结构调整、建设占用及灾毁。建设用地数量增加,是由于广西城镇化、工业化步伐加快,交通、能源等基础设施建设迅速发展;未利用地减少的原因,主要是建设占用、土地开发整理和种果造林。全区从 2004 年 11 月 1 日至 2005 年 10 月 31 日建设占用土地 326254.9 亩,其中,建设占用耕地 170458.8 亩,占 52.25%。在建设占用耕地中,其中,本变更调查年度以前批准占用耕地为 107638.8 亩,占建设占用耕地的 63.15%,主要是以前的城乡建设用地、工矿用地、公路用地、水利设施用地及水工建筑用地。未批准建设用地占用的有 48405.2 亩,占 28.40%,主要是部分项目经批准先行用地后再履行报批用地手续所致。随着全区经济的快速发展,城市和乡镇建设规模越来越大,工矿企事业单位等占用耕地数量越来越多,居民点及独立工矿占用耕地 118577.8 亩,占建设占用耕地的 69.56%,占耕地减少总量的 11.74%,居民点及独立工矿占用耕地主要是因为广西城镇化、工业化进程加快所致,其中部分为历年漏变更。在新增建设用地中,商业服务用地 12201.3 亩,占 6.55%;工矿仓储用地 70726.1 亩,占 37.96%;公用设施用地 4049.9 亩,占 2.17%;公共建设用地 17584.0 亩,占 9.44%;住宅用地 77353.5 亩,占 41.52%;街巷用地 4378.2 亩,占 2.36%。2005 年全区未批先建用地 85651.5 亩,占用耕地为 48405.2 亩。其中,未批先建用地最多的是交通运输用地 40924.0 亩,占用耕地 22341.3 亩;居民点及独立工矿用地 37910.2 亩,占用耕地 23022.3 亩;水利设施用地 6817.3 亩,占用耕地 3041.6 亩。全区占补平衡的任务十分艰巨,主要有三个方面的原因:一是大多数政府投资的工程用地量大,占用耕地多,其占补经费难落实;二是农村居民建设占用耕地,政府决定不收取耕地开垦费,占补任务无人承担;三是建设占用的耕地质量比较好,而新补充的耕地质量普遍较差,土地利用配置不合理,耕地的质量没有达到平衡。农业结构调整占用质量较好的耕地;开发整理项目资金不足,影响土地开垦质量;村镇建房布局不合理,超指标占用土地和滥建的现象仍存在等。

(三)西藏自治区的土地利用状况与农地资源变化情况

截至 2005 年 10 月 31 日,西藏辖区土地总面积为 1803348280.5 亩。其中,农用地 1164291605.5 亩,占西藏土地总面积的 64.56%;建设用地 947723.8 亩,占西藏土地总面积的 0.05%;未利用地 638108951.2 亩,占西藏土地总面积的 35.39%。2005 年度末西藏建设用地面积 947723.8 亩。其中,居民点及独立工矿用地 594103.3 亩,占建设用地面积的 62.69%;交通运输用地 338630.6 亩,占建设用地面积的 35.73%;水利设施用地 14989.9 亩,占建设用地面积的 1.58%。2005 年全区建设用地比 2004 年净增 28008.8 亩。其中,居民点及独立工矿用地净增 15930.2 亩,占建设用地净增面积的 56.88%;交通运输用地净增 11921.7 亩,占建设用地净增面积的 42.56%;水利设施用地净增 156.9 亩,占建设用地净增面积的 0.56%。2005 年度全区非农业建设占用耕地 7468.8 亩,占年内耕地减少总量的 61.5%。与 2004 年相比,基本持平略有上升,比2004年各类非农业建设占用耕地增加了209.8亩。其中,占用灌溉水田43亩,占用水浇地6422.2亩,占用旱耕地992.1亩,占用菜地11.5亩。在2005年度非农业建设占用的7468.8亩耕地中,本变更调查年度以前批准本年实际变更的713.8亩,占非农业建设占用耕地量的9.56%;本变更调查年度批准本年度实际变更占用耕地3769.9亩,占非农业建设占用耕地总量的50.48%;未批先建占用耕地2985.1亩,占非农业建设占用耕地的39.97%。非农业建设占用耕地量最大的是居民点及工矿用地,占用耕地面积5475.2亩,占非农业建设占用耕地面积的73.31%。随着西部大开发力度的加大,西藏基础设施和城镇建设进度将会进一步加快,非农业建设占用耕地还会呈逐年上升趋势,占用耕地相对集中在交通运输、工矿和小城镇建设等项目建设用地。全区2005年度新增建设用地28538.4亩,其中,占用耕地7468.8亩,占新增建设用地面积的26.17%;占用园地、林地1133.6亩,占新增建设用地面积的3.97%;占用草地7119.4亩,占新增建设用地面积的24.95%;占用未利用地12816.6亩,占新增建设用地面积的44.91%。在2005年度增加的28538.4亩建设用地中,居民点及独立工矿用地15993.8亩,占新增建设用地的56.04%;新增交通运输用地12387.7亩,占新增建设用地的43.41%;其中,公路用地8640.7亩,占新增交通运输用地的69.75%,民用机场用地新增3313.5亩,占新增交通运输用地的26.75%;水利设施用地新增156.9亩。在2005年度新增居民点及独立工矿建设用地15993.8亩中,城市用地新增1345.1亩,建制镇用地新增5928亩,农村居民点用地新增2886.1亩,独立工矿地新增4630.5亩。在城市新增的1345.1亩用地中,商业服务用地182.7亩,公用设施用地27亩,公共建设用地244.4亩,住宅用地891亩。2005年度新增建制镇用地5928亩,其中,商服用地39.6亩,公用设施用地4928.8亩,公共建设用地232.7亩,住宅用地726.9亩。新增农村居民点用地2886.1亩,其中,商业服务用地213.3亩,公用设施用地103亩,公共建设用地337.6亩,住宅用地2232.2亩。独立工矿用地新增4630.5亩,其中,商业服务用地227.5亩,工矿仓储用地2035亩,公用设施用地658.8亩,公共建设用地1152.2亩,住宅用地552.2亩。2005年度全区共新增商服用地

663.1 亩,工矿仓储用地 2035 亩,公用设施用地 5717.6 亩,公共建筑用地 1966.9 亩,住宅地 4402.6 亩,街巷用地 4.5 亩。

(四)宁夏回族自治区的土地利用状况与农地资源变化情况

截止 2005 年 10 月 31 日宁夏回族自治区农用地面积为 62668845.3 亩,占 80.4%;建设用地 3046202.6 亩,占 3.9%;未利用地 12216514.8 亩,占 15.7%。2005 年宁夏土地变更总量为 569415.5 亩,占辖区总面积的 0.73%。年内耕地减少 107078.7 亩,其中,建设占用耕地 32500.8 亩,占耕地减少量的 30.4%;农业结构调整占用耕地 4171.6 亩,占耕地减少量的 3.9%;生态退耕 58730.4 亩,占耕地减少量的 54.8%;其他原因耕地减少 11675.9 亩,占耕地减少量的 10.9%。在建设占用耕地中,居民点及独立工矿用地占用 25621.7 亩,占 78.8%;交通运输用地占用 6513.2 亩,占 20.1%;其余为水利设施用地 365.9 亩,占 1.1%。在本变更调查年度内,各项建设占用土地面积为 119720.1 亩,其中,占用农用地 58584.7 亩,占建设用地增加量的 48.9%;占用未利用地 25227.5 亩,占建设用地增加量的 21.1%;建设用地内部变化 35907.9 亩,占建设用地增加量的 30.0%。全区建设用地面积较 2004 年有所增加,究其原因就在于:一是 2005 年城市建设规模比较大,城市建设占地 41720.4 亩,比重为 34.85%,主要来源于中卫市、固原市和银川市,但是城市用地增加量的 62.8% 来源于建设用地内部,如中卫设立地级市之后,随着城市建设规模的扩大,将城市周围的 670.0 亩建制镇、4286.4 亩农村居民点、4497.2 亩独立工矿等调整为城市用地;二是各市、县、区城镇建设和农村居民点建设占用土地比重较大,分别为 13517.3 亩和 11771.6 亩;三是独立工矿用地增加明显,为 32406.8 亩,占 27.07%,主要是自治区重点建设项目及工业园区建设,如宁东能源重化工基地(灵武电厂、甲醇厂)用地、金凤区(银川市郊区)创业园、兴庆区采油三厂等用地以及大武口工业园区的建设等;四是全区交通建设,主要是公路建设,占地 10754.2 亩,占 8.98%,如原州区、海原县辖区内的高速公路建设,灵武市矿区的道路建设等。另外,水利工程建筑面积的增加主要是因为永宁县汉延渠、惠农渠地类由原来的农田水利用地调整为水利工程建筑用地,今后区内其他各市县也将对此做出调整。全区新增建设占用农地比重较大,为 69.9%,其中,占用耕地达 38.8%,可见建设发展和保护耕地的矛盾日益突出。据统计,2005 年新增建设用地中 89.5% 为本年度及本年度以前批准的,有 10.5% 是未批先建的。

(五)新疆维吾尔自治区的土地利用状况与农地资源变化情况

2005 年调查年度新疆土地变更总量为 179.7 万亩,占土地总面积的 0.07%,变更规模较 2004 年 370.4 万亩有所减少。2005 年度各地类变化从整体来看,建设用地、农用地略有增长,未利用土地略有减少。截止 2005 年 10 月 31 日,全区耕地 60950978.9 亩,年内耕地增加 901664.0 亩,减少 332623.6 亩,净增加 569040.4 亩。全区耕地减少去向主要是耕地改园地 195547.4 亩,改林地 81315.9 亩,改牧草地 5265.4 亩,改其他农用地 4472.4 亩,改居民点及独立工矿用地 24561.2 亩,改交通运输用地 10095.8 亩,改水利设施用地 4155.5 亩,改未利用土地 6164.9 亩,变其他土地 1045.1 亩。全年建设占用耕地 38812.5 亩,比 2004 年增加 10103.3 亩,有一定幅度的增长。建设占用占耕地减少总量的 11.7%,建设占地较多地区为喀什地区(1.0 万亩)、吉昌地区(0.6 万亩)、和田地区(0.5 万亩)。在各类建设用地占地的类型中,农村居民点扩展、公路修建、独立工矿、城市、建制镇扩展等占用耕地比重较大。从批准及变更情况看,本变更年度以前批准本年实际变更的各类建设占用耕地 17397.9 亩,占建设占耕地面积总量的 44.8%。本年度批准建设占用耕地总面积为 11865.2 亩,占建设占耕地总量的 30.6%。未批先建的建设占用耕地 9549.4 亩,占建设占耕地总量的 24.6%。未批先建项目主要集中于农村居民点扩展、公路建设及水利工程用地等。农村居民点占地规模偏大,违法占地较为突出。2005 年二级类建设用地中扩展规模依次为居民点及独立工矿用地、交通运输用地、水利设施用地,分别占总扩展规模的 69.1%、15.8% 和 15.1%。三级类中独立工矿、农村居民点、水工建筑等用地面积较大。农村居民点占地 5.0 万亩,是建设占地的主要项目。农村居民点未批先建占地 0.6 万亩,其中占耕地 0.34 万亩,违法用地现象比较严重。喀什地区地震灾后重建占地面积较大,部分项目未批先建。新疆维吾尔自治区目前在这方面存在的主要问题:一是未实现耕地"占补平衡"的地区数目比 2004 年有所增加,必须引起足够重视;同时按建设项目考核"占补平衡"的制度有待进一步落实。二是道路建设未批先建、非法占用农用地及耕地现象必须尽快遏止。

尽管5个自治区不能够等同于整个西部民族地区,但是由于5个自治区在西部民族地区所占据的绝对主体性地位,因而透过5大自治区的土地利用情况与农地资源变化状况,基本上能够反映出西部民族地区土地利用情况与农地资源变化的基本状况。从上述数据中,我们大体上可以对西部民族地区的土地利用情况与农地资源变化状况有一个基本的把握,可以初步总结出如下几个特点:一是随着西部民族地区基础建设投资的不断增长,重点建设项目及工业园区建设步伐的加快,城市建设规模也在不断扩大,城市建设占用农地的比重呈逐步提高的态势,数量急剧上升;二是未批准建设用地占用数量较大,许多项目是经批准先行用地后再履行报批用地手续;三是农村居民点占地规模偏大,违法占地突出;四是未实现耕地"占补平衡"的地区数目比上年有所增加,绝对数量较大,部分地区实现"占补平衡"有较大的难度;五是建设占用的耕地质量比较好,而新补充的耕地质量普遍较差,土地利用配置不合理,耕地的质量没有达到平衡;六是从总体上看5大自治区的建设发展和保护耕地的矛盾日益突出。

二、西部民族地区城市化过程中农地征收的基本现状

要准确地掌握西部民族地区城市化过程中农地征收的基本状况目前较为困难。究其原因主要有5个方面:(1)"西部民族地区"本身就是一个极具争议的概念。尽管在西部大开发中人们大量使用"西部民族地区"这一专用术语,但实际上对它的内涵和外延并未达成共识。在官方的数据统计中,也没有关于"西部民族地区"的统计口径①。(2)在研究中笼统地提"城市化"或者"城镇化"比较容易,但是要确定"城市化过程中农地征收"的内涵和外延却非常困难。要在整个农地征收中区分出哪部分征收是由于城市化发展需要而进

---

① 目前,在我国相关的统计资料中,有"西部地区"和"民族地区"的统计口径,但是"西部民族地区"并不等于"西部地区"和"民族地区"的简单相加。

行的,仍然是一个仁者见仁、智者见智的问题。从现有关于农地征收的研究文献资料来看,学者们将引起农地征收的主要原因,通常归结为工业化、城市化和其他三种情形。没有人专门就城市化过程中农地征收进行过具体地界定,这实际上带来了对城市化过程中农地征收统计工作的难度。(3)相对于我国中、东部地区而言,西部民族地区总体上城市化水平较低,人地关系也较为缓和,农地征收矛盾没有中、东部地区那么激化。因而关于西部民族地区城市化过程中农地征收问题的调查与研究,能够采集到的有效数据极为有限。(4)政府相关部门涉及到农地征收统计数据的可信度较低。这主要是因为农地征收对于地方各级政府而言,是一个极为敏感的利益问题,各地在向国土资源部门上报的农地征收数据中存在着不同程度的"瞒报"、"做假"等情况。加之各地违法征收农地现象大量存在,司法部门立案查处的难度极大,目前公开处理和曝光的违法案件仅是"冰山的一角",这种状况的真实存在必然导致政府有关部门的统计数据失真。(5)按照国土资源部对土地的分类标准,农用地是指直接用于农业生产的土地,包括耕地、园地、林地、牧草地及其他农用地。其中,"其他农用地"是指上述耕地、园地、林地、牧草地以外的农用地,包括畜禽饲养地、设施农业用地、农村道路、坑塘水面、养殖水面、农田水利用地、田坎、晒谷场等用地。而在现阶段,无论政府对于土地管理目标的实施,还是学者对于土地问题研究关注的焦点,无一例外地集中在耕地上,而对于城市化过程中除耕地以外的其他农用地(如林地、牧草地等)的征收问题几乎很少关注。而西部民族地区恰恰是我国林地和牧草地等资源较为集中和富有的地区,因而仅仅对征收耕地的情况进行统计和分析,无疑不能准确地反映其农地征收的全貌。

我们在这里对"西部民族地区城市化过程中农地征收的基本现状"的分析,目的主要是为了揭示西部民族地区城市化过程中农地征收的数量变化状况和主要特征,即在西部民族地区城市化过程中,由于城市化发展所带来的西部民族地区农地资源变化的基本状况。至于新中国建国以来,在我国城市化发展过程中到底征收了多少农地,这是一个谁也说不清楚的问题。无论是在官方公开的统计数据中,还是在学者们调研的报告里,我们都无从得知这一方面的准确统计资料。针对有效数据采集极其困难的问题,我们采取了如下解决问题的办法:(1)关于"西部民族地区"的界定。国务院在关于西部大开发的战略中,规定"西部地区"范围主要包括重庆、四川、贵州、云南、西藏、陕西、甘肃、青海、宁夏、新疆、内蒙古、广西等 12 个省、自治区、直辖市。由于我国有50 个少数民族聚居在西部地区,80% 以上的少数民族分布于西部地区,5 个自治区全部在西部地区,30 个自治州中有 27 个州地处西部。因此,在材料和数据的运用上,我们以 5 大自治区为主体,以其他的西部省和直辖市为补充,从而重点揭示与我国中、东部地区不同的西部民族地区城市化过程中农地征收的"民族"和"西部"双重特征。(2)关于"城市化过程中农地征收"的内涵和外延的确定。如前所述,国土资源部对于建设用地的定义是建设用地是指建造建筑物、构筑物的土地,包括商业、工矿、仓储、公用设施、公共建筑、住宅、交通、水利设施、特殊用地等。这样建设用地就包括居民点及独立工矿用地(城市、建制镇、农村居民点、独立工矿用地、盐田、特殊用地)、交通运输用地(用于运输通行的地面线路、场站等用地,包括民用机场、港口、码头、地面运输管道和居民点道路及其相应附属设施用地)、水利设施用地(用于水库、水工建筑的土地)。这里必须进行两类区分:一是在所有的建设用地中,一种是需要通过征收农民集体土地而成为建设用地的,如城市建设用地、部分独立工矿用地、部分交通运输用地和部分水利设施用地等。一种是不需要通过征收农民集体土地而成为建设用地的,如农村居民点、居民点道路及其相应附属设施用地等①。二是在所有的建设用地中,一部分是属于工业化发展建设用地,如独立工矿用地等;一部分是属于城市化发展建设用地,如城市、建制镇建设用地、交通运输用地等②。因此,我们界定城市化过程中农地征收的范围,主要是围

---

① 在法理上,农村集体建设用地不存在农地征收的问题。如农村居民点建设,就属于农村集体组织自我决定的事项。我国《土地管理法》第 43 条规定:"任何单位和个人进行建设,需要使用土地的,必须依法申请使用国有土地;但是,兴办乡镇企业和村民建设住宅经依法批准使用本集体经济组织农民集体所有的土地的,或者乡(镇)村公共设施和公益事业建设经依法批准使用农民集体所有的土地除外。"

② 实际上,工业化的发展是城市化发展的前提和基础,而城市化在某种意义上又是工业化的载体和支撑。在关于农地征收问题上对两者进行有效的区分的确存在着较大的困难。

绕城市建设与发展的核心来进行的。凡是不属于典型的独立工矿企业建设与发展的农地征收，均可纳入城市化过程中农地征收的范围。（3）对于现有的相关资料和数据的采用问题。一方面我们尽可能地采用中央政府部门和地方省、自治区、直辖市相关部门公开的数据，以及权威研究部门和学者提供的相关资料，另一方面我们对课题组自己调研的资料和有关数据进行有效的分析，以期能够最大限度地反映出西部民族地区城市化过程中农地征收的基本状况①。

关于"西部民族地区城市化过程中农地征收的现状及其未来趋势"的分析，我们主要是从三个层面上予以考察和得出结论的：（1）根据西部民族地区土地利用和农地资源变化的情况来判断城市化过程中农地征收的基本状况及其未来趋势；（2）根据我国城市化率与农地征收数量之间的关联度来判断西部民族地区城市化过程中农地征收的基本状况及其未来趋势；（3）根据对现有的和课题组通过调研获取的具有代表性地区及典型性农地征收个案的解剖和分析，来判断西部民族地区城市化过程中农地征收的基本状况及其未来趋势。通过对各方面资料和数据的分析并结合课题组相关的调研成果，我们认为西部民族地区城市化过程中农地征收具有如下的主要特征。

（一）从城市化发展的阶段和水平看，与中、东部地区相比较，西部民族地区处于城市化的后发阶段和城市化水平较低的地区

西部民族地区的城市化主要是由西部大开发战略拉动政府大型基础设施投资的结果。自 2000 年国家实施西部大开发战略以来，西部民族地区城市化发展的步伐明显加快，城市化率明显提升，城市建设用地矛盾明显凸显，农地转化为城市建设用地中的违法问题明显增多。西部大开发战略实施 5 年来，在国家财政投资和国债资金的引导下，国家对于西部地区的基础设施建设投资力度明显加强。中央财政性建设资金在西部地区累计投入约 4600 亿元，中央财政转移支付和专项补助资金累计安排 5000 多亿元，大部分都用于基础设

---

① 事实上，由于课题组自身的能力和条件以及其他诸多因素的制约，不可能对于西部民族地区城市化过程中农地征收的基本状况有全面的调查和把握。对于这样一个庞大的系统工程，是需要国家主管部门动用各方面的力量，进行长期艰苦的努力才有可能完成的。

施建设投资的资金。国家累计在西部新开工建设 60 多项重点工程,投资总规模约为 8500 亿元,大部分为基础设施项目。在基础设施项目投资的拉动下,西部地区全社会固定资产投资增长率已经连续 5 年高于全国平均水平,也高于东部地区[①]。在整个"十五"期间,民族地区固定资产投资预计达到 29000亿元,年均增长 24.0%,比"九五"期间高 12.1 个百分比,也高于全国年均增长速度[②]。2005 年西部地区(12 个省区市)生产总值和固定资产投资继续保持较高速度增长。工业增加值、社会消费品零售总额、进出口总额等主要经济指标增速较之上年均有不同程度的下降。全年居民消费价格指数小幅上涨。2005 年实现地区生产总值 33390 亿元,占全国各地区(加总)生产总值17.0%。其中,第一产业增加值 5882 亿元,第二产业增加值 14287 亿元,第三产业增加值 13221 亿元。扣除价格因素,西部地区生产总值增长 12.7%。其中,内蒙古地区生产总值增长 21.6%,增速居全国第 1 位。城镇固定资产投资累计完成 16004 亿元,占全国各地区(加总)投资额的 21.1%,比重较之上年提高了 0.5 个百分点。增长速度达到 30.6%,高于东部地区(11 个省市)24.0% 的增速,低于中部地区(8 个省)32.7% 的增速,较之 2004 年提高了 1.3个百分点。如内蒙古城镇固定资产投资增长 50.1%,增速居全国第 2 位[③]。

　　西部民族地区基础设施建设投资推动了西部民族地区城市化的进程。2005 年内蒙古自治区城镇化率达到 47.2%,"十五"期间提高了 5 个百分点[④],高于全国平均水平的 4.2 个百分点。"十五"期间,宁夏各地着力推进城市化进程,全区各地以城市化为经济社会发展的重大战略,城市化率由"九五"末的 34.89% 提高到 42%,与全国城镇化率 43% 只差 1 个百分比,位居西部省区第二,仅次于内蒙古自治区(不含直辖市重庆)[⑤]。根据国际上城市化

　　① 高新才、郭爱君、王科:《西部基础设施建设取得巨大成就》,韦苇主编:《中国西部经济发展报告 2005》,社会科学文献出版社 2005 年版,第 70 页。

　　② 国家民族事务委员会经济发展规划司规划统计处:《民族地区"十五"经济发展情况及"十一五"建议》,葛忠兴主编:《中国少数民族地区发展报告 2005》,民族出版社 2006 年版,第 14 页。

　　③ 根据国家和 5 个自治区《2005 年国民经济与社会发展统计公报》公布的数据进行的整理。

　　④ 《内蒙古自治区 2006 年政府工作报告》,《内蒙古政报》2006 年第 2 期。

　　⑤ 张敏良:《宁夏城市化率居西部省区前列》,《中国产经新闻报》2006 年 3 月 6 日,第 A12 版。

发展的成功经验,一国城市化的发展水平大体上可以分为三个阶段:城市化率在 0—25% 为城市化发展的初始期,城市化发展速度较缓慢;25—75% 为城市化发展的加速期,城市化发展的速度飞快;75% 以上为城市化发展的成熟期,此时城市化发展的速度减慢且相对稳定①。同时,"许多发达国家的土地利用变化表明,在城市化前期和中期,特别是城市化水平达到 30% 以后,建设用地规模会出现加速趋势,而城市化后期的建设用地规模会趋于平缓。"②从西部民族地区城市化发展的现状来看,除了西藏自治区之外,其他 4 个自治区都开始或者已经进入到城市化发展的加速期。"有数据表明,城市化水平每提高1.5 个百分点,城市用地规模将扩大 1 个百分点"③。因此,西部民族地区已经进入到一个大量农地转化为城市建设用地的高速增长时期。譬如,新疆维吾尔自治区近十年来城乡工矿居民点用地(建设用地)扩展明显,面积净增加为$12.82 \times 10^4 hm^2$,其中,城镇、农村、工矿用地分别扩展了 $1.73 \times 10^4\ hm^2$、$5.20 \times 10^4 hm^2$ 和 $5.89 \times 10^4\ hm^2$。城镇面积普遍扩大,主要分布于天山北坡经济带、伊犁地区、天山南坡各大绿洲,其中大中城市扩展较显著。建设用地的扩展来自于草地(主要是中、低覆盖度草地)、耕地(主要是旱地)和未利用土地(主要是戈壁和裸土地),它们分别为 $8.74 \times 10^4 hm^2$、$3.58 \times 10^4 hm^2$ 和 4785$hm^2$④。

　　西部民族地区在城市建设和开发区建立上存在着相当多的违法、违规行为。西部民族地区的城市,大都位于数量不多且自然条件较好的平原、河谷盆地及绿洲地带之上,这样的城市布局必将导致城市扩张占用大量质量优良的耕地,形成城市扩张与农民争地的局面。西部民族地区的一些地方政府为了

　　① 陈仲常、王芳:《中国城市化进程中的滞后城市化、超前城市化与城市中空化趋势》,《上海经济研究》2005 年第 5 期。
　　② 张新安、陈从喜主编:《中国国土资源安全状况分析报告(2004—2005)年》,中国大地出版社2006 年版,第 154 页。
　　③ 楼培敏:《中国城市化过程中征地农民生活状况报告》,楼培敏主编:《中国城市化:农民、土地与城市发展》,中国经济出版社 2004 年版,第 86 页。
　　④ 吴世新、周可法、刘朝霞、张琳、乔木、岳健、张雪艳:《新疆地区近 10 年来土地利用变化时空特征与动因分析》,《干旱区地理》2005 年 2 月第 1 期。

扩大小城镇的发展规模,不顾客观规律和当地实际情况,超过国家规定的建设用地指标圈占良田土地,造成土地使用率低,土地资源严重浪费。如在大多数小城镇的镇区范围内,持农民户口的居民建房仍然沿用农村宅基地的划拨标准,以平房和独立式楼房为主,不仅建筑本身占地多,配套设施用地也相应增加。还有一些地方政府急功近利搞"面子工程",迁就于"来之不易"的建设项目随意安排用地,使之与其他用地之间出现许多零碎死地,既造成土地资源的人为浪费,又提高了人均用地标准。还有一些地方政府打着建设小城镇的旗号,或者"打擦边球"、或者公然违背政策圈占土地,谋取个人或者小集体利益。盲目搞出来的城镇质量不高,出现了许多"空壳"城镇化的现象。目前在西部甚至国内其他一些地方的城镇化过程中,地方政府官员为了追求政绩工程,盲目乱铺摊子,扩大建设用地规模,不顾地方经济的实际发展水平,攀比着争建"世纪大道"、"世纪广场",很少从内涵上重视城镇建设质量水平的提高。有的地方发展小城镇,仅仅是为了行政区级别的升格和简单的名称替换,却没有产业经济的实际支撑,最后形成了"空壳"城镇。这样的城镇即使真的建成了,也难以对周围农村地区的经济发展产生"增长极"的作用。

西部民族地区有些地方大量违法圈地建立"开发区"。我国城市化的发展经历了两种基本模式和发展阶段:一种是乡镇工业化推动的小城镇发展模式,这是一个较为缓慢的、自然演变的过程。农村现代化与工业化、城镇化水乳交融地融合在一起,人口与土地的矛盾、失地与就业的矛盾通常能够就地化解。另一种是通过建立各类开发区去推动,这是一个使我国城市化水平快速提高的模式。这种为通过吸引外部生产要素、促进自身经济发展而实施特殊政策和管理手段,以经济特区、经济技术开发区、高新技术开发区、保税区、边境经济合作区和旅游度假等各种形式发展起来的开发区,是一种外力推动的、急剧变化的城市化发展模式,比城市化的自然演变过程要快速得多。然而这种以经济开发区为动力的城市化过程,往往带有规划性、规模性和行政指令性的特点,因而对被征地农民的震动急剧而深刻,突现的矛盾也尤为尖锐①。从内蒙古自治区在 2004 年按照国务院联合验收组提出的整改意见,对其辖区内开发区面积进行调整的情况来看,就可以略见一斑。譬如,乌海高耗能工业区的规划面积为 6456.75 公顷,建成面积为 2323.33 公顷,已经核减面积为 2275.43 公顷,再次核减面积为 1681.32 公顷,最终保留面积为 2500 公顷,保留面积仅为规划面积的 38.7%。内蒙古蒙西经济技术开发区(蒙西高新技术工业园区)的规划面积为 7030 公顷,建成面积为 1933.6 公顷,已经核减面积为 221 公顷,再次核减面积为 4809 公顷,最终保留面积为 2000 公顷,保留面积仅为规划面积的 28.4%。内蒙古上海庙工业园区的规划面积为 4500 公顷,建成面积为 2300 公顷,已经核减面积为 2300 公顷,再次核减面积为 1200 公顷,最终保留面积为 1000 公顷,保留面积仅为规划面积的 22.2%。察哈尔右翼前旗察哈尔生态园区的规划面积为 5000 公顷,建成面积为 610 公顷,已经核减面积为 3150 公顷,再次核减面积为 850 公顷,最终保留面积为 1000 公顷,保留面积仅为规划面积的 20%②。我国东部地区一度是土地违法的"重灾区"。但是,随着工业项目向中西部地区转移,近年来较大规模的违法用地案件依次在中西部地区出现,被国土资源部称为土地违法"梯度西进"。在国家实施中部崛起、西部大开发等区域发展战略的大背景下,中西部地区一些地方政府又急于以地招商,筑巢引凤,使过去大量在东部地区发生并被证明是不成功的做法,纷纷作为"经验"被移植到了中西部地区。一些地方政府在无规划、计划的情况下,盲目签订协议,擅自承诺向开发商提供大量土地进行成片开发,有的一个协议就提供四五十平方公里的土地③。近年来由于国家严把"土地关",西部民族地区一些急于上项目、建企业的地方无法取得土地征用权。于是这些地方的领导开始到东部地区"取经",仿效打着"发展农业产业

---

① 楼培敏:《中国城市化过程中征地农民生活状况报告》,楼培敏主编:《中国城市化:农民、土地与城市发展》,中国经济出版社 2004 年版,第 88—89 页。

② 数据来源于《内蒙古政报》2004 年第 9 期,其中关于"保留面积占规划面积的比例"是依据《内蒙古政报》中提供的数据计算得出的。

③ 张晓松:《土地违法"梯度西进",警惕吃过的亏再吃》,《新华每日电讯》2006 年 4 月 17 日,第 7 版。

化"和"土地流转"的旗号,大量从农民手中集中租用耕地作为新建企业建设用地,盖厂房、添设备、开工生产,实际上是"以租代征"。许多土地租用合同一签就是10年、20年甚至更长的期间,这实际上与征地没什么两样。

(二)西部民族地区是我国经济欠发达地区,失地农民所得到的补偿相当低,失地通常意味着失业

西部民族地区集"少"(少数民族聚居地区)、"边"(西部边疆地区)、"穷"(欠发达地区)、"弱"(生态环境脆弱)、"富"(自然资源富集)、"多"(民族文化多样性)等于一身。"十五"期间,西部民族地区(5个自治区和云、贵、青3个多民族省)国民经济快速发展,综合经济势力明显增强。基础设施建设力度加大,生产生活条件明显改善;产业结构调整初见成效,特色经济框架正在形成;生态保护初见成效,生态环境逐渐好转;改革开放取得新进展。但是,与中、东部地区相比,西部民族地区经济发展不论在速度上还是在质量方面都相当落后。这些差距集中地反映在如下几个方面:

第一,"十五"与"九五"相比,民族地区GDP占全国的比重从8.9%下降到8.5%;人均GDP相当于东部地区的比重从39.2%下降到2004年的36.7%。我国5大自治区国内生产总值的总和为11345亿元,只占全年国内生产总值182321亿元的6.22%,几乎只有广东省2005年21701亿元的一半①。GDP指标虽然不能代表一切,我们已经不再用单纯的GDP指标来衡量和评价发展状况,但是它依然是衡量一个地区经济水平高低的核心指标。西部民族地区这样的一个经济发展水平和状态,决定着西部民族地区广大的失地农民目前的生存状态和未来的发展前景是不容乐观的。

第二,西部民族地区贫困问题仍然突出,脱贫致富难度加大。2004年末少数民族贫困地区未解决温饱的绝对贫困人口为1245.6万(人均纯收入低于668元),占全国47.7%;低收入贫困人口为2287.7万(人均纯收入低于924元),占全国46.0%。两项合计,少数民族贫困地区未解决温饱和低收入贫困

---

① 笔者根据国家统计局、广东省和五大自治区公开发布的《2005年国民经济和社会发展统计公报》计算得来。

人口共计3533.3万,占全国46.6%①。在这样一个大的背景下,西部民族地区地方政府要想在短期内大幅度地提高失地农民的补偿标准,并给失地农民一定程度上的社会保障,其实际困难的程度是可想而知的。

第三,西部民族地区财政收支矛盾突出,公共服务水平低。西部民族地区农牧业在整个产业构成中占有很大比重,财政收入来源少。在5大自治区的地方财政收入方面,广西全年财政收入达到475.37亿元,一般预算支出为609.75亿元②;内蒙古全年财政总收入536.29亿元,全年地方财政支出为734.71亿元;宁夏全年完成一般预算总收入87.01亿元,全年地方财政支出为158.71亿元;西藏全年完成地方财政收入14.33亿元,完成财政支出为189.16亿元;新疆地方财政收入为220亿元,地方财政支出为553亿元③。5大自治区2005年财政收支的实际状况表明,财政收支矛盾十分突出,有的地方财政连保工资、保运转都发生困难。

第四,西部民族地区对外开发程度低,投资环境较差,土地市场价格较低。根据北京大学中国经济研究中心平新乔教授的统计,2004年全国政府征收土地面积为1612.6平方公里,政府出售土地收入为6833.948亿元,土地均价最高的是浙江省、福建省和上海市,分别是1823.12元/平方米、1274.83元/平方米和1217.63元/平方米。其中,广东省政府征收土地面积最多为288.9平方公里,政府出售土地收入最多的是湖南省、江苏省和浙江省,分别为1176.870亿元、1053.629亿元和1028.437亿元。在西部民族地区中,2004年政府征收土地面积最多的是城市化程度较高的广西壮族自治区,为42.7平方公里,比福建省28平方公里多出了14平方公里。但是,由于广西壮族自治区土地均价为351.37元/平方米,大约是福建省土地均价的1/4,广西壮族自治区2004年政府出售土地收入为88.071亿元,不到福建省209.532亿元的一半。

---

① 袁彦:《少数民族特困情况问卷调查分析报告》,葛忠兴主编:《中国少数民族地区发展报告——2005年》,民族出版社2006年版,第22页。

② 《2005年广西壮族自治区国民经济和社会发展统计公报》中只列出了一般预算支出,没有列全年地方财政总支出。

③ 数据来源于5大自治区公开发布的《2005年国民经济和社会发展统计公报》。

西藏和新疆是全国土地均价较低的两个地区,分别只有211.99元/平方米和203.90元/平方米,只相当于福建省土地均价的1/9[①]。在尽一切可能利用资源加快地方搞招商引资、追求政绩最大化的驱动下,西部民族地区政府通过土地转让所得到不多的收入,基本上都投入到本地区的城市环境改善和开发区的基础设施建设当中,无力甚至是无心去更多考虑失地农民的补偿和保障问题。

第五,西部民族地区产业结构调整步伐缓慢,第三产业比重较低,就业机会相对较少。2005年西部5大自治区的第三产业所占的比重是:广西壮族自治区为32.0%、内蒙古自治区为36.1%、宁夏回族自治区为42%、西藏为57.2%、新疆维吾尔自治区为35%。2005年全国第三产业比重平均为40.3%。2005年除宁夏和西藏第三产业增加值高于全国平均数之外,广西、内蒙古和新疆都与全国的平均数尚有一定的差距。2005年全国年末城镇登记失业率为4.2%,西藏自治区为4.3%,新疆维吾尔自治区为3.9%,宁夏回族自治区为4.5%,内蒙古自治区为4.26%,广西壮族自治区为4.15%[②]。但考虑到我国5大自治区城镇化水平较低,因而城镇登记失业率并不能充分反映城镇所提供的就业岗位的真实情况。

第六,西部民族地区城市化高速发展的态势还将持续较长的时期,会有越来越多的农地非农化转变成为城市建设用地,也会因之而产生越来越多的失地农民,人地关系、建设用地与农地保护关系将进一步趋于紧张。我们已经注意到,西部民族地区的许多地方在"十一五"规划中,都提出了较高的城市化发展目标。如内蒙古自治区"十一五"规划提出,到2010年,全区城镇化率要达到55%左右[③],并初步进入城市化社会。自治区确定呼和浩特市、包头市为自治区中心城市,按超大城市(200万左右人口)规划建设;赤峰市为自治区东

---

① 平新乔:《中国地方政府支出规模的膨胀趋势》,《中国公共服务体制:中央与地方关系》(中国改革国际第59次论坛论文集,该论坛于2006年10月26—30日在海南中国发展改革研究院召开)。《中国地方政府支出规模的膨胀趋势》一文为中国发展研究基金会与北京大学中国经济中心资助项目《中国地方预算体制的绩效评估及指标设计》课题总报告的第一节。

② 数据来源于5大自治区公开发布的《2005年国民经济和社会发展统计公报》。

③ 这一比例比国家"十一五"规划中提出全国平均47%城镇化率的预期指标还要高出8个百分点,平均每年增长1.6个百分点,增速将相当惊人。

部地区中心城市,按特大城市(100万左右人口)规划建设。呼伦贝尔市、通辽市、乌兰察布市、鄂尔多斯市、乌海市、巴彦淖尔市、乌兰浩特市、锡林浩特市、阿拉善盟所在地为盟市中心城市(20万人左右)(区),其中,通辽市、乌海市、乌兰察布市、鄂尔多斯市、巴彦淖尔市按大城市(50万左右人口)规划建设。满洲里市、二连浩特市为所在盟市的中心城市之一,要建成国内有较大影响力的国际口岸城市。内蒙古自治区有关部门对上述城市(区)在投资、基础设施建设、土地使用、经济建设项目方面要优先安排,重点扶持。各盟市要以盟市所在地为中心,同时选择部分基础条件较好的县级市和旗县所在地镇作为重点城镇(10万人口),适当集中项目和资金促进其优先发展①。与整个国家一样,随着2005年内蒙古、广西、西藏、青海、宁夏、新疆的人均GDP均超过1000美元②,西部民族地区也逐步迈进了一个"黄金发展时期"和"矛盾凸现时期"③。如果不能很好地处理城市建设与农地保护的关系,不能很好地处理农地征收特别是失地农民生存与发展的问题,将会带来社会严重的不稳定和经济发展的不可持续性。

第三节　西部民族地区城市化
过程中农地征收制度安排

一、国家农地征收制度的演变及其基本体系
(一)我国农地征收制度演变的几个主要阶段

不同征地制度的选择与设计是与一个国家经济社会发展的阶段和程度密

---

① 《内蒙古自治区人民政府关于印发加快城镇化发展若干规定的通知》,《内蒙古政报》2006年第2期。

② 国家民族事务委员会经济发展规划司规划统计处:《民族地区"十五"经济发展情况及"十一五"建议》,葛忠兴主编:《中国少数民族地区发展报告2005》,民族出版社2006年版,第14页。

③ 许多国家的发展进程表明,走出低收入国家并向中等收入国家迈进的时期(通常以人均GDP为1000美元为标志),对于任何国家的成长来说,都是一个极为关键的历史阶段。我们认为,随着西部民族地区开始迈进中等收入水平地区的时候,同样也是一个非常关键的历史阶段。

切相关的。从根本上说,最终决定制定什么样的农地征收制度的是一国生产力发展的水平。新中国建国以来,我国农地征地制度的安排大致经历了5个发展阶段[①]:

第一阶段(1949—1957年)为土地征用立法的起步阶段。"土地征用"一词最早始见于1950年9月16日中央人民政务院《关于铁路留用土地办法的几点解释》第4条之中。1950年11月20日颁布的《城市郊区土地改革条例》也提到了因市政建设需要征用土地的问题。该《条例》第14条规定,国家为市政建设及其他需要征用私人所有的农业土地时,必须给予适当代价,或者以相等的国有土地调换之,并对其在该项土地上的生产投资(如凿井、植树等)及其他损失,应当予以公平合理的补偿。以整体的法规形式出现,始于1953年政务院公布施行的《关于国家建设征用土地的办法》,这是新中国第一部比较完整的关于土地征用的行政法规。该《办法》规定,凡兴建国防工程、厂矿、铁路、交通、水利工程、市政建设及其他经济、文化建设等所需用之土地,均依本办法征用之。1954年9月20日,新中国的第一部宪法对国家建设征用土地也作出了规定。《宪法》第13条规定,国家为了公共利益的需要,可以依照法律规定的条件,对城乡土地和其他生产资料实行征购、征用或收归国有。这一阶段国家土地征用制度和政策的基本特点主要体现为:一是征用土地的对象主要是农民的私有土地;二是在补偿实施时强调"公平合理"的原则,不突出土地征用的"强制性";三是土地征用的审批权限比较宽松。

第二阶段(1958—1964年)为土地征用制度建设调整阶段。这一时期征地对象除了农民私有土地外还有农业生产合作社的集体所有土地,土地补偿费的发放按具体情况来定,强调被征地农民在农业上安置,国家上收征地审批权。由于土地征用中补偿与审批制度的相对宽松,随着社会主义建设和社会主义改造的突飞猛进,我国出现了严重的土地浪费现象。1958年1月6日国务院公布施行经修订的《国家建设征用土地办法》。这一新的征用土地办法

---

① 此部分内容主要参考了张慧芳著:《土地征用问题研究—基于效率与公平框架下的解释与制度设计》(经济科学出版社2005年版)一书中的"第六章 我国土地征用制度变迁及缺陷评析"和冯忠昌著:《我国征地制度变迁》(《中国土地》2001年第9期)一文中的部分内容。

的着眼点是节约用地,注意克服有的地区和某些单位"多征少用"、"早征迟用"甚至"征而不用"等浪费土地的现象。另外该办法还规定,被征用的土地除了农民的私有土地以外,还有农业生产合作社的集体所有土地。关于征用土地的补偿标准,由原来的"一般土地以其最近3—5年产量的总值为标准",改为"以其最近2—4年的年产量的总值为标准"。土地补偿费的发放,属于征用农业生产合作社土地的发给合作社,属于征用私有土地的发给所有人。对于征用农业生产合作社的土地,如果社员大会或者社员代表大会认为对社员生活没有影响,不需要补偿的,经县级政府同意,也可以不发给补偿费。征用农业生产合作社使用的非社员的土地,如果土地所有人不从事农业生产,又不以土地收入维持生活,可以不发补助费,但是必须经本人同意。自1964年5月7日起国务院限制征地审批,并要求各建设单位把"早征迟用"、"多征少用"和"征而未用"的土地,根据国务院和省的有关规定,坚决退还给生产队耕种。

第三阶段(1966—1976年)为土地征用立法工作基本停顿阶段。1973年6月18日,在由当时的国家计划革委会和国家基本建设革委会发布的关于贯彻执行国务院有关在基本建设中节约用地的指示通知,要求对基本建设征用土地加强管理,严格执行征地审批制度,认真办理征地手续。凡是初步设计未经批准的项目,不许征用土地。初步设计批准后也要根据工程的建设进度,分期分批办理征地手续。征地的审批权限则严格按照1964年7月20日《国务院关于国家建设征用土地审批权限适当下放的通知》的规定办理,征地1亩以上的必须报省一级人民政府审批。

第四阶段(1982—1997年)为土地征用制度逐步完备的阶段。这一阶段提出了关于征地的强制性要求,明确了土地的两权分离以及征地的分级限额审批制度,提高了征地安置补偿标准。从规范化、法制化和便于操作出发,经1982年5月4日全国人大常委会原则通过,国务院公布施行《国家建设征用土地条例》。《条例》第4条规定,国家建设征用土地,凡符合本条例规定的,被征用社队的干部和群众应当服从国家需要,不得阻挠和妨碍。第5条规定,征用的土地所有权属于国家的,用地单位只有使用权,明确了土地的两权分离。《条例》第 9 条、第 10 条还明确地指出征用土地的补偿费用,包括土地补偿费、青苗补偿费、附着物补偿费和农业人口安置补助费,这些补偿原则一直沿用至今。《条例》体现了计划经济时代土地征用的性质,较为完备地制定了计划经济时代土地征用的法律程序、审批权限、批后补偿安置、批后的监督检查以及相应的各项配套规定。随后国务院又于 1986 年 3 月 21 日发布了《关于加强土地管理,制止乱占耕地的通知》;1986 年 6 月 25 日全国人大常委会16 次会议通过了《中华人民共和国土地管理法》,在总结经验的基础上,该法采纳了国家建设征用土地条例中的大部分规定并将其上升为法律。1987 年 1月 1 日《土地管理法》施行时,《国家建设征用土地条例》同时废止。1990 年 5月 19 日国务院发布 55 号令《中华人民共和国国有土地使用权出让转让暂行条例》,自此拉开了土地使用制度改革的大幕,1994 年 7 月 5 日《中华人民共和国城市房地产管理法》的颁布实施,最终将城市土地管理纳入了依法规范的轨道。为了遏制各级地方政府盲目上马各类"开发区",国务院又于 1997年 4 月 15 日发布了《关于加强土地管理切实保护耕地的通知》,要求冻结非农业建设项目占用耕地 1 年。总之,从 1982 年《国家建设征用土地条例》的颁布到 1997 年 9 月中国共产党第十五次代表大会召开,这是我国土地制度建设史上的一个极其重要的阶段。其主要特点有两点:一是土地管理立法的多元化与全面化;二是这一时期的土地管理立法侧重于解决实际问题。

第五阶段(自 1998 年至今)为土地征用制度的大调整阶段。《土地管理法》经第九届全国人大常委会第四次会议修订,明令自 1999 年 1 月 1 日起正式施行;又根据 2004 年 8 月 28 日第十届全国人大常委会第十一次会议进行修正。新修正的《土地管理法》明确规定了"用途管制"和"耕地占补平衡"等制度,突出了对耕地的保护。在土地征用制度方面则做出了重大的调整,逐步形成了一套全新的、系统的土地征用制度体系。依据土地利用规划,实行以用途管制为核心内容的"农用地转用"和"土地征用"审批制度,取消市县一级征地审批权,各项补偿安置标准大幅度上调,征地审批后实行"两公告一登记"制度。在计划经济条件下,征地工作的规划、补偿标准的确定、征地农民的安置等问题都由政府包揽,各利益主体之间的利益矛盾尚不尖锐,征地问题并没有引起人们足够的关注。在市场经济条件下,尤其是随着农村土地承包责任制的推行,土地产权发生了根本变化,土地征用直接关系到被征地农民的切身利益,昔日处于隐形状态下的土地征用问题,一跃演变成为世人关注的焦点。随着渐进式市场化改革的不断深化和我国城镇化速度加快,现行的征地制度已难于适应我国快速发展的城镇化的需要,矛盾主要表现为土地征用行为的非规范性、征地收益分配的不合理性、征地动机的逐利性和被征地农民安置的艰难。为了进一步正确处理保障经济社会发展与保护土地资源的关系,严格控制建设用地增量,努力盘活土地存量,强化节约利用土地,完善征地补偿和安置制度,国务院于 2004 年 10 月 21 日和 2006 年 9 月 5 日分别发布了《国务院关于深化改革严格土地管理的决定》("28 号文件")和《国务院关于加强土地调控有关问题的通知》("31 号文件")。"28 号文件"和"31 号文件"确立和强化了农地征收的一个重要原则,即农地征收补偿必须达到保证被征地农民原有生活水平不下降、长远生计有保障;失地农民的社会保障费用要按照有关规定纳入到征地补偿安置费当中去,不落实的不得征地。

(二)我国现行农地征收制度的法律体系

农地征收制度是指在征地过程中不同主体之间的社会关系在法律上的总称。到目前为止,我国已初步形成以《宪法》为基础、以《土地管理法》及相关条例为中心的农地征收法律制度体系。尤其是 1999 年 1 月 1 日起正式施行、2004 年 8 月 28 日修正的《土地管理法》,从根本上改变了旧有的征地审批模式,逐步建立起了一套强调"可持续发展"、强调"占补平衡"、"用途管制"的以"保护耕地"为核心的全新农地征收法律制度。

第一,我国《宪法》对农地征收制度的规定。新中国建国以来,我国一共颁布了 4 部宪法。1954 年宪法规定了征收条款,其中第 13 条规定,国家为了公共利益的需要,可以依照法律规定的条件,对城乡土地和其他生产资料实行征购、征用或者收归国有。1975 年宪法第 6 条第 2 款规定,国家可以依照法律规定的条件,对城乡土地和其他生产资料实行征购、征用或者收归国有;与1954 年宪法相比,删去了"为了公共利益的需要"的规定。1978 年宪法在这方面只是对 1975 年宪法的重述,第 6 条第 3 款规定,国家可以依照法律规定的条件,对城乡土地和其他生产资料实行征购、征用或者收归国有。1982 年宪法第 10 条第 3 款规定:"国家为了公共利益的需要,可以依照法律规定对土地实行征用。"①与 1978 年宪法相比,它恢复了 1954 年宪法关于"为了公共利益的需要"的提法。此后的前 3 次"宪法修正案"都没有对该条款进行修正。直到 2004 年 3 月 14 日,第十届全国人大第二次会议通过宪法修正案(第四次宪法修正案),将《宪法》第 10 条第 3 款修改为:"国家为了公共利益的需要,可以依照法律规定对土地实行征收或者征用并给予补偿。"在《宪法》第 13 条中增加了"国家为了公共利益的需要,可以依照法律规定对公民的私有财产实行征收或者征用并给予补偿"②的规定,第一次在宪法中明确提出了"私有财产权"和"补偿"的概念。作为国家的根本大法,《宪法》关于土地征收的规定为我国土地征收法律制度的进一步健全和完善提供了宪法保障,也为我国农地征收基本法律制度的构建提供了充分、有效的依据。

第二,我国基本法律对农地征收制度的规定。目前规范土地(农地)征收的基本法律主要有《土地管理法》、《农村土地承包法》、《中华人民共和国城市房地产法》、《中华人民共和国农业法》、《中华人民共和国刑法》、《中华人民共和国行政诉讼法》、《中华人民共和国行政复议法》、《中华人民共和国行政监察法》以及《全国人民代表大会常务委员关于〈中华人民共和国刑法〉第二百二十八条、第三百四十二条、第四百一十条的解释》等。其中,最为重要的土地法律就是《土地管理法》。

第三,我国行政法规对农地征收制度的规定。目前涉及土地(农地)征收的行政法规主要有《中华人民共和国土地管理法实施条例》、《中华人民共和国城镇国有土地使用权出让和转让暂行条例》、《村庄和集镇规划建设管理条例》、《基本农田保护条例》、《退耕还林条例》和《中华人民共和国土地增值税暂行条例》等。

第四,我国部门规章对农地征收制度的规定。根据第九届全国人民代表

---

① 《中华人民共和国宪法》,《中华人民共和国常用法律大全》,法律出版社 2006 年版,第 4 页。

② 2004 年《中华人民共和国宪法修正案》,《中华人民共和国常用法律大全》,法律出版社 2006 年版,第 1863 页。

大会第一次会议批准的国务院机构改革方案和《国务院关于机构设置的通知》（国发[1998]5号），组建国土资源部。国土资源部是主管土地资源、矿产资源、海洋资源等自然资源的规划、管理、保护与合理利用的国务院组成部门。目前我国涉及到土地（农地）征收的部门规章，主要是由国土资源部等部门制定的。这些规章主要有《征用土地公告办法》、《土地利用年度计划管理办法》、《土地权属争议调查处理办法》、《建设项目用地预审管理办法》、《国土资源行政复议规定》、《国土资源听证规定》、《国土资源信访规定》、《查处土地违法行为立案标准》和《监察部、国土资源部关于违反土地管理规定行为行政处分暂行办法》等。

第五，我国最高人民法院司法解释对农地征收制度的规定。目前涉及到农地征收方面的司法解释主要是《最高人民法院关于审理涉及农村土地承包纠纷案件适用法律问题的解释》等。

第六，我国现行地方性法规、规章对农地征收制度的规定。在这方面主要是各省、自治区、直辖市的地方人大和政府分别制定和颁布的关于农地征收的地方性法规和规章。目前我国所有的省、自治区、直辖市都制定和颁布了关于农地征收内容的地方性法规和规章。

（三）我国现行农地征收法律制度的基本内容

现行农地征收具体的法律制度主要由如下4个方面内容构成：(1)农地征收的前提是为了公共利益的需要。国家为了公共利益的需要，可以征收农民集体土地。(2)农地征收的审批权限。农地征收的审批权限根据被征地的类型、面积的不同，分别由国务院或者省、自治区、直辖市人民政府审批。(3)农地征收的审批、实施程序。基本程序如下：由市、县人民政府拟定农地征收方案，逐级上报有批准权的人民政府，由有批准权的人民政府批准，批准后的征地方案由市、县人民政府负责实施；市、人民政府应当将征地方案在被征地乡（镇）、村范围内予以公告；被征用土地的土地权利人在公告规定的期限内，持土地权属证书到公告指定的人民政府土地行政主管部门申请办理征地补偿登记；市、县人民政府土地行政主管部门拟定征地补偿安置方案，经市、县人民政府批准后公告实施。(4)征地补偿安置费用。征用农地的按照被征用土地的原用途给予补偿。征用土地的各项费用自征地补偿安置方案批准之日起3个月内全额支付;被征地的农村集体经济组织应当将征用土地补偿费用的收支情况向本集体经济组织的成员公布并接受监督。

二、西部民族地区农地征收制度的基本内容

民族自治地方享有国家赋予的地方立法自治权。根据《宪法》、《民族区域自治法》和《立法法》的规定,自治区、自治州、自治县的自治机关依照宪法、民族区域自治法和其他法律规定的权限行使自治权,根据本地方实际情况贯彻执行国家的法律、政策[1];民族自治地方的人民代表大会有权依照当地民族的政治、经济和文化的特点,制定自治条例和单行条例[2];上级国家机关的决议、决定、命令和指示,如有不适合民族自治地方实际情况的,自治机关可以报经该上级国家机关批准,变通执行或者停止执行[3];民族自治地方的自治机关在国家计划的指导下,根据本地方的特点和需要,制定经济建设的方针、政策和计划,自主安排和管理地方性的经济建设事业[4];民族自治地方的自治机关在坚持社会主义原则的前提下,根据法律规定和本地方经济发展的特点,合理调整生产关系和经济结构,努力发展社会主义市场经济[5];民族自治地方的自治机关根据法律规定,确定本地方内草场和森林的所有权和使用权[6];民族自治地方的自治机关依照法律规定和国家的统一规划,对可以由本地方开发的

---

①　《中华人民共和国宪法》第 115 条,《中华人民共和国常用法律大全》,法律出版社 2006 年版,第 13 页。

②　《中华人民共和国宪法》第 116 条,《中华人民共和国常用法律大全》,法律出版社 2006 年版,第 13 页。

③　《中华人民共和国民族区域自治法》第 22 条,《中华人民共和国常用法律大全》,法律出版社 2006 年版,第 82 页。

④　《中华人民共和国民族区域自治法》第 25 条,《中华人民共和国常用法律大全》,法律出版社 2006 年版,第 83 页。

⑤　《中华人民共和国民族区域自治法》第 26 条,《中华人民共和国常用法律大全》,法律出版社 2006 年版,第 83 页。

⑥　《中华人民共和国民族区域自治法》第 27 条,《中华人民共和国常用法律大全》,法律出版社 2006 年版,第 83 页。

自然资源,优先合理开发利用[1];自治条例可以依照当地民族的特点,对法律和行政法规的规定作出变通规定[2]。综上可以看出,我国民族自治地方立法机关不仅享有作为一般地方立法机关的立法权,同时还依法享有较高的地方立法自治权。这种立法自治权是国家赋予民族自治地方自治机关的一种特定权利[3],是国家立法权的重要组成部分。

西部民族地区有义务通过制定地方性法规和规章来贯彻实施国家的农地征收法律法规及政策。同时,民族自治地方的自治机关还有权依照本地区的政治、经济和社会发展的实际需要,以自治条例和单行条例的形式做出相应变通规定。目前我国西部民族地区已逐步形成了对土地资源开发利用与保护的法规体系(其中包含着对农地征收的规定)。其中,最为重要的是5大自治区制定和颁布的《实施〈中华人民共和国土地管理法〉办法》,它是我国5个自治区关于本地区农地征收补偿的最主要的地方性规范。在这里我们以广西壮族自治区2001年7月29日广西壮族自治区人民代表大会常务委员会公告的《广西壮族自治区实施〈中华人民共和国土地管理法〉办法》为例展开论证分析。

《广西壮族自治区实施〈中华人民共和国土地管理法〉办法》(以下简称《办法》),主要是根据《土地管理法》、《中华人民共和国土地管理法实施条例》等法律、法规的规定,结合广西壮族自治区的实际而制定的。《办法》主要规定了农地征收的主体及其权限、征收补偿程序和补偿安置标准。《办法》规定:"各级人民政府必须贯彻十分珍惜、合理利用土地和切实保护耕地的基本国策,维护土地的社会主义公有制,保护土地所有者和使用者的合法权益";"自治区实行占用耕地补偿制度和基本农田保护制度,对耕地实行特殊保护";"任何单位和个人进行建设,需要使用土地的,必须依法申请使用国有土

---

① 《中华人民共和国民族区域自治法》第28条,《中华人民共和国常用法律大全》,法律出版社2006年版,第83页。

② 《中华人民共和国立法法》第66条,《中华人民共和国常用法律大全》,法律出版社2006年版,第57页。

③ 宋才发等著:《中国民族法学体系通论》,中央民族大学出版社2005年版,第231页。

地";"建设占用土地,涉及农用地转为建设用地的,由建设项目所在地县级以上人民政府逐级审查,按照土地管理法第四十四条规定的权限报自治区人民政府或者国务院批准"。"征用下列土地的,由建设项目所在地县级以上人民政府逐级审查,由自治区人民政府报国务院批准:(一)基本农田;(二)基本农田以外的耕地超过35公顷的;(三)其他土地超过70公顷的。征用前款规定以外的土地的,由土地所在地县级以上人民政府逐级审查,报自治区人民政府批准,并报国务院备案"。"依法由国务院批准农用地转用的,同时办理征地审批手续,不再另行办理征地审批;农用地转用批准权属于自治区人民政府而征用土地批准权属于国务院的,先由自治区人民政府批准农用地转用,再报国务院批准征用土地。农用地转用和征用土地批准权属于自治区人民政府的,同时办理农用地转用和征用土地审批手续;农用地转用依照本办法第三十八条第二款的规定由地区行政公署、设区的市人民政府批准的,先由地区行政公署、设区的市人民政府批准农用地转用,再报自治区人民政府批准征用土地"。"征用土地经依法批准后,设区的市、县(市)人民政府应当在收到征地批准文件之日起15日内,在被征用土地所在地的乡(镇)、村发布征地公告。征地公告应当载明下列事项:(一)批准征地机关、批准文号;(二)征用土地的用途、范围、面积;(三)征地补偿标准;(四)农业人口安置办法;(五)征地补偿登记的机关、对象、期限和应当提交的文件;(六)禁止事项;(七)其他需要公告的事项。征地公告后,被征地单位和土地承包经营者不得抢栽抢种作物或者抢建建筑物、构筑物。被征用土地的所有权人、使用权人应当在公告规定的期限内,持土地权属证书和地上附着物的产权证明等文件,到公告指定的人民政府土地行政主管部门办理征地补偿登记。逾期不办理征地补偿登记的,视为放弃补偿;但是,有正当理由导致延期办理征地补偿登记的除外"。征地补偿登记结束后,设区的市、县(市)人民政府土地行政主管部门应当会同有关部门通过现场勘测等方式,核实征地补偿登记事项,并拟订征地补偿安置方案。

　　征地补偿安置方案应当包括下列内容:(一)被征用土地情况;(二)土地补偿费、安置补助费、青苗和地上附着物补偿费的计算办法、支付对象和支付方式;(三)被征地农民的安置方案。设区的市、县(市)人民政府土地行政主管部门应当在被征用土地所在地的乡(镇)、村,将征地补偿安置方案予以公告,征询被征地单位、土地承包经营者和其他有关人员的意见。征询意见的期限为 20 日。对征地补偿安置方案有争议的,由设区的市、县(市)人民政府协调;协调不成的,由批准征用土地的人民政府裁决。征地补偿、安置争议不影响征用土地方案的实施,被征地单位、土地承包经营者应当服从,不得阻挠。

征用土地的土地补偿费按照下列标准执行:(一)征用基本农田的,水田按其被征用前三年平均年产值的十倍补偿,旱地按其被征用前三年平均年产值的九倍补偿;(二)征用基本农田以外的耕地的,水田按其被征用前三年平均年产值的九倍补偿,旱地按其被征用前三年平均年产值的七倍补偿;(三)征用菜地、鱼塘、藕塘的,按其被征用前三年平均年产值的八倍补偿;(四)征用防护林、特种用途林林地的,按其被征用前三年当地旱地平均年产值的九倍补偿;(五)征用用材林、经济林、薪炭林林地,已有收获的,按其被征用前三年平均年产值的四至七倍补偿,未有收获的,按其被征用前三年当地旱地平均年产值的三至四倍补偿;(六)征用苗圃、花圃的,按其被征用前三年平均年产值的三至四倍补偿;(七)征用轮歇地、牧草地的,按其被征用前三年当地旱地平均年产值的二至三倍补偿;(八)征用荒山、荒地、荒沟等未利用地的,按其被征用前三年当地旱地平均年产值的一至二倍补偿。上述地类按土地利用现状调查结果确定。

征用土地的安置补助费按照下列标准执行:(一)征用耕地的安置补助费总额分别为:①征用前人均耕地超过 0.06 公顷的,为该耕地被征用前三年平均年产值的五倍;②征用前人均耕地超过 0.05 公顷不超过 0.06 公顷的,为该耕地被征用前三年平均年产值的六倍;③征用前人均耕地超过 0.04 公顷不超过 0.05 公顷的,为该耕地被征用前三年平均年产值的八倍;④征用前人均耕地超过 0.03 公顷不超过 0.04 公顷的,为该耕地被征用前三年平均年产值的十倍;⑤征用前人均耕地超过 0.025 公顷不超过 0.03 公顷的,为该耕地被征用前三年平均年产值的十二倍;⑥征用前人均耕地超过 0.02 公顷不超过 0.025公顷的,为该耕地被征用前三年平均年产值的十四倍;⑦征用前人均耕地不超过 0.02 公顷的,为该耕地被征用前三年平均年产值的十五倍。(二)征用林地、牧草地、养殖水面等其他农用地的,安置补助费总额为该农用地被征用前三年平均年产值的三至五倍。征用荒山、荒地、荒滩和其他无收益的土地,不支付安置补助费。被征用土地上的青苗和附着物补偿费按照下列规定执行:(一)属短期农作物的,按一造产值补偿,属多年生农作物的,根据其种植期和生长期长短给予合理补偿;(二)林(果、竹)木有条件移栽的,应当组织移栽,付给移栽人工费和木苗损失费,不能移栽的,给予作价补偿;(三)房屋及其他建筑物、构筑物,按重置价格并结合成新确定补偿费,具体标准由设区的市、县(市)人民政府规定。对在非法占用土地上建设的建筑物、构筑物,在征地公告后抢栽抢种的农作物、林(果、竹)木和抢建的建筑物、构筑物,不予补偿。建设项目依法使用国有农、林、牧、渔场等国有土地的,土地补偿费、安置补助费为征用当地同类集体土地的土地补偿费、安置补助费的 70%,青苗、地上附着物补偿费按征用集体土地的补偿办法办理;基础设施重大项目和其他重大建设项目建设征用土地的补偿费标准和贫困山区移民安置用地管理办法,由自治区人民政府制定。

《广西壮族自治区实施〈中华人民共和国土地管理法〉办法》集中地反映了三个方面的问题:(1)我国所有的省、自治区、直辖市所制定实施的《中华人民共和国土地管理法》办法的内容大体相同,主要的条款基本上是对土地管理法的重复,不同的只是各地的补偿安置标准有所差别。这就表明中央留给地方关于农地征收方面的立法权力空间十分有限。(2)作为省一级的地方人大制定农地征收的地方性法规,主要是贯彻执行和落实国家农地征收的法律。地方人大在制定农地征收的地方性法规中,其权限主要是在国家规定的补偿标准范围内,根据本地区的实际情况制定本地区的补偿标准。(3)5 大自治区在土地管理的地方性立法上,民族自治地方立法机关并不容易正常行使"根据本地区和本民族的社会经济发展实际"来制定单行条例,更无法正常运用民族区域自治法所规定的"民族自治地方的自治机关在坚持社会主义原则的前提下,根据法律规定和本地方经济发展的特点,合理调整生产关系"的自主权对农地征收中的不适合本民族和本地区实际情况的条款作出变通规定。

第三章 西部民族地区城市化过程中
失地农民权益受损及其成因

　　农民失地失去的不仅仅是土地本身,更为严重的是失去了基于土地而本应享有的一系列权益。在西部民族地区城市化的过程中,失地农民生活水平大多数出现下降的态势,基本生存得不到应有的保障,就业受到严重的威胁、创业更为艰难,向上发展的空间极为有限,向上位阶层流动的可能性也极小。农民土地权益主体缺位是失地农民权益受损的根本原因,主要表现为农村土地在集体所有制条件下农民土地所有权主体缺位,在土地二元体制下农民土地流转主体缺位,在国家土地公权力压抑下农民土地开发权主体缺位。由于现行农地征收的补偿制度也很不健全,补偿范围过窄,补偿标准太低,补偿费用分配秩序不明确,失地农民的安置方式单一,农地征收补偿程序不完善等,严重地损害了失地农民的合法权益。在农地征收过程中,"公共利益"目的严重扭曲,地方政府对"土地财政"最大化的追逐和地方政府违法违规征地,更是严重地侵犯了失地农民的合法权益。

第一节 西部民族地区城市化过程中
失地农民权益受损状况

一、城市化过程中失地农民的总体状况

(一)失地农民的基本含义

　　近年来随着我国"三农问题"的日渐突出,"失地农民"不仅仅只是学术界

的专用术语,实际上已经进入我国决策高层的视野并出现在国家领导人的讲话和国家规范性文件之中。从语词定义上说,失地农民就是指失去土地①的农民。研究城市化过程中失地农民的权益问题,首先就必须科学合理地界定"失地农民"的外延和内涵。

第一,"失地农民"具有广义与狭义的区分。从一般意义上说只要是失去了土地的农民,就可以称其为"失地农民"。其实在农村现代化和城市化的过程中,农民失去土地有多种多样的情形和原因,彼此之间差异性很大。从广义上看,不管是出于何种原因而导致农民失去土地,只要是某农民(农户)合法拥有的农地在数量上②发生减少,他就成为"失地农民"。狭义上的"失地农民",是指完全丧失原来合法拥有农地的农民。将失地农民进行广义上和狭义上的区分,目的就在于提供不同类型"失地农民"统计的口径,并要求政府在制定关于失地农民的各项政策时应当区别对待。

第二,非征收而致的"失地农民"和"被征地农民"的区分。非征收而致的失地农民和被征地农民区分的标准是农民失地原因的不同。从农民失去农地的原因分析,主要有两种情形:一是国家对农地的征收,一是其他原因导致的。其他原因可能是别人侵权(如非法占有)或者是自然因素(如水毁导致农地功能丧失)等。对于非征收而导致的失地农民,国家并不承担行政征收意义上的补偿责任(但是有可能承担司法救济和民政救济的责任)。而对于被征地农民,国家就必须承担行政征收意义上的补偿责任。

第三,被动性和主动性"失地农民"的区分。被动性和主动性失地农民区分的标准,主要是看农民失地是否受制于"异己"的力量。国家对农地的征收具有强制性的特征,对于农民而言是一种外在的压迫力。由于这种强制力所导致的失地农民,可称之为被动性的失地农民。主动性的失地农民是指完全

---

① 本课题主要研究的对象是农业用地(即农地)。实际上在法律和现实生活中,农民拥有三种形式的土地权利,即宅基地使用权、自留地使用权和农用地使用权。此处的"土地"仅指"农用地"。

② 从严格的意义上讲,这种区分也存在着一定的问题。在我国的一些地方,农民集体所有的土地被整体征收后,政府从被征收的农地中划出一部分分给农民耕种。也就是说这些"失地农民"由此又获得了一种与原来所拥有的土地权利不同的土地"占有"和"使用"的权利,这种情形实际上是一种农民土地权利置换的方式。为了简约起见,我们也将其归为"失地农民"的范畴。

处于农民自己的意愿而丧失农地,如主动抛弃农地的权利。做出被动性和主动性失地农民区分的意义就在于准确掌握我国失地农民的构成,从而科学地分析我国农地制度的绩效和农地征收制度的合理性。

第四,形式上和实质上"失地农民"的区分。形式上和实质上失地农民区分的标准,主要是根据被征地相邻农民所有的农地权利是否受到限制。当国家征收农地后,农民集体所有的农地就转变为国家所有,在这种情形下的失地农民就是形式上的失地农民。在实际的农地征收过程中,被征收农地的相邻农民所有的农地虽然没有被征收,但是实际上已无法正常发挥其农地的功能(如我国相关法律对于铁路沿线一定范围内农作物耕种的限制等),在这种情形下,与被征收农地相邻的农地权利实质上受到限制(国外称之为"准征收"),拥有与被征收农地相邻农地的农民,我们把他们称之为实质上的失地农民。做出形式上和实质上失地农民区分的主要意义,就在于我国农地征收的法律和政策,应当考虑将实质上的失地农民纳入到失地农民的范畴,给予其应当得到的行政征收补偿,从而维护实质上失地农民的合法权益。

第五,本课题研究中"失地农民"的外延和内涵。根据上述分析并结合本课题研究的需要,我们将失地农民界定为:在城市化过程中,由于国家对农地的征收行为而导致土地所有权转移或者受到相当程度限制的①农民。本定义主要揭示出三个层面上的内容:(1)失地农民是指由于城市化发展的需要,国家通过对农民集体土地的征收而导致失去农地的农民。(2)失地农民纯粹是因为国家对农地征收所导致的。对于由于非国家征收情形(如自然灾害、侵权行为、主动性失地)所导致的失地农民不在其中。(3)被征收农地的相邻地的农地功能受到相当程度限制,农地的权利人应当纳入失地农民范畴。

(二)失地农民的数量

关于我国失地农民的真实和准确数字说法不一。据全国人大常委会副委员长乌云其木格在全国人大会议上作农业法实施情况的报告时披露,目前我

---

① 在法理上(即依社会的一般观念),权利人应当承担轻微的不利益的义务。但是当被征收农地的相邻地的农地功能受到相当程度限制时,这种情形就超出了该种义务的范围,从而应当获得相应的补偿。

国约有被征地农民 4000 万人[①]。劳动和社会保障部有关负责人也指出,近 10 年来由于我国城镇化速度加快,被征地农民达到 4000 多万人。该负责人还预测,"十一五"期间预计每年新增被征地农民 300 万人[②]。有学者指出,我国非农建设占用耕地每年约 250—300 万亩,如果按人均 1 亩地推算,那就意味着每年大约有 250—300 万农民失去土地,变成失地农民[③]。还有专家指出,实际上失地农民的情况远非如此,因为国土资源部公布的数字是根据各地报国务院审批后,由农业用地转变为非农业建设用地项目统计出来的,这些仅仅是依法审批的土地征收数,还没有把那些违法侵占、突破指标和一些农村私下卖地的情况包括在内。据统计,违法占地占合法征地的比例一般为 20—30%,有的甚至更高达到 80%[④]。《中国城市化过程中征地农民生活状况报告》指出,过去 20 年间以建立各类开发区模式推进的城市化,至少使 3.6 万平方公里的农村用地变成城市用地,使约 3500 多万农民脱离了土地[⑤]。结合上述各家之言我们的基本判断是,我国目前因政府审批征地而导致的失地农民的数量大体在 4000 万人左右。当然这个数字并不包括违法侵占、私下卖地和农村超生等原因没有分到田地的"黑户口"劳动力在内。

　　（三）失地农民的特点

　　第一,失地农民已经成为我国一个庞大的社会群体。"社会群体"是社会学研究中的一个核心概念,社会群体是社会赖以运行的基本结构要素之一。"广义上的社会群体,泛指一切通过持续的社会互动或社会关系结合起来进行共同活动,并有着共同利益的人类集合体;狭义上的社会群体,指由持续的直接的交往联系起来的具有共同利益的人群。"[⑥]在社会学意义上,社会群体具有如下几个基本特征:(1)有明确的成员关系;(2)有持续的相互交往;(3)

① 王彦:《面对 4000 万失地农民》,《中国国土资源报》2005 年 11 月 2 日,第 1 版。
② 郭少峰:《劳动和社会保障部:失地农民每年将新增 300 万》,《新京报》2006 年 7 月 24 日。
③ 韩俊:《失地农民的就业和生活状况》,《中国税务报》2005 年 8 月 17 日,第 A8 版。
④ 段应碧:《切实保护农民的土地权益》,《经济日报》2004 年 6 月 16 日。
⑤ 楼培敏:《中国城市化过程中征地农民生活状况报告——以上海浦东、浙江温州和四川广元为例》,楼培敏主编:《中国城市化:农民、土地与城市发展》,中国经济出版社 2004 年版,第 88—89 页。
⑥ 郑杭生主编:《社会学概论新修》(第三版),中国人民大学出版社 2003 年版,第 147 页。

有一致的群体意识和规范;(4)有一定的分工协作;(5)有一致行动的能力①。如上所述,自20世纪90年代以来,全国因政府审批征地而导致的失地农民的数量,大体在4000—5000万人左右,这是一个庞大的群体。并且随着我国现代化与城市化进程的不断深入,这个数字还将成倍增长。由于农地征收直接涉及到农民的切身利益,甚至危及到农民的可持续生存与发展机会与能力,失地农民的利益诉求十分强烈并呈现同质化的趋势。特别是近几年来,政府农地征收的规模越来越大,侵害农民合法权益的现象愈来愈突出,农地征收过程中群体性事件愈演愈烈,这些都充分表明我国失地农民已经成为我国一个庞大的社会群体,失地农民所产生的一系列的问题已经构成对社会稳定的严重威胁,被征地农民社会保障问题已经成为影响我国构建社会主义和谐社会的最大问题,失地农民的权益保障问题成为我国当前和今后相当长时期里政府政策制定中不容忽视的重要因素。

第二,失地农民已经成为我国一个新的弱势群体②。我国城镇化进程使越来越多的失地农民陷入贫困的境地,这是一个毋庸争辩的事实。强制性大量征地造成的农民生活水平下降、就业无着落等问题日益严重,因征地问题引发的社会矛盾不断加剧。2003年"九三学社"进行的一项调查表明,由于土地被征收,失地农民生活水平提高的只占10%左右,维持征地前水平的占30%左右,而60%以上的失地农民生活水平下降或者基本上没有收入来源③。根据国家统计局对2942户的调查,耕地被占用前年人均纯收入平均为2765元,耕地被占用后年人均纯收入平均为2739元,约下降了1%。其中,年人均纯收入增加的有1265户,约占调查总户数的43%;持平的有324户,约占11%;下降的有1353户,约占46%。土地被征用后收入减少的农户,大多是传统农业地区的纯农业户。他们除了农业生产活动外,基本上没有其他的生产经营活动能力,耕地减少后收入自然也随着下降④。现有的农村征地补偿标准是

---

① 郑杭生主编:《社会学概论新修》(第三版),中国人民大学出版社2003年版,第147—148页。
② 廖小军著:《中国失地农民研究》,社会科学文献出版社2005年版,第101页。
③ 刘宝亮:《征地莫断了农民的生路》,《中国经济导报》2004年2月27日。
④ 韩俊:《失地农民的就业和生活状况》,《中国税务报》2005年8月17日第,A8版。

一次性"买断式"的给付,多数失地农民理财能力和投资能力偏弱,即使补偿再多也难免要坐吃山空。加之失地农民中有相当一部分人处在失业状态,由于制度性障碍既不可能参加养老保险,又不可能享受失业、退休、医疗保障,那么,这部分失地农民在把不多的征地补偿金花完后,生活就马上失去了保障。没有了生活保障的群体显然是社会最不稳定的因素。在城市化过程中,由于我国现在土地征收制度的主要特征是政府用行政命令代替市场机制,由集体土地变为国有土地的过程,而不是一个平等的土地产权交易过程,说到底基本上是一个行政强制性的过程。低价征用农民的土地,是当前农民利益流失最严重的一条渠道。土地征用不仅没有富裕农民,而且还造成了大批农民失地失业;不仅没有缩小城乡差距,反而扩大了社会不公的水平面。在农地征收过程中,国家对"农民集体"行使土地所有权的超法律强制,使本来在法律上已虚拟化了的"农民集体",只能是有限的土地所有权人,国家才是农村土地的终极所有者。而且国家垄断了土地的一级市场,所有土地的转让都要先由国家低价征用变为国有,然后再按照市场价格出售。这种征地办法是具有强制性、垄断性的行政占用方式,把农民排斥在土地增值收益分配体系之外,农民既不能决定土地卖与不卖,也不能与买方平等谈判价格,国家和社会强势阶层则可以不受约束地侵吞农民的土地权益,最终造成大量的农民成为无地、无业和无社会保障的"三无人员",这是目前我国农地征收过程中事实存在的一个不应有的情况。由于征用补偿标准低,失地农民所获得的土地补偿费,根本不足以成为进行再创业的准备金;加之我国社会保障体系的城乡二元结构,许多社会保障政策尚未惠及到农村。因此农民丢掉土地、花掉补偿金,温饱就顿成难题,导致数千万失地农民成为无地可种、无正式工作岗位、无社会保障的新型社会"流民"。

(四)农民"失地"又"失权"

农民失去土地无异于失去了与土地相联系的一系列权益。农民的诸多权益都是直接或者间接地以土地为载体的,农民"失地"失去的不仅仅是土地本身,更为严重的是失去了一系列基于土地而本应享有的权益。农民失去土地后所面临的贫困风险和损失是多方面的,它包括经济、社会、文化、资本、机会、权利等诸多方面。失地农民资本的损失,不仅包括自然和物质资本,尤其是那些被迫离开家园者还包括人际和社会资本。损失的不仅是金钱,还有心理性质的损失,包括文化的收益、身份、地位等方面的损失①。正如《瞭望》署名文章所指出,对于我国现阶段农民而言,土地是温饱线,土地是养老田,土地是资本金,土地是安心土。在某种意义上说,土地不只是生产资料,土地更主要是农民的"命根子"。中国无农不稳,农民无地不稳,土地是中国经济竞争力的秘密武器,土地是国家安全的生命线,土地也将成为中国承受世界经济动荡的减震器②。具体地说,农民失去土地实际上就是失去了一笔可观而又宝贵的财富,就是失去了最基本的就业岗位,就是失去了一种低成本的生活方式和低成本的发展方式,就是失去了生存和发展的保障基础③。我国失地农民问题表面上看是农民失去土地本身,其本质内容则是农民丧失基于土地而依法应当享有的各种权益。农民作为农村集体经济组织的成员,作为农村土地承包户,也作为社会成员和国家公民,依法享有农村集体经济组织所有土地的各项权利,它包括占有使用权、承包权、收益权、经营决策权、知情参与权等。因而农民失地问题从本质上看,是农民对土地占有使用权、承包权、收益权、经营决策权、知情参与权等多种权利的丧失。我国业已出现的农民失地问题,本质上就是农民依法享有的多种土地权利遭受不同程度侵害、限制或者被完全剥夺④。尽管我国许多地方政府对失地农民采取了诸如货币安置、招工安置、农业安置、划地安置、住房安置、社会保障安置等诸多形式,但是对我国现阶段的广大农民来说,一旦失去了土地也就失去了其农民的身份和土地的福利绩效,成为弱势群体并被排除在社会保障体系之外。

---

① 刘金荣:《失地农民的贫困、补偿与可发展分析》,《经济师》2004年第8期。
② 张迁:《捍卫农民的土地》,《瞭望》2006年21期。
③ 具体分析参见廖小军著:《中国失地农民研究》一书中"第四章 当前失地农民问题的产生及影响"的内容,社会科学文献出版社2005年版,第102—109页。
④ 谭术魁:《农民失地及其附属权利的丧失》,《财经科学》2006年第1期。

二、西部民族地区城市化过程中失地农民的生存和发展受到威胁

根据本课题组成员对西部民族地区实地调查情况的分析,结合其他学者调查研究的成果,我们认为,西部民族地区城市化过程中失地农民生存和发展已经受到严重影响,主要表现在如下几个方面[①]:

第一,西部民族地区的失地农牧民生活水平大多数处于下降的态势,基本生存得不到应有的保障。与中东部地区相比较,西部民族地区农地征收补偿标准太低,有的地方1亩耕地只补偿2万多元,仅相当于本地区6—7年农民的纯收入,不及广东和浙江等地对失地农民补偿的零头。根据课题组对广西壮族自治区H市Y自治县失地农民问卷调查和走访发现,在被调查的近100户失地农户当中,有近6成的农户在农地被征收后实际生活水平下降,整体下降的幅度在20—60%左右。对于那些部分农地被征收的农户而言,生活水平下降的主要原因是:农地减少使得粮食和副食品不能完全自给,需要自己另外拿钱购买。同时,由于房屋被拆需要重新建房,政府补偿款远远不够新建房的资金,许多农民不得不为此背上沉重的债务。对于完全失地并进入城市生活的农户而言,生活水平下降的主要原因是:转移到城市或者城镇后,生活消费支出普遍急剧上升。征地之前农民家庭食品消费大部分靠农田自给,失地后则只能从市场上购买,尤其是又新增加了取暖费、水电费、物业费等项目支出,导致生活消费支出大幅度上升。再加上城镇生活的其他开支也远远高于农村,如各种人情礼节往来、交通支出和文化消费支出等。H市Y自治县一户农民(现已成为该县城市居民,在一家私人企业打工)算了一笔账:他家共有5口人,父母、夫妇和一个上初中2年级的儿子。原在农村有3亩多田地(水田、旱地和自留地),年收入(土地上的收入、打工收入、林木收入和其他副业收入)大约为3万元左右。农地被征收后一共获得各种补偿款为6万多元,转为

---

① 为了解和把握西部民族地区失地农民的生存与发展现状,本课题组于2005年12月、2006年3月、2006年7月先后3次前往广西壮族自治区、内蒙古自治区、新疆维吾尔自治区、宁夏回族自治区以及贵州省、云南省、四川省和青海省等地进行实地调研,并通过委托当地民委及其他相关机构协助调查,取得了大量的第一手资料。

城镇户口后,小孩被安排在该县城关中学上学。农地征收前他家的生活水平在当地是中上等的,年末除去各种开支尚能节余 1 万元左右。进城后因父母年事已高无事可为,只得拾捡破烂废品变卖补贴家用。妻子身体不好,只能呆在家中。自己在一家私人企业打工,每月大约有 700 元收入。补偿款除去在县城购房后所剩不多,而且一切物品都得从市场购买。各种开支接踵而来,水电费、物业费、卫生费、高价学费等,现每月的开支要 1000 多元。对此他感到生活压力非常大,更不知道将来会怎样。在我们的调查中,像这样的情况较为普遍。云南农调队的调查结果也表明,云南省失地后减收的农户年人均纯收入总体下降了 26%,20% 的失地农户仅靠土地征用补偿金生活,25.6% 的失地农户急需解决吃饭问题,24.8% 的失地农户的人均年纯收入低于 625 元,处于绝对贫困状态,失地农民的基本生活确实令人担忧①。近年来,随着宁夏工业化、城市化进程的不断加快,大量农村集体土地被征用,失地农民人数不断上升。以吴忠市区为例,2003 年以来,城市规划区范围内拆迁征地 6000 余亩,拆迁面积 160 多万平方米,涉及农户 5126 户、25630 人。土地是农民的生命之本,土地浓缩着农民的生存权、发展权、保障权,农民失去了土地几乎就失去了生活的依靠②。

第二,西部民族地区失地农民就业受到严重的威胁。在我国东部地区由于第二、三产业较为发达,失地农民相对来讲比较容易转移到第二、三产业中去,完全失业的比例较低。而在第二、三产业经济发展相对缓慢的西部民族地区,完全失业的比例较高。西部民族地区农村隐性失业问题非常严重,加之城市本身的就业形式也十分严峻,失地农民由于受观念、能力、地理条件和信息闭塞等因素的制约,他们无论是转为城市户籍还是以农村户籍外出打工,其就业形式都不容乐观。在西部民族地区的许多地方,由于前几年的盲目"跟风"而出现的"跑马圈地",大量的耕地被征收而未能得到及时的开发利用,甚至由于国家宏观调控而最终呈现出"半拉子"的"负债工程"。这样一来农民的

---

① 钟晓丽,张海华:《云南失地农民问题探究》,《云南财贸学院学报》2005 年 12 月第 21 卷专辑。
② 吴海鸿:《宁夏人大代表呼吁——为失地农民办理养老保险》,《中国青年报》2006 年 2 月 12 日,第 4 版。

农地被征收了,但是农地却又被抛荒了,根本无法产生就地转移农村失地农民劳动力的效应。西部民族地区的许多地方对被征地农民安置的主要措施是货币安置,然后让被征地农民自谋职业。多数被征地农民在失地后,主要靠外出打工、在本地农村企业就业、做临时工、摆小摊、做苦力等收入维持生活。地方政府对于失地农民的就业培训工作也不积极,加上民族地区农民传统的家乡观念和自己的民族宗教信仰,真正走出去的人口比例很低,许多失地农民干脆就赋闲在家靠征地补偿款度日。我们注意到在失地无业农民中,再就业最困难的主要有三类群体:一是大龄失地农民,40岁以上的就业机会极少。这部分农民长期以农牧业生产为主,在年龄和体力方面已无任何优势可言,再加上他们中的绝大多数人文化水平较低,又无其他的技能,转业十分困难。大多数以打短工和零工为主,收入少且不稳定。二是失地前完全靠土地(牧场)为生的农牧民。对于他们来说,祖祖辈辈主要的技能就是农业耕种和放牧,失去土地就意味着失业。三是生活在远郊和偏远地区的失地农民。相对于分布在城乡结合部或者经济发达地区的失地农民,这部分人的就业机会和就业选择性本来就很小,再加上他们的就业意识和择业观念也比较保守,因而失去土地对他们就业影响很大。我们在调查中还发现,在这个群体中有的即使找到了工作,但是由于西部民族地区许多中、小型企业本身的生存和发展就极不稳定,本地农村企业就业容量十分有限,不可能安排大量的被征地农民就业。这些企业大多数缺乏市场竞争能力极易倒闭,从而导致他们再度失业,失地农民就业转失业比例较高。在内蒙古自治区C市K旗,在调查时被问及失地后3年中被动性择业的10位进城打工的失地农民(实际上已不是农民)中,最少的换了5家企业,最多的竟换了11家单位并且变换了5个工种。原因基本上是所在的打工企业破产了,只有2位在将近的3年时间里没有调换地方,其中的1位是在他岳父当厂长的工厂做工。

第三,西部民族地区失地农民创业艰难,向上发展的空间极为有限,向上位阶层流动的可能性也极小。受各种因素和条件的制约,西部民族地区的政府不仅在为失地农民进行积极的补偿和有效的安置方面成效有限,同时在扶持失地农民自身创业方面的努力也不够。我国中东部的一些地方政府部门,除了对失地农民的补偿和安置及社会保障方面努力做好工作之外,还积极地为一些有能力的失地农民创业创造有利的条件和营造良好的环境。如将一些风险低、有前景、投资不大的项目优先考虑给失地农民,在资金上也给予积极的扶持,并且在法定范围内尽可能地减免失地农民创业项目的税收。我们发现在西部民族地区,尽管许多地方政府也有相类似的政策出台,但是执行的情况不甚理想。西部民族地区的许多失地农牧民告诉我们,他们非常渴望自己能够离开土地去创业。但是,苦于一无技术、二无资金、三无信息,他们不敢甚至无力去创业。政府征地所补偿的资金有限,是他们的"保命钱",万一投资有个闪失一家老小就"全玩完了"。许多失地农民都把征地补偿款存入银行,以备将来之急需。在我们接触到的一些西部民族地区年轻一代的失地农民中,有许多是有初中以上文化程度并且很有抱负和志向的。他们当中的一些人也曾经到中东部地区打过工、见过世面,渴望外面繁华的城市生活和发达地区富裕的农村生活。他们也非常想带领家乡的父老乡亲发家致富,为自己的家乡多做些实事、好事。他们告诉我们,在征地时地方政府也曾经有过帮助他们创业的承诺,事后也出台过相关的文件,但是许多许诺都流于形式而没有实际效果。究其原因,一是他们失地后几乎没有任何财产可以进行抵押贷款,得不到必需的启动资金;二是政府或者用地单位进行的就业技能培训不实用,提供的许多创业项目不适合当地的实际需要,没有市场需求;三是政府相关的职能部门并没有真正为他们提供优质服务的动力,依然是"门难进,脸难看,话难讲,事难办";四是与外界联系渠道较少或者是成本太高,尤其是有价值的市场方面的信息更是难求。他们当中的许多人对失地后家乡的发展不抱太大的希望,表示如果在家乡创业不行的话,唯一的办法只有到中东部地区去打工。

第四,在现有体制下农民失地犹如经历一次经济和生活上的剧烈地震。农地征收不仅使农民损失了收入、资产、权利和地位,摧毁了农民维持生计的生产体系,也摧毁了农村家庭传统而又非常必要的养老模式及其功能。特别是较为落后的西部民族地区,农民本身对土地的依赖程度远远高于我国的中东部地区,加之农民向第二、三产业转移的难度较大,因此许多失地农民对未来的前途感到非常的迷惘,甚至失去了生活的希望。西部民族地区由于地方经济发展水平较低,地方财政收入有限,再加上许多地方为了招商引资,不得不采取"零地价"的方式,甚至个别地方实行的是"负地价",对于失地农民的补偿安置基本上是采取"一脚踢",而无力为失地农民提供必要的社会保障,失地农民的传统家庭养老模式受到冲击甚至面临急剧解体。就我国目前的现实状况而言,家庭养老是我国农村地区养老的基本模式,对于西部民族地区来讲,这种养老模式有其存在的巨大空间和现实的积极意义。在我国农民的社会保障中,具有根本性、支撑性的因素仍是土地,而目前的农民社会保障,实质上是以土地为核心而形成的[①]。土地对于现阶段我国千千万万的农民来说,它已经不是一般意义上的生产资料和资本,而是"保命"、"救命"、"养命"的根。对于经济较为落后的西部民族地区的许多家庭来说,土地几乎就是他们的一切,失去了土地就意味着失去了未来生活的希望。在我们实地调查的过程中,我们已经深深地感受到了这一点。失地本身并不可怕,怕的是有没有可靠的生活来源和稳定的各种保障。目前西部民族地区的绝大多数失地农民仍然没有参保,长远生计得不到保障,这是他们面临的最大忧患。当我们在调查时问及到失地农牧民失地以后最担忧的事是什么时,他们几乎异口同声地回答是"怕生病"。西部民族地区的许多地方尤其是在农村,就连最基本的医疗都得不到保障。而对于很多被征地的农民来说,他们自己都说不清楚自己是谁。他们既无法享受农村合作医疗,又无条件享受城镇职工医疗保险,如遇大的疾患必定处于束手无策的境况。尽管国家相关的征地政策和措施再三规定,要妥善解决好失地农民的社会保障问题,但是从我们调查的情况来看,要完成这个任务还相当艰巨。

第五,西部民族地区的许多失地农民生活方式发生了急剧的转变,情绪极不稳定。西部民族地区是我国多民族聚居的地区,民族文化和宗教信仰差异较大,近几年来我国中东部城市化过程中农地征收所产生的社会矛盾和冲突,在西部民族地区也已经不是什么新鲜事,因政府征收农地(草原)所引发的群

① 徐永林:《我国农民社会保障研究》,《经济问题探索》2003 年第 7 期。

体性事件甚至是流血事件也时有发生,从而增加了农村社会的不稳定因素。在内蒙古自治区 C 市 H 区,我们曾就政府在征地过程中的行为规范问题同几位失地农民访谈,他们一听到"地方政府"几个字就气不打一处来,情绪都比较激动,一个个争先恐后地发表自己的看法,整个谈话的房间就好像是一个"批斗的会场"。他们认为中央关于农地征收的政策是好的,政策在地方政府这个地方走样了。在他们看来,当地政府征收农地主要是为了给开发商盖房子卖,政府在税收等方面得到了太多的不应有的好处。开发商也赚了大钱,而最终亏的是失地的老百姓。他们还反映在当地政府征收农地的过程中,政府相关部门的人员与农户也发生过较为激烈的冲突,当地的公安机关甚至盲目地配合地方政府抓人。在征地的过程中根本没有老百姓说话的地方,"同意"与"不同意"都得征,而且是政府"一口价",没有任何商量回旋的余地,老百姓对此意见非常大。在西部民族地区的调研过程中,我们深感这是一个令人担忧的社会问题,其后果的严重性并不亚于当时的中东部地区,必须引起中央政府的高度重视,及时采取有效的措施加以解决。正如《人民日报》署名文章中作者所指出的那样:"之所以出现这些问题,其深处反映的是我们干部的为民意识、思想作风、工作方法和政治政策水平。有的干部宗旨意识淡漠,不设身处地的思考农民与土地的关系,对失地农民、无地农民的生存艰难,漠然置之;有的干部政治政策水平低,方法简单,作风粗暴,甚至动辄打人、骂人,人为地制造了紧张和对立;有的好大喜功,不从实际出发,盲目决策,大搞'圈地'占地,使珍贵的土地被'撂荒'搁置;更有甚者,个别干部以地谋私,利用土地经营的巨额经济利益,违法发包农民土地,侵吞土地发包收入等。干部的问题不解决,得民心、顺民意地管好农村和农民的土地就是一句空话。"①

---

① 郑有义:《慎动农民"饭碗子"》,《人民日报》2006 年 1 月 17 日,第 9 版。

第二节 土地权益主体缺位是失地
农民权益受损的根本原因

一、农村土地集体所有制下农民土地所有权主体缺位

从我国现行法律规定来看,无论是《宪法》、《民法通则》,还是《土地管理法》和《农业法》,都对农地所有权归属作出了明确的"法律文本"上的界定。这些法律将农村集体土地所有权规定为三级制的"农民集体所有",即农村集体土地所有权法定主体是三个层次的"农民集体":"村民集体所有"、"乡(镇)农民集体所有"和"村内两个以上的集体经济组织中的农民集体所有"。但是,"农民集体"是指若干居住在一定区域内农民的集合,是一个抽象的、没有法律人格意义的集合群体。这样一个无法律人格、不能具体行使对土地有效监督和管理的集合群体作为农村土地的所有权主体,必然造成农村集体土地所有权的虚置。农民集体对土地的所有权并没有量化给每一个农民个体,集体占有土地所有权并不意味着集体内的农民个体占有土地所有权。究其谁是集体土地真正的所有权代表,法律并没有作出明确的规定。对于农民来说,农地所有权一直是不清晰的,"农民集体所有"实质上就成为一种所有权主体缺位的所有制。尽管《农村土地承包法》开宗明义地在第 1 条中指出:"要赋予农民长期而有保障的土地使用权",许诺"国家依法保护农村土地承包关系的长期稳定",努力地将农民土地承包经营权"物权化"。然而,"土地承包法实际上显示了国家、集体和农户对土地所有权的分割,但却没有明确合理地界定它们之间的权利边界。"[1]我国法律关于农地所有权的这种规定,不可避免地造成农村集体土地所有者代表不明确,严重地影响了农地征收过程中集体土地所有者依法行使权利,也为在实际的农地征收过程中"村干部"与地方政

---

[1] 党国英:《中国农村土地制度改革的现状与问题》,中国社会科学院公共政策研究中心、香港城市大学亚洲管治研究中心编:《中国公共政策分析》,中国社会科学出版社 2005 年版,第 81 页。

府及开发商之间的"合谋"、"寻租"留出了可操作的空间。直到 2007 年 3 月颁布的《物权法》,才算对农民"集体所有"的土地所有权归属有一个说法:第 60 条规定:"对于集体所有的土地和森林、山岭、草原、荒地、滩涂等,依照下列规定行使所有权:(一)属于村农民集体所有的,由村集体经济组织或者村民委员会代表集体行使所有权;(二)分别属于村内两个以上农民集体所有的,由村内各该集体经济组织或者村民小组代表集体行使所有权;(三)属于乡镇农民集体所有的,由乡镇集体经济组织代表集体行使所有权。"①

　　在农村现实的经济生活中到底谁是农地实际所有者呢? 农民不是农地的所有者,国家也不是农地的所有者(非国家主权意义而言)。我们通过对西部民族地区农地征收情况的调查,发现在农地集体所有制条件下,农村土地的实际控制者是村委会(村民小组)及其代表人的村干部。依据我国《村民委员会组织法》的规定,村民委员会是村民自我管理、自我教育、自我服务的基层群众性自治组织,实行民主选举、民主决策、民主管理、民主监督。其主要职责是办理本村的公共事务和公益事业,调解民间纠纷,协助维护社会治安,向人民政府反映村民意见、要求和提出建议②。村民委员会应当支持和组织村民依法发展各种形式的合作经济和其他经济,承担本村生产的服务和协调工作,促进农村生产建设和社会主义市场经济的发展。村民委员会应当尊重集体经济组织依法独立进行经济活动的自主权,维护以家庭承包经营为基础、统分结合的双层经营体制,保障集体经济组织和村民、承包经营户、联户或者合伙的合法的财产权和其他合法的权利和利益。村民委员会依照法律规定,管理本村属于村农民集体所有的土地和其他财产,教育村民合理利用自然资源,保护和改善生态环境③。但是,在实际运行的体制中,村民委员会扮演着远比上述法律规定重要得多的角色,承担着更加复杂的功能:"第一,政府代理人,承担政

---

① 《中华人民共和国物权法》,《国务院公报》2007 年第 14 期,第 7 页。
② 《中华人民共和国村民委员会组织法》,《中华人民共和国常用法律大全》,法律出版社 2006 年版,第 138 页。
③ 《中华人民共和国村民委员会组织法》,《中华人民共和国常用法律大全》,法律出版社 2006 年版,第 139 页。

府所要求完成的所有行政工作;第二,集体财产法定代理人,履行包括土地资源在内的所有村庄集体财产的管理职责。而其最具代表性的、代理所有者行使的权利是土地发包和土地调整;第三,公共事务管理者,协调和管理社区公共事务的职能。"①长期以来在我国农村的许多地方,村委会(几个主要村干部即正副村主任、村文书、村会计)实际上一直控制和把持着农地的发包、调整、租赁及征收等项工作,他们才是"实际生活意义"上而非"法律文本意义"上的土地真正的控制者。

在农地征收过程中农民土地所有权主体缺位,严重地剥夺了农民依法享有的土地权益。我国宪法"先天"地规定了征收权国家所有(国家最高主权的体现)和农地集体所有的基本原则。根据"所有权人说话"的规则(现代市场经济中的游戏规则),在农地征收过程中,《宪法》实际上就"先天"的排除了农地承包人——农民对国家征收农地说"不"的权利,以及对征地补偿讨价还价的权利。尽管《农村土地承包法》赋予了承包人——农民享有承包地使用、收益和土地承包经营权流转的权利。但是,这些权利本身先天地受制于国家征收权和农地集体所有权的"抑制",是一种实际上经过"压缩"的权利。农民的承包经营权并不具备健全完整产权的特点,如产权的清晰性、排他性、安全性、可转让性、责权利对称性等内在实质性要求。同时,在我国现行国家治理结构和法律运作体制下,农地承包人的权利实际上成为一种无法从根本上得到有效保障的权利。在农地征收过程中,地方政府公开化地、大规模地征收农地,农民从集体性的无奈到某些地区集体性的"反抗",某些既得利益集团(开发商等)集体性的"失语",都充分地表明了农民依法享有的农地承包权利自身先天的不足,以及所谓农地承包权"物权化"的虚置性。这样一来,要不要征地? 征多少地? 怎样征地等一系列问题,在域外被视为具有极大"公共麻烦"的事情,在我国就算不上是什么太难办的问题。某些地方政府机关只要一举起"国家最高主权"和"农地集体所有"两大法宝去恐吓群众,一切"麻烦"似乎都能迎刃而解。农民没有农地所有权主体的地位,国家对集体所有农地的

---

① 陈剑波:《所有权问题还是委托——代理问题?》,《经济学研究》2006 年第 4 期。

行政性征收,实际上就演变成为地方政府与集体土地所有者的代表人(地方政府在农村的最基层代理人)之间的一种"交易"。

二、土地二元体制下农民土地流转权主体缺位

农地流转是农地所有者重要的权能之一,也是农地资源得以进一步优化配置的重要途径。从论理逻辑上讲,我们可以将农民集体土地的流转分为所有权流转、使用权流转和土地用途流转三种情形。农民集体土地所有权流转是指由于国家征收,农地所有权由农民集体所有转变为国家所有的一种方式。土地使用权流转是指农民集体或者个体农户将其使用的集体非农建设用地通过出租转让、入股等方式让与他人使用的行为。土地用途流转是指农民集体农用地向集体非农用地转变,改变了土地的利用方式。从农地流转的方向看,主要是两种情形:一是由农民集体向外部流转,一是在农民集体内部流转。从农地流转的法律效力来看,一种是通过农地流转发生了农地所有权的改变,如国家对农地的征收;一种是不发生农地所有权改变,如农地使用权流转和农地用途流转。我国实行的是土地二元体制,即城市土地归国家所有,农村土地归农民集体所有。城市土地的流转是一种所有权不发生改变的使用权流转形态,而农村土地的流转则存在着土地所有权性质改变的流转形态。也就是说,在我国目前的土地二元制体制下,发生土地所有权改变的土地流转情形只有一种,那就是通过国家对农民集体土地的征收,导致农民集体土地转化为国家所有的土地,而且这种流转是不可逆向进行的。

农地所有权(广义上)的流转是农地所有人应有的基本权能之一,是农地所有人应有的对农地进行处分的权利。农地不仅是一种农业资源,更是一种重要的资产,并且其资产性的重要程度越来越大。当然,这种资产的潜在价值只有进入到土地交易市场,进行公平交易之后才能得到真正的实现。在现代市场经济条件下,农地流转权在整个所有权体系中的地位和重要性在不断地得到提升。甚至在某种程度上讲,判断权利人是否真正地拥有农地所有权的最重要标志,不是看"法律文本"上是如何界定的,而主要是看所有权人能否真正自由地、无条件地行使农地的转让权利。处分权是所有权中带有根本性

的一项权能,处分权最直接地体现了人对物的支配,被认为是拥有所有权的根本标志。尽管农民名义上拥有对农地的所有权,而在农地流转上又被赋予了许多限制性的前提,这种所有权实质上是一种"残缺不全"的所有权。我国现行的法律对于农地流转作出了严格的限制性规定,实行着一种与城市土地流转截然不同的法律制度安排。我国有关法律规定,土地实行国有和集体两种所有制形式,即城市的土地属于国家所有,土地的所有权由国务院代表国家行使;农村和城市郊区的土地除由法律规定属于国家所有的以外,属于集体所有。农户使用和经营的宅基地和承包地、承包山,也属于集体所有。国家为了公共利益的需要,可以依照法律规定对集体土地实行征用或者征收。任何组织或者个人不得侵占、买卖、出租或者以其他形式非法转让土地。特别是在农村,集体和农民不得私自改变土地的用途并买卖土地,或者以其他形式转让土地。总而言之,我国目前的土地制度可以概括为"国家和集体两种所有,国家拥有高度集中分配土地资源的权力,国家规定和管制城乡土地的用途,建设用地绝大部分只能用国有土地,集体不可购买国有土地,国家强制征用集体土地。"[1]在我国对土地资源进行管理的两部法律《农村土地承包法》和《土地管理法》,进一步强化了我国土地产权和土地市场二元性的特点。《农村土地承包法》是在农地、农用范围内,对农民土地承包权进行保障的法律体系。规范和约束了土地在农用范围内,集体经济组织对农民土地产权的可能侵犯。但是,这套法律体系存在的一个最大的问题,就是不约束政府对土地农转非之后农民权利的侵犯。也就是说,当土地从农地变成非农建设用地以后的权利的保障,是受另一套法律体系《土地管理法》来管理和保障的。这两套法律体系往往导致政府土地利益最大化和农民从此丧失土地权益的问题[2]。

我国法律之所以对土地制度实行二元结构设计,"无非是通过保留农民集体土地所有权,利用工农业产品的价格剪刀差,尽快实现工业化。"[3]然而这

---

① 周天勇:《城市化加速下的中国土地战略》,《中国土地》2004年第1期。
② 王森:《不能让最严格的农地管理制度形同虚设》,《中国改革报》2005年10月31日,第5版。
③ 乔新生:《集体建设用地流转的法律问题——对〈广东省集体建设用地使用权流转管理办法〉的解析及其启示》,《中国土地》2005年第10期。

种二元化的土地管理体制和相应土地流转制度的设计,却带来了一系列的严重问题。首先是不同所有权主体的土地权益不能得到同等的法律上的保护,严重地违背了市场经济中的公平原则。农村与城市土地产权的严重不对等,国有土地和农民集体土地无法做到"同地、同价、同权",城乡两个土地市场无法实施有效对接并形成统一的土地市场,让市场机制在土地价格形成和土地资源配置中起基础性作用。其次是国家垄断着土地的一级市场,农地要转为建设用地的唯一途径是国家征收。国家对农地进行低价行政征收,而在土地出让市场时则实现准市场化运作,政府从中获取巨额的土地收益。这样的土地运作机制剥夺了农民土地的开发权,把农民排斥在土地利益分配体系之外,实际上就是严重地侵害了农民集体土地的合法权益。

三、在国家土地公权力压制下农民土地开发权主体缺位

土地开发权(Development Rights)[①]是指对土地在利用上进行再发展的权利,即在空间上向纵深方向发展、在使用时变更土地用途之权。它包括空间(高空、地下)建筑权和土地开发权,如将邻近城市的农地变更为商业用地或者对土地原有使用集约程度的提高等[②]。土地开发权是针对土地用途管制而提出来的。土地开发权是一种从土地所有权中分离出来的具有排他性的物权,土地开发权具有增值性和可转移性(交易性)。国外关于土地发展权的制度设计有两种模式:一是土地发展权归土地所有权人。在这种模式运作下,土地发展权与地上权、抵押权等一样,归属于原土地所有权人。政府为使农业土地不变更为建设用地,可事先向土地所有权人购买土地发展权,使土地发展权掌握在政府手中,原土地所有人无变更土地使用用途之权。土地发展权归土地所有权人的观念主要是基于土地利用效率的考虑,美国就是采用这一模式。二是土地发展权归政府或者国家。在这种模式运作下,土地发展权从一

---

① 国内许多学者将"Development Rights"翻译为"发展权",郑振源先生认为是一个误译,应当译为"开发权",笔者同意郑先生的意见。参见郑振源:《Development Rights 是开发权还是发展权?》一文,《中国土地科学》2005 年第 4 期。

② 胡兰玲:《土地发展权论》,《河北法学》2002 年第 2 期。

开始就属于政府或者国家。如果土地所有者要改变土地用途或者增加土地使用集约度,必须先向政府购买土地发展权。土地发展权归政府或者国家的观念主要是基于社会公平的考虑,土地发展权归政府或者国家,可以从根本上消除土地所有权人彼此之间的不公平。英国、法国就是采用这一模式[1]。

我国的农地开发权[2]在内涵上可以包括三个层次:在保持农地农用性质的条件下,农民有权自由进行农业结构调整,转向较高收益的经济作物生产;变更为集体建设用地的权利,在集体所有权不变的条件下,其用途可作为农村宅基地、农村公共设施、公益事业用地以及企业建设用地;变更为国家建设用地的权利,国家为公共利益需要或经济建设需要,通过行政征收将集体土地变更为国家建设用地,其用途分为纯公益性建设用地和经营性建设用地[3]。理论界关于我国农地开发权归属的争议较大,总体来说主要有三种观点[4]:(1)农地开发权应当归属于国家,土地开发者必须向国家购买开发权才能开发农地。农地使用权(农地承包经营权)可以在农地用途内自由流转,农户享有相对独立、相对完整的收益权和处分权,即英国体例。(2)农地开发权应当归属于农地所有者(或者农户),国家可以向农地所有者购买开发权。农地使用权可以在国家购买开发权后以市场方式自由流转,农户享有独立的收益权和处分权,即美国体例。(3)农地发展权应当归属于农地所有者(或者农户),农地使用权随农地开发权一起可以不受限制地自由交易,农户享有完全排他的收益权和处分权。

尽管我国现行法律没有确立农地开发权的相应制度,但是从上述农地开

---

① 刘国臻:《中国土地发展权论纲》,《学术研究》2005 年第 10 期。

② 在我国,农地开发权应是土地开发权的一个下位的概念。有相当多的学者对二者不加区分地笼统使用,并得出土地开发权或归国家、或归农民、或归农民集体所有的结论,这是不符合逻辑的。因为我国目前实行的是土地二元化的所有制度,城市土地国家所有和农村土地农民集体所有,因而城市土地的开发权在我国是无需讨论的,理所当然归国家所有。需要讨论的是农民集体所有的土地开发权归属问题。

③ 季禾禾、周生路、冯昌中:《试论我国农地发展权定位及农民分享实现》,《经济地理》2005 年第 2 期。

④ 吴郁玲、曲福田、冯忠垒:《论我国农地发展权定位与农地增值收益的合理分配》,《农村经济》2006 年第 7 期。

发权的内涵来看,我国对农地利用的制度性安排实际上已经涉及到农地开发权的全部内容。如国家实行土地用途管制、禁止集体建设用地直接上市流转等。现行国家相关的制度表明,在国家土地公权力的"压制"之下,农民并不享有农地的开发权,因而也就很难获得因行使农地开发权所产生的一系列收益。我们认为,农地开发权应当归属于农地所有者(主要是农户)所有,国家实行对农地开发权购买制:(1)农地开发权是农地所有权中逐步形成的一种新型权能,它依附且内含于农地所有权,是传统所有权中使用权的一种自然延伸,理所当然地归属于农地所有权人拥有。这是由农地所有权的性质和内涵决定的。(2)一个国家对农地开发权归属进行制度性安排并非是一成不变的。农地开发权到底应当归属于谁所有,既是一个经济问题,也是一个政治问题;既是一个效率问题,也是一个公平问题。在我国现阶段,从保障农民发展权利的角度和构建公平与和谐社会的高度来看,农地发展权归属于农民所有是众望所归。(3)农地开发权归农户所有,用地单位需要用地必须向农户购买农地开发权并进行合理的价值补偿,从而使得用地者占用耕地的经济门槛提高,社会占用耕地的成本上升,从而可以间接起到耕地保护的作用。

农地开发权之争的另一个焦点,是如何对农地开发所产生的巨大增值进行合理、有效的分配问题。对此国内学界主要有两种观点:一种观点认为,农地转为非农地之后的自然增值应当全部归失地农民所得,即"涨价归农"。其理由是农民应当拥有包括"土地非农开发权"在内的完整的土地产权。另一种观点则认为,农地转为非农地后的自然增值,来源于国家及其全社会投资所产生的辐射作用,大部分应当收归国有即"涨价归公"。对此,我们的基本看法是农地开发的增值应当主要由农民享有,这不仅是农地所有权(使用权)自身价值的充分体现,是维护和保障农民土地合法权益的重要内容,也是统筹城乡协调发展理念实现的途径,更是实现公平、正义社会的本质要求。"纵观世界各市场经济国家,没有一个国家的法律规定由于基础设施兴建而导致的土地增值应该有政府参与利益分配"[①]。政府不能也不应该参与土地增值部分的直接分配,其主要原因是:(1)在市场经济条件下,土地的市场价格主要是由市场供求关系决定的,政府是不能直接干预的。(2)现代民主国家不应该有任何自身的利益追求,国家从事基础设施建设的资源(资金)来源于民,理当还惠于民。(3)如果土地价值确系飞涨从而导致新的不公平,那么国家可以通过税收杠杆以累进增值税的方式进行调节与平衡[②]。

第三节 现行农地征收补偿制度有悖于 对失地农民权益的保障

一、农地征收的补偿范围过窄

农地征收补偿范围是指农地被征收时征收主体应当对被征收人进行哪些方面利益的补偿,即农地征收补偿的具体项目有哪些? 是什么? 一般地说,一国农地征收补偿水平的高低,主要通过两个具体的指标得到反映:一个是农地征收补偿范围的大小,一个是农地征收补偿标准的高低。其中,农地征收补偿范围的大小决定着农地征收补偿水平的广度,农地征收补偿标准的高低则决定着农地征收补偿水平的深度。总之,一国农地征收补偿水平等于农地征收补偿范围乘以各项农地征收补偿标准的积。用函数来表示(其中,Q 代表补偿水平,W 代表补偿范围,P 代表补偿标准),那就是:$Qn = W(W_1、W_2、W_3\cdots\cdots)\times P(P_1、P_2、P_3\cdots\cdots)$。当然,农地征收补偿范围与农地征收补偿标准之间也存在着相互制约的关系。因此,检讨一国法律对农地征收补偿水平的高低,不能仅仅看其补偿的范围大小,而且要考察其补偿标准的高低。这里我们首先讨论我国农地征收补偿范围的合法性与合理性问题。

---

① 中国(海南)改革发展研究院编:《中国农民权益保护》,中国经济出版社 2004 年版,第 428 页。

② 美国农村发展研究所:《征地制度改革与农民土地权利》,中国(海南)改革发展研究院编:《中国农民权益保护》,中国经济出版社 2004 年版,第 428 页。

我国现行法律对农地征收补偿划定了具体的范围。《土地管理法》第47条规定:"征收土地的,按照被征收土地的原用途给予补偿。征收耕地的补偿费用包括土地补偿费、安置补助费以及地上附着物和青苗的补偿费。"①《土地管理法实施条例》第26条对农地征收补偿费的归属作出了明确的界定:"土地补偿费归农民集体经济组织所有;地上附着物及青苗补偿费归地上附着物及青苗的所有者所有。"②尽管国家在2004年土地管理法修改后又出台了一系列关于农地征收补偿方面的政策和措施,在对农地补偿费的发放和使用上作出了适当的调整,但是,在农地征收补偿范围的问题上始终没有发生变化。也就是说,我国对农地征收进行补偿的项目就是3项,即土地补偿费、安置补助费、地上附着物和青苗的补偿费。其中,明确规定归失地农民所有的是地上附着物和青苗的补偿费。依据《土地管理法实施条例》第26条的规定:"需要安置的人员由农村集体经济组织安置的,安置补助费支付给农村集体经济组织,由农村集体组织管理和使用;由其他单位安置的,安置补助费支付给安置单位;不需要统一安置的,安置补助费发放给被安置人员个人或者征得安置人员同意后用于支付被安置人员的保险费用。"③这样只有当失地农民不需要统一安置的,安置补偿费才归失地农民所有。从上述法律规定的情况来看,我国对于农地征收补偿的主要特征是:以被征收农地所带来的直接损失为最大范围的限度,以原用途给予补偿原则为最大限额标准,国家对农地征收补偿费制定强制性的分配方案,以货币补偿为主要补偿手段。一国对于农地征收补偿的范围到底应当如何确定,补偿范围的界限应当如何划定,归根到底是一国对于农地征收实行什么样的补偿原则问题。我国《宪法》和《土地管理法》以及《物权法》,都没有明确地提出和规定农地征收补偿的原则,这样就直接制约着我国农地征收补偿范围的确定,也是我国长期以来农地征收(包括整个行

---

① 《中华人民共和国土地管理法》,《中华人民共和国常用法律大全》,法律出版社2006年版,第1315页。

② 《中华人民共和国土地管理法实施条例》,《中华人民共和国常用法律大全》,法律出版社2006年版,第1323页。

③ 《中华人民共和国土地管理法实施条例》,《中华人民共和国常用法律大全》,法律出版社2006年版,第1323页。

政征收)补偿范围过窄的主要原因所在。

我国对于农地征收补偿实行的是"有限补偿原则"。这种有限补偿原则既不是一种完全性的补偿,更谈不上是一种公平合理的补偿做法。"有损害必有赔偿",这是民法的基本常识。同样道理,在农地征收过程中,农民农地有损失,必须得到相应的补偿。农地征收补偿范围确定的依据,就是由农地权利人遭受"特别的牺牲"范围的大小和具体项目构成的。农民失去农地所遭受的损失,既包括直接经济损失和间接经济损失,也包括有形损失(物质损失)和无形损失(精神损失),这些由于农地征收所引起的损失都应当纳入农地征收补偿的范围之中。概而言之,我国应当对农地征收补偿实行完全补偿的原则。只有这样,才能够真正地弥补被征地农民的经济损失和精神损失,真正体现市场经济运行中的公平理念。综合各国法律的规定,不难发现各国对土地征收补偿的范围主要包括如下几个方面:(1)土地补偿。土地所有权是土地征收最主要的对象,对土地的补偿是土地征收补偿中最重要的部分。(2)地上物补偿。此项补偿主要包括建筑物补偿和农作物补偿。在地上物与土地一并被征收的情况下,对于地上物也应该予以补偿。对于被征收的土地和建筑物上所设定的他项权利也必须予以补偿,但是应当以土地或者建筑物应得的补偿金额为限。(3)搬迁费。不被征收的地上物、原有的生产设备、水产、畜产等物品在土地征收之后必须予以迁移,为此应当向被征地方发给搬迁费。(4)邻接地损失补偿。这种补偿主要包括由于土地被征收,可能导致残存的土地或者邻接地价格下跌或者遭受其他损失,对此必须给予补偿;由于土地被征收致使残存地明显难以用于以前所使用的目的时,土地所有人可以请求征收全部土地。(5)离职者或者失业者补偿。这是指国家征收土地后造成原土地权利人或者其雇员离职或者失业,应当对其离职或者失业期间的损失给予赔偿。(6)间接可得利益损失补偿。被征地者在征地中利用原有财产进行盈利的活动也会受影响,因此被征地者还承担了另外一些间接损失,包括营业停止或者营业规模缩小的损失,建筑物迁移造成的租金损失等。这些损失也是应当给予补偿的①。与国外对于土地征收补偿的范围相比较,我国农地征收补偿项目和费用仅次于与土地有直接联系的损失,现行的法律制度"不仅对那些难以量化的非经济上的附随损失未列入补偿的范围,而且那些可以量化的财产上的损失,比如残余地分割的损害、经营损失、租金损失等通常所受的损失,也未列入补偿的范围"②。

"有限补偿原则"没有充分体现土地的潜在收益和利用价值,没有考虑土地承担着农民生产资料和社会保障的双重功能,存在着极大的不合理性。现阶段从法律上确立完全补偿原则的确存在着一定的困难。但是,这决不意味着在对于农民失去土地的补偿就可以停留在现有的补偿范围内,而应当结合我国经济与社会发展的实际状况,尽可能地不断扩大农地征收补偿的范围。在有条件的地方可以率先进行试点,对于农民土地承包经营权、残余地分割的损害等进行适当的补偿。同时在斟酌补偿费的具体数额时,可以而且应当把农民的择业成本和从事新职业需要抵御的风险等因素考虑进去,以缓和农民对政府征地行为的不满情绪,确保被征收入的合法权益最大化。

二、农地征收补偿标准不合理

农地征收补偿标准问题是农地征收补偿乃至整个农地征收制度中的核心问题。在农地征收补偿范围既定的情况下,失地农民所得到补偿费的多少,就完全取决于各个补偿项目标准的高低了。

确定农地征收的合理补偿标准,实质上就是要给出一个公平合理的农地征收价格。如何确定该农地的价格,确定的补偿数额是否合理,对于失地农民家庭和农地权益保护来说是"生死攸关"的事情。我国现行农地征收补偿标准的法律规定,主要集中在《土地管理法》的第47条。该条法律规定:"征收土地的,按照被征收土地的原有用途给予补偿。""征收耕地的土地补偿费,为该耕地被征收前三年平均年产值的六至十倍。征收耕地的安置补助费,按照

①　林玉妹:《土地征收范围和补偿机制的国际比较及启示》,《福建省社会主义学院学报》2005年第1期。
②　王太高:《土地征收制度比较研究》,《比较法研究》2004年第6期。

需要安置的农业人口计算。需要安置的农业人口数,按照被征收的耕地数量除以征地前被征收单位平均每人占有耕地的数量计算。每一个需要安置的农业人口的安置补助标准,为该耕地被征收前三年平均年产值的四到六倍。但是,每公顷被征收耕地的安置补助费,最高不得超过被征收前三年平均年产值的十五倍。""依照本条第二款的规定支付土地补偿费和安置补助费,尚不能使需要安置的农民保持原有生活水平的,经省、自治区、直辖市人民政府批准,可以增加安置补助费。但是,土地补偿费和安置补助费的总和不得超过土地被征收前三年平均年产值的三十倍。"①

我国现行农地征收补偿标准既不是土地的价格,也不是土地使用的租金。征地补偿费用的核算依据仅仅是农业产值,按照土地原用途的年产值倍数测算,实现的是农业用途下的收益,而没有体现土地的潜在收益和利用价值,没有考虑土地对农民承担的生产资料和社会保障的双重功能,更没有体现土地市场的供需状况,这是不符合市场经济规律的。这种征地补偿办法的确立,从严格的意义上讲,它是建立在土地国家所有和集体所有两种公有制的基础上,根据原来计划经济条件下生产资料分配及其调拨方式制定的,其基本的补偿思路一直沿用至今。"产值倍数法"征地补偿方式主要表现出如下两个基本特征:一是对人不对地的补偿原则。在计划经济条件下国家建设征收集体土地,按照被征土地的年产值进行补偿,并遵循不低于农民原生活标准的原则,补偿过程中更多考虑的是失地农业人口的安置和补偿,而不是根据被征土地的区位和质量条件进行等价交换。对人不对地的补偿原则也是造成目前多次征地重复安置补偿的主要原因之一。二是征地的经济关系仅体现补偿关系。对被征收土地的补偿仅依据农业利用方式下的年产值进行补偿,不考虑土地的潜在利用价值或者市场价值,是一种纯粹的补偿关系②。按照原用途进行补偿在三种情况下并不能够体现土地的实际价值。(1)当土地是空地或者荒

---

① 《中华人民共和国土地管理法》,《中华人民共和国常用法律大全》,法律出版社 2006 年版,第1315 页。

② 朱道林:《充分体现土地潜在价值——制定征地区片综合地价的政策背景与技术思路》,《中国国土资源报》2005 年 8 月 22 日,第 5 版。

地时,按照原用途并比照前 3 年的收益情况进行补偿显然是无法操作的。(2)同一个地块在不同的投入水平与经营不同的作物时,产出显然也是不同的,而随着农民收入水平的提高,农民有可能增加对土地的投入并改种经济效益高的作物品种,在增加收入的同时也使土地价值得到提高。(3)土地自身有产出,土地不仅仅是农民的就业手段,而且还同时具有社会保障功能,现行的补偿方式根本就没有考虑到农业生产的波动性和不确定性。用确定性的产值倍数方式来给农民拥有的土地承包使用权定价,是不符合经济学原理和市场规则的。在农地征收过程中,由于法律只是规定了补偿上限和大概的范围,产值倍数也是浮动的,因而现实中征地补偿标准的确定,实质上带有极大的随意性。因此,"产值倍数法"也极易造成政府在征地过程中侵占农民的利益。从我国各地农地征收中失地农民的实际生存状况看,这样的补偿标准不仅没有合理地体现农地的区位差异以及各地不同的经济发展水平,更没有真正体现土地对农民的生存保障的价值。农地征收后,由于失地农民的农业收入降低,有的甚至为零,这不仅影响到失地农民的日常生活消费水平,还影响到失地农民家庭教育文化方面的支出,而这部分补偿目前往往不被考虑,这实际上是对农民发展权的一种忽视。

市场经济国家农地征收行为所造成的损失补偿呈逐步放宽之势,以便被征收者所受损失得到完全补偿[1]。譬如,美国对土地征收采取"合理补偿"标准,即补偿所有者财产的市场价值,包括财产现有的市场价值和财产未来盈利的折扣价值。加拿大的土地征收补偿是建立在被征收土地的市场价格基础上,依据土地的最高和最佳用途,按照当时的市场价值补偿,具体包括了被征收土地的补偿、被征地相邻土地的有害和不良影响补偿、土地所有人或者承租人因土地全部或者部分被征收而造成的成本和开支的补偿等。德国对土地征收的补偿标准和英国一样,都以土地征收时官方公布的交易价格为准,具体范围包括了土地及其他标的物损失的补偿、营业损失补偿、被征收标的物上一切附带损失补偿。

---

① 曾超、赵勇奇:《对我国土地征收补偿问题的思考》,《中国土地》2006 年第 1 期。

　　农地征收补偿标准的确定要综合考虑土地质量、投入情况和区位条件、土地的未来用途和预期收益、当地城镇居民社会保障水平以及农民未来发展需要等因素,特别是要把失地农民的养老、医疗保险和社会保障费用纳入计算范围。通过综合计算得出的征地补偿费用,要和土地市场价格大体相当①。2004 年《国务院关于深化改革严格土地管理的决定》("28 号文件")在征地制度上有所创新。(1)在征地补偿的法律原则上,再次重申县级以上地方人民政府要采取切实措施,使被征地农民生活水平不因征地而降低。此项规定在一定程度上纠正了长期以来,以为达到原农业产值的一定倍数就是征地补偿和安置的最高法律原则的误解。(2)在费用标准上,明确要求依照现行法律规定支付土地补偿费和安置补助费,尚不能使被征地农民保持原有生活水平的,不足以支付因征地而导致无地农民社会保障费用的,省、自治区、直辖市人民政府应当批准增加安置补助费。(3)在费用来源上,该决定还规定土地补偿费和安置补助费的总和达到法定上限,尚不足以使被征地农民保持原有生活水平的,当地人民政府可以用国有土地有偿使用收入予以补贴。国务院的"28 号文件"实际上宣告了我国《土地管理法》中所确立的征地补偿标准的不合理性,并表明了我国农地征收补偿标准改革的市场化趋向。尽管"28 号文件"按照保证被征地农民原有生活水平不降低、长远生计有保障的原则,进一步完善了征地补偿安置制度。但是从执行情况看,尽管多数地方提高了征地补偿倍数额,被征地农民"原有生活水平不降低"得到了基本落实,但是与保证被征地农民"长远生计有保障"还有较大差距。2006 年 8 月 31 日国务院再次发出《关于加强土地调控问题的通知》。《通知》再次强调:"征地补偿安置必须以确保被征地农民原有生活水平不降低、长远生计有保障为原则。"并且在解决被征地农民的长远生计方面作了进一步的规定:一是提高了征地补偿的要求,将"被征地农民的社会保障费用,按有关规定纳入征地补偿安置费用,不足部分由当地政府从国有土地有偿使用收入中解决。"二是征地补偿安

---

　　① 《城镇化进程中的"三农"问题》,纪宝成、杨瑞龙 主编:《中国人民大学中国经济发展研究报告 2005——城乡统筹发展中的中国"三农"问题 》,中国人民大学出版社 2005 年版,第 298 页。

置费用的落实是批准征地的前提,社会保障费用不落实的,不得批准征地。土地出让收入总价款,必须首先按规定足额安排支付土地补偿费、安置补助费、地上附着物和青苗补偿费、拆迁补偿费用以及补助被征地农民社会保障所需资金的不足①。

三、补偿费用分配秩序不明确

法律对征用耕地补偿费用的发放秩序有明确规定。根据《土地管理法》和《土地管理法实施条例》的规定,国家征用耕地的补偿费用包括土地补偿费、安置补助费以及地上附着物和青苗的补偿费。其中,土地补偿费归农民集体经济组织所有;地上附着物及青苗补偿费归地上附着物及青苗的所有者所有。至于安置补助费的归属则根据情况而定。需要安置的人员由农村集体经济组织安置的,安置补助费支付给农村集体经济组织,由农村集体组织管理和使用;由其他单位安置的,安置补助费支付给安置单位;不需要统一安置的,安置补助费发放给被安置人员个人或者征得安置人员同意后用于支付被安置人员的保险费用。《土地管理法》第49条还规定:"被征地的农村集体经济组织应当将征用土地的补偿费用的收支情况向本集体经济组织的成员公布,接受监督。禁止侵占、挪用被征用土地单位的征地补偿费用和其他相关费用。"②在农地实际征收过程中,我们注意到农地上附着物和青苗的补偿费,在整个补偿费中所占的比重很小,有的地方这笔费用只有几千元而且很容易算清,所以很少有被截留、挪用的,一般来说都能够足额地发放到失地农民手中。而土地补偿费、安置补助费,每一个被征用土地的农民少的可以得到一两万元,多的可以得到三五万元。如果一个村上千口人,加起来就是上千万,甚至几千万元,这是一笔巨额的资金。在一些地方村干部借口农村土地归集体所有,作为集体经济的管理者,他们有权运用这些钱做修路、建学校这些公益事业和投资办厂为乡亲们谋福利。但是,由于缺少监督,数万、数百万甚至上千万的征地

---

① 国务院:《关于加强土地调控问题的通知》,《国务院公报》2006年第30期,第8—9页。
② 《中华人民共和国土地管理法》,《中华人民共和国常用法律大全》,法律出版社2006年版,第1316页。

补偿费被截留、挪用,甚至被少数人挥霍掉了。譬如,不久前就发生内蒙古自治区呼和浩特市赛罕区西把栅乡大厂库伦村村委会,因拖欠建筑商 223.9 万元债务被建筑商告上法庭后,竟用国家征用村民土地扩建呼和浩特机场的专项补偿费和安置费填补窟窿(该款项涉及到征用各类土地 570 多亩,350 多户村民 1700 多口人的利益),导致 400 多村民长期拿不到自己的专项补偿款,激起村民群众义愤填膺的事件①。这种现象绝不是个别的,而且也不是一时才有的。这样问题的出现,与我国现行关于被征农地补偿费的发放、管理及其使用制度安排的不健全与不合理是密切相关的。只要这方面的制度不完善,这些问题就不可能从根本上得到解决和消除。

现行的土地补偿费归农民集体经济组织所有。法律上并未明文规定土地补偿费如何在农村集体经济组织与农民之间进行分配,这就为借“维护集体经济利益”之名出台不合理的分配方案提供了操作空间。农民集体在农地征收过程中的权利和地位并没有得到清楚的法律界定,在十分含糊的权利空间中,集体组织(实际上是少数村干部)也在利用自己的各种资源优势参与对农地征收补偿款的争夺。因此,在征地补偿费分配制度安排中将土地补偿费划归农民集体所有,表面上似乎赋予了农民集体自主决定该款项的分配及使用和管理的权利,实质上是将对其支配的权利交给了少数村(组)干部。农地征收补偿费往往被层层盘剥,“雁过拔毛”。本来就偏低的补偿标准,再加上这种不合理的分配格局,农民真正能够拿到手的征地款是少之又少。近年来全国各地大量发生村干部截留、挪用征地补偿费的案件,就足以证明了这一点。

必须对现行征地补偿费分配制度进行改革。依据《物权法》等有关法律的规定,征地补偿费分配制度必须进行如下改革:(1)要确保征地补偿费用及时足额支付到位。建立征地补偿费专户,征地公告发布后,申请用地单位应当将征地补偿费用足额存入专户。征地补偿费用必须在征地补偿安置方案批准之日起 3 个月内全额支付到位。征地补偿费用没有足额到位的不得使用土

---

① 记者李泽兵:《村委会欠债,竟用征用村民补偿款填窟窿》,《新华每日电讯》2006 年 12 月 21 日,第 7 版。

地,被征地农村集体经济组织和农户可以拒绝交地。征地补偿安置按规定到位后,被征地农村集体经济组织和农户不得拖延交地。(2)加强征地补偿费分配使用的管理。对农村集体经济组织不能调整相应的土地给被征地农民继续承包经营的,应当将不少于80%的土地补偿费支付给被征地农民。各农村集体经济组织提取土地补偿费的比例的总和不得高于20%并纳入公积金管理,专项用于被征地农民参保、发展生产、公益性建设等,不得挪作他用。县、乡人民政府不得以任何名义提取土地补偿费。被征地农民如不需要统一安置的,安置补助费全部发放给被安置人。对于在农村集体经济组织内部进行调地安置的,土地补偿费和安置补助费在该农村集体经济组织范围内统一分配。土地被全部征收且农村集体经济组织撤销建制的,土地补偿费应当全部用于被征地农民生产生活安置。(3)要加大对农地征收补偿费用分配使用管理的监督力度和打击截留、挪用农地征收补偿费等违法犯罪的力度,强化地方政府最高行政官员的责任,并且将其纳入地方政府官员考核体系中。凡是对辖区内发生土地违法违规案件造成严重后果的,对土地违法违规行为不制止、不组织查处的,对土地违法违规问题隐瞒不报、压案不查的,都要追究政府领导的责任。

西部民族地区的一些省份开始制定地方性的法规或者规章,纷纷加强对农地征收补偿费用分配使用的管理。譬如,甘肃省出台了《甘肃省征收农民集体所有土地补偿费用分配使用管理办法》,进一步规范土地补偿费用的分配使用。该《办法》规定因公共利益的需要,将农民集体所有土地收归国家所有的,将对农村集体经济组织给予补偿,补偿费用包括土地补偿费、安置补助费、地上附着物及青苗补偿费等。补偿标准按照国务院和省人民政府批准的征地补偿方案、当地年产值标准和补偿倍数或者征地区片综合地价确定;城市规划区内,市、县政府收购储备土地涉及征收农民集体所有土地的,要依据与被征收土地的农村集体经济组织签订的征收土地补偿协议,直接向被征地农村集体经济组织指定的开户银行汇款或者以转账方式支付土地补偿费用,但是不得以现金方式支付。安置补助费根据不同安置途径确定分配对象,需要安置的人员由农村集体经济组织安置的,安置补助费支付给农村集体经济组织,作为集体发展基金;由其他单位安置的,支付给安置单位;自谋职业不需要统一安置的,经被征地农户申请,发放给需要安置的农户;参与社会保障安置的,全额发放给被安置人员,用于个人缴纳养老保险金。使用土地补偿费必须经本集体经济组织村民代表会议 2/3 以上代表同意。征地补偿费必须专款专用,任何单位和个人不得截留、挪用,不得将征地补偿费用于偿还集体经济组织债务、上缴税费、发放工资等,违者将被严厉查处①。甘肃省的做法是值得提倡的。

四、失地农民的安置方式单一

当前西部民族地区的大多数地方都选择了货币安置为主的方式(即一次性发放安置补助费,让农民自谋职业)。由于这种安置方式操作简单,因而易于受到各级地方政府的欢迎,实施范围极为广泛。但是,在货币安置过程中政府出钱进行一次性买断的"强制购买",对失地农民实行"一脚踢开"的做法已经造成农民极大的不满情绪。在西部民族地区失地农民因文化程度不高,缺乏非农就业技能,在就业方面处于明显的劣势,很容易陷入"失地、失利又失业"的困境。因为土地依然是绝大多数农民尤其是那些文化层次较低的农民的最基本生活资料和最现实就业岗位。与此同时,实行一次性的货币安置,虽然考虑了被征地农民眼前的生活安排,但是毕竟没有考虑到失地农民今后的医疗保险、养老保险和二次就业问题,并没有与社会保障制度同步衔接。尽管有些地方正在探索建立失地农民的社会保障体系,并鼓励他们参加商业保险,但是由于安置补助费偏低和农民原有的收入积蓄有限,并不能有效地解决问题。从总体上讲,失地农民承担着失去土地、失业、失去家园、边缘化、不断增长的发病率和死亡率、食物没有保障、失去享有公共的权益、社会组织结构解体的风险。其中,失去土地后收入下降、就业困难和长远生计缺乏保障是被征地农民面临的最主要的风险。在重新就业困难,社会保障又没有足够资金支持的情况下,失地农民极易对未来的生活产生忧虑,从而蕴藏着社会不和谐与

---

① 陈彩虹:《征地补偿费不得截留》,《甘肃经济日报》2006 年 4 月 26 日,第 1 版。

不稳定的因素。

一次性获取支付补偿金的失地农民在就业方面明显处于劣势地位。在激烈的市场竞争条件下,沿用多年的"谁征地、谁安置"的政策事实上已经难于执行,各地开始普遍采用货币补偿的安置模式,即征地时一次性地支付补偿金,让被征地农民自谋职业。对此已经有学者指出,自谋职业这一政策在推出之初曾受到了征地农民的普遍欢迎。上海市先后共有 8.32 万征地劳动力自愿采取了这一安置方式,占征地安置劳动力总量的近 1/4。从全国来看,在近几年各地审批的建设用地项目中,采用货币补偿办法的占 90% 以上①。根据我们在西部民族地区调查的第一手材料看,实际情况并不像上海等东部沿海地区那样乐观,西部民族地区自谋出路的失地农民自谋职业非常困难,目前相当一部分处于失业和半失业状态,失地农民即使进城了也仍然无法享受与城市居民同样的社会保障。他们失去土地后既有别于农民,又不同于城市居民;既不享有土地的保障,也不享有同城市居民一样的社会保障,处于社会保障的真空地带,成为一个庞大的边缘状态的弱势群体。失地农民由于在就业、收入等方面的不稳定性,依托家庭保障模式也越来越受到冲击。许多家庭仅靠征地补偿款来维持生计,最终的结果往往是基本的生活都没有着落。随着农村核心小家庭迅速增加,家庭规模的缩小,家庭养老功能正在逐步弱化,失地农民的未来前景令人堪忧。

我国中东部地区正在积极地探索多元化的失地农民安置模式。譬如,湖南咸嘉的"集中开发型模式"、广东南海的"保留产权型安置"、上海浦东的"社会保障型安置"等②。2004 年国土资源部《关于完善征地补偿安置制度的指导意见》在总结各地实践经验的基础上,提出了几种失地农民的安置模式:(1)农业生产安置。征收城市规划区外的农民集体土地,应当通过利用农村集体机动地、承包农户自愿交回的承包地、承包地流转和土地开发整理新增加的耕地等,首先使被征地农民有必要的耕作土地,继续从事农业生产。(2)重

---

① 韩俊:《失地农民的就业和社会保障》,《经济参考报》2005 年 6 月 25 日第 6 版。

② 详细内容可参见廖小军著:《中国失地农民研究》一书的第五章"解决失地农民问题的路径、实践与启示",社会科学文献出版社 2005 年版。

新择业安置。应当积极创造条件,向被征地农民提供免费的劳动技能培训,安排相应的工作岗位。在同等条件下,用地单位应优先吸收被征地农民就业。征收城市规划区内的农民集体土地,应当将因征地而导致无地的农民,纳入城镇就业体系,并建立社会保障制度。(3)入股分红安置。对有长期稳定收益的项目用地,在农户自愿的前提下,被征地农村集体经济组织经与用地单位协商,可以以征地补偿安置费用入股,或者以经批准的建设用地土地使用权作价入股。农村集体经济组织和农户通过合同约定以优先股的方式获取收益。(4)异地移民安置。本地区确实无法为因征地而导致无地的农民提供基本生产生活条件的,在充分征求被征地农村集体经济组织和农户意见的前提下,可以由政府统一组织实行异地移民安置。这些模式在西部民族地区实施起来却困难重重,过去存在的问题依旧无法得到解决。

西部民族地区的一些大中城市正在着手解决失地农民的生存和可持续发展问题。譬如,银川市针对失地农民数量不断增加的现状,率先采取了许多可供借鉴的做法:(1)鼓励失地农民自谋职业和自主创业。对无条件统一建设商业用房或者出租房的区域,失地农民可以在城市规划建设的市场物流带购买商业用房(摊位),由市政府按每人5平方米,每平方米一次性给予1000元的补贴;失地农民在银川市范围内、城市规划区外,承包租赁土地发展设施种养业的,经市农牧、财政、规划等部门核实,可以享受市政府当年制定补助标准两倍的补贴等。(2)鼓励引导各类企业、事业单位吸纳失地农民。从2005年起,3年内吸纳失地农民相对稳定达到10人以上、20人以下的企业和事业单位,由市辖区政府予以表彰奖励,达到20人以上的由市政府予以表彰奖励;把年龄为40岁、50岁失地农民就业纳入到各级政府公益岗位安置计划中;各类企业吸纳失地农民就业的,参照下岗失业人员再就业有关税收政策执行等。(3)强化就业技能培训。从2006年起市财政连续3年每年安排300万元的专项资金,各区也要安排配套资金,用于支持失地农民技能培训等[①]。

西部民族地区要逐步建立并完善失地农民的社会保障体系。建立失地农

---

① 姬恒飞:《银川扶持失地农民自主创业》,《中国国土资源报》2005年7月27日,第2版。

民养老保障体系,从根本上解除农民对失去土地后养老问题的担忧,可以在很大程度上减少因养老问题产生的城市化阻力。因为失地农民最终要纳入到城市居民的范畴,为他们提供养老保障,有利于城乡养老保障的顺利接轨,铺通建立城乡一体化基本养老保障制度的道路。当前必须考虑到如下几点:(1)要考虑长久性的最低生活保障。把一次性补偿变成长久性补偿,保证失地农民每年都能获得相当于过去的纯收入,以维持最低生活保障。(2)要考虑养老保障。农民失地后在不急于使用补偿金的时候,应当考虑为其实行养老保障。(3)要考虑医疗保障。用补偿款建立医疗保障体系,使农民失地后不因为生病尤其是大病而陷入困境。(4)要提供教育和培训的机会。把补偿金用于为农民提供教育和培训,对此政府应该加以高度重视和积极引导。(5)要提供创业机会。要学习和效仿银川市的经验,在一些地方当农民不急于使用补偿款时,应该通过政府补贴的方式为农民考虑创办一些经济实体。工商、税务部门应该为失地农民减免一些税费,通过扶持和帮助的途径支持他们重新创业。

五、农地征收补偿程序不完善

农地征收的行政行为必须执行严格的法定程序。行政行为合法性的依据和获得公正行政效果的前提,就是严格依照法定的程序履行行政权力及其职能。我国现行的法律法规对农地征收行政行为制定了一系列的规范,主要体现在如下几个方面:一是在征地报批前,当地国土资源部门要将拟征地的用途、位置、补偿标准、安置途径等,以书面形式告知被征地农民;拟征土地的现状调查结果,要与被征地农村集体组织和农户共同确认。二是建立征地公告和听证制度。要向征地范围内的农村集体组织和农民发布有关拟征地情况的预公告,除了涉密等特殊情况外,必须通过媒体向社会公告征地批准事项,在被征地所在地的村组公告征地批准结果;拟定或者修改区域性征地补偿标准,以及拟征地项目的补偿标准和安置方案等,都必须组织听证会,保证被征地农民的真实知情权和发言权。将被征地农民知情、确认的有关材料作为征地报批的必备材料。这些征地补偿程序的制定和实施,对于规范我国农地征收及其补偿行为起到了积极的作用。但是我们认为,农地征收及其补偿行为在程序上还存在许多不足的地方,严重地限制或者剥夺了失地农民的合法权益,急需在今后的立法中进一步完善。

第一,被征地农民在农地征收过程中缺乏表达自己意见的机会和自身利益诉求的有效渠道。我国目前的征地程序,首先是建设单位根据需要申请立项,选址论证,委托设计部门设计,然后再由建设单位凭项目批文和设计书委托征地。土地部门统一征收机构受理后,与征地的乡镇、村协商土地补偿、劳力安置等有关事宜,签订“征地协议书”,这份协议书是办理土地报批手续的不可或缺的要件之一,只有当征地手续齐全并经政府部门批准之后,征地过程才得以实施。从这个程序当中可以看出,从立项征地伊始到征地行为实施,在众多的参与行为主体当中,唯独没有与征地行为有着切身利益的农民的参与。村委会作为农民的代言人参与征地程序,农民个体被掩盖于村集体的名义之下而缺乏独立性,自主地发表他们的意见也就缺少了必要的条件。在实际操作农地征收过程中,村委会(主要的几个村干部)的利益和农民个体的利益并非完全是一致的,往往出现“代言人偏差”现象[1],这是必须引起各级人民政府高度重视的问题。

第二,被征地农民没有机会参与征地补偿标准的确定。尽管《土地管理法》第48条规定,在“征地补偿安置方案确定后,有关地方人民政府应当公告,并听取被征地的农村集体经济组织和农民的意见”[2]。但是在实际征地过程中,征地补偿费的标准大都由征地主管部门确定,即便在实行征地听证制度,参与听证的对象也只是政府部门、乡镇及村集体(主要是村干部),农民个人的利益诉求和心声很少得到反映。即便农民对农地征收及其补偿有意见,即便这种意见能够在听证会上得以充分的表达,但是,由于缺乏实质性的可操作规程,缺乏听证意见采纳、反馈的监督机制,农民反映的意见往往也是不了

---

① 李一君、张友琴:《城市化土地征用过程中农民自主性缺失问题研究》,《中共福建省委党校学报》2004年第10期。

② 《中华人民共和国土地管理法》,《中华人民共和国常用法律大全》,法律出版社2006年版,第1316页。

了之或者根本就没有下文。

第三,被征地农民的意见实际上不可能产生积极的效果。我国《土地管理法实施条例》第25条规定:"对补偿标准有争议的,由县级以上地方人民政府协调;协调不成的,由批准征用土地的人民政府裁决。征地补偿、安置争议不影响征用土地方案的实施。"①该条款的规定,表明了我国农地征收实行的是一种"极度的"强制性征收,而非国外"温和的"强制性征收。在农地征收过程中,政府审批和决定征收与补偿的一切事项,发生争议后还是由政府来裁决,这是一种"自家人"审"自家人"的做法,有悖于现代依法行政的精神。所谓"征地补偿、安置争议不影响征用土地方案的实施"的规定,实质上就宣告了被征地农民的最后一点希望的破灭。

第四节　政府违法和违规征地严重侵犯失地农民的合法权益

一、农地征收中"公共利益"目的严重扭曲

农地征收是国家一种特有的权力,是国家因公共事业的需要或者为实施国家经济政策,或者为国家国防安全,基于国家对土地的最高所有权,依照法律程序对农地进行征收的一种行为。农地"征收之所以必要,是由于政府因特定公用目的需要的产品通过市场机制无法实现,舍强制而无他途。"②在我国,农地征收权是政府的强制性的行政权,农地征收是国家取得农民集体土地的一种特殊方式,其核心在于土地的取得具有强制性,并不以土地所有人的同意为前提。有权力的地方就有权力可能被滥用的危险;绝对不受约束的权力,必然产生绝对腐败。因此,世界上主要国家都将"公共利益目的"作为土地征用制度的基本要件之一,防止这种政府土地征收公共权力的无限扩大而损害

①　《中华人民共和国土地管理法实施条例》,《中华人民共和国常用法律大全》,法律出版社2006年版,第1323页。

②　沈开举著:《征收、征用与补偿》,法律出版社2006年版,第1页。

私人财产权益。我国 2004 年"宪法修正案"第 10 条第 3 款规定:"国家为了公共利益的需要,可以依照法律规定对土地实行征收或者征用并给予补偿。"①第 13 条第 3 款规定:"国家为了公共利益的需要,可以依照法律规定对公民的私有财产实行征收或者征用并给予补偿。"②但是,究竟什么是"公共利益"? 如何界定"公共利益"? 在我国至今没有一部法律作出相应的规定。人们曾经把希望寄托在《物权法》上,然而 2007 年 3 月颁布的《物权法》,并没有对此作出具体而明确的规定。

在法律上界定何为"公共利益"是一个世界性的难题。从国外的情况来看,世界各国划分征用土地的"公共利益目的"大致分为三类:第一类国家在与土地征用有关的法律中,仅规定"只有出于公共利益方可动用土地征用权",但是,到底哪些属于公共利益也未加以明确界定,不过这类国家对私人财产有充分的保护措施。第二类国家在与土地征用有关的法律中,用列举法详尽地列出了在哪些公共利益目的的情况下方能征用土地。第三类国家主要是一些处于经济转轨时期的国家,有关规定相当含糊,政府的任意行政权很大,私人财产权受到保护的程度较低③。总的来看,在大多数国家土地征用"公共利益目的"的范畴通常包括如下 6 个方面:(1)交通建设,包括道路、运河、公路、铁路、人行道、桥梁、码头、防洪堤和机场等;(2)公共建筑,包括学校、图书馆、医院、工厂、教堂和公共住房等;(3)军用目的,如军事设施、军事基地、兵工厂等;(4)土地改革,如耕地改造、土地重新分配、土地规划等;(5)公共辅助设施,如用水设施、污水处理系统、电力设施、煤气管线、水利和灌溉工程、水库等;(6)公园、花园、体育设施和墓地的建设。在有些国家公共利益范畴规定的用途还包括:为低收入家庭修建房屋,国家机关用地,公有的工商企业用地,进行土地改革,把征来的土地分给没有土地的农民等④。

---

① 《中华人民共和国宪法》,《中华人民共和国常用法律大全》,法律出版社 2006 年版,第 1863 页。
② 《中华人民共和国宪法》,《中华人民共和国常用法律大全》,法律出版社 2006 年版,第 1863 页。
③ 宋国明:《浅析国外土地征用的公共利益目的》,《中国土地》2003 年第 11 期。
④ 宋国明:《浅析国外土地征用的公共利益目的》,《中国土地》2003 年第 11 期。

我国法律对"公共利益"的模糊规定导致农地征收权力的滥用。目前的《宪法》《土地管理法》和《物权法》均未对"公共利益"作出明确具体的界定。《土地管理法》第43条规定:"任何单位和个人进行建设,需要使用土地的,必须依法申请国有土地;但是兴办乡镇企业和村民建设住宅经依法批准使用本集体经济组织农民集体所有的土地的,或者乡(镇)村公共设施和公益事业建设经依法批准使用农民集体所有的土地的除外。"①该条第2款又规定,"前款所称依法申请使用的国有土地包括国家所有的土地和国家征收的原属于农民集体的土地。"②上述的规定和《宪法》关于国家为"公共利益"而征收农地的基本原则是相互冲突的。可以说第43条是《土地管理法》中最具争议的条款之一。这种自相矛盾的规定实际上将"公共利益"从公共设施、公益事业等狭义的概念扩大到所有经济建设领域。法律实际赋予了国家以"公共利益"为名征收任何土地来用于任何建设的权力。实际上我国征地目的早已不限于为"公共利益",已经扩大为企业利益和个人利益,任何单位和个人都可以申请国家动用征地权来满足其用地需要。国土资源部在2003年的调研报告中明确提出:"我国土地征用的目的已远远超出公共利益范畴,而且国家动用征地权来满足城市化用地需求在某种程度上已为政策法规所承认,这种现象在世界上是绝无仅有的。"③这种仅仅为了某种市场主体的经济利益而强制征收农民集体土地的行为,说穿了就是通过国家公权力强制剥夺一部分人的利益来满足另一部分人利益的行为,这是国家公权力对私人合法权益最严重的侵害。在现代法治国度里,不以"公共利益"为土地征收的目的的行政行为,实际是一个"警察国家"的做法,是一种强权剥夺公民合法权益的暴力行为。我国正在朝着建设法治国家的方向努力,必须尽快减少和逐步消除这种不和谐的暴力行为。

---

① 《中华人民共和国土地管理法》,《中华人民共和国常用法律大全》,法律出版社2006年版,第1315页。
② 《中华人民共和国土地管理法》,《中华人民共和国常用法律大全》,法律出版社2006年版,第1315页。
③ 国土资源部耕地司、规划院、利用司、规划司联合调研组:《征地目的及征地范围专题调研报告》,鹿心社主编:《研究征地问题 探索改革之路(二)》,中国大地出版社2003年版,第48页。

二、地方政府对"土地财政"最大化的追逐

从土地经济学的角度看,土地出让金实际上就是土地所有者在一定的期限内出让土地使用权所获得的地租的总和。1988 年 5 月国务院发出《关于加强国有土地使用权有偿出让收入管理的通知》,规定在国有土地使用权出让的收入中,"40% 上缴中央财政,60% 留归地方。"仅仅 2 个月后,财政部又出台《关于国有土地使用权有偿使用收入征收管理的暂行办法》,中央提取的比例已经降至32%。由于土地出让的实际权力主要控制在地方政府手中,因此,在土地出让金的问题上,中央政府与地方政府之间的博弈,以地方政府不合作、中央政府最终大幅度让步而告终。1992 年 9 月财政部再次出台《关于国有土地使用权有偿使用收入征收管理的暂行办法》,把中央对土地出让金的分成比例缩小为象征性的 5%,直至 1994 年实行分税制改革后,最终土地出让金全部划归为地方政府。从此以后,土地出让金就正式成为地方政府完全"自控"的收入来源。国家垄断土地供应,地方政府过度依赖开发土地获取财政收入,使地方政府卷入这一几无风险、但同时也是一个充满投机活动的领域。

在城乡二元化的土地市场条件下,国家的供地政策实行土地有偿使用制,政府则通过出让公有土地收取巨额的土地出让金。这样一来,国家(主要是地方政府)一方面通过计划体制下的地价强行征收农地,另一方面运用市场经济的手段和渠道高价供地,一高一低,巨额的差价就进入了地方政府的"口袋",成为人们戏称的"第二财政"①,成为地方政府任意支配的"小金库"。在西部民族地区地方政府热衷于城市扩张的一个主要原因,就是它可以使地方政府财政税收最大化。"吃饭靠财政,建设靠国土",许多地方政府正是依靠财政"体外循环"的预算外管理的土地出让金收入,以及依靠土地出让金收入担保的银行贷款推动地方城市建设。在这一轮城市扩张中,地方政府发挥了

---

①　从财政分类的角度看,土地出让金实际上是"第四财政"。第一财政指预算内收入,第二财政指预算外收入,第三财政指制度外收入,土地出让金并不属于前三者,因而称之为"第四财政"。

主导作用,土地扮演了举足轻重的角色,它已经介入国民经济和社会发展的全过程。这一现象的背后是地方"土地财政"的驱动。据有关部门统计,2001—2003年我国土地出让金合计为9100多亿元,约占同期全国地方财政收入的35%[①]。2004年土地有偿出让进一步市场化,当年全国出让的价款达5894亿元,占同期地方财政总收入的47%。2005年尽管我国执行地根紧缩政策,出让金收入所占比重虽有所下降,但是总额仍高达5505亿元。2006年第一季度出让金收入达3000亿元左右,全年土地出让金突破1万亿元,出让金占地方财政收入比例可能突破50%。最新的一份研究报告则表明,上述数据不一定准确,仍然有一定的保守性。据平新乔教授课题组的估算,2004年全国地方政府的土地财政收入大约为6150.55亿元左右[②]。

现行的土地出让金在性质上是一种"非法财政",它是靠政府通过农地低价征收(垄断农地的一级市场)和土地高价出让(垄断土地的二级市场)而获取的"非法利润",是以牺牲被征地农民的利益为代价,以牺牲广大的农村发展为代价的,以牺牲我们后代子孙的利益为代价的。土地出让金问题决不仅仅是一个单纯的经济利益问题,而且是一个涉及到为谁的发展着想、为谁的利益服务的问题。因此,土地出让金制度的改革势在必行。2006年11月7日,作为国务院31号文的重要配套文件,财政部、国土资源部和中国人民银行对新增建设用地土地有偿使用费征收范围、标准等政策进行调整,下发了《关于调整新增建设用地土地有偿使用费政策等问题的通知》。该通知的核心内容就是从2007年1月1日起,新批准新增建设用地土地有偿使用费征收标准将在原有基础上提高1倍。这将直接抑制地方政府扩张用地的冲动。然而实际效果到底如何,需要我们进一步地关注和研究。

---

① 《土地出让金改革的宏观经济效应》,《21世纪经济报道》2006年9月4日,第1版。
② 平新乔:《中国地方政府支出规模的膨胀趋势》,《中国公共服务体制:中央与地方关系》(中国改革国际第59次论坛论文集,该论坛于2006年10月26日—30日在海南中国发展改革研究院召开)。《中国地方政府支出规模的膨胀趋势》一文为中国发展研究基金会与北京大学中国经济中心资助项目《中国地方预算体制的绩效评估及指标设计》课题总报告的第一节。

三、地方政府严重违法、违规征收农地

征用权滥用并进入市场必然给"权钱交易"提供温床。改革开放以来,伴随着地方政府征用权不断扩张的进程,地方政府在土地征用中产生的寻租及腐败问题也越来越突出。在土地违法案件中,数量最多和危害最大的莫过于以各种名义圈占、征用农民集体土地的违法行为了。从近年来有关贪官落马的报道中,不难看出很多贪官的犯罪都与土地腐败密切相关。譬如,成克杰、田凤山、慕绥新、马向东、孟庆平、杨秀珠等,无一不是土地"拍卖"的"操盘高手"。随着城市发展和新农村建设步伐的加快,本来就稀缺的土地资源会变得更加稀缺,土地价格也会随之增长。尽管国家加大了土地管理的执法力度,但是,确信"地中自有黄金屋"且掌握土地审批大权的某些官员,势必深谙土地运作之道,必然会采取"上有政策,下有对策"的办法来规避风险,进而以更为隐蔽的方式来谋取私利[1]。在中纪委查处的省部级以上领导干部重大违纪违法案件中,许多就牵涉到土地批租腐败问题。据纪检、监察部门统计,在领导干部以权谋私、贪污受贿的案件中,涉及土地批租问题的约占1/3。据统计,2004年国土资源纪检监察部门受理信访举报5295件,初核2857件,立案438件,给予党纪处分457人,组织处理102人,移送司法机关144人。各地通过执法监察清理出违反土地出让制度的案件2254件,涉及金额42亿元,共查处违反经营性土地出让制度案件683件,追缴土地出让金175.5亿元[2]。

地方政府及其官员之所以明目张胆地在土地问题上严重违法甚至冒险犯罪,主要的症结还是出在我国现行的土地管理体制上。

第一,从运行机制上看,当前我国土地利用和管理存在着比较严重的"逆向的用地激励机制"。从2002—2003年各省的GDP净增加与建设用地面积之间,具有非常明显的相关关系:凡是建设用地增加多的省份,GDP的增加值就越多,反之就越少。在这种逆向的用地激励机制作用下,在中央农地保护政

---

① 方家平:《莫让土地变成腐败的"财富之母"》,《中国青年报》2006年4月17日,第7版。
② 杨应奇:《土地批租领域违纪违法案件扫描》,《中国国土资源报》2005年4月7日,第5版。

策的高压下,在严格农地转用指标的限制下,地方政府只好"铤而走险",走"未经批准用地之路"。地方政府也是一个有着自身利益追求的"理性人",作为土地实际控制者和管理者的地方政府,在现行的体制框架和法律制度内与中央政府展开博弈是有其天然优势的。地方政府为追求政绩和地方经济的发展速度与规模,而采取多种形式、不惜代价地违规用地①。

第二,地方政府热衷于建设大城市、上大项目,在批地用地问题上往往是长官意志决定一切。在这种思维定势下,城市规划部门为迎合政府意图,加上自身利益的驱使也喜好做大规划。因此,地方的土地利用规划总是赶不上地方城市建设规划。在地方政府眼中土地规划的任务就是保证城市建设供地,致使土地利用规划成了"规划规划,纸上画画,墙上挂挂"的"废纸"。"我敢说我国的市长和镇长所管辖的空间比世界上任何一个国家的市长和镇长都要大。"我国著名的城市规划专家、北大环保学院周一星教授在"健康城市化与城市土地利用"研讨会上说,"市长和镇长们拥有的土地资源权实在是太大了。粗放的市镇设置,必然带来粗放的土地利用。2002 年被 279 个直辖市、副省级市、地级市管辖的面积约占国土的 50% 和人口的 90%。一个地级以上市的平均面积大约是 17000 平方公里,难怪动不动划出 50 平方公里、100 平方公里、200 平方公里作为开发区或者城市新区是如此轻而易举。"②目前许多地方政府从直接违反土地利用总体规划批占土地,向违规修改规划转变。其中,"分拆批地"成为"化整为零"的一种新的表现形式,审批、审核的违法主体由县级政府变为更上一级地方政府或者部门。非法批地、越权批地等行政违法的手段更加隐蔽,往往难以找到直接、有力的证据支持。土地违法交易花样繁多,非本集体经济组织成员以租赁集体土地使用权办企业为名,行非法转让土地之实。其手法通常一是未经有权机关批准,擅自将农用地调整为建设用地;二是在规划修改方案履行报批过程中,即同意用地单位进场施工,边报边批;三是规划修改虽然符合程序要求,但却将坡地、污染地、废弃地等调整为

---

①　张新安,陈从喜主编:《中国国土资源安全状况分析报告(2004—2005)》,中国大地出版社 2006 年版,第 164—166 页。

②　王军:《"土地财政"的动力结构》,《瞭望新闻周刊》2005 年 9 月 12 日第 37 期。

"基本农田",而原有的高产基本农田反而在规划修改中变成了建设用地。所有这些均属违规修改规划,其损害后果必然是大量耕地被非法占用。

第三,现行政府官员政绩考核制度不合理,地方政府 GDP 的高低和"形象工程"成为评价干部政绩的主导性指标。从我们调研的实际情况来看,地方政府把城市做得越大,就能为制造大广场、宽马路、行政中心等"形象工程"提供越多的空间。这些"形象工程"又牵扯到地方党政官员个人政绩的多少和大小。扩大城市规模就必须把建设用地规模做大,很多地方以前根本不想搞规划修编,但是现在突然想搞了,动机就是出于要搞大城市发展空间,为造"形象工程"和捞取个人政绩铺路。特别是 2006—2007 年地方四级政权都要换届,拉动"政绩"的需求空前"旺盛",这个需求须以加快和率先"发展"作为实现形式,以大量的新项目作为具体展示内容。侵害农民利益的违法行为依然存在,虽然土地违法行为方式多样,损害后果也各不相同,但是在不同时期也有着不同的集中表现形式,并且相应地造成某一种较为普遍的损害后果。譬如,20 世纪 80 年代中期农民占地建房,造成损害后果的突出表现为大面积耕地资源被占用;90 年代初部分沿海地区盛行"炒地皮",导致国有资产大量流失和土地资源的闲置、浪费;近年来的土地违法问题则集中地表现为全国范围内的开发区热、园区热、旅游度假区热,以及大学城热等名目繁多的圈占农村集体土地的违法行为。从造成的后果来看,集中地反映在广大农民利益受到严重侵害,并且不同程度地引发了较多社会矛盾。如非法强征土地,不依法确定征地补偿标准,拖欠或者截留征地补偿款,对被征地农民的生活安置缺乏必要的保障措施等,群体上访、越级上访、连续上访等现象也时有发生①。

第四,农地征收缺乏监督机构和审查机制,国家对于地方政府官员土地违法行为的处理不力。从 2004 年开始,中央政府出台的各项关于加强土地管理和制止、打击土地违法方面的政策和措施,不能说是绝后的,但是至少是空前的,然而地方政府在土地问题上或明或暗的违法活动似乎是越打越凶、越压越强。许多国家和地区除设立土地决策、咨询、执行机构外,还专门设立仲裁机

---

① 王延杰:《警惕土地违法新动向》,《中国国土资源报》2006 年 4 月 27 日,第 5 版。

构裁决征用者与土地所有者之间的争议,以保证土地征用的合理性与公平性。我国土地管理部门中没有这样一个部门来裁决征用中的争议及规范征用双方行为。县、乡、镇政府部门是土地所有者主体的代表,同时又是征用土地的使用者和管理者。土地管理部门在重大决策上需要听从于政府,政府部门集多种职能于一身而无有效监督,致使政府部门产生大量违法征占土地的不法行为。目前违法征用、占用土地的主体有相当大的部分是各级政府部门。在广东省东莞市的常平镇,就有个自行规划占地 1800 亩、总投资 18 亿元的"大京九塑胶城",在没有任何土地审批手续的情况下先行占用农用地上百亩,建起了塑胶城的主体建筑。尽管这个违法占地项目自 2004 年 3 月以来曾被土地管理部门数次查封。但是风头一过,工地照样施工。就这样违法占地建起的主体建筑楼群在"查封"中拔地而起,并且已经开始招揽客商①。如果说没有政府高级别官员撑腰、壮胆甚至参与其中的话,这种现象很难继续维持下去。土地征收目的的审查机制既包括土地征收申请、批准前,有关机关对农地征收目的合法性的事前审查,也包括土地征收被批准后,被征收人认为农地征收目的不具有合法性时的救济机制,可以称为事后审查。在我国《土地管理法》中,只规定了土地征收必须经过国务院或者省、自治区、直辖市人民政府批准,对于被征收人认为农地征收目的不符合法律规定时的救济机制却没有任何的规定。正如有的学者所分析的那样,在我国近几年来,地方政府一轮又一轮的违法占地,中央政府一波又一波的运动式执法,不能说没一点儿效果。只是这样的监管控思路和办法,始终在"违法—查处—再违法—再查处"的恶性循环中"打转转"。而每经历一轮循环,执法的综合成本更高,违法者的胆儿越大、花样越多、手段越疯狂。20 多年来,这样的疯狂一轮胜于一轮②。事实再一次表明,土地产权制度本身和土地管理体制不改革,地方政府土地违法活动就会一天不停止,农民的土地权益就会一天得不到有效的保障。

---

① 王学江:《土地管理:封条为何封不住违法项目?》,《新华每日电讯》2005 年 1 月 7 日,第 3 版。
② 鲁宁:《土地制度不改 违法占地难止》,《中国经济时报》2006 年 4 月 18 日,第 6 版。

第四章 改革西部民族地区城市化中的农民土地使用权制度

与经济发展和城镇居民数量增长相伴生的是城市的扩张和城市化进程的加速,随之而来的是大量农民失去土地使用权。农村土地集体所有权是宪法赋予的神圣财产权,农民土地使用权的丧失与其说是对该项权利的让渡或者放弃,倒不如说是在利益博弈中农民的土地权益被忽视、被侵犯甚至被剥夺。农民丧失土地使用权引发了不少社会矛盾和冲突,已经成为构建社会主义和谐社会的巨大障碍之一。在西部民族地区城市化进程中,必须高度重视农民土地使用权的保护,对农民土地使用权给予切实的法律保障。为此就要科学的设计农地使用权的物权结构,不断丰富和完善农地使用权的内容体系,大胆地创新农地使用权的流转制度等。农民土地权益保护涉及到我国物权法的落实和整个农民土地使用权制度的深层次改革,西部民族地区的城市化正好为这项重大改革提供了契机。

第一节 科学界定农地使用权的物权结构

一、我国土地使用权的法律缺陷

土地所有权在我国大陆的主体是国家和集体。《中华人民共和国宪法》第10条规定:"城市的土地属于国家所有。农村和城市郊区的土地,除由法律规定属于国家所有的以外,属于集体所有;宅基地和自留地、自留山,也属于集体所有。国家为了公共利益的需要,可以依照法律规定对土地实行征用。

任何组织或者个人不得侵占、买卖、出租或者以其他形式非法转让土地。一切使用土地的组织和个人必须合理地利用土地。"①土地所有权人一般并不直接对土地进行占有、使用和收益,而是通过设定一系列的用益物权,将土地交由其他主体进行经营,以实现对土地的利用。《中华人民共和国物权法》第117条规定:"用益物权人对他人所有的不动产或者动产,依法享有占有、使用和收益的权利。"②就土地而言,用益物权涵盖了土地承包经营权、建设用地使用权和地役权,这种土地制度设置的思路是非常正确的。但是在实践中执行起来流弊甚多,不但在所有权上存在诸如性质模糊、主体不明、权能不全、产权不清等问题③,而且在使用权上也存在诸多纠缠不清的问题。由于我国法律对土地使用权设置了种种限制,从而使得这种权利不能自由地进行市场流转,与使用权制度建立的初衷不相吻合。这种土地利用格局的形成,尽管具有政治、经济、文化等方面的深层次原因,但是对使用权制度进行修正和完善则是完全必要的。提高土地利用效率,发挥土地的更大效用,关键在于对农村土地的使用权体系进行有效、合理的重新构建,优化对土地资源的配置,促进对土地的合理利用。目前我国土地使用制度已经突破了国家所有,部门无偿使用的单纯所有权格局,确立了非所有人对土地的一系列民事权利。然而在理论和实践上还存在一些模糊认识,不利于对现有土地进行开发利用和进行有效的法律规范与保护。

自1988年我国实行国有土地使用制度改革以来,土地使用权已经成为不动产市场最重要的对象。家庭联产承包责任制在我国农村实行的结果表明:大部分农村集体作为土地所有者的作用和地位下降了,而仅仅成为法律上的所有权主体,加上中央对家庭联产承包所有制实行长期稳定的政策,使得农户获得的土地使用权刚化了,甚至已经成为一种准土地所有权④。我国目前只有土地使用权市场,没有土地所有权市场。从完善土地使用权的保护出发,我

---

① 《中华人民共和国宪法》,《中华人民共和国常用法律大全》,法律出版社2006年版,第3页。

② 《中华人民共和国物权法》,《国务院公报》2007年第14期,第10页。

③ 肖方扬:《集体土地所有权的缺陷及完善对策》,《中外法学》1999年第4期。

④ 高福平著:《土地使用权和用益物权》,法律出版社2001年版,第378页。

国物权立法将土地使用权当作基本物权类型,并且在此基础上按照市场经济的要求创制新的物权形式。在西部民族地区城市化的进程中,一定要依据《物权法》的规定,妥善地保护农地使用权,从理论上厘清农地使用权的物权结构,从而对农地有理有据地予以法律保护。

土地使用权是指土地使用者在法律允许范围内对土地享有占有、使用、收益与处分的权利,即依法取得利用土地的权限。使用土地的单位或者个人,按法定程序办理土地使用权的申请、登记、发证等手续后,享有法定的使用权利。使用人的权利因根据法律或者合同规定产生,必须在法律或者合同规定的范围内行使该权利。土地使用权在各国的物权法中未列为物权种类,一般认为"土地使用"是土地所有权部分权能的名词表征,在实践中不易区分的是作为所有权能的"使用权",还是作为用益物权的"使用权"[①]。由于所有权的权能可以与所有权人发生分离,因而就有他物权形式的使用权。我国 2007 年 10 月 1 日起施行的《物权法》,确认土地使用就是土地用益物权。在传统民法上,只存在单一使用权的他物权形式,即只是单纯地使用标的物而取得其价值。这种他物权称作使用权无可厚非。不过这种情形并不多见,常见的是具有使用权能和收益权能的他物权形式。对于这类他物权,传统民法有别于单纯使用权能而称为用益物权[②]。土地使用权在社会生活中是大量存在的,它作为一种物权应该加以公示,使其权利内容为公众知晓,才能起到稳定社会经济关系、促进交易、保障交易安全的作用。只有土地的基本权利明晰,才能为社会经济发展提供稳定的基础。

我国法律确认的土地使用权事实上只是土地用益物权。现行土地使用权制度存在不少缺陷,影响了土地使用权制度对权利人的保护力度,其具体表现主要有如下几点:(1)对于该类物权的立法和研究,更多地注重创新的土地他物权形式,出现了诸如国有土地使用权、集体土地使用权、城镇国有土地使用权、出让土地使用权、划拨土地使用权、承包土地使用权、国有耕地林地草原

---

① 史浩明:《用益物权制度研究》,《江苏社会科学》1996 年第 6 期。
② 王兰萍:《论我国土地使用权与用益物权》,《山东师大学报·社科版》1997 年第 2 期。

使用权、宅基地使用权等形式,土地使用权利种类杂乱而且缺乏系统的理论归依。由于我国的土地使用权多数是当事人以契约或者习惯创制的,这种以设立物权为目的,运用的却是债权的设立方式,就使得土地使用权的物权性质与债权性难以区分,失去了土地使用权的物权特性,从而使物权制度本应带给社会的稳定性、安定性不复存在。(2)土地使用权一旦创设,土地使用者就可以直接支配物。如果任由当事人对土地使用权的种类和权利内容创设,就会使物上限制层层叠叠,土地使用者亦将受到很大限制,反而与物权设立的目的相违背,难于达到利用物权制度提高土地利用水平的目的,使土地利用受到诸多的局限①。同时,由于我国立法实践过分强调所有权的意识形态,而将传统民法的用益物权完全排斥在外,这就在一定程度上忽视了法的历史继承性,必然导致土地使用权立法始终不能系统成熟地纳入民法的调整范畴,使土地得不到充分利用和获得良好的经济效益,并且在众多方面失去法律强有力的保护。(3)《民法通则》中有关土地使用权制度的规定过于简单化、原则化,所采用法律概念和类别划分不清楚,而且对使用人的权利、义务及责任未规定完善,在经济活动中不能给人们以良好的导向作用。大量的土地使用权制度在《土地管理法》、《森林法》、《草原法》、《城市房地产管理法》等单行法律,以及国务院法规和相关部门制定的有关土地使用的规章中予以详细规定。这些规定毕竟不是民事基本法的规定,往往带有浓厚的行政功能色彩,把作为私权的民事权利与行政权混杂在一起,从而造成某些法律、法规之间规定不统一而出现无法适从的局面。加之各种法律、法规中个别法律概念、用语之间的不同,造成在理论研究和司法实践中的混乱,不利于全面、统一规范全国土地的使用,不利于从宏观上对土地利用实施调控。(4)从实践情况看,作为土地用益物权的土地使用权与作为所有权权能之一的使用权往往容易混淆。本来通过权利的内容界定法律概念未尝不可,但是这种概括未免有失全面、准确,且从字面上与仅有使用权能的他物权相混淆。所以,我国立法中的"土地使用权"一词严格地说缺乏科学性。应当承认,法律概念的演进有时反映在不断地补充合

---

① 陈健著:《中国土地使用权制度》,机械工业出版社2003年版,第71页。

乎其经济基础的新内容、增加其内涵,不可随意生造新词,即便是这个概念在某种程度上反映了土地现状。但是如果离开传统民法的原则,终究是经不住时间考验的①。

二、农地使用权的法律定位

西部民族地区农地使用权是以农业、农村、农民为目的的土地使用权,它是土地使用权的下位阶概念。我国现行法律并没有规定"农地使用权"的概念,学术界对于农地使用权的认识也是仁者见仁,智者见智。譬如,有学者认为"农地使用权"是以种植、养殖、畜牧等农业生产为目的,对国家或者集体所有的农用土地进行占有、使用、收益的权利②。这是将农地使用权看作单纯以获得农地产出为土地使用的目的,实际上是以农地使用权概念代替传统民法理论上的"永佃权"。也有学者认为农地使用权就是农村土地承包经营权,并且认为农村"土地承包经营权"不是一种规范的法律术语,为了规范土地使用权制度,建议以"农地使用权"代替它。我们认为,当《物权法》正式颁布实施后,这种概念的争论就没有必要继续进行下去了,必须把认识和看法统一到《物权法》"第十一章 土地承包经营权"的规定上去。但是,为了表述的习惯和易于被人们所理解,我们仍然可以继续使用"农地使用权"的概念。

西部民族地区农村土地可分为农业目的用地与非农业目的用地。农业目的用地或者"农用土地"是指为实现种植、耕作、渔业、养殖、林业、畜牧等目的的土地;而非农业目的用地则是指农业目的用地以外的土地,一般是指建设用地。这两种类型的土地虽然均为农村土地,但是,在目的、用途以及法律的调整手段等方面存在非常大的差异,因而导致在权利设定内容上也存在很大差异。从我国民法理论角度看,农地使用权既包括物权属性的农地使用权,也包括债权属性的农地使用权。物权属性的农地使用权是指根据现有法律设定的、按照民法理论应当属于物权的农地使用权。譬如,根据《土地管理法》的

---

① 王兰萍:《论我国土地使用权与用益物权》,《山东师大学报·社科版》1997 年第 2 期。
② 梁慧星著:《中国物权法研究》,法律出版社 1998 年版,第 716 页。

规定,取得乡(镇)村建设用地(包括乡镇企业用地和农村宅基地等)的使用权,按照民法规定以相邻关系为原则而取得的农地使用权(取水、排水、通行等),或者根据有关法律从社区集体组织取得的农业生产和经营的农地使用权等。债权属性的农地使用权是指根据农地租赁、借用、承包等合同而取得的,按照民法理论应当属于债权的农地使用权。根据农地租赁合同而取得的使用权,出租人可以是农地的所有者,也可以是农地的使用者。根据农地借用合同而取得的使用权,所有者或者使用者把农地全部或者一部分无偿地供给他人使用。我国现行立法将土地使用权分为国有土地使用权和集体土地使用权两种类型。其中,国有土地使用权又可以细分为出让土地使用权和划拨土地使用权两种形式,集体土地使用权可以细分为农地承包经营权、四荒土地使用权、宅基地使用权、乡村建设用地使用权四种形式。关于这些土地使用权的法律规定各不相同,土地使用权人享有的权利也差异较大①。实际上不论是农业目的,还是非农业目的用地,在所有权主体上既可以为集体也可以为国家。集体所有的土地既有农业目的用地,也有非农业目的用地,国家所有的土地也是如此。因此,我国的土地使用权体系不可依据所有权主体的不同来构建,而应当以土地的类型、权利的目的来构建。我国土地上可形成农业目的的使用权与非农业目的的使用权,对农村非农业目的的用地应当建立与国有土地相似的使用权。因此,我们认为农地使用权包括农用地使用权与农村非农建设用地使用权,它是指农地的各个权利主体,依法或者依照合同约定对属于集体所有和国家所有,依法由农民集体使用的土地享有的占有、使用、部分收益和处分的权利。这里将农地使用权视作独立于农地所有权之外的权利,其权利主体和客体范畴远远大于农地承包经营权,是从土地所有权中分离出来的用益物权。

农地使用权是我国土地权利体系中基本的和主要的组成部分。我国农村土地使用权制度的各种规则,是在我国特定的社会和历史条件下形成的。它不是在引进、消化、改造大陆法关于"地上权"基础上形成的权利设计,更不是

---

① 阳东辉:《改革集体土地所有权与使用权制度的构想》,《湘潭师范学院学报》2000年第9期。

大陆法上的"地上权"制度在中国推行的结果①。也就是说我国的农地使用权制度是一种由民间自发形成,最终被法律认可的由当事人自创的物权种类。当我国土地使用权制度尚未能形成完整体系时,农地使用权制度表现出的地方性较强,趋于习惯化、复杂化、类型多样化。这种土地使用权种类、权利和内容的不确定性,是我国现阶段土地使用权体系建立的最主要障碍,这也是可能造成更大的社会矛盾和动荡的潜在因素。普罗斯特曼根据他和同事对中国7个省市中240家农户的119次访谈,发现农民是土地的"准所有者",其"准所有"的程度超过了1979年集体农业化解体之前的状况。至少在三个重要方面农民的"准所有权"是不确定的:(1)使用权期限不足,也不确定;(2)存在着因人口变化调整土地而失去土地的风险;(3)存在着因非农征地而失去土地的风险。这就充分说明农民的土地使用权不是明确永久的。据此,普罗斯特曼指出,土地使用权的不明确是中国土地制度不稳定的原因②。《物权法》对这个问题从法条上尽管已经作出了规定,但是要从人们的思想上和实践上真正解决问题,的确还有许多方面的工作要做,尤其是对我国农村目前存在的各种土地使用权制度加以规范使之法定化,确实是当前迫切而重要的任务。

三、农地使用权的物权结构界定

针对西部民族地区土地使用权制度的诸多不完善,有学者主张参照台湾地区的用益权制度,用地上权、永佃权、地役权代替现行的农村建设用地使用权、土地承包经营权和邻地使用权制度③。我们认为,为了保障整个农地使用权体系的运作,保障土地利用的效率、安全和秩序,国家应该优化农地使用权体系以及其他土地权利,有效的办法就是构建以地上权、地役权、永佃权为主要内容的农地使用权体系。建立我国农地使用权体系,可以克服单一的土地使用权不能在概念及内容上全面反映土地使用权益存在的缺陷。西部民族地区的农地使用权体系起码应当包括地上权、永佃权和地役权。

---

① 王卫国著:《中国土地权利研究》,中国政法大学出版社1997年版,第150页。
② 见张静:《土地使用规则的不确定一个解释框架》,《中国社会科学》2003年第1期。
③ 杨立新、尹艳:《我国他物权制度的重新构造》,《中国社会科学》1995年第3期。

（一）地上权

地上权是指为建造房屋、隧道、沟渠等工作物以及培植竹木、树木、使用他人土地之权。地上权可继承、转让，存续期间依合同而定。从土地使用目的来看，地上权类似于《土地管理法》所称的建设用地使用权，只要因建设目的使用土地均可设定地上权。地上权制度最早出现在古罗马并且是罗马法的一个重要内容。在古罗马时代初期，国家所有的土地一般都租给私人使用，如建筑房屋以收取地租。但是，依照罗马法的"土地吸收建筑物"的原则，在他人的土地上建筑房屋，应当由土地所有人取得其所有权，而不是由建筑物所有人取得，因而极大地抑制了土地使用人的积极性。在罗马共和国末期，针对土地所有人与土地使用人的土地利用关系做出了修改：如果土地使用人向土地所有人支付地租，即可享有对其建筑的房屋的所有权。地上权作为天赋原则的一项例外，它的最大特征在于排除了土地所有人以天赋原则取得营造物的所有权，使地上权人单独拥有营造物的所有权①。地上权在我国同样适用。由于"在社会主义市场经济条件下，土地所有者和土地使用者作为存在利益差别的商品关系参加者双方，要求各自经济利益的实现，作为土地使用者，须支付一定的代价以取得使用土地的权利，这种权利，就是具有物权性质的地上权"②。地上权实质上是给予地上权人完整地利用土地的权利，这种利用包含对土地以上、以下一定范围的空间的权利。地上权是对他人土地利用的结果，它涉及与土地所有权人的关系。一旦设立地上权，土地所有权人的所有权就只剩下获取一定收益和恢复对土地占有使用的权利。因此，在设立地上权体制的条件下，原土地所有权人已完全丧失对土地占有，成为一种只享有收益的所有权。相对地，地上权人享有对土地的占有利用权。地上权的特殊性表现在对他人土地的占有、使用的结果导致对建筑物享有完全所有，因而使最初的他物权或者用益物权权能扩张，使之更接近于所有权。地上权人在权利存在期间具有类似于所有权人的权利：即可以转让和继承，享有地役权，独立于客

① 符启林著：《城市房地产开发用地法律制度研究》，法律出版社2000年版，第147页。
② 钱明星著：《物权法原理》，北京大学出版社1994年版，第296页。

体物而存在,拥有与所有权人同样的请求权。由于地上权可以相对地区分出两种权利:一种是地上权人对土地的权利;一种是地上权人对他所建的建筑物的权利。显然地上权人享有这两种权利,但是,这两种权利的性质则不同。地上权人对他人土地的权利只能是一种他物权或用益物权;地上权人对其投资兴建的建筑物在地上权存续期间拥有完整的所有权①。

地上权具有特定的法律内涵。地上权的主要内容是:(1)占有和使用土地。为使用土地而进行对土地的占有成为地上权的主要内容。地上权人对土地的使用权,应当在设定地上权的行为所限定的范围内进行。(2)地上权为在他人土地上设定的权利,非经登记不发生设定权利之效力。(3)地上权具有物上请求权。地上权人为使用土地而占有土地,当地上权内容的实现遭到妨害时,有物上请求权作为保护手段。在丧失占有时,有返还请求权;在使用权被侵害时,有妨害请求权;在地上权有被妨害的危险时,有防止请求权。(4)地上权为土地利用的权利,其为调节与邻接土地的相互利用,有设定地役权的权利。(5)地上权存续期可以是有期限的,也可以是无期限的。譬如,日本《民法》第 268 条规定,未以设定地上权存续期间者,无另外习惯时地上权人可以随时抛弃其权利。但是应当支付地租者,应当于 1 年前进行预告,或者支付未届期限的 1 年份的地租。地上权人不依前款规定抛弃其权利时,法院因当事人请求,于 20 年以上 50 年以下的范围内,斟酌工作物或者竹木的种类、状况及地上权设定时的其他情事,确定其存续期间。日本《民法》对地上权的期限是有限制的。在我国台湾省,地上权之存续期限,在民法和其他法律中没有最短或者最长期限的限制,而以当事人的约定为准。我国台湾"民法"第 834 条规定:"地上权未定有期限者,地上权人得随时抛弃其权利。但另有习惯者,不在此限。"②(6)地上权消灭时,地上权人可以获得其建筑物及其他工作物的补偿。根据我国台湾"民法"的规定,土地所有人要取得其建筑物及工作物,必须以时价购买,地上权人无正当理由的不得拒绝。如果其工作物为

---

① 高富平著:《土地使用权和用益物权》,法律出版社 2001 年版,第 48 页。

② 《民法》,《新编六法参照法、令判解全书》,台湾五南图书出版公司 1986 年版,第 193 页。

建筑物时,包括房屋、水池、供排水设施等,根据物的效用原则,地上权人不得拆除并将土地恢复原状,土地所有权人则须按该建筑物之时价补偿给地上权人。土地所有人在地上权期限届满前,可以请求地上权人在建筑物可以使用之期限内,延长地上权之期限,地上权人拒绝延长时,不得请求土地所有权人对其建筑物以时价补偿。日本的租地法则规定地上权消灭时,建筑物依然存在者,租地人得请求与前契约同样的条件继而设定租用权,请求遭拒绝时,租用权人可以请求土地所有权人以时价买取建筑物及附属于土地的其他物。即是说,地上权消灭而建筑物仍然存在的情况下,土地所有权人或者与地上权人续约,或者以时价购买地上的建筑物,两者选其一。

地上权具有特定的法律特征。地上权的法律特征主要有:(1)地上权具有互益性。地上权的设定使两个人同时享有土地利益。一方面原土地所有人继续享有原土地所有权,虽然丧失直接占有使用权,但是仍然可以获得某种收益权,这种收益是他基于土地所有权所获得的;而且在期限届满后,土地所有权人可以重新恢复原有的权利状况,成为完全权利拥有人。另一方面地上权是对他人土地的一种享用权利,具有他物权特征,只是因为他对自己的建筑物享有所有权才使这种他物权具有自物权的特征。(2)地上权具有限制性。地上权人对地上建筑物享有以所有权吸附土地权利成为一种限制所有权。由于地上权人是他人土地上建筑物的所有权人,因而就享有对建筑物的完全所有权,具有完全的对建筑物的占有、使用、收益、处分的权利。但是,地上权人对建筑物所占用的土地仅享有用益物权,即只具有所有权权能中的占有、使用的权能。因而地上权人对建筑物的所有权受到土地所有权人的限制,而成为有限制的所有权。(3)地上权具有独立性。因为地上权是以保存建筑物为目的,其享有人乃是建筑物的所有人,在建筑物的存在期间,就产生主体变更的可能性,物随人走,地上权成为一种可转让、可继承的财产权,使地上权人具有独立处分财产的能力[1]。

地上权可以是有偿取得,也可以是无偿取得。取得方式的有偿还是无偿,

---

①　高富平著:《土地使用权和用益物权》,法律出版社 2001 年版,第 49 页。

不是取得地上权的必要条件。这一点我们从日本《民法》和我国台湾"民法"关于地上权的抛弃和期限的规定中可以看出。譬如,我国台湾"民法"第835条:"有支付地租之订定者,其地上权人抛弃权利时,应于一年前通知土地所有人,或支付租期之一年份地租。"①从取得方式看,地上权取得分为通过法律行为取得和通过法律行为以外的形式取得。通过法律行为取得又包括地上权的设立与地上权的让与。就大多数国家而言,不论地上权的设立还是地上权的让与,都以登记为有效条件。基于法律行为以外的形式取得,地上权包括继承、取得时效和法定地上权,其中法定地上权是指土地及土地上的建筑物同属一人所有,而仅以土地或者建筑物抵押,在拍卖土地或建筑物时,视为已有地上权的设定②。从权利的消灭原因以及法律效果看,地上权消灭原因,包括地上权的抛弃、地上权被撤销、约定事由的发生、第三人因时效取得地上权等。地上权消灭的法律效果,包括地上权人取回工作物、恢复原状、土地所有人的购买权、土地所有人的补偿义务以及土地所有人延长地上权期间的请求权等。

(二)永佃权

永佃权是指支付佃租永久在他人土地上耕作之权。永佃权可继承、转让,它为我国台湾地区、意大利、西班牙、葡萄牙等国家和地区民法所采用,也有国家规定永佃权为有期限的物权。譬如,日本《民法》第278条规定,永佃权的存续期间为20—50年。地上权与永佃权的主要区别在于使用目的不同,地上权用于建筑房屋或者其他工作物或者培植竹木,而永佃权用于耕作、养殖等目的。有学者从学理上指出,我国《民法通则》规定的土地使用权和土地承包经营权等概念,在理论和逻辑上都是不科学、不准确的,应当废弃土地使用权和土地承包经营权等法律概念,建立完善、科学、实用的永佃权③;还有学者倡导在中国建立社会主义的或者新型的永佃权④。也有学者持不同观点,认为永

---

① 《民法》,《新编六法参照法、令判解全书》,台湾五南图书出版公司1986年版,第193页。
② 彭真明、常健:《试论我国土地使用权制度的完善》,《河南政法管理干部学院学报》2001年第1期。
③ 杨立新:《论我国土地承包经营权的缺陷及其对策——兼论建立地上权和永佃权的必要性和紧迫性》,《河北法学》2000年第1期。
④ 张全江:《农村土地经营实行永佃权法律制度初论》,《河北法学》1989年第3期。

佃权制度属于落后的封建制度的残余,不应当盲目地照搬他国或者地区已渐消亡的制度,我国的《物权法》不应当规定永佃权①。因为在新中国成立后我国废除了永佃权制度。我们在对永佃权的历史发展进行了粗略的梳理后发现,学者们就永佃制或者永佃权某些方面的理解值得商榷。

第一,认为"在历史上永佃权反映的是封建土地制度下的租佃关系"②。"永佃权是地主利用土地获取收益的一种法律形式,具有一定的剥削性质。"③实际上永佃权并不仅仅存在于封建社会。永佃权发展的历史表明,早在古希腊、罗马时,就产生进而形成了较为完备的永佃权制度并且影响至今。反观古代中国,在"一田两主"的土地关系中,其封建性"也是很淡薄的"④。而且即使产生于封建社会的事物,也不一定就是封建性的东西。相反生成于现代的事物也不一定就具有现代性。从表面上看,永佃权具有剥削性,但是,永佃权的剥削性并非来自永佃权本身。究其本质,永佃权反映的是一种长久的或者永久的租佃关系,永佃权的剥削性与社会根本性的政治制度、经济制度相关。从中国以往的永佃权制度看,永佃权虽然产生于封建社会,但是并非只为维护剥削阶级利益而存在。也就是说在个人与个人之间,在国家与个人之间,都可以就农地产生永佃关系。永佃权并不是封建社会的特有制度,本身也并不具有剥削性。它是一种强有力的物权,永佃权人得以永久耕种土地,纵然业主变更,永佃权人也得对抗新业主。因而永佃权有利于土地改良,缓和人身依附关系。

第二,认为永佃权是建立在土地私有制基础之上的。该说认为永佃权是建立在土地私有制基础上的物权制度,适应了私有制经济产生、发展的需要,并反过来起到了保护土地私有制的作用。新中国成立后彻底废除了私有制尤其是土地私有制,明确规定实行社会主义公有制,从而极大地激发了人民群众

① 郭明瑞:《关于我国物权立法的三点思考》,《中国法学》1998年第2期。
② 梁慧星著:《中国物权法研究(下)》,法律出版社1998年版,第622页。
③ 王利明著:《中国物权法草案建议稿及说明》,中国法制出版社2001年版,第374页。
④ [日]仁井田升:《明清时代的一田两主习惯及其成立》,《日本学者研究中国史论著选译》,中华书局1992年版。

的生产积极性,促进了我国农业生产的迅速恢复和发展。从我国现实的国情看,由于实行土地公有制,从而也就决定了不可能在物权制度中实行永佃权制度。这一主张虽有一定合理性,但是说服力不强。永佃权确实建立在土地私有制基础上,但是这并不意味着永佃权就不能经过内容的创新和转化,成为公有制基础上的物权制度。事实上永佃权是否具有现代价值,最根本的不是看其是否是建立在土地私有制或者公有制基础上,而是看它是否还具有现代的活力,是否能确实保障农民的根本利益,是否有助于农民生活的改善、社会的稳定和经济的发展等。永佃权作为一种用益物权,使获得永佃土地的农民得到物权而非债权上的保护,可以实现上述目标。

第三,依"日本永佃权制度在现实生活中已渐趋消亡"和"我国台湾地区也已经开始对永佃权制度进行修正"为据,有学者主张"无论制定物权法还是制定民法典,都必须舍弃使用'永佃权'这一概念。"[1]日本和我国台湾地区永佃权的衰落已成定局。但是,这能不能成为祖国大陆否定永佃权的理由,关键要看祖国大陆是否存在与日本和我国台湾省具有同样的不适合于永佃权生长的土壤。日本明治32年(公元1899年),民法施行法第47条中增加第3款,规定"于民法典施行前设定的可永久存续的永佃权,自民法典施行之日起经过五十年后一年内,所有人可以支付偿金,请求消灭永佃权。如所有人抛弃此权利或于一年内不行使此权利,则于其后一年内,永佃权人可以支付相当代价,收买其所有权。"[2]"因此,日本的永佃土地面积逐渐减少","永佃权在实际生活中已逐渐趋于消失"[3]。我国台湾地区实行"耕者有其田条例"等,使得农民拥有了土地所有权。农民有田自耕,不愿将自己的土地永久地供他人使用;再由于农业生产的"经济效益极低",很少有人愿"于他人之土地设定永佃权","永佃权毕失其存在价值"[4]。我国大陆土地归集体或者国家所有,农民对土地不享有所有权,不存在日本或者我国台湾地区的情形,相反与罗马永佃

---

① 王利明著:《物权法专题研究(下)》,吉林人民出版社2002年版,第932页。
② 王书江译:《日本民法典》,中国法制出版社2000年版,第196页。
③ 邓曾甲著:《日本民法概论》,法律出版社1995年版,第207页。
④ 王泽鉴著:《民法物权(2)》,中国政法大学出版社2001年版,第62页。

权产生时的条件相似。我们可以借鉴古代"一田两主"制的某些内容,通过规定永佃权制度,使农民长期或长久地享有"田面权",国家拥有"田底权"。这既有利于保障农民的土地耕作权,又能保证我国土地的公有制性质不变。

无论永佃权表现形式如何,它始终具有如下特征:(1)永佃权具有永续存在性和可转让性。永佃权的永久存续性是指永佃权的长期存在,一般不得附有期限,在这一点上永佃权具有所有权的特征。但是,永佃权又不同于所有权,它只是一种以农业为目的的土地使用权。永佃权永续存在性决定了它可以继承、转让。由于农业生产旨在稳定地利用土地,而不是在交易中增值,因此只要能够长期地拥有使用权,即可以满足农业生产之需要。而且由于永佃制度使佃农可以永久性耕种土地,具有永佃权的佃农只要不欠租,田主不得加租夺佃,土地使用关系相对稳定得多。佃农的生产积极性较高,也愿意向土地投入劳力和资金,从而提高单位产量,交租后可以多获得收益,有利于土地的扩大再生产。我们认为我国永佃权最好不为永久性的,以50年期限为宜(我国《物权法》规定的耕地承包期为30年;草地承包期为30—50年;林地为30—70年)①。因为它一方面与我国国有土地使用权出让的年期(一般为50年)大致相当,另一方面有利于稳定农民耕作、植树、养殖之积极性。(2)永佃权是以耕作、牧畜为目的存在于他人土地之上的一种独立的用益物权。永佃权享有对土地的占有、使用、收益的权利,不仅如此,因占有权能,永佃权人在受到侵害时还享有物上请求权。(3)永佃权在不破坏土地的前提下,可以不受任何限制地享有土地。永佃权人除可以获取孳息外,还可以设立役权和抵押权。永佃农地租相对轻一些,使有的佃农积蓄一定的财产,可以购买一定的生产资料,并且日益富足起来。永佃权还可以成为佃农的产业,类似于所有物,在必要时可以出卖或者出典,以解燃眉之急。永佃权的权利几乎和所有权不相上下②。(4)永佃权是以支付佃租为对价存在于他人土地上之限制物权。永佃权虽然成为可继承和转让的独立财产权,但是它始终是有负担的"所有

---

① 《中华人民共和国物权法》,《国务院公报》2007年第14期,第11页。
② 周枏著:《罗马法原论》,商务印书馆1994年版,第386页。

权",即支付佃价。

永佃权对于农业生产发展具有积极的作用和意义。永佃权所具有的上述物权性特征,也正是其发挥积极作用之所在:(1)永佃权所具有的永久性一方面符合农业生产的长周期性,永佃权人可以对农业生产进行长期投入,有利于农作物的改良和土地资源合理高效利用;另一方面也使永佃权人安心生产,有利于农村社会的稳定和农村经济的持续发展。(2)永佃权所具有的物权性,有利于永佃权人权利的行使和保护,从而有利于维护永佃权人劳动生产的积极性。在权利行使上,永佃权人享有占有、使用并在他人土地上收益的权利。故永佃权人在他人土地上不论耕作什么、牧畜什么,也不论怎样耕作、怎样牧畜,均享有充分的自主决定权,不受包括土地所有者在内的一切人的干涉。(3)基于永佃权的物权性,永佃权人也可以自主地决定转让或者抛弃此项权利,而无须事先征得土地所有人的同意。在永佃权受到侵害时,永佃权人可以直接行使物上请求权,包括除去妨害请求权、消除危险请求权和防止妨害请求权,使永佃权得到更加充分的法律保障。(4)永佃权是以支付佃租为对价存在于他人土地上的权利。古代的永佃制度使佃农的人身依附关系大为减轻,佃农有较大的人身自由,对于田面权可以自由支配,或出售或出租,田主只收租谷不问转售与谁。对于我国现有的农地改革而言,可将永佃权主体设置为非本集体经济组织成员的范围,这样有利于各种农业技术专门人才及其组织的合理流动,有利于资源的优化配置。

(三)地役权

地役权是指所有者或者使用者为了增加自己土地(需役地)的利用价值而以一定方法利用他人土地(供役地)的权利。《物权法》第156条规定:"地役权人有权按照合同约定,利用他人的不动产,以提高自己的不动产的效益。前款所称他人的不动产为供役地,自己的不动产为需役地。"[①]供役地负有容忍地役权人之积极行为(引水、通行)或者不为一定利用之不作为义务。地役权制度由罗马法发展而来,经过了欧陆诸国民法的继承发展,内容日益丰富,

---

① 《中华人民共和国物权法》,《国务院公报》2007年第14期,第12页。

对于在所有权、使用权主体确定的情况下,充分地实现物尽其用的目的起着非常重要的作用。在此之前我国法律中有关于相邻关系的规定,但是无地役权的物权规定。而一般认为相邻关系是所有权制度中的内容,是对不动产权利最低程度的扩张与限制,这种低限度的扩张与限制往往不能达到对不动产的充分利用。而当事人间为达到方便土地利用的目的,对不动产权利设定强于相邻关系的扩张与限制的约定只是债权性质的,不能起到物权的效果,不能对抗第三人,以至于在不动产权利的流转中并不能增加流转的权利价值。地役权是一种基于约定而产生的物权,考虑到我国相邻关系制度由来已久,应当将相邻关系规定于所有权制度之内的同时规定地役权制度。我们认为用"邻地利用权"取代"地役权"并无实质意义,因为二者所表达的意义相同,且邻地利用权从字面上易造成此权利仅适用实际相邻的土地的误解。舍弃一个为世界各国普遍认可的概念而创立易引起误解的新概念,从立法技术上说是不合理的。因而我国《物权法》第十四章设立"地役权"是非常正确的。

地役权具有特定的法律特征。地役权的特征可以概括为:(1)地役权为用益物权。地役权以他人土地为权利客体,为他物权;地役权以使用他人土地为目的,为用益物权。(2)地役权是为需役地的方便和利益而设立的。地役权的内容可以概括为"便利",主要有如下几种类型:一是利用供役地,如通行、排水、汲水、管线通过和种植等;二是从供役地取得天然孳息,如从供役地上取土、采砂石、砍柴、割草和放牧等;三是限制供役地人某种权利的行使,如禁止打坝截水,禁止设置其他障碍物以便通风、采光、眺望等。(3)地役权可以有偿也可以无偿,由当事人双方协商确定。(4)地役权的从属性。从属性主要指地役权不得从需役地分离而为让与,也不能从需役地分离出来而成为其他权利的标的物,这种从属性同时决定着地役义务随着供役地所有权的转移而转移。(5)地役权的不可分性。地役权为不可分割的权利,它总是在总体上被行使,不可在当事人之间分割。

设立地役权具有重要的现实意义。在一块土地之上设立地役权,供役地的所有权人或者其他权利人依约定不得行使自己的权利,表面上看来造成了供役地的负担和损失。但是,因为供役地常常只是该土地的一小部分,虽然土地所有权或者其他权利人失去了对这一小部分土地的支配权利,却使得需役地(通常是一块更大的土地或者经济利益更加重要的土地)能够发挥其效能。这对于社会经济整体作用的发挥具有非常大的积极作用。对他人土地的利用,虽然也可以通过租赁或者借贷等方式来实现,但是这些方式都属于债权,其效力层级不高,不利于使用权人利益的保护。地役权属于物权,在保护需役地权利人的权利,维护土地利用关系之稳定性方面明显优于债权。地役权与需役地之所有权相结合,极大地提高了土地的使用价值。同时地役权设定后,供役地所有权之权利仅仅在实现地役权目的的必需范围内受到限制,而其对土地享有的所有权或者用益物权依然存续,甚至可以享受地役权所带来的利益。"是以地役权之社会作用,乃在以物权之方式,提高需役地之重要价值。而其重要特色尤在调节需役地与供役地土地的利用。"①

第二节 充实完善农地使用权的内容体系

一、地上权与农地使用权

(一)西部民族地区农村土地的地上权范围

依据用途西部民族地区农村土地大体上可以分为用于农林牧渔业的农业生产型用地和用于非农业生产的建设用地。依前所述,农业生产型用地在保留农村集体土地承包经营权以外均可改造为永佃权。乡(镇)村企业建设用地、乡(镇)村公益事业、村民和非农业户口居民的宅基地,此类农村土地使用权可以改造为地上权。西部民族地区农村企业建设用地、农村公益事业用地以及农民的宅基地所使用的土地,除了一部分土地属于国家以外,大部分都是属于农民集体所有。农民集体所有土地为农民使用,无论其采取何种使用方式,都属于农民依照自己的意志使用自有物。我国法律在肯定农民对土地的集体所有权的同时,又担心农民集体所有权的行使会危及国家土地公有制的

---

① 谢在全著:《民法物权论(上)》,中国政法大学出版社 1999 年版,第 422 页。

稳固性。因而对农民集体土地所有权的具体权利义务及其实施均未加以明确规定,对其设定的各类用益物权,多数也是用行政命令或者政策、法规予以规范,还没有上升到法律的层面。这就使得农民行使土地所有权于法无据,农民的土地使用权也不能依自由意志去使用和处分。为了使农民能够获得长期而有保障的土地使用权,法律规范应当在调整农村土地的各种使用权的同时,以地上权对其加以统一规制,以简化和降低土地使用权行使的成本,增加土地利用效率。

我国民法中没有明确规定地上权制度。有的学者认为,我国土地使用权中的城镇国有土地使用权和宅基地使用权实际上就是地上权,或者相当于地上权①。《民法通则》中没有使用"地上权",也无明确规定"土地使用权"在法律上地位如何,造成《民法通则》与《城市房地产管理法》规定的"土地使用权"与《物权法》和《城镇个人建造住宅管理法》的"宅基地使用权"概念混淆不清。因此,为了廓清农村土地使用权,应当以现行的国有土地使用权、宅基地使用权、乡村企业厂房建设用地使用权为基础,创设统一的地上权制度。从土地使用目的的角度来看,地上权类似于《土地管理法》所称的建设用地使用权。因建设目的使用土地包括地上建筑物、工作物和无建筑物的土地均可设定地上权。

(二)地上权统一规制的各项土地权利存在的问题

西部民族地区在对乡(镇)村企业建设用地、乡(镇)村公益事业、村民和非农业户口居民的宅基地此类农村土地使用权以地上权加以统一规制时,首先需要对各种土地权利进行类型化。农村建设用地是农村土地用于非农业用途,一般是建设房屋、设施、公路等。根据西部民族地区农村建设用地用途和性质,农村建设用地分为公益性的建设用地和经营性建设用地。农村公益性建设用地是指农村的公共设施和公益设施,如公路、桥梁、电力设施、敬老院,等等。农村经营性建设用地是指用于农副产品加工、工商业经营的乡村工业用地。有学者认为,应当将农村建设用地按照土地的性质进行分类,即区分为

---

① 刘文琦:《论中国城市土地使用权的法律性质》,《法学家》2000 年第 2 期。

公益性土地和私益性土地,对这两类土地以其目的事业不同予以不同的法律规制。公益性土地因其目的和用途特定化于公共事业,任何人都不能处分此类土地。私益性土地则因其土地使用权人属于私主体,可以在法律允许的范围内处分权利①。对此分类我们不太赞同。因为按照农村土地的性质进行分类,只能有农业用途和非农业用途两种。而对非农用地的进一步分类,只能是依据其上的建筑物或者工作物的性质来分类,而不能简单地直接将土地分为私益性或者公益性土地。可行的做法是直接在农村集体土地上允许设置地上权。农村建设用地目前存在的主要问题是:(1)乡(镇)村企业建设用地可否向集体外转让;(2)集体经济组织可否向集体外的全民所有制企业、城市集体所有制企业、房地产开发公司、外资企业、合资企业乃至私营企业出让农村建设用地的使用权。农村宅基地使用权的特征在第一章中已有论述,在此不赘述。将农村宅基地改造为地上权存在的问题主要表现在:(1)我国农村宅基地使用权具有身份性,只有具备社员资格的人才能取得宅基地;而地上权人在理论上可以是任何人。(2)我国农村宅基地是农民用自己所有的土地建造住宅,但是国家为了控制乱占耕地和合理利用土地,又必须进行审批。

（三）地上权在西部民族地区土地使用权制度中的确立

西部民族地区地上权概念能否确立,关键在于对宅基地使用权、农村建设用地使用权等抽象出一个上位概念。国有土地使用权、宅基地使用权和农村建设用地使用权是随着经济建设的发展而逐渐出现的,其规定散见于不同的法律规定之中。农村建设用地使用权是否能够由集体经济组织独立出让而不通过征收程序转变为国有土地使用权出让,学者们对此争论颇多。我们认为农村建设用地使用权应当允许其自由流转,在西部民族地区城乡可以划分出三类建筑用土地使用权,即国有土地使用权、宅基地使用权和农村建设用地使用权。将如此众多的跨越城乡区域的土地使用权用一个概念加以规范,并且在此概念之下将各种权利义务加以抽象规定,是西部民族地区土地物权研究的下一步任务。这样做一方面可以整理现存土地使用权,使之规范化不至于

---

① 高富平著:《土地使用权和用益物权》,法律出版社 2001 年版,第 458 页。

相互冲突发生矛盾。另一方面,可以从法律概念和法律规则逻辑出发,使我国的土地用益物权更为科学、合理①。地上权是农村各项非农用地使用权的上位阶概念。可以将国有土地使用权、宅基地使用权和农村建设用地使用权归纳于"地上权"这一上位概念之中,理由如下:

第一,上述三种土地使用权的使用目的相同,都是为了在土地上建造建筑物,供权利人使用。从权利设定的目的角度看,这三种土地使用权与地上权设定目的是一致的。在罗马法中,"一切附加和进入土地的物都必然地作为添附归土地所有主所有"②,因而裁判官创设地上权,"便于他人土地建筑房屋之地上权人,得藉房屋与地上权之结合,而将房屋独立于土地之外,进而得保有房屋之权利。"③德、瑞两国民法继承了这种立法精神,重在对他人土地上建筑物的保有。日本《民法》则将建筑物与土地均作为独立的不动产分别登记,这样就不存在他人土地上的建筑物会归属于土地所有者的危险。但是,建筑物所有者使用的毕竟是他人土地,因而基于此种使用关系而形成了地上权关系。在我国由于采取土地国家所有权和集体经济组织所有权,建筑物与土地是完全分离的,建筑物所有权人可以独立地对建筑物进行登记,因而我国设立的国有土地使用权、宅基地使用权与农村建设用地使用权,与日本地上权的立法精神是完全相同的。我国《城镇国有土地使用权出让和转让暂行条例》第 23 条规定,土地使用权转让时,其地上建筑物、其他附着物所有权随之转让。《城市房地产管理法》第 31 条规定:"房地产转让、抵押时,房屋所有权和该房屋占有范围内的土地使用权同时转让、抵押。"④这一原则也是与日本《民法》中地上权转让时房屋所有权与地上权不分离相同的,只是在日本《民法》中没有明确地加以规定。学界通常认为,"地上权与其地上物之让与,应尽可能一并为之,以免地上物失其存在之权源,有违地上权设置之目的。……在地上物如

① 资料来源于陈建著:《中国土地使用权制度》,机械工业出版社 2003 年版。
② [意]彼德罗·彭梵德著:《罗马法教科书》,中国政法大学出版社 1999 年版,第 266 页。
③ 谢在全著:《民法物权论》,中国政法大学出版社 1999 年版,第 425 页。
④ 《中华人民共和国城市房地产管理法》,《中华人民共和国常用法律大全》,法律出版社 2006 年版,第 866 页。

为具有独立性之建筑物时,其既有独立之所有权,与地上权两者间,非不能分开让与,然为保全其经济作用,应透过当事人真意之探求,尽量避免此种情况之发生"[①]。

第二,在期限上这三种土地使用权并不相同。有偿出让的国有土地使用权因土地用途而分为 5 种期限,行政划拨的国有土地使用权是不定期限的,宅基地使用权并未明确规定其期限,农村建设用地使用权也应当有期限限制。目前我国土地使用权有定期限和未定期限两种形式,而地上权也有定期限和未定期限两种。对于未定期限地上权,学者见解认为,应当至建筑物不堪使用之前地上权均不得终止,于其目的达成前土地所有人不得终止之,也只有如此,方能与法律保护利用权之趋势与精神相符[②]。在我国宅基地使用权未定期限的情况下,也应当作同样解释,这也是符合我国设定宅基地使用权的习惯和目的的。因而我国国有土地使用权、宅基地使用权、农村建设用地使用权在期限的规定上,与传统民法中的地上权是相符合的。

第三,目前农村宅基地使用权是无偿取得的,城镇非农业户口居民建住宅需要使用集体所有的土地时,是必须参照国家建设征用土地的标准支付补偿费和安置补助费的。所以,在宅基地使用权中又分为有偿和无偿两种形式。除了划拨国有土地使用权外,国有土地使用权和农村建设用地使用权均应当有偿取得。但是,这并不与地上权理论相违背,地上权的设定可为有偿和无偿,支付地租并不是地上权的成立要件,因习惯和社会需要或者当事人约定,有的地上权采取有偿取得方式,有的地上权采取无偿取得方式,反而能以地上权的灵活性适应社会的需要。

第四,当地上建筑物消灭时是否引起地上权的消灭,德国《民法》第 1016条,德国《地上权条例》第 13 条,均规定地上权不因工作物的灭失而消灭。我国台湾省《民法》第 841 条,也规定地上权不因工作物或者竹木之灭失而消灭,其立法解释认为地上权的标的物是土地,而非工作物或者竹木,故工作物

---

① 谢在全著:《民法物权论》,中国政法大学出版社 1999 年版,第 443 页。
② 谢在全著:《民法物权论》,中国政法大学出版社 1999 年版,第 443 页。

或者竹木的灭失地上权依然存在。意大利《民法》第 954 条规定,地上建筑物的灭失不导致地上权的消灭,有相反约定的不在此限。史尚宽先生对我国台湾"民法"第 841 条的解释也认为,工作物或者竹木灭失,地上权并不当然消灭。但是,不妨当事人以工作物或者竹木之灭失,为地上权消灭之约定事由①。在我国大陆是否规定建筑物灭失不导致地上权消灭?我们认为,由于我国农村宅基地是以社员资格取得,是具有福利性的土地使用权,一般来说地上建筑物灭失并不当然导致地上权消灭。但是,也不否认集体经济组织与其成员约定,建筑物倒塌、拆毁后,宅基地使用权随之消失,从而促进农村宅基地更有效率地使用。《城镇国有土地使用权出让和转让暂行条例》第 39 条就规定,土地使用权因土地使用权出让合同规定使用年限届满、提前收回及土地灭失等原因而终止。并未规定地上建筑物消灭作为土地使用权终止的原因。农村建设用地使用权由于是通过出让方式取得的,应当类似于国有土地使用权,不因地上建筑物的消灭而导致地上权的消灭。因而在权利消灭上,国有土地使用权、宅基地使用权和农村建设用地使用权与地上权制度是一致的。由此可见,国有土地使用权、宅基地使用权和农村建设用地使用权是能够归属于地上权范畴的,应当以地上权概括它们,并以地上权的法律规定来重新整合目前散见于各种法律法规中的建设用地使用权。

应当确立西部民族地区地上权概念。统一上述三种土地使用权的意义主要在于:(1)统一复杂的土地使用权概念。目前我国土地用益物权立法,具有因土地的利用种类而设定土地使用权名称的倾向。指地为名,因而衍生出国有土地使用权、农村建设用地使用权、宅基地使用权等诸多土地使用权。这些土地使用权自产生之时起,就未明确其法律性质,缺少法律上的完整统一规范,这些土地使用权需要抽象成为地上权而加以统一规定,从而统一建设用地土地使用权的权利义务内容。(2)我国的各种土地使用权分散在各种法律法规之中,它们相对于民法来说是特别法,从民法上确定一个上位概念,在性质、权利义务诸方面作为统一规定,有利于法律规定的完整统一性,这也是各国民

---

① 史尚宽著:《物权法论》,中国政法大学出版社 2000 版,第 173 页。

法制定过程的必经之路。(3)以"地上权"概念对部分现存土地使用权做出归纳,有利于我国土地使用权制度的发展。土地使用权是我国物权制度变革过程中出现的新概念,其中,包含着物权性质的土地使用权和债权性质的土地使用权,极易发生歧义,及时地用"地上权"这一传统民法概念归纳总结已有的土地使用权,并且在更高层次上设计地上权制度,可以脱离土地使用权概念的束缚,与传统民法理论接轨。

总之,"地上权"概念及其相关制度的建立是西部民族地区土地用益物权制度的重要组成部分,通过设置"地上权"概念,可以将西部民族地区国有土地使用权、宅基地使用权和农村建设用地使用权加以统一归纳概括,有利于统一建设土地使用权法律制度。统一归纳概括为地上权,对西部民族城市化进程中的农民土地权益的保护有着极其重要的意义,国家可以在城乡统筹规划的基础上简化农村土地上复杂的权利义务关系,制订一体规范的农民土地使用权制度,并据此建立统一的土地档案的登记管理制度,农民在土地使用过程中有明晰的产权界定,在土地流转过程中可以节省交易成本,农民合法的土地权益也会得到有效保护。

二、永佃权与农地使用权

(一)以永佃权改造西部民族地区土地承包经营权的可行性

土地承包经营制度的种种弊端表明农村土地制度改革势在必行。土地制度既包括土地所有权制度,又包括土地使用权制度,土地使用权基于土地所有权而设立。现实的国情决定了西部民族地区农村土地制度改革必须采取这样一个步骤:必须先建立相对完善的土地使用权制度,在此基础上才有条件完善土地所有权制度,然后再进一步完善土地使用权制度[1]。建立相对完善的土地使用权制度,就是对现有的土地承包制度进行改革,目的就是扩大土地承包经营权人的自主权,保持农业生产的长期稳定和持续发展。达此目的途径只有一个,就是土地承包经营权的分离与物权化。土地承包经营权的分离是指

---

① 梁慧星著:《中国物权法研究》,法律出版社1998年版,第712—713页。

将非集体经济组织成员对农民集体土地的使用收益,从集体经济组织成员对农民集体土地的使用中分离出来并使之物权化。对本集体成员享有的土地承包经营权仍然保留其称谓,并明确规定其为所有权人的权利。而在其上设定的其他主体的耕作、种植权利则规定为新型永佃权。从比较法的角度看,在我国西部民族地区现行的土地承包经营权中,非集体经济组织成员享有的土地承包经营权与永佃权有许多相似之处:从主体上说二者都是一方为土地所有人,一方为耕作人;从客体上说二者客体完全一致,均为耕地和草场等。从内容上说二者均是以耕作、畜牧(或者养殖)为目的而使用他人的土地,均须向土地所有人交纳佃租或承包费①。这些相似之处,正好充分说明具有将农村土地承包经营权改造为新型永佃权的基本条件。有人担心"社会主义公有制基础会因永佃权的引入而动摇",认为永佃权制度曾是我国古代封建社会的制度,在维护封建地主剥削农民关系上发挥了极其恶劣的作用。但是,永佃权作为一种世界各国通行的土地使用制度,它并不为封建社会所独有,也并非只为维护剥削阶级的利益而存在。它的基本制度、基本内容适用于一般的土地承租耕作关系,问题的关键在于社会制度。就像无论是资本主义国家的立法还是社会主义国家的立法,都将交易关系中的契约关系称之为"合同"或者"契约"一样,权利概念本身并不反映社会制度②。因此,把西部民族地区农村土地承包经营权改造为新型永佃权的可能性是存在的。

(二)以新型的永佃权形式完善西部民族地区农村土地使用权制度的立法建议③

西部民族地区新型的永佃权制度是依法设定的在他人土地上为农业性质的耕作、养殖或者牧畜的用益物权。这种权利是在借鉴传统的永佃权的基础上创设的一种物权形式。该权利具体制度初步设计如下:

第一,实行物权法定主义原则。《物权法》不同于《合同法》最突出的表现

---

① 参见杨立新、尹艳:《我国他物权制度的重新构建》,《中国社会科学》1995 年第 3 期。
② 杨立新:《论我国土地承包经营权的缺陷及其对策》,《河北法学》2000 年第 1 期。
③ 参见张国宏、郭洪涛、窦红亮:《永佃权与我国农村土地承包经营制度的改革》,《河南省政法管理干部学院学报》2001 年第 3 期。

就是实行物权法定主义。永佃权作为一种他物权,其内容应当由法律统一规定,当事人不得以合同方式创设法律所不认可的新类型和新内容,也不得以合同的约定方式对其内容加以变更。

第二,根据变动原因永佃权实行登记要件主义。我国现行法律规定,不动产变动皆实行登记要件主义,即不动产物权的变动除了当事人之间的合意外,还要进行登记,非经登记不能对抗第三人。《土地登记规则》第25条第2款、《土地管理法》第10条对此均有规定。现行法不区分不动产物权变动原因,一律实行登记主义的规定,虽然对土地承包经营实践中存在问题的解决有一定的积极意义,但是,这并不能掩盖其固有的缺陷。是否登记应该根据永佃权变动的原因,凡因法律行为而发生者,非经登记不发生效力。

第三,永佃权主体为一切农业经营者。集体经济组织内部成员承包经营土地创设的权利是土地承包经营权,是一种自物权。而集体经济组织以外的单位或者个人承包经营土地则是在创设永佃权,是一种他物权(用益物权)。内部成员承包经营土地不受限制,也不需要登记。而外部组织或者个人承包经营土地则需要履行一定的程序。现行《土地管理法》第14条、第15条规定,农村集体经济组织以外的单位或个人承包经营农民集体所有的土地的,必须经村民会议2/3以上的成员或者2/3以上的村民代表的同意,并且报乡(镇)人民政府批准。这种限制虽然不利于市场经济条件下永佃权主体与客体的最佳配置和组合,仅对维持农民的现状有着重要作用。但是,从农业的长期发展看,将永佃权从土地承包经营权中分离出来,可以使农民的产权明晰,为农民参与市场竞争创造条件,并且使我国西部民族地区土地权利制度体系更加完善。

第四,关于永佃权的期限。从保护农业生产的长期稳定角度看,永佃权应该是长期的或者是无限期的。鉴于我国西部民族地区土地制度改革的特殊性,为了今后的土地所有权制度改革以及土地使用权制度的进一步完善留有余地,永佃权的期限不必明确地规定出来。

第五,永佃权的客体取决于其使用的性质而不是其所有权的性质。不论是国家所有还是集体所有,只要是从事非工业化的种植、养殖、畜牧等所用的土地,都是永佃权的客体。有的学者将农业用地划分为两类:一类是口粮田,另一类是责任田。责任田适用物权制度,口粮田不适用物权制度。因为口粮田是社区成员最低限度的法律保障,事关社区成员的生存权,在未找到适当替代制度以保障社区成员口粮来源的背景下,不能取消①。此论虽有一定的合理性,但是,这种划分方法在法律上是没有根据的。正确的划分方法,应该是将本集体经济组织成员,经营本农民集体土地的权利明确为所有人权利,而将非本集体经济组织成员经营集体土地或者国有土地的权利规定为永佃权。从目前看,这种划分限制了一部分土地在市场上的流转,不利于提高农村土地使用效率和规模经营。但是,它明晰了农民的产权,使永佃权成为属于农民的可以流转和继承的独立财产权利,为农民依靠自身求发展创造契机。

第六,永佃权实行统一的地租制,但是租金的支付要与各地的经济条件相符。基于物权性要求,佃租应当规定统一的标准。永佃权这种权利的价值体现就是向佃主(也就是国家和集体)支付佃价,以获得占有、使用土地并从中收益的权利。在具体设定时应当允许当事人根据实际情况决定是否收取地租、收取多少地租,从而体现民法的意思自治原则。

第七,关于永佃权的取得。在现行的土地承包经营制度中,农村集体经济组织的成员承包经营权的取得,是通过按人口平均分配进行的。其弊端在于导致土地不能充分集中,制约了大型农业机械的推广应用,统一规划、统一施工的农业基础设施难以建设,随人口变化而定期或者不定期调整承包土地也必然助长土地经营中短期行为的发生。我们认为基于物权的发生,可以将永佃权的取得分为原始取得和继受取得。原始取得主要有确权方式和合同创设方式两种。确权方式是将现有土地承包经营权中非农村集体经济组织成员使用集体土地的直接确定为永佃权,使现存的土地承包权中这一部分权利变为用益物权。合同创设方式是集体经济组织与非本组织成员的农业生产者双方通过合同创设永佃权。继受取得主要包括转让和继承两种。转让是永佃权人将永佃权转移给他人,其主要形式有买卖、互易和赠与,转让以登记为生效要

① 崔建远:《"四荒"拍卖与土地使用权》,《法学研究》1995 年第 6 期。

件。继承是继承人基于被继承人死亡的法律事实而取得永佃权,因被继承人死亡不属法律行为,故继承永佃权不以登记为生效要件。但是为了交易安全,非经登记继承人不得将继承的永佃权予以转让或者出租。

三、地役权与农地使用权

我国农村和城市郊区土地都属于农民集体所有,在这些集体土地所有人之间可以相互设定地役权。集体土地所有人为使用土地的方便,原则上也可以与国家协商在国家土地上设定地役权。在实践中,国家为使用土地的方便,一般直接征收集体所有土地归国家所有,而不是通过设定地役权来完成。这在无形中限制了地役权制度的适用。另外,我国是一个人口众多、土地相对稀少的国家。土地在国民经济生活中占有十分重要的特殊地位,我国法律和法规十分重视土地的利用效率。《土地管理法》第4条明确规定:"国家实行土地用途管制制度。国家编制土地利用总体规划,规定土地用途,将土地分为农用地、建设用地和未利用地。严格限制农用地转为建设用地,控制建设用地总量,对耕地实行特殊保护。"①在农村,乡镇企业、公用设施、村民住宅等建设,都应当按照规划合理布局,其土地使用权的取得都需要由县级人民政府批准。这就使得地役权的存在空间更加狭小。但是,这并不是说地役权在我国就失去了存在的价值。改革开放以来,我国的经济生活发生了重大的变化,农村承包经营责任制的实行,使土地的实际利用人对土地使用价值的关心程度大大提高。由于在农业生产上土地为最重要的生产要素,地役权作为土地相互利用中产生的权利义务关系,对农村而言实为重要。由于我国农村土地承包经营权是一种在自己土地上使用土地的自物权,所有权主体为集合主体,导致同一所有权主体的土地由不同土地使用人使用的状况,带来了对特定地块的不同利益,因而产生了设定地役权的需求。并且由于地役权对处理土地相互利用方面的纠纷具有极大的灵活性和便利,可以适应不同的土地利用需求。因

---

① 《中华人民共和国土地管理法》,《中华人民共和国常用法律大全》,法律出版社2006年版,第1310—1311页。

此,在我国社会主义市场经济的条件下,具有各自特殊利益的土地所有人和土地所有人之间,因邻地使用而发生的关系,仍然需要以法律的形式加以调整,地役权仍然具有现实意义①。

我国在法律上已有相邻关系的有关规定,但是在制定《民法通则》时,由于受到前苏联民法的影响,对地役权制度未做出规定,这无疑是我国民事立法的一个重要缺陷。在社会主义市场经济条件下,虽然土地归国家或者集体所有,公民个人不享有土地所有权,只有土地使用权,不同的土地所有人和土地使用人仍然具有各自特殊的利益,他们之间因土地等不动产的利用而发生的关系,仍然需要以法律的形式加以调整。因此,绝大多数学者已经基本达成共识,即在民事立法中区分相邻关系与地役权,在相邻关系之外增设有关地役权的规定。虽然我国相邻农地往往属于同一个所有者,但是,随着农地使用者的多元化和农地利用形式的多样化,相邻关系往往不足以调节农地使用者之间的关系,设立地役权对农村土地使用权制度的完善尤其重要。设定地役权的重要作用在于:(1)地役权的设立有利于充分发挥土地的效能,体现物权法效率原则。地役权制度的引进,使得土地使用人能够因地制宜地根据便利使用土地的需要,与他人达成设定地役权的协议,从而发挥土地的最大效能。(2)便于相邻不动产所有人或者使用人权利的行使,有利于纠纷的解决。在我国现行法律中,由于相邻权与地役权不分,在解决具体有关相邻权纠纷时,往往因法律无明确规定造成意见的分歧。如农村实行承包经营制以来,在利用土地中如引水通行的纠纷大量出现,不动产相邻关系无法解决,需要更高层次的权利义务关系调整,这就要求确立地役权。(3)设立地役权是农地资源利用多样性,提高农地利用效率的客观要求,是农村城市化进程中必然的制度需求。在我国农村土地使用过程中产生的相互的土地利用关系有很多种,农村土地家庭经营、利益个体化以后,土地的相邻关系突出出来。在农户土地相邻纠纷案的处理过程中,人们经常遇到除承包权、使用权、收益和处分权之外的其他物权。譬如,在他人使用的土地上的通行权、过水权、埋管线权、空中架线

---

① 钱明星著:《物权法原理》,北京大学出版社1994年版,第319页。

权等。实际上无论法律对相邻关系做出何种细致周到的规定,都不可能穷尽客观现实中存在的各种复杂土地使用情况。地役权则是法律赋予土地权利人根据具体情况而自由设定权利义务的权利,可以起到相邻关系起不到的作用。因此,除完善相邻关系的规定外,还应当从法律上认可地役权这种物权及其相应的权利和义务。(4)有利于促进国内经济建设和国际经济交流合作的发展。在国内经济建设中,大型公共基础设施的建造以及农村集体之间、农户之间因土地利用都会发生地役权问题,都要靠立法加以规范与保护。此外,中外经济合作交流也会产生复杂的涉外地役权问题,引入地役权制度与国际通行制度尽早接轨,亦是民事立法的当务之急。

四、"四荒"土地的开发利用与农民的土地权益

(一)"四荒"土地资源的范围与所有权归属

"荒地"在我国土地权利制度中并非规范的法律术语。就我国土地资源现状来看,在整个可利用土地资源中,存在"已利用土地"和"未利用土地"之分。其中,可利用但尚未利用土地即为荒地①。由于我国土地可利用资源存在严重不足的问题,荒地的开发利用对于经济发展具有极其重要的意义。我国还没有一套完整的法律制度对荒地资源的开发利用行为加以规范,这就使得在实际生活中必然产生一系列的问题,尤其是对农民开发四荒土地权益的法律保护变得日益紧迫。在西部民族地区农民土地使用权中,应该将开发利用四荒土地纳入其中。

荒地主要包括荒山、荒丘、荒沟、荒滩。从土地资源的角度看,"四荒"就是在目前自然和经济技术条件下,可以开发利用却尚未开发利用的土地资源,属于土地的后备资源。在我国理论界统称为"四荒"土地的"四荒"是一个习惯用语。因为就我国土地资源现状来看,除了耕地、林地、草地、水面等之外,尚存在有相当开发利用价值的荒山、荒滩、荒沟、荒坡。在名称上"四荒"是普遍的提法,也有称"五荒"的,即荒山、荒坡、荒沟、荒滩和荒水。

---

① 高富平著:《土地使用权和用益物权》,法律出版社 2001 年版,第 554 页。

四荒土地权益具有确定的归属。《宪法》第 9 条规定,矿藏、水流、森林、山岭、草原、荒地、滩涂等自然资源,都属于国家所有,由法律规定属于集体所有的森林和山岭、草原、荒地、滩涂除外。因此,荒地的所有权主体和其他自然资源一样只有两类:一类是国家,一类是集体。其他任何自然人、法人和组织不得拥有荒地所有权。然而在国务院办公厅 1999 年 12 月 21 日下发的《关于进一步做好治理开发农村"四荒"资源工作的通知》中,却界定"四荒"必须为农村集体经济组织所有的、未利用的土地。耕地、林地、草原以及国有未利用土地不得作为农村"四荒"土地。该政策规定中存在的问题,是限定四荒土地的范围在农民集体所有,不包括国有的四荒土地。其立法精神是保护国有土地在未规划的情况下不至于被滥开发,最终破坏生态环境。但是,这种做法实际上加大了对国有土地资源的破坏。因为国有荒地与集体荒地一样,都是宝贵的土地资源,不因土地所有权的归属不同而产生不同的使用效果。如果任凭国有土地荒芜,无疑是巨大的浪费,对整个国家也是不利的。实际上不管是国有荒地还是集体荒地,都只有分散到集体的个人或者法人、组织当中去,才能得到有效利用①。

(二)"四荒"土地使用权的取得方式及其内容

"四荒"土地使用权是指"四荒"土地使用者在集体经济组织所有的或者国家所有的"四荒"土地上进行开发利用的权利。② 它具有如下法律特征:(1)"四荒"土地使用权的主体为"四荒"土地使用者,"四荒"土地使用人不限于"四荒"土地所属集体组织的内部成员,除此之外的其他经营者即集体组织以外的成员也可以依法取得使用权,成为使用权的主体。(2)"四荒"土地使用权系以国家所有或者集体所有的"四荒"土地为客体。"四荒"土地使用权不同于农地使用权,它存在于"四荒"土地之上,即以国家或集体所有的"四荒"土地为客体。在其他土地上如耕地、草地、林地、水面等,不得成为"四荒"土地使用权。(3)"四荒"土地使用权系一种在"四荒"土地上开发经营的用

---

① 高富平著:《土地使用权和用益物权》,法律出版社 2001 年版,第 556 页。
② 李绍章:《"四荒"土地使用权论纲》,《山东农业大学学报·社会科学版》2001 年第 12 期。

益物权。首先因为"四荒"土地使用权的客体为"四荒"土地,"四荒"土地的性质决定了使用人对"四荒"土地开发利用,以充分发挥"四荒"土地的潜在利用价值。其次"四荒"土地使用权为一种用益物权。此种物权由于是就他人之土地直接使用、收益为内容,故为用益物权。它一旦取得或者设定,使用权人的权利即获确定,他人不得干涉。基于物权的排他效力,"四荒"土地使用权人享有的此种权利,不仅可以对抗社会一般人,且可以对抗土地所有人。(4)"四荒"土地使用权是以支付土地使用费而有偿成立的物权。因为"四荒"土地主要是通过招标、拍卖、协商等法律行为取得,而这些法律行为大多数是有对价行为的,所以,"四荒"土地的使用人必须要支付一定数量的土地使用费。《物权法》第138条规定:"采取招标、拍卖、协议等出让方式设立建设用地使用权的,当事人应当采取书面形式订立建设用地使用权出让合同。建设用地使用权出让合同一般包括下列条款:(一)当事人的名称和住所;(二)土地界址、面积等;(三)建筑物、构筑物及其附属设施占用的空间;(四)土地用途;(五)使用期限;(六)出让金等费用及其支付方式;(七)解决争议的方法。"[1]"四荒"土地使用权的这一"有偿取得"的特点,从本质上说它是由土地这一不动产的性质与用途决定的,同时也是土地走向市场的一个必然表现。

"四荒"土地使用权的取得方式同普通的财产权利一样,有原始取得和传来取得之分。"四荒"土地使用权的原始取得,在通常情况下是按照"谁治理开发,谁使用收益"的原则,由治理开发者通过出让而获得[2]。"四荒"土地使用权的传来取得一般是指受让、继承治理开发者的四荒土地使用权,它的取得不因受让人、继承人的户籍或者住所地而受限制。但是,这种使用权的取得必须登记才能取得对抗第三人的效力。至于具体的取得方式,《农村土地承包法》第44条和第46条规定,"四荒"土地可以直接通过招标、拍卖、公开协商等方式承包经营,也可以将土地承包经营权折成股份,再实行承包经营或者股

---

① 《中华人民共和国物权法》,《国务院公报》2007年第14期,第11—12页。
② 王卫国著:《中国土地权利研究》,中国政法大学出版社1997年版,第192页。

份合作。这些法律规定实际上表明,"四荒"土地使用权是可以自由流转的,流转又是通过包括招标、拍卖和协商等多种市场认可的方式进行的。流转的主体不限于农民集体内部成员,也可以是其他组织或者个人。农村集体经济组织内的农民都有权参与治理开发"四荒"土地,同时积极支持和鼓励社会单位和个人参与。在同等条件下,本集体经济组织内的农民享有优先权①。在这一政策的推动下,我国许多地方已经形成了拍卖"四荒"土地开发权和使用权的通行做法。所谓"四荒"拍卖,就是农村集体经济组织以土地集体所有的代理人身份,将"四荒"地(荒山、荒坡、荒沟、荒滩)的使用权以拍卖的方式,出售给作为集体成员的农户或者其他愿意购买的非该集体成员及组织,拍卖期30—100年不等,在期限内"谁购买、谁治理、谁受益"的一种使用权流转形式。"四荒"拍卖的主要做法是打破行政区划界限,面向较大社会范围内进行拍卖;打破所有制界限,允许不同经济主体(如独户、联户、国家机关干部职工以及集体单位等)购买;打破承包期限,允许使用权的期限延长到50—100年;允许在使用权期限内继承、转让、抵押并获取使用(经营)收益;在拍卖中引入市场竞争机制,实行"民主定标,公开投标、契约稳权"的办法,运用多种方式实施拍卖。卖方通过收取地价实现其所有权,买方则通过付费获得一定年限内"四荒地"的占有权、使用权、收益权和处分权。

　　"四荒"使用权拍卖是继包产到户后的一次深刻变革,它使"四荒"使用权由行政手段配置资源的平均分配关系变为市场机制配置资源的买卖关系,取得了良好的生态、经济和社会效益。这主要体现在如下几个方面:(1)"四荒"使用权的拍卖,让农民获得了确定并且明晰的土地使用权,确定了土地使用权人长期直接的经济权益能得到有效的法律保障,提高了土地规模经营的程度,极大地调动了农民投资投劳的积极性。(2)通过拍卖这种民主公平竞争的形式,把分散的荒山使用权转移给了实际需要而又具有经营能力和经营实力的农民去经营,实现了劳动力、土地资源、资金的最佳结合,加速了农业剩余劳动

---

　　① 参见国务院办公厅 1999 年 12 月 21 日下发的《关于进一步做好治理开发农村"四荒"资源工作的通知》。

力向第二、三产业的转化分流,避免了过去荒山坡地被不愿或者不具备承包能力的农民平均占有,长期得不到有效开发利用所造成的浪费和破坏。(3)"四荒"土地使用权拍卖,打破了农村土地承包经营权按人口平均分配资源的方式,由市场配置资源,并且相对集中,规模较大,形成了以商品交换为目的的四荒土地使用权产业。

(三)"四荒"土地使用权中的农民土地权益保护

"四荒"土地使用权的拍卖实现了荒地的分散利用,使"四荒"土地实现了有偿化、市场化的配置资源的方式,将荒地让与那些最有能力的人使用,取得最优的社会效益。但是,由于"四荒"土地使用权的拍卖是一次性买断,长久开发受益,这就使"四荒"土地使用权的配置如何体现农民集体成员共同所有的性质,成为限制这一制度社会功能的实现的关键[①]。与我国耕地的使用不同,"四荒"资源开发从一开始就迫切需要法律规范。法律制度供给的状况如何,直接决定着"四荒"资源开发的规模和成效。这是因为:(1)耕地基本上实行的是"按人口平均分配资源"的办法,而四荒资源则是通过竞标承包经营、拍卖四荒资源使用权而承包租赁的,人们直接占有的"四荒"土地资源的数量相互之间差别很大,容易产生利益失衡。如果没有强制性的法规保障,自然造成违法成本过低,从而使"四荒"土地使用权人的权益无法得到切实保障。(2)耕地使用权人基本上是本集体经济组织的成员,而"四荒"开发使用人既有本集体经济组织的成员,也有非本集体经济组织的成员和城市企业、城市居民,特别是一些较大的"四荒"土地使用权人基本上是城市企业和城市居民。如果没有强制性的法规保障,"四荒"使用权人特别是外来的使用人的权益就会淹没在与当地农民的讨价还价之中,增加土地开发的成本。(3)"四荒"资源开发周期较长,它不像耕地使用人那样可以年年、季季都有收益,从而更需要稳定长期预期。因此,单靠政策规范"四荒"地开发,非本集体经济组织的成员就很难进入甚至不敢进入,进入后一旦其权益受到威胁和损害,由于政策

---

① 林卿著:《农地利用问题研究》,中国农业出版社 2003 年版,第 175 页。

规范不具有责任制度特别是强制性,也很难获得经济利益上的补偿①。(4)由于"四荒"土地使用权的流转不受为农民提供基本生活保障的约束,使"四荒"土地使用权分配不公的潜在社会影响不会有明显表现。当前对公平占有这种使用权的权利没有受到农民的普遍重视,或者说农民没有经济能力实现这种占有,通常购买者可以以较低的价格买到一定规模的荒地使用权。但是若干年后一旦"四荒"地的治理产生显著的经济效益时,农民集体成员对荒地资源因占有不公导致的收入差异,就有可能使"四荒"土地使用权人的利益由于大多数人的反对而无法得到保障。如果根据预期收益来制定现行的拍卖价格,又是现阶段农民所无力承受的,这就产生了"四荒"土地使用权拍卖过程中的效率与公平矛盾。

"四荒"土地使用权的确立和内容的界定是农民保护自己的合法权益的制度保障。国家在采取相应的措施使尽可能多的农民参与到西部民族地区"四荒"土地使用权开发的过程中,还必须对农民的劳动成果以法律制度加以固定,并且使农民能够用"四荒"土地使用权参与市场流转,以获取个人和社会效益,促进农业和农村的可持续发展,促进西部民族地区的城市化进程。据此,为解决农民的长远利益与当前利益的矛盾,我国土地承包法规定可以将"四荒"土地使用权折股分给本集体经济组织成员,然后再实行承包经营或者股份合作经营。实行承包经营的,本集体经济组织成员以其土地承包经营权的折股,分享承包费等收益;实行股份合作制经营的,本集体经济组织成员从经营收益中获得股份分红。这样就能够更好地保护没有承包能力的成员的利益,也可以避免集体经济组织以外的承包人与集体经济组织成员之间产生不必要的纠纷。总之,"四荒"资源开发具有不同于土地承包经营的特点,从而决定了规范"四荒"资源开发的法规建设从一开始就具有特别重要的意义,在这里强制性的法律规范是必不可少的。

---

① 史建民、岳书铭、綦好东:《四荒资源可持续开发利用的制度创新》,《农业经济导刊》2002 年第2 期。

第三节 大胆创新农地使用权的流转制度

一、农地使用权流转的经济学分析

我国法律规定农村集体所有的土地所有权不得转让。但是,"按照现代民法的一般观念,权利本身可以成为一种财产,从而成为一种权利客体,而权利主体对于其权利拥有相当于所有人的支配地位,因而具有享有和处分其权利的能力。"[①]从农地自身特点以及农地的物权特性来看,建立市场化的农地流转机制是完善农地使用权制度的必需。农地流转既包括农用地流转,还包括非农用地流转。其方式可以是"四荒"地的拍卖、租赁等;也可以通过永佃权的转让、出租等将农地重新优化配置;还可以按照股份制的经营模式让农民将土地入股,专业农技人员以技术入股,把分散的地块化零为整达到规模效益。非农用地的流转实质是地上权的流转。地上权的流转从法律上看,实质为地上权人依法律行为方式对其地上权的处分,处分的方式除了传统的买卖、互易、赠与、设定抵押权外,还有以地入股、土地出租联营等。土地使用权的流动应当有两种情形:一是土地承包权和使用权同时转让,这种情况就是我们平常所说的土地转让,它可以弥补所有权不能流转的缺陷。虽然承包土地可以流动,但是,承包使用权的商品性、价值性和财产性却至今尚无定论。另一种是只转让土地使用权,即土地在所有权与承包权分离的基础上再进行"第二次两权分离",承包农户保留承包权,转让土地经营使用权,其转让不超过第一次承包的期限,承包农户仅以一纸契约获得土地报酬。这种报酬如何支付?存在的理论根据是什么? 人们既不清楚也没有任何文件规范。如果这种报酬是生存、就业和社会福利功能的体现,则没有法律依据;如果是"租"的性质,其财产性又不明确。因此,土地双重两权分离的理论基础不充分也是使用权流动的障碍。在西部民族地区城市化过程中,有必要创新农地使用权的流转

---

① 王卫国著:《中国土地权利研究》,中国政法大学出版社 1997 年版,第 144 页。

制度,这也是保护西部民族地区农民土地权益的重要方面。

大部分关于中国农地使用权的讨论,以及描述中国农民如何倚重土地、重土轻迁的研究文献都表明,土地是农民的"传家宝"和"命根子",无论是自耕地或者租赁土地,都非常强调土地占有和经营关系的稳定,除非极端情况的出现,农民决不会放弃土地和土地经营[①]。帕金斯的观点认为,即使有某种机会农民也不会轻易地出卖他们的土地。帕金斯引据的资料表明,对于农民而言,拥有土地和土地经营,不仅仅是一种生产方式,而且是一种生活方式,同时还是一种积累财富和财富可以继承转让的方式[②]。尽管如此,农地使用权流转还是有其存在的理论和现实基础的。从经济学的角度而言,农地使用权的流转是为了获得流转产生的剩余。

(一)农地使用权流转的剩余

农地使用权流转必须考虑到增加农地使用权流转的剩余。从经济学的角度出发,农民是否愿意转让农地使用权依赖于两点:一是土地租金;二是土地的重要性。事实上农民不依靠土地生活的地方,农地使用权的流转越多;农业产值占总产值比重越低的地方,土地使用权的流转越多[③]。土地重要性很强的地方,农民不愿意转包土地,说明这些地方的土地租金不足以维持农民的生活。然而这并不是说,在土地重要性不强的地方,土地的租金也低。事实恰恰相反,这些地方土地的租金往往相对较高。因为土地的重要性是指对于单个农民而言,他并不依赖土地而生存。但是,对于这个地区而言,由于经济比较发达土地的价值会更高,从而租金也就更高。土地租金的多少取决于土地带来的价值的多少。对于农地使用权流转而言,就是取决于流转带来的剩余的大小,剩余多,租金自然就高;剩余少,租金就低。这就意味着在不发达地区农地使用权流转的剩余是比较低的。对于农民而言,土地是一种收入来源,农民放弃土地,意味着农民有另外的收入来源或者农民放弃土地所得到的补偿足够高。因此,土地流转的剩余应该说来自于如下两部分:一是来自土地的产

---

① 参见贺振华:《农村土地流转的效率现实与理论》,《上海经济研究》2003 年第 3 期。
② 张红宇:《中国农地调整与使用权流转:几点评论》,《管理世界》2002 年第 5 期。
③ 唐福勇:《贫富地区土地流转差异大》,《中国经济时报》2002 年 5 月 21 日,第 1 版。

出,二是来自农地使用权转让后农民从事其他工作的报酬。那么农地使用权流转的剩余究竟从何而来?(1)土地使用权流转是土地使用权流向更有效率使用土地的人的手中的过程。因此,这块剩余肯定有一部分来自于土地的更有效率的使用。这里又可以分为两部分,一部分来自于承包人的企业家才能。由于承包人具有更高的管理水平和生产技术,具有更高的素质,更勤劳等。另一部分来自于土地本身,如小块土地不能使用更好的技术,小块土地更容易重复种植,造成浪费,有些农作物还需要种植达到一定的规模才有效率等。(2)土地使用权流转后的使用方式和土地本身的价值也是一个很重要的影响因素。土地流转后是继续种植传统作物还是种植更有价值的作物?是采取新的生产方式和技术(如大棚技术),还是继续使用原来的技术?土地流转后是用做工业生产还是继续用于农业生产?另外在不同的地方,土地的价值也是不同的,土地本身就有贫瘠和肥沃之分。由于土地供给的非弹性,随着经济的发展土地的价值会越来越高,租金会越来越高。因此在经济发达的地区,土地使用权的价值很高,在经济不发达的地区租金则很低。但是即便如此,转让租金依然不是很高,肯定要少于农民在农地上耕作的收入。也就是说,农民转包土地后,真正重要的剩余还是来自于从事其他工作的报酬。那么,如果农民不能从事其他的工作(至于不能的原因暂且不考虑),农民还愿意转让自己的土地吗?

农地使用权流转实际上就是一个农地使用权转让方、最终受让者各自的成本收益的分析过程。具体地说,对于土地转让者来说,他转让土地得到的租金和劳动力从事其他工作的预期受益,要大于他们劳动力滞留在土地上的收益。而对于最终受让者来说,他们的承包成本和他们从事其他行业所得到的机会成本之和,要小于他们通过土地承包获得的收益。在农地使用权流转的过程中,双方的具体收益所得将取决于他们在这个制度改进中的力量对比,因此这块收益的分配过程就是双方博弈的过程①。如果土地流转行为是自发产生的,毫无疑问这对于转包方和最终承包方都是有利的。事实上对于最终受

---

① 贺振华:《农村土地流转的效率现实与理论》,《上海经济研究》2003 年第 3 期。

让方而言,虽然产出来自于土地,但是最不可忽视的一个因素,便是土地使用权受让方的个人素质,我们可以称之为受让人的企业家的才能,正是企业家才能使得农业产出的提高变成了现实。农民是否将土地使用权转让,事实上取决于土地的收入效应和替代效应。从现在的情况看,土地的收入效应和替代效应都为负;随着收入的提高农民越来越倾向于离开土地前往城市定居;而且随着非农收入的提高,农民若能找到长久的替代农业生产的稳定的收入流,则农民愿意放弃土地。影响这种效应的因素主要有:土地收入在农民总收入中的比重;农民从事非农工作的能力和机会;农民家庭财富的多少;土地数量的多少。对于转让方来说,其企业家如何才能得到回报肯定是影响其决策的一个重要因素。受让土地者通常都是所谓的能人或者是引进的外资、工业企业。与一般的农民相比这些能人更少,更具有不可替代性。换句话说,这部分人即使不承包土地从事其他的工作,同样能得到更高的收入。只有当受让土地能够得到超过这个收入的获利时,他们才会有承包的能力。由此可见对于受让方而言,其机会成本是他从事其他产业的收入。由于土地的承包方具有更少的替代性,因此,我们考虑土地使用权流转是否可行的时候,更应该关注最终受让方的行为。

从成本收益的角度来衡量,只要土地使用权流转双方的收益均大于成本流转就能够进行。这里暗含的假定是土地流转比土地不流转能产生更多的剩余。可以认为土地使用权流转就是转让者和受让者之间的利益谈判。转让者的保留效用是转让前的收益以及转让后收益的持久性和可补偿性。我们假定农民的效用完全取决于其从单位土地租金率和土地数量,这意味着农民的收入完全来自于土地的收入。因土地转包产生的收益大部分会流入转让方的手中,最终受让方利润被侵蚀的结果是受让方可能不愿意受让土地。由此我们的推论为:(1)如果农民唯一的收入来源于土地,或者说土地对农民的重要性越高,土地使用权流转就越困难。(2)农民来自于农业的收入越微不足道,土地的流转就越容易,并且土地流转只是在分配上提高了效率,而土地的产出无论在质上还是量上都没有提高。(3)土地的流转并不会提高土地的生产效率,除非流转后增加了新的生产要素或者原有的生产要素发生了质的提高。

土地使用权的流转通常只是在经济基础比较好的地区发生。即便是在经济基础比较好的地方,土地流转也不是说流转后农民就能够从土地上得到足够的租金,而是说农民与其让土地荒着被罚款,还不如免费或者贴一点钱让别人承包。事实上这些土地对当地的农民而言是不重要的。因此,来自土地的收入在农民收入结构中的比重,或者说土地对农民的重要性是一个比土地的租金更为重要的影响土地流转的因素。土地能否流转不在于流转后效率有多高,而在于土地对农民的重要性有多高。这对于中国的农业和农民来说,无疑是一种悲哀。在经济发达地区,由于土地抛荒造成了资源的浪费,形成了资源极度稀缺的同时该资源又大量闲置的怪异现象。在这种情况下土地使用权流转是有效率的,因为毫无疑问会使得原来闲置的土地得到利用。但是,在经济基础不好的地区,是否应该推进土地流转? 这是一个很值得研究和重视的问题。

(二) 农地使用权流转的效率

经济学家和经济法学家经常讨论农地使用权流转是否有效率的问题。但是,效率从何而来? 什么是效率? 纯粹经济意义的效率是指在投入与产出之间,前者尽可能小而后者尽可能大的二者比例关系。带有社会价值判断的效率是福利经济学理论中的帕累托定律,即一方获得的利益更多而他方获得的利益不至于减少的状态。西方经济学理论对效率加以讨论的基础是个人本位、市场交易。因此,市场规则是土地物权制度效率实现的基础性机制。哈耶克认为,市场上能够使人得到最优报酬的不是个人的品行或者需求,而是去做事实上最有助于他人的事情,而不论这种事情的动机是什么;并且个人在实现其目的与利益的同时,也就为他的同胞作出了贡献[①]。我国 1979 年开始的农村土地改革的根本目的,就是要从根本上解决人民公社体制下农村土地经营效率低下的问题,直接动因来自于农民自己对提高土地利用效率以解决基本生存之迫切需要。改革之所以获得成功,就在于它通过使农民获得有权直接

[①] 参见(美)哈耶克著,邓正来、张守东、李静冰译:《法律、立法与自由》(第二、三卷),中国大百科全书出版社 2000 年版。

支配土地的激励而提高了农村土地的耕作效率。以经济分析法学问题的法律制度效率观，农地使用权的最高评价标准，就是它提升了土地利用的效率。因为土地制度的重心是利用，虽然土地权利制度一方面要确定土地的归属，另一方面要解决土地的利用问题，归属的实质就是为了更好地利用。法律对农地使用权的规定实质就是为了促进交易。然而交易是有成本的，当农民无法自己通过合约来克服或者降低土地使用过程中的外部性问题时，国家公共权力就有了界定土地使用权的必要。我国土地改革的过程，是从一种土地权利制度转换为另外一种土地权利制度，国家对土地权利的界定，事实上就是农民使用土地的初始条件。

土地利用效率问题主要是农地使用权的问题，所以首先要考虑把农村土地使用权界定给农民。由于法律制度的内生性使得我国现行体制下农民无法获得所有权，其实是否获得土地所有权已经不重要了，只要使用上的权利充分就足够了。然而就我国现行法律制度而言，农地使用权的权能并不充分，导致农民土地使用权的交易受到极大的限制，也就不能获得土地利用的效率。产权存在的经济意义，在于降低资源使用中的外部性成本，提高资源使用效率。所以，所有权、使用权的安排必须考虑土地使用的效率问题，必须考虑如何最大限度地激励农民对集体土地的利用，如何为他们的土地利用提供便利，如何引导或者促进人们按照最有效的使用方式使用资源。这就涉及到农村土地权利特别是使用方面权利内容与范围的界定问题。

土地产权制度问题是在土地资源配置的过程中解决的。西部民族地区尽管地大物博，土地利用分配制度也应当考虑土地利用的效率，把土地配置到最能够发挥最大经济效率的主体上去，以最能够发挥经济效率的方式利用土地。西部民族地区农村土地同时具有社会保障性质和经济性质，土地的社会保障功能与经济功能具有难以调和的矛盾。由于西部民族地区农村社会经济发展状况特殊，现行土地利用分配制度对非经济效率价值的关注远远多于经济效率价值。但是，这并不意味着我们就可以不关心土地利用的价值。在土地制度的初始利用分配过程中，的确应当关注非经济价值以保障西部民族地区农民对土地的利益。这就需要按照人口数量平均分配土地，需要适时调整土地，这也是延长土地承包期限的政策没有得到农民广泛认同的原因。不过在农地使用权的流转方面,我们完全可以考虑经济效率价值问题。我们完全可以通过完善法律来规范和界定西部民族地区农民的农地使用权,以保障农地使用权有序流转,使土地能够集中到最能发挥效益的市场主体手中,发挥土地经营的规模效应。科斯定理指出,产权法律界定的合理性范围,即产权的法律界定是需要的,但是应当以减少谈判成本促进交易为目的,产权应当配置给那些最能够有效使用它们的人,产权界定应当有提高资源使用效率的激励作用。这就要求农地使用权是一种排他性的产权安排,农民对土地的权利应当排除国家的不适当干涉。让西部民族地区直接从事农业生产的农民个人获得农地使用权,不仅能够使有效利用土地的人获得土地,而且使西部民族地区农民获得了使用土地的产权激励。但是,农地使用权的内容充分、完善同样重要,否则资源利用的契约机制就难以发挥作用,无法获得市场支持的资源利用,也就失去了效率之源泉。因为西部民族地区农地使用权的排他性产权安排,要求权利人能够充分行使自己的权利。

二、农地使用权流转的法学分析
(一)农地使用权流转是一种权利的让渡

市场交易的过程就是财产权利移转的过程。土地作为一种商品,具有自然属性、经济属性和法律属性。土地的自然属性是指土地为规定于地球表层的物质构造。土地的经济属性是指土地为用于产生物质财富的资源。土地的法律属性是指土地为有一定归属的财产。而"财产"一词,从较严格的意义上讲是指一种权利,即一种对物的支配地位。所以,土地的市场流转在法律上就是权利的移转。在经济学家的眼中,市场交易意味着资源或者财富的流通,或者说物的流动。而在法学家的眼中,市场交易则意味着财产权利的移转,或者说法律地位的流动。法学家的任务就是要为经济学家所期望实现的资源流通提供一种秩序保障。在现代社会里,秩序保障是实现资源流通的效率目标的一个必不可少的条件。

按照传统的法学概念,市场交易的权利移转是一种私人权利的流转。从原则上讲,每个人都只能转移属于自己的权利。所以,市场交易的假设是每个合法的交易者都是他投入交易的物品的完全的所有权人。也就是说,被投入交易的物品完全为交易者所私有;而且交易的目的和结果也不过是满足了交易者个人的利益需要。这种概念也许对于现实生活中的大多数物品的交易来说基本上仍是适用的。但是对于土地来说,这种概念在很大程度上构成了土地流转的合法性障碍。因为土地就其本质来讲是一种公共财富。即使在承认土地私有的国家,人们也无法否认私人土地上寄托的公众利益,包括一般人的环境利益、资源利益、安全利益以及相邻人的通行、取排水、采光等等的利益。很明显,在土地流转的场合,如果我们坚持交易者必须是土地的完全所有人的概念,那么我们就必须要么否认土地的公共性,要么因承认土地的公共性而否认它的可交易性。反过来讲,如果我们需要承认土地的可交易性,同时又不想否认土地的公共性,我们就必须放弃交易者必须是土地的完全所有人的概念,或者至少在一定程度上对这种概念加以修正。也就是说,在西部民族地区土地流转中,在当事人之间转移的是一种直接附着于土地并包含着某种经济利益的权利;出让这一权利的人对这种权利享有完全、充分的支配地位,而且经过交易后受让人可以取得同样的支配地位。通过该权利的交易,当事人之间实现了对这种权利的所有权让渡,这种权利就是土地使用权。而对于西部民族地区的农民来讲,其所拥有的农地使用权是其所享有的完全的、充分的、可支配的所有权。西部民族地区农地使用权的流转,就是西部民族地区农民或者其他主体对农地使用权的所有权的让渡。

(二)西部民族地区农地使用权流转存在的问题

在西部民族地区农地使用权流转过程中,从理论到实践上都会遇到一些难度较大的问题,归结起来主要体现在如下几个方面:

第一,西部民族地区农地使用权确权难。土地产权是市场交易的基础。尽管《土地管理法》明文规定,农村土地属于集体所有,但是,集体所有的范围又包括村集体、集体经济组织和乡(镇)集体等。其中,村民委员会和乡镇都是农村基层工作机构,产权主体不明确,土地所有权实际上归行政负责人掌管,作为集体成员的农民事实上处于一种无权状态。按理在土地集体所有的前提下,农民对自己的承包地只有使用权和经营权,承包地流动只能是土地使用权的转让,而且必须得到土地所有者(集体)的批准和同意。而目前西部民族地区农民承包地转让,多数是由承包户私下进行的。原因就在于农民认为自己对承包地不仅具有使用权,而且拥有所有权,可以自由做主处置。从历史上考察,土改以后确立的农民土地私有权,在合作化时转为集体所有是无偿的,作为土地所有者的农民并没有从中得到任何补偿,所以把承包地看作是"土地回老家",自由处置也就理所当然。实际上从法学理论的角度分析,农民承包集体土地形成的权利是一种自物权,是一种部分所有权。因此,从历史的、实际的情况出发,应当承认西部民族地区农民对承包地不仅具有完全的使用权,而且具有部分所有权,这是保护西部民族地区农民权益的极为重要的一条。由此,西部民族地区农民承包地的流动也是土地使用权和部分所有权的转让。只有在土地确权的基础上,才能使西部民族地区农民承包地流转有序运作。

第二,西部民族地区农地使用权的属性明确难。一般来说土地具有双重属性,即土地资源属性和土地资产属性。而在目前我国西部民族地区的广大农村中,普遍地把土地只看作是从事农业、牧业生产的资源,很少认识到或者根本不承认土地的资产属性。其根本原因就是在我国长期的计划经济体制下,人们只重视土地的使用价值,土地的资产价值得不到应有的显现。土地长期被排除在商品之外,不能够也不允许土地进入流通交易。作为土地所有者的集体组织所考虑的只是多提供农产品,作为使用者所想的也仅是从土地上增加收益。集体化以后土地资产的观念逐步弱化,这是西部民族地区农民承包地流转的最大障碍。因此,只有不断强化土地的资产属性、显化土地价值,确认土地是一种特殊商品,深化西部民族地区土地商品化、市场化改革,才能为西部民族地区农民承包地的合理流转、不断提高土地资产经营效益创造必要的前提条件。

第三,西部民族地区农地功能转换难。西部民族地区农民的土地承担了收益、就业和基本生活保障的多种功能,在农村社会保障制度尚未建立健全的情况下,土地流转难于全面展开。相比城市土地,农村土地的效益要低得多。

一亩承包地只能生产上千斤粮食,年收入不足千元,扣除生产成本所剩无几,如遇到灾害还得亏本。难怪西部民族地区农村常出现"撂荒地"。市场经济是受利益驱使的竞争经济,只有当土地能给受让者带来较大利益时才会买进土地使用权。在现实生活中,土地承包者因找到了更赚钱的工作,宁愿把承包地倒贴钱给转包者去经营,道理正在于此。目前在一些大城市郊区和东部沿海地区承包地流转发展速度较快,主要是由于乡镇企业和第二、三产业较发达、就业面宽,农民来自非农产业的收入稳定增长,超过了从事农业的收入,就业和基本生活的保障已得到了较好解决的缘故。对于购买农地使用权者而言,要使其有足够的买进意愿,必须着力提高农业效益和土地生产率,这就要增加投资、注入先进科技、发展高效农业。因此,如何使西部民族地区农村土地增值,是促进西部民族地区农地使用权流转必不可少的条件。对于转让者而言,全面建立西部民族地区农村社会保障体系,是促进农民承包土地合理流转的必要条件。只有在失业保险、医疗保险、养老保险全面建立的前提下,农民才能放心地把承包地转让出去,届时土地的生活保障功能也才会真正转化为资本经营功能。

第四,西部民族地区农地流转市场化运作难。由于目前西部民族地区的农地使用权还没有完全商品化,因而运用市场机制进行土地使用权转让的操作难度很大。首先是土地使用权的估价问题。如何估算土地使用权价格缺乏应有的标准,因为原先并没有地租(包括绝对地租和级差地租)的概念和与之相关的实践,所以把地租还原为土地价格就缺乏客观依据。加之西部民族地区土地的所有权和使用权"两权分离",土地所有权价格和土地使用权价格如何区分也十分困难。其次是土地使用权流转的运作机制问题。土地既然是商品,当然应当确立市场化运作机制,而目前西部民族地区农村土地市场的供求机制、价格机制、竞争机制都未形成,市场化操作就非常困难。况且农地流转中的收益多数归土地承包者,土地所有者所剩收益不多。一方面是因为土地转让收益本身就很少甚至无收益;另一方面由于土地权属关系不明确,各方应当获多少的比例也无标准可言。从长期看,西部民族地区农地流转的收益必须由地租来体现,收益要大幅度提高,在土地所有者、使用者之间合理分配。

再次是农地流转的中介服务组织构建难,交易成本高。现代地产市场的中介服务机构,是在地产的供给主体和需求主体之间起媒介和桥梁作用,便捷买卖双方,降低交易成本。目前西部民族地区农地流转基本处于自发自流状态,局限于一个狭小的村域内没有中介服务组织,信息不灵,往往出现转让者找不到合适的受让者,需要土地的人则又找不到应有的承包地出让者。要解决西部民族地区农地使用权买难和卖难的问题,必须尽快构建西部民族地区农村土地市场的中介服务机构,为西部民族地区农地使用权流转提供完善的服务。

第五,法律法规滞后,西部民族地区农地依法流转难。我国至今只有《土地管理法》和《农村土地承包法》、《物权法》三部涉及农地的法律,且这三部法律主要是土地的行政管理内容,较少有规范农地流转和交易方面的内容。西部民族地区现有的农地流转,是在法律依据不足的情况下进行的,难免引起许多纠纷。为了使西部民族地区农地流转纳入法制化轨道,必须尽快制订农地使用权转让方面的具体法律法规,以便依法规范西部民族地区农地有序流转。

上述难点和存在的问题,既是理论问题又是实际问题,且又有较高的难度,需要在广泛开展实地调查的基础上,深入研究逐步解决,以利积极地推进西部民族地区农地使用权的合理流转,促进西部民族地区农业和农村经济的持续稳定发展。

(三)法律规定农地使用权流转的条件

我国现行法律给西部民族地区农地使用权的流转留下了广阔的空间。这主要体现在如下几个方面:(1)1988 年《宪法》修正案第 2 条规定:"土地的使用权可以依照法律的规定转让。"[①](2)2004 年修订的《土地管理法》第 2 条规定:"土地使用权可以依法转让。"[②]这里的土地使用权既包括国有土地使用权,也包括集体土地使用权,而集体土地使用权则包括集体建设用地使用权,

---

① 《中华人民共和国宪法修正案》,《中华人民共和国常用法律大全》,法律出版社 2006 年版,第 14 页。

② 《中华人民共和国土地管理法》,《中华人民共和国常用法律大全》,法律出版社 2006 年版,第 1310 页。

也包括农用地使用权,这里的"转让"就是流转即是有偿使用。尽管《土地管理法》第 63 条还规定:"农民集体所有的土地使用权不得出让、转让或者出租用于非农建设。但是,符合土地利用总体规划并依法取得建设用地的企业,因破产、兼并等情形致使土地使用权依法发生转移的除外。"①该条的立法主旨不是不准农用地流转,而是为了保护耕地,防止擅自改变土地使用性质的行为发生。(3)2007 年颁布的《物权法》第 128 条规定:"土地承包经营权人依照农村土地承包法的规定,有权将土地承包经营权采取转包、互换、转让等方式流转。流转的期限不得超过承包期的剩余期限。未经依法批准,不得将承包地用于非农建设。"第 129 条规定:"土地承包经营权人将土地承包经营权互换、转让,当事人要求登记的,应当向县级以上地方人民政府申请土地承包经营权变更登记;未经登记,不得对抗善意第三人。"第 133 条还规定:"通过招标、拍卖、公开协商等方式承包荒地等农村土地,依照农村土地承包法等法律和国务院的有关规定,其土地承包经营权可以转让、入股、抵押或者以其他方式流转。"②(4)我国的司法解释对农用地使用权的流转也作了相应的规定。最高人民法院早在 1986 年就制定了《关于审理农村承包合同纠纷案件若干问题的意见》。1999 年又重新颁布了《关于审理农村承包合同纠纷案件若干问题的规定(试行)》,其中明确规定了农用地流转的具体方式、流转的程序、流转行为有效性的认定条件和发生纠纷的处理办法③。

我国法律规定农用地使用权流转受两个基本条件的制约:一是流转的土地必须用于农业建设而不得用于非农建设;二是只有在法定条件下流转的土地才可以用于非农建设。除此之外,农地使用权的流转还受到其他一些条件的限制。这主要表现在:(1)主体的限制。《土地管理法》第 15 条规定:"国有土地可以由单位或者个人承包经营,从事种植业、林业、畜牧业、渔业生产。""农民集体所有的土地,可以由集体经济组织以外的单位或者个人承包经营,

---

①　《中华人民共和国土地管理法》,《中华人民共和国常用法律大全》,法律出版社 2006 年版,第 1317 页。
②　《中华人民共和国物权法》,《国务院公报》2007 年第 14 期,第 11 页。
③　郭江平:《农地使用权流转的法律缺陷及立法建议》,《理论月刊》2003 年第 2 期。

从事种植业、林业、畜牧业、渔业生产。"①由此可见,农地使用权主要限于本社区内的农民,非本社区的个人和组织受让农地使用权作为例外受到严格的限制。(2)流转的前提是必须经过发包方同意或者备案。1995年农业部《关于稳定和完善土地承包关系的意见》规定,土地承包经营权可以转包、转让、入股、互换,但必须经发包方同意。2002年通过的《农村土地承包法》第37条规定:"土地承包经营权采取转包、出租、互换、转让或者其他方式流转,当事人双方应当签订书面合同。采取转让方式流转的,应当经发包方同意;采取转包、出租、互换或者其他方式流转的,应当报发包方备案。"②立法的主旨是为了贯彻我国地少人多,必须十分珍惜和合理使用土地资源,加强土地管理,切实保护耕地,严格控制农用地转为非农业用地的方针。我国民族地区农村集体经济组织的数量相当多,而且每个集体经济组织的人均土地面积差别较大,如果让所有者拥有完全的支配权,那么集体经济组织出于利益的驱动,就会大量出卖、出租土地所有权和使用权,造成耕地锐减,土地资源浪费的严重后果。因此,我国立法在保护所有者权益和珍惜土地资源两大目的相冲突时,重在强调珍惜土地资源,将土地管理的公共利益放在优先考虑的位置。

禁止集体农地使用权进入市场流通是与市场经济发展相悖的。其根本原因就在于:(1)土地是一种稀缺资源,立法必须将资源配置的效益性摆在第一位。市场经济之所以具有活力,就在于资源在总量不变的情况下,能够促进各个生产要素的合理流动,发挥最佳的配置效果。在我国土地资源公有制的前提下,要实现土地资源的优化配置,唯一的途径就是土地使用权必须进入市场流通。我国目前立法仅让国有土地使用权流通,而将集体土地使用权这一最广大的资源排除在外,显然是不合理的。(2)随着城乡经济的发展,越来越多的农民外出打工、经商,自愿放弃农地耕作。相反一部分种田能手希望获得大面积耕地种植、耕作,实现农业生产的规模效益。农用地承包经营权不能自由

---

① 《中华人民共和国土地管理法》,《中华人民共和国常用法律大全》,法律出版社2006年版,第1311页。

② 《中华人民共和国土地承包法》,《中华人民共和国常用法律大全》,法律出版社2006年版,第179页。

转让,如果转让给本集体经济组织以外的农民承包经营,必须经村民会议 2/3 以上成员或者2/3 以上村民代表的同意,并报乡(镇) 人民政府批准。这样做显然阻碍了土地资源的合理流动和优化配置。(3)集体土地的建设用地使用权(乡、村企业厂房等建筑物占用范围内的土地使用权同地上设施同时抵押的除外)不能流转,包括农民建房占用的宅基地在内,与现实情况不符。一方面宅基地不能流转,另一方面农村的房屋买卖、出租、抵押又是合法的。根据房屋所有权与其占用范围内的土地使用权同时转让、同时抵押的原则,房屋所有权的转移必将导致土地使用权的转移,这是与集体土地使用权禁止流通的规定相矛盾的。(4)建筑设施(主要是房屋) 所有权转移后,土地使用权变更登记手续是否合法,如何补办手续;转让给非本集体经济组织的成员,是否改变了土地所有权的性质与归属等问题,均无法律明确规定,立法严重滞后于现实生活。允许集体土地使用权流转与保护土地资源并不矛盾。因为让土地使用权进入市场流转,并不等于对土地开发、使用、流通不加管理和限制,相反更要加强土地管理,将土地用途管制制度真正落到实处。(5)现行法律规定农地使用权流转的限制条件,使得农地使用权实质上难以参与市场交易,增加了交易成本,增加了寻找交易对象的难度。即使找到适格的交易对象,交易程序也非常繁琐,还需要经过发包方同意。而且农地使用权的流转形式少,不能满足复杂的社会经济生活的多种需求,最终也就不能实现资源合理配置使效益最大化的终极目标。

从西部民族地区农村经济发展的现实和前景看,实现土地流转,让土地在市场机制的作用下实现优化配置,发挥最大效益,让农民的土地承包经营权变为更大的财富势在必行。为了使农村土地使用权流转健康有序地发展,必须加强西部民族地区农村土地流转的法制建设,使土地流转法制化、规范化。必须肯定《土地承包法》以保护土地承包户的合法权益为根本出发点,以维护农村土地承包关系长期稳定为基础,明确了土地承包经营权的法律性质,规定了发包方、承包方的权利、义务,支持和维护土地承包经营权的依法、自愿、有偿流转。为将土地流转纳入市场化、法制化的轨道,必须在《土地承包法》的基础上,尽快制订农地使用权流转的单行法规,对土地使用权流转的原则、方式、程序、监管、法律责任等进行明确的规定。由于《土地管理法》第 1 条、第 3 条把"合理利用土地,切实保护耕地";"十分珍惜、合理利用土地和切实保护耕地是我国的基本国策"①作为的立法宗旨及基本原则。因而农地使用权流转法的立法宗旨应该是保护耕地,保证农村土地的高效利用,促进农业的适度规模经营。农地使用权流转法应当坚持如下原则:(1)依法、自愿、有偿原则;(2)平等原则;(3)限制性原则。农地对农民既有社会福利、社会保障的功能,也是农民主要收入及生活来源。所以,在土地流转过程中应该坚持限制性原则。限制性原则包括如下几点:(1)坚持集体所有权性质不变,即不论采取何种方式流转,都不能改变农地劳动群众集体所有的性质;(2)不得改变土地的农业用途,无论采取何种流转方式,均不得将流转得到的土地用于非农项目;(3)坚持期限内流转,不论采取何种流转方式,流转的期限不得超过原承包经营剩余的期限。

三、农地使用权的股权化

(一)土地股份经营制及特定条件

土地股份经营制指在坚持承包户自愿原则的基础上,将土地使用权作价入股(实际上是让农民作为集体成员对土地的承包权作价入股),建立"土地股份公司"。在集地入股过程中,实行土地经营的双向选择(农民将土地入股给"公司"后,既可以继续参与土地经营,也可以不参与土地经营),农民凭借土地承包权可以拥有"公司"股份并可按股分红。其特点是以价值形态的形式把农户的土地承包权长期确定下来,农户可以安心从事非农产业。其优点在于"公司"作为财产的法人主体,将土地既作为一种价值化的资产,可以直接投入生产经营中实现增值;又可以作为一种资本投入,实现土地资本经营的企业化、集约化、市场化,从而更有效地合理配置资源提高经济效益,真正使国家、集体、农民三者都找到合理权利主体定位和获得合法的利益保障。为解决

① 《中华人民共和国土地管理法》,《中华人民共和国常用法律大全》,法律出版社 2006 年版,第1310 页。

农户离开土地又不愿放弃土地占有权的问题,学者建议建立土地股份经营制,实现农地使用权的股权化发展农村股份使用经济。土地股份经营制一方面可以发挥土地的社会保障功能,农户一旦通过土地入股,即使在年老多病时仍然可获得稳定的土地股本收益;另一方面土地股本化又有助于土地的流转,促使农村剩余劳动力转移,处理好农地承包权与土地的流转问题。在实践中,农地使用权的股份经营制并未能广泛推广开来,原因就在于土地股份经营制的制度运作需要一些特殊条件,主要有如下几点:(1)股份经营制是一种产权清晰、利益直接的流转方式,是土地流转机制的新突破,要求农民有比较高的素质,有必备的法律知识和经济核算能力;(2)股份经营制要求当地第二、三产业发达,集体或者企业统一经营功能较强,农村集体各项制度建设较为健全;(3)股份经营制的推广要有一定的社会经济基础,关键是开发项目要选准,有较好、较稳定的经济效益,经营企业要有较强的经济实力和经营能力。股份经营制是公司与农户之间关系的较高发展阶段,通过法定契约关系,把股份制引入到土地制度建设中,把土地承包权转化为收益权。据有关专家研究,在第二、三产业经济比重占 7 成以上,从农业中转移出去的劳动力占 6 成以上的地区才适宜推行土地股份经营。

(二)农地使用权股权化的法律效果

土地股份合作制是在土地承包制的基础上进行的制度创新。土地股份合作制形成的土地经济关系,必然会不同于土地承包制的土地经济关系。土地承包制的经济关系表现为:(1)集体与农户之间以承包的方式按照政策和法律的要求在土地承包合同中约定农户的土地权利与义务,由此农户对于承包地享有土地承包经营权,在土地用途管制下农户可以独立做出土地利用、投资、处置等方面的决策,农户可以将土地承包经营权进行转让、出租、继承。(2)农户的土地承包经营权一经设立就具有一定的独立性和排他性,这种权利可以在一定的效力范围内对抗集体经济组织,非特殊情况(如发生自然灾害使大部分土地损毁、土地征用等)和非经特定程序集体经济组织不得随意调整、收回和处置农户的承包地。(3)村(组)集体按照人人有份的原则进行土地发包,并在特定条件下按照特定程序可以进行土地调整,承包地成为农民最基本的生活、就业保障。土地股份合作制的实行,在一定程度上改变了土地承包制下的农村社区内部关系。(4)村(组)集体与外部的土地经济关系集中体现为因城市建设、经济发展等需要县(市)政府征用农村集体土地,即县(市)政府根据建设需要,可以征用集体土地。

我国实行农地转用的集中审批管理制度和统一征用制度。按照最早颁布的《土地管理法》,除了乡镇企业用地、农村公共公益事业用地、农民住房用地之外,其他新增建设用地需要占用集体农用地的必须经国家统一征用,将集体土地转变为国有土地后由县(市)政府统一供应;如果集体经济组织兴办乡镇企业或者以集体土地与城市企业联营、入股的,可继续保留集体用地性质无需由国家征用。2004年修改后的《土地管理法》在确立土地用途管制制度后,进一步强化了这种农地征用制度。第43条规定:"任何单位和个人进行建设,需要使用土地的,必须依法申请使用国有土地;但是,兴办乡镇企业和村民住宅经依法批准使用集体经济组织农民集体所有的土地的,或者乡(镇)村公共设施和公益事业建设经依法批准使用集体所有的土地除外。"并且规定:"依法申请使用的国有土地包括国家所有的土地和国家征用的原属于农民集体所有的土地。"[1]第60条还规定:"农村集体经济组织使用乡(镇)土地利用总体规划确定的建设用地兴办企业或者与其他单位、个人以土地使用权入股、联营等形式共同举办企业的,应当持有关批准文件,向县级以上人民政府土地行政主管部门申请,按照省、自治区、直辖市规定的批准权限,由县级以上人民政府批准"[2]。国家征用意味着被征地者只能得到征地补偿费用,农用地转为建设用地的土地增值收益则要由县(市)以上政府以租税费的形式抽走。土地征用后土地权属性质由集体转变为国有,权属关系转换后的土地纳入国有土地供应渠道,经营性用地以出让的形式供应给企业和房地产开发商,县(市)以上政府在农地转用、土地基础开发和土地出让环节收取土地增值收益;公益性

---

[1] 《中华人民共和国土地管理法》,《中华人民共和国常用法律大全》,法律出版社2006年版,第1315页。

[2] 《中华人民共和国土地管理法》,《中华人民共和国常用法律大全》,法律出版社2006年版,第1317页。

用地则直接划拨给公共公益事业承担者。

土地股份合作制的实行将改变西部民族地区农村社区内外部的土地经济关系。(1)实行土地股份合作制后,西部民族地区农民在土地实物上的土地承包经营权转变为土地股份合作制中价值形态的股份,农民不再直接拥有土地实物上的权利。与此相联系,具有一定物权性质的土地承包经营权转变为土地股份合作组织中的股权,农民的就业、生活保障由不动产上的物权保障转变为土地股份合作制下的股份收益保障。这种建立在股份收益上的保障和建立在直接附着于土地实物的土地承包经营权上的保障具有很大的差别。因为建立在直接附着于土地实物的土地承包经营权上的保障,是一种不动产物权保障,具有与不动产属性相关的稳定性、持续性。土地股份合作制中的股份收益保障,是一种相当于债权的保障,其保障程度将取决于土地股份合作制组织的收益水平和股份分红。如果土地股份合作制组织效益不好,股份分红很低,农民的土地权益、基本生活保障、就业保障等就很难保证不受侵害,而在土地已被重新统一配置的情况下,农民要想再收回自己原来的承包地已是不可能的。(2)实行土地股份合作制后,作为集体代理人的社区合作组织或者合作企业成为实际的土地资产经营者和管理者,农民作为股份持有者在成为土地股份合作组织的股东的同时,也成为其雇佣者。虽然许多地方的土地股份合作组织设立了股东代表大会、董事会和监事会,但是,董事长等重要职位一般仍然主要由村干部交叉兼任①。这里可能存在的问题是,在农民个人股份极其分散、集体股一股独大的情况下,面临很高的内部监督成本和管理成本,就很容易形成“内部人”控制的局面。这就使得土地股份合作制具有一定的局限性。(3)实行土地股份合作制以后,村(组)集体的集体行动能力和谈判能力增强,在此基础上由村(组)集体或者土地股份合作组织按照统一规划,以联营、入股、出租等形式直接向城市企业等各类建设用地者供应工业区、商住区内的土地,合法地规避了国家土地征用的政府管制,形成村(组)集体透过土地股份合作组织直接向建设用地者供应建设用地的渠道,在一定区域范围

---

① 朱守银等:《南海市农村股份合作制改革试验研究》,《中国农村经济》2002 年第 6 期。

内打破了县(市)政府垄断建设用地供应的格局,并将土地增值收益留归集体和农民,使村(组)集体和农民实际分享到了经济社会发展带来的土地增值收益。(4)实行土地股份合作制以后,由于农民集体性地获得了土地增值收益,并且依靠这种收益由村(组)集体或者土地股份合作组织向农民提供社会保障和社会福利,从而使农民参与工业化和城镇化的机会成本大大降低。民族地区土地股份合作制形式的制度创新之所以成为必要,就因为只有通过制度创新实现对国家土地征用管制的合法规避才能取得潜在的土地增值收益。

(三)土地股份合作制的现实意义

尽管土地股份合作制本身具有其特定的条件和局限性,但是,土地股份合作制的制度创新实践却具有极其深刻的现实意义。土地股份合作制的实践从一个角度说明,随着我国市场经济的不断发展和工业化、城镇化进程的不断推进,农地转用中的土地增值收益及其区域差异日益显现。如何在西部民族地区城乡之间公平分配这种土地增值收益,已经成为政府在土地政策改革和相关法律调整中必须予以正视和妥善处理的重要议题。在城市居民已经获得自有住房而可以获取土地、房屋等不动产增值收益的今天,必须改革现行农地征用制度和集体建设用地流转制度,建立具有普适性和可操作性的制度安排,以保障西部民族地区农民集体性地参与分享农地转用过程中的土地增值收益,保障农民的土地财产权利免受不公正的对待。

土地股份合作制的实践同时证明,西部民族地区大中城市的城乡结合部特别是一些城镇建设大规模拓展地区的农村,完全可以走一条与一般农区不同的、由城市带动并与城市经济社会直接对接的主动型的农村工业化、城镇化发展道路。这种发展模式的具体内容可以概括为:发展与城市经济相配套的房地产业、加工业、观光旅游业、流通服务业、环保产业、生态产业、特色农业等,使农村产业直接与城市经济对接;民族地区农村集体经济组织直接向规范的企业化组织转变,如组建房地产开发企业、花卉园艺企业、物业管理公司、流通服务企业、物流配送企业等;民族地区农村土地资源开发利用,在保障农民个人权益、尊重农民意愿的前提下,由农户的分散决策直接向集中化决策转变,统一规划、统一建设工业园区、商务区、居住区、生态绿化区和城市特色农业园区等;在发展非农产业的基础上,农村社会保障由低层次的土地实物保障向企业化、社区化乃至社会化的货币保障转变;户籍登记由城乡分割管理向城乡一体化管理转变;社区管理由村委员会管理下的农村社区管理模式向城市街道居民委员会管理下的城市社区管理模式转变。要实现这种模式需要充分尊重农民集体享有的土地发展权,改革现行征地制度和集体建设用地流转制度,让农民集体性地参与分享土地资产性收益特别是土地增值收益;需要给予农民更多的自主权,让农民以企业化的方式组织起来,从事房地产业、加工业、服务业等第二、三产业,促进经济结构转换和升级;需要配套改革城乡分割的户籍登记制度,向统一国民待遇的一体化管理转变;需要统筹协调解决农地转用、城镇建设、工业园区建设、基础设施建设、迁村并点、土地整理、农用地保护、生态环境建设、产业结构调整、劳动就业培训、社会保障、户籍登记、社区管理等重大现实问题。土地股份合作制的实践还说明,在推进西部民族地区"三农"问题解决的过程中,让农民以适当的方式组织起来,提高其集体行动能力,让农民自己认知、表达并保障自己的利益,才能保证不被集体性地剥夺,才能保证其平等地参与分享改革发展带来的收益。

四、农地使用权的抵押

(一)我国法律对农地使用权抵押规定的矛盾性

农地使用权抵押是指农地使用权人在为自己或者他人成立合同时将农地不转移占有而提供相应的担保,当不按照约定履行合同义务时,用农地使用权作价变卖或者折价抵偿的一种流转方式。按照担保法原理,抵押是以抵押物的交换价值为担保的。因此,抵押标的具有流通性,也就是说抵押权的客体须是法律允许转让和执行的财产,否则抵押权人就无法处分其标的物,更难以实现其抵押权。那么,农地使用权在我国法律规范中能否抵押呢? 我国《担保法》第37条规定:"下列财产不得抵押:(一)土地所有权;(二)耕地、宅基地、自留地、自留山等集体所有的土地使用权"①。这一规定说明,我国法律不允许农地使用权的抵押。《担保法》第34条第5款、第36条第3款规定:下列财产可以抵押:抵押人依法承包并经发包方同意抵押的荒山、荒沟、荒丘、荒滩等荒地的土地使用权;"乡(镇)村企业的土地使用权不得单独抵押。以乡(镇)村企业的厂房等建筑物抵押的,其占用范围内的土地使用权同时抵押。"②该规定表明,集体农地使用权包括耕地、宅基地、自留山、自留地等原则上不能抵押,但是"四荒"土地使用权和乡村企业的厂房等建筑物占用范围内的土地使用权可以抵押。

《担保法》对于集体土地所有权禁止抵押的规定是可以理解的。因为按照现行法律规定,国有和集体所有土地使用权是禁止作抵押的,流转也是有条件的,只有国家基于公共利益的需要,对集体农地所有权进行征用,以一种单向流动的方式完成土地所有权流转。但是,集体农地使用权禁止抵押的规定与《农村土地承包法》的一些规定形成了悖论。《农村土地承包法》第32条规定:"通过家庭承包取得的土地承包经营权可以依法采取转包、出租、互换、转让或者其他方式流转。"③既然法律规定农地使用权可以转让,是一种独立的权利,那么,使用权人就可以自主支配标的物并排除他人干涉,其内容包括占有、使用、收益和部分处分的权利。抵押如同转让、出租一样属于处分的范畴,它为什么又不能设定抵押权呢? 反之,凡是允许转让的土地原则上应允许抵押,这也符合《担保法》的原理。不承认抵押就是不承认转让,也就是不承认土地承包经营权的物权性质和农村土地资源配置的优化。法律在禁止农地使用权抵押的同时,又允许"四荒"土地使用权以及乡、企业占用范围的农地使用权的抵押。从立法意旨来看,"四荒"土地使用权之所以允许抵押是为了保护拓荒者的利益,通过抵押实现土地的流通价值,稳定投资者的信心。至于

---

① 《中华人民共和国担保法》,《中华人民共和国常用法律大全》,法律出版社2006年版,第238页。

② 《中华人民共和国担保法》,《中华人民共和国常用法律大全》,法律出版社2006年版,第238页。

③ 《中华人民共和国农村土地承包法》,《中华人民共和国常用法律大全》,法律出版社2006年版,第178页。

乡、企业占用范围的农地使用权允许随同地上设施抵押,主要是为了融通资金,搞活农村经济。但是,这种规定使得农地使用权被人为细分成有许多不同适用条件的权利种类,既增加了法律运行的成本,又降低了农地利用的效率。农地使用权作为一种权利是农地使用权人享有的,这种权利具备权利抵押的各项条件,理所当然可以抵押。

(二)我国法律应当明确规定农地使用权抵押

农地使用权能否抵押一直是学界争议的焦点。我们认为根据我国现实国情,法律应当明确规定农地使用权可以抵押以融通农业资金。因为在我国农民普遍不富裕的情况下,农地使用权无疑是他们较为重要的有价值的财产。要发展西部民族地区农业产业化,必须在投资和融资方面保障农民享有等同于城市的待遇。而西部民族地区农业结构调整和规模经营、农村第二、三产业的发展、农村消费市场的扩展等问题,都与农民的经济状况密切相关,农民缺少资金及可靠的融资渠道,已成为当前西部民族地区农村经济发展的一大制约因素,也必将制约农村土地流转。农地使用权的抵押,一方面可以解决农地承包人投资资金的不足,另一方面也不妨碍农地的利用和建设,对社会和经济的发展都有好处。目前世界上许多国家为了融通农业资金,特别是农业中长期发展的资金,都普遍建立了以农村土地抵押为特征的农地金融制度。譬如,德国的土地抵押合作社、公营的土地银行及土地改良银行;美国的联邦土地银行合作社、联邦土地银行和中央土地银行;日本的劝业银行、农工银行及北海道拓植银行等。

我们建议在稳定承包权 30 年不变的基础上,在西部民族地区建立以农地使用权抵押融资的方式,使农民能够较为方便地获得急需的启动资金,发展农业或者农村第二、三产业,并以此促进农村土地使用权的流转。至于具体该如何规定,我国可以参照国外的先进经验:(1)应当将农地使用权抵押详细规定入法条中,如规定土地使用权的受让人不得改变土地用途;如果农地使用权人以被抵押的农地上的出产物为主要生活来源,应当从中扣除一定数量作为原农地使用权人的一定期限的生活费用,其金额可以由抵押权人优先从农地收入中扣除。(2)应当建立农业发展银行与农村信用社接受农地使用权的抵押,发放农业中长期贷款,帮助农户支付农地使用权购买款项;充当农地使用权流转的中介,接受逾期抵押的农地使用权,或者购买经营不善者、无力经营者的农地使用权,转卖给经营能力较强的农地使用者,促进农地使用权有效流转,逐步把土地适当向种植能手集中,以发挥有限耕地的规模效益和对外投资的吸纳能力。因此,禁止农地流转,农民只可能获得土地收入的利益而无土地上权利的享有,农民土地权益被虚拟化。在实践中,立法者的善意不自觉地成就了又一种事实上的不平等。商业征地中低征高卖的差价导致土地利益分配的失衡姑且不论,单就土地作为稀缺资源的财产属性而言,土地的价值不仅在于静态的耕作所得,更重要的是动态流转中土地的增值。农民土地不可流转影响了农民必要的收益所得。立法强制性地限制在农地中引入市场运作,也是与现实相脱节的。在西部民族地区城市化的进程中,城乡趋于融合,农民离开土地扎根城市,即使一时无法得到城市居民社会保障的待遇,农民自愿转让土地使用权,一方面有利于开拓更多的融资渠道以维持在城镇中的生活;另一方面也有利于保障农地的充分开发利用,况且农地使用权的有限流转已是大势所趋。除了农地之外,农村宅基地、建设用地进入市场流转,同样必须而且必要。农民土地可否流转曾经在《物权法》草案征求意见中引发争议。土地承包经营权人有权自主决定将权利转包、出租、互换、转让或者以其他方式流转,这自然包括了入股、赠与、抵押和继承等。而且土地承包经营权可以转包给本集体以外的单位和个人,这实际上已经突破了权利主体身份的限制;宅基地使用权流转虽然局限于本集体内的农户间,宅基地附随住房能够一并转让的规定已被立法所明确规定。因此,《物权法》准许集体土地适度流转是经济发展的必然趋势。

第五章 完善西部民族地区城市化中农民土地权益保障的相关法律制度

西部地区大多数为少数民族地区,推进西部民族地区城市化进程,切实保护西部民族地区农民的土地权益,当前最迫切的任务是要改革现行的土地储备制度,着力于建立和完善少数民族地区土地资源法律制度,加强民族地区保护农民土地权益的相关立法,切实保护耕地,优化土地资源配置,提高土地资源的利用效益,真正实现土地资源的可持续利用。

第一节 我国土地储备制度的完善与西部民族地区农民土地权益保障

一、土地储备制度的内涵

土地储备制度是指政府为实现对土地市场的宏观调控,设立专门机构,依照法律程序并且运用市场机制,通过征用、收购、收回、置换等手段,将分散的城市土地进行集中储备,经过必要的开发和整理后,根据市场需求和城市发展规划与供地计划,将土地使用权以招标拍卖等方式出让给用地单位的制度。土地储备包括土地征购、土地整理和土地出让等环节。具体地说,土地收购是指通过征用集体土地、收回闲置土地、调整不合理配置用地和土地置换等行为取得土地使用权。土地整理是指通过统一规划、统一拆迁、统一配套和统一开发等方式,对所收购土地进行的整理与包装。土地供应则是指根据社会发展、城市规划和供地计划而采取向社会公告、开展招商活动、建立土地招标拍卖制度等形式出让土地使用权。

我国的土地储备制度是国有企业制度改革和城镇土地使用权制度改革的产物,是政府对闲置土地进行管理所采取的制度创新。《土地管理法》第37条、《城市房地产管理法》第25条,均规定了对闲置土地的管理和处置办法。国土资源部于1999年4月颁发的《闲置土地处置办法》进一步规定,在城市规划区范围内,以出让等有偿使用方式取得土地使用权进行房地产开发的闲置土地,超过出让合同约定动工日期满2年未动工开发的,可以无偿收回土地使用权。1996年上海市成立第一家土地储备机构"上海市土地发展中心";1997年杭州土地储备制度启动,主要意图是依靠银行贷款和财政拨款,收购破产或者效益不好的国有企业的划拨土地,盘活闲置、低效利用的土地,解决下岗职工的生计和出路,推动企业改制。土地储备制度建立之初,收购的重点是国有困难企业和破产企业的原有划拨土地,其目的也主要是为了解决旧城改造、国企改革中土地资产的处置和消化闲置土地(到2000年,闲置土地达11.6万公顷)等问题,探索利用城市存量土地的新路子。自2001年5月30日,国务院发出《关于加强国有土地资产管理的通知》,强调坚持土地集中统一管理,确保城市政府对建设用地的集中统一供应,要求对已经列入城市建设用地范围的村镇建设和乡镇企业用地要按城镇化要求,统一规划、开发。文件还特别提到,为增强政府对土地市场的调控能力,有条件的地方政府要对建设用地试行收购储备制度。市、县人民政府可划出部分土地收益用于收购土地,金融机构要依法提供信贷支持。该文件成为新时期建立土地储备制度,深化土地使用制度改革的纲领性文件。依据该文件,很多城市将建立土地收购储备制度作为深化土地使用制度改革和土地管理改革新的突破点[①],纷纷设立各种形式的土地储备机构。进行土地储备的目标已超越为国企改制盘活土地资产,收储范围也扩大到市区内所有需要盘活的存量土地,之后又扩大到增量土地,甚至涉及刚刚出让的国有土地。同时,各地政府还纷纷加大土地的收储力度,将征用农民的集体土地纳入储备范围,新征用地取代城区存量建设用地

---

① 王小龙:《城市土地储备制度中的"经济合同"》,《青海社会科学》2005年第1期。

成为土地入储的主要来源。

二、建立土地储备制度的本来目的

建立政府主导的土地储备机构的目的是为政府经营城市、营销城市、治理城市服务,实现政府对土地一级市场的垄断。政府设想通过集中土地规划权,建立土地收购、储备、整治、出让制度,完善"一个渠道进水、一个池子蓄水、一个龙头放水"的土地统一供应机制,为政府垄断土地一级市场构筑基础。建立土地储备制度的最终目标是经营土地资本,这也是土地储备制度的核心,即对城市的自然资源、基础设施和人文资源进行优化整合和市场化营运,以实现资源优化配置和高效使用。理想化的土地储备制度能够达到如下的目的:(1)促进城市土地市场健康规范发展,提高政府对城市土地市场的调控能力,增加财政收入,为未来政府储备财源,为居民提供可负担的经济住房。(2)提高城市居民的生活质量,促进城市经济的健康发展。(3)保证土地利用总体规划和城市规划的实施,有效地保护城市郊区农地。

政府建立土地储备制度的愿望是良好的,但是在执行过程中却与农民的土地权益相悖。土地储备机构大量征用农民集体土地,随意收回土地使用权,严重地侵犯了农民和土地使用人的利益,影响了土地收购储备制度的合理性和合法性。譬如,政府垄断土地一级市场,一方面削弱了存量土地使用者的自由处分权,不利于土地市场的发育;同时也造成某些土地使用者与政府之间的矛盾与摩擦。从另一方面看,供地权高度集中,使房地产市场的风险也高度集中。地方政府从自身的利益出发,往往希望获得较高的土地增值回报,这样就极易造成土地市场的供给不平衡,导致房地产价格快速上涨。而价格上涨过快又必然刺激房地产投机盛行,导致房地产价格进一步暴涨,从而间接损害广大群众的利益。从我国各地土地储备制度的实际操作来看,在建立了土地储备制度的城市,一般都设立有专门的机构,负责土地储备制度的运作。这一制度在运作过程中大体可以划分为三个阶段:(1)征购。这一阶段是土地储备机构取得土地的过程。土地的来源主要有两个方面:一是新增城市用地的征用;二是存量城市土地的收购、置换、回收。(2)储备。储备机构将收购集中起来的土地进行开发和再开发,通过拆迁、平整、归并整理和基础设施的配套建设,形成可供出让和出租的"熟地"。与此同时,储备机构还将已完成开发的"熟地"进行储备,等待出让。(3)供地。储备机构根据社会发展、城市规划和供地计划,有计划地将储备土地出让和出租,在出让方式上采用市场化程度较高的招标、拍卖和挂牌方式。

三、土地储备制度的法律性质

关于土地储备制度的法律性质法学界主要有三种理论观点,即土地储备制度行政行为说、土地储备制度民事行为说和土地储备制度区分说。

第一,土地储备制度行政行为说。该说认为在土地储备、收购过程中,政府的行为属于行政法律行为,被收购土地的一方当事人为行政相对人。行政行为说又可分为两种:(1)认为土地收购与储备行为对双方当事人而言是一种"权利和义务"关系,即土地收购是政府的权利,被收购方对国家是在尽义务,收购是一种行政行为,收购价格不必遵循等价有偿的原则。只有这样,才能够确保政府建立和实施土地收购储备制度宏观社会经济目标的实现[1]。然而这是不符合建立社会主义市场经济体制要求的。(2)认为属于国家对土地收购的"强制性买卖"关系,即开展土地收购是政府运用行政权力的过程。在服从公共利益的前提下,储备机构享有"强制收购权"和"优先购买权"。但是,在具体收购价格的确定上,应当按照被收购方经济权利与利益相一致的原则确定,既不是完全服从于政府的决定,也不是完全采用市场交易的价格。这种土地收购价格的确定方式符合国际惯例,当今世界许多国家或者地区为公共利益需要而进行城市土地再开发,都建立了具有强制性的土地储备机制。土地的收购价格以土地现行用途为依据,规定土地优化利用所带来的收益归土地所有者享有。譬如,法国、德国、瑞典等实行土地私有制国家的土地管理模式就是如此。

---

① 欧阳安蛟著:《中国城市土地收购储备制度:理论与实践》,经济管理出版社2002年版,第106—107页。

第二,土地储备制度民事行为说。认为收购行为是市场经济条件下的"自由买卖关系",即政府及授权委托的土地收购机构与被收购单位或者个人是平等的经济主体,是否收购及收购的价格,均由双方在自愿、公平、有偿的基础上,根据市场状况自由协商决定①。依此观点,实施土地储备的政府或者授权机构就是一个纯粹的地产开发公司,它仅能实现其效益最大化的微观目标,而土地储备制度宏观的社会、经济目标就无法实现。

第三,土地储备制度区分说是在对民事行为说与行政行为说进行研究、筛选的基础上,认为二者皆有失偏颇,主张应当视政府在收购时的不同身份来确定收购行为的性质。该学说认为,政府主体身份表现在国有土地上是双重的,它既是土地所有者代表,又是行政管理者。作为所有者代表,政府享有对土地的占有、使用、收益和处分的权利。其中,有偿出让国有土地使用权便是其行使所有权的重要表现形式。政府与国土使用权的受让人签订的土地使用权出让合同应当遵循平等、自愿、等价有偿的原则。作为行政管理者,政府享有对土地的财产权力,这种权力是与服从相对应而与强制划等号的。政府对土地资源的管理权,源于宪法赋予的政府的经济管理权。政府行使经济管理权的前提和目的是社会公共利益,政府在为公共利益的需要而进行单向收购时,其行为具有强制性。

土地储备从本质上讲应当属于经济法律行为。土地收购是在国家作为土地资产的所有人而进行市场交易的过程中产生的。一方面,政府机构或者其委托的机构,出于确保国有资产保值增值和对土地市场进行宏观调控的目的,与被收购人达成收购协议,政府在合同中起主导作用,能够决定收购的进行与否。土地储备机构所享有的有限强制力,应当限于"必要"和"必需",确保其行为是为了公共利益。另一方面,要充分尊重对方当事人作为市场主体享有的经济利益,在收购价格上不能背离市场和经济规律,要兼顾整体利益和个体利益。合同的基本条件系由政府规定或者确定,同时又对合同的履行进行监

---

① 吴东仙、罗思荣:《完善土地储备制度的法律思考》,《杭州商学院学报》2002 年第 5 期,第 32 页。

管,双方都必须诚实信用地履行合同,违约救济和损失补偿等原则是政府也不能违背的。因此,作为"公"、"私"因素交融的经济合同,是《国有土地使用权收购合同》的根本属性,也是土地储备制度的一大创新①。因为对土地的收购、储备体现了国家对地产市场的宏观调控,是国家借以干预社会经济的一种重要形式。收购行为本身既是政府的经济职权,即政府有权依法对符合规定的土地进行收购,任何单位与个人都不得拒绝收购。但同时它又是政府的经济职责,即政府对符合收购条件的土地必须进行收购,并且要在一定的条件下进行出让,收购行为是职权与职责的有机统一。"强制"与"自由"仅仅是内在意志的外在表现形式,而非法律行为性质本身。

四、土地储备制度本身存在的弊端
(一)从土地征购过程中农民土地权益受损看土地储备制度存在的缺陷

我国目前的土地储备基本上是征用农民的集体土地。尽管各地的土地储备机构列举了许多可以收购土地的来源和途径,但是真正在实施土地储备时,基本上是以征用农民集体土地为主,凸显出土地储备机构追求收益最大化的倾向。譬如,西部某市土地储备中心在2003—2004年2年间收购储备的土地中,有92.2%来自于农民集体土地。其中,有87%属于直接征用农民集体土地,3.9%是集体存量建设用地,只有7.4%是国有划拨土地,真正通过国有土地出让储备的只占0.8%②。在土地储备的实际运作中,土地储备中心已经完全成为一个土地经营的主体,成为政府将土地"低进高出"、实现利益最大化的工具。在土地储备实践中,城市郊区土地由于面积大、靠近城市,发展潜力巨大,最有可能获取高额利润,因而它们通常是土地储备机构最看好的。城乡结合部的农村土地,经常被政府以行政手段征用收回,农民的土地权益因之受到极大的侵害,大量被征收的耕地往往被破坏和闲置。在农民特别是城乡结合部的农民的土地被低价收购后,失地农民大多数陷入生存的困境,国家农业

---

① 王小龙著:《城市土地储备制度中的"经济合同"》,《青海社会科学》2005 年第 1 期。
② 中国土地政策改革课题组:《土地解密:政府征用农民土地全程解析》,《财经》2006 年 2 月 23 日版。

经济安全受到严峻的威胁和挑战。尽管东、中、西部地区由于经济发展水平的差异和政策支持方式的不同,在土地市场发育、土地利用结构、土地功能等方面存在差异。但是,它们在土地制度行使上的相似性要高于差异性。这主要表现在城乡分割的二元土地制度下,当农村土地转化为城市建设用地时,政府垄断着土地的一级市场。土地经由政府一级市场的垄断,介入国民经济成长的全过程。低价征用的土地成为高速城市化和工业化的驱动器;土地出让收入成为地方政府财政收入和公共投资的重要来源;土地抵押成为城市基础设施和房地产投资的主要融资工具。然而,政府垄断土地一级市场并非一本万利,它不仅损害了农民的权益,有碍于经济社会的稳定,而且隐藏着巨大的财政和金融风险,危及着整个国民经济的可持续发展。如果土地储备机构在土地储备过程中按照市场经济的要求,与土地的主要供应方——农民集体协商确定土地收购价格,土地储备机构将不得不支付巨额的资金才能使收购顺利进行。这样做似乎是不现实的,因为目前的政府普遍资金匮乏,过高的资金支出也使土地储备本身失去了意义,使土地储备机构无所作为,实施土地储备的宏观政策目标也将难于实现①。

土地产权不明晰,农民不能作为土地所有者参与土地市场交易,不仅难于从根本上保护农民利益和实现土地资源的合理配置;而且低价获取土地的短期效率收益,必将带来巨大的社会资源损失和资源配置扭曲,以及越来越尖锐的社会冲突和风险。这就从根本上背离了社会主义市场经济的发展方向,更不符合科学发展观与建设和谐社会的要求。随着中国工业化、城市化进程的日益加快,土地需求量必然进一步增大。在残存了几千年的农业税被免除后,农村土地急剧升值的情况下,要使农民群众真正分享到土地市场的收益,让农业乃至于附着在土地之上的林业、畜牧业真正完成产业化,迫切需要对农民的土地权益法制化和土地要素市场化。然而在土地要素迅速市场化的时候,从上世纪80年代开始就被悬置起来的土地产权问题又一次被绕开了。给农民最高30年承包使用权的"补偿",无论如何也无法与土地的真实"价格"联系

---

① 王小龙著:《城市土地储备制度中的"经济合同"》,《青海社会科学》2005年第1期。

起来。农村土地只能由国家垄断土地交易市场,先向农民征用,而后再面向土地开发人或转让、或批租、或拍卖。就这样农民与土地市场的直接联系被活生生地隔开,农民土地权益也就荡然无存。近年来,我们已经看到土地市场上的逐利之争愈演愈烈,也看到了为数众多的不法官员因为土地的巨大实惠而见利忘义、违法犯罪。这一切不能不说与这种土地交易中缺乏真正产权所有者利益制约的割裂式操作方式有关。

(二)从土地储备过程中政府的权益看土地储备制度的缺陷

土地储备制度破坏了土地资源的自由流动。土地储备制度的建立,使政府绝对垄断了一级土地市场,摇身一变成了土地的供应商。政府以最低价格征收农民的土地,并且绝对控制土地供应量以寻求最高价位,土地资源几乎完全掌握在土地储备机构的手里,从而彻底打破了土地市场的自然供需平衡。由于没有合理的土地使用预期,也没有预期的谈判对象,土地储备机构又不愿意低价出让土地,因而使城市中的闲置土地大量增加,甚至使异常宝贵的土地资源被更长时期的闲置起来。由此而来就出现了一个怪现象:一方面是大量土地被闲置囤积,另一方面是大量的用地方没有土地可供使用。土地储备机构在回收土地时,所要支付的回收资金自己并没有,大部分都要靠银行贷款,其实本质上是政府利用本身的行政权力进行贷款,增加了金融机构与行政权力的依赖,妨害了金融机构的改革。当农民的土地被低价收回后,政府并不清楚什么时候才能把土地卖出去,何时能够还银行贷款,最终加大了金融机构的金融风险。此外,目前土地储备机构的法人资格也模糊不清,它到底是企业法人还是行政法人?土地储备机构应当承担怎样的责任?所有这些关键性的问题统统没有明确的规定。严格地说,在市场经济条件下,政府只是一个中立者,政府不应该参与市场竞争,更不应该赤膊上阵与民争利。我国的土地储备制度使政府直接参与到土地市场中去,政府既当运动员又当裁判员,依靠行政手段垄断了土地市场与土地拍卖市场。地方政府在追求土地收益最大化的同时,大量社会财富向政府转移,在有效监督机制缺位的情况下,很容易形成暗箱操作,这是违背 WTO 规则的透明化原则的。世界的主导潮流是各国政府正在积极地退出土地市场,职能转换使它们最终成为服务型的政府。在这种大背景下,如果政府不能实现财富取之于民、用之于民,尤其是不能做到政府取信于民,最终必然动摇政府的合法性权威。

(三)从供地环节看土地储备制度对房地产市场的消极影响

土地储备以维护社会整体利益和长远利益、确保国有资产利益的实现为己任,兼顾盘活国有企业土地资产、调整城市规划功能等诸多目标。在这种情况下,它实际上没有能力与一般的房地产开发企业展开竞争。由于土地储备制度的实施具有多重目的性,一方面要防止国有资产流失,使土地价值充分显现以追求经济利益;另一方面又要进行旧城改造,建设城市公共设施和经济适用房实现公共利益;政府还想通过土地储备制度来达到对土地一级市场的垄断,限制房地产商对土地的投机,防止房地产过热以平稳楼价。实际上这个制度根本不可能同时达到上述的目的。因为土地储备机构绝不可能是一个与普通房地产企业无异的纯粹的商事主体,其进行的土地收购行为,也绝不是一般意义上的商事行为。在我国新一轮土地整顿中暴露出一个惊人的怪现象:许多地方的大量土地并不是储备在政府手里,实际上却囤积在开发商手中。开发商采取官商勾结手段囤积大量农地,利用政府规范土地市场之机大幅度地抬高地价,到土地二级市场上疯狂牟利,这已成为影响当前土地调控效果的极大隐患。在这种情况下房地产市场和其他市场一样,价格的起伏必然在所难免。房地产企业自有资金逐年下降,说明房地产企业在吹"大金融风险的泡沫",一旦房地产市场走低,极易导致资金链断裂,风险最终必将转嫁给银行。最终死掉的是房地产企业,受到严重拖累的却是银行。在房地产市场并未发育成熟,房地产法律规范还不健全的情况下,政府挺身而出以土地储备制度为武器,在房地产市场希冀成为最大的赢家,又有谁能预料在巨大的风险面前政府不会成为最大的输家呢?

土地储备以政府垄断土地供应为特征。房地产市场价格形成的原因不外乎成本推动和需求拉动。深化住房制度改革,保持房地产市场持续繁荣是改革的大方向,需求控制政策暂时很难成为政府的调控手段。政策重点只能落在成本控制上,即扩大土地供应量、通过招标拍卖竞价,降低土地取得费用,从而使房地产市场价格自然回落。政府控制土地一级市场、"一个口子供地",

以此实现对房地产市场的宏观调控,是当时设立土地储备制度的主要目的。因此,利用土地储备制度扩大土地供应量,主动介入房地产市场,降低房地产成本,控制市场价格,就成了政府看似理所当然的选择。建立以政府为主导的土地储备整理制度,是政府垄断和调控土地市场、强化土地资产管理和经营城市的重要杠杆。垄断土地供应一级市场,最大限度地实现土地资产收益是各级政府发挥土地资源优势,推动地方经济发展的重要手段。从当前实际运行的情况来看,收购储备行为本身是否属于市场行为一直存有争议,在大部分地区它是行政行为,具有刚性和强制力,相对人对补偿价格无选择的余地。也确实有一些储备机构涉足二级市场,这些储备机构作为市场主体追求盈利是必然的。但是公益如何体现? 如何保障其他同类市场主体的公平竞争? 譬如,以出让土地限期开发为例,按照现行法律的规定,一般企业圈地 2 年不开发就无条件收回,而对储备机构来说则没有这种限制,可以自由地待价而沽,这显然是不公平的,是与 WTO 规则的一些基本原则如国民待遇原则、公平竞争原则、法制统一原则等相冲突的。土地储备制度的出现使得所有的"水"从土地储备中心流进流出,土地真正进入流动市场就成为一句空话。土地储备制度提高了市场准入成本,使大批中小房地产企业由于没有实力而退出市场竞争,妨害了房地产企业的公平、合法竞争,最终带来的结果是大企业与土地储备中心共同垄断土地市场,致使有些大的房地产企业开始退化为土地"批发商"。

(四)不完善的土地储备制度以及不相配套的具体运作机制必然造成诸多不良后果

第一,不完善的土地储备制度极易诱发腐败。土地储备制度实质上是土地利益的再分配,即怎样准确界定土地收益的构成,合理地分配政府、企业和农民集体三者之间的利益,这是建立和运作土地储备制度的核心问题。正因为如此,其经营运作必须在相应法律法规的有效控制下进行。土地收购储备制度的实施,使政府获得了巨大的增值收益,成为政府经营城市的重要手段,增加政府财政收入的途径。但是,对土地储备过程中创造的巨额增值收益如何进行支配和管理,目前仍然缺乏严格的法律规范。这就使得土地储备制度极易诱发腐败,而腐败又将进一步助长该制度的弊端。美国哈佛大学教授安德烈·施莱弗和芝加哥大学教授罗伯特·维什尼在其合著的《掠夺之手——政府病及其治疗》①一书中,详细地研究了在各种社会经济形态中,政府对经济活动的干预模型以及为什么会产生腐败的根源。这种"掠夺之手"模型的理论出发点是,很多管理实施的目的其实是为了增加政治家自己的财富和权力。因此,就反对腐败而言,放松管制和自由化远比在官僚体制内增加激励和进行人事选择更重要。至于有些在所难免的管制,则应该使得官员个人在行使权力时的随意性行为越少越好。

第二,不完善的土地储备制度必然使土地流转的交易成本增加。土地储备制度具有法律性、专业性强的特点,必须有专门的法律法规进行指导和严格规范。土地储备涉及面广,包括土地、房地产、城市规划、金融等方面,它的运作要求从业人员具有全面综合的相关知识。整个收购储备过程包括选择地块、洽谈、收购、征地或者拆迁补偿、开发整理、规划、出让等等,操作十分复杂,且整个过程都蕴涵着巨大的风险。土地资产价值量大,而收购资金一般都来自于银行贷款。因此,土地储备机构往往背负着沉重的利息负担。加之房地产业的发展受到经济增长、人口、政治、社会文化、法律制度以及国际局势发展等方面的影响,具有周期性波动变化,房地产及土地价格有涨有落,总之土地储备机构面临着极大的风险。由于与土地储备制度相关的法律、法规严重不配套,所以在收购拍卖、支付方式、支付过程等环节上经常出现很多问题,客观上提高了土地利用的成本,使土地流转的交易成本急剧上升。

第三,不完善的土地储备制度蕴藏着极大的金融风险。资金和土地是土地储备制度的两大基本要素,土地储备过程既是土地流转过程,也是资金循环过程。我国目前无论是政府财政拨款或是银行贷款,都尚未形成有效的资金筹措机制,而且存在较大的风险因素,特别是统一收购制度实施后,客观上要求政府对需要盘活的土地实施敞开收购,资金需求量极大。不完善的土地储备制度已经威胁到了政府的公信力和权威性,必然使政府承担更高的金融风险。

---

① 安德烈·施莱弗、罗伯特·维什尼著:《掠夺之手——政府病及其治疗》,中信出版社 2004 年版。

五、西部民族地区实施土地储备制度存在的主要问题

西部民族地区获得银行贷款主要是动用土地储备机构储备的土地作为抵押。根据中国土地政策改革课题组的调查,这种情况主要发生在土地储备机构成立以来的近两三年中。据统计,截至 2004 年 9 月 30 日,西部某省土地储备中心利用储备土地进行抵押贷款的合同金额达到 33.476 亿元,实际贷款余额达到 19.4478 亿元。全省土地储备抵押贷款主要集中在省会城市,全市土地储备抵押贷款合同金额 28.8 亿元,占全省的 86.03%;土地储备抵押贷款余额达 15.71 亿元,占全省的 80.78%[①]。在这里必须指出,土地收益权置押贷款是西部民族地区地方政府城市扩张的主要贷款方式。所谓“土地收益权置押贷款”,是指以储备土地经公共性投资开发后取得增值(收益而非不动产)为置押物设立担保债权。这些抵押贷款大多数项目的期限是 15 年,个别项目是 5—10 年。这种以土地收益权置押贷款的金融和信用风险主要来自两个方面:一方面是对这种土地收益权的质押,在《担保法》里没有特别明确的规定,在法律上也存在着不确定性;另一方面是它完全依赖于置押人的信用。在办理收益权置押时,一般是由贷款主体出具一份承诺书,这种做法实事求是地说漏洞太大。另外,土地收益权置押还没有一个专门的登记部门,稍不注意就有可能造成重复质押。一旦出现这种情况,银行的权利就无法得到保证。到目前为止,西部某省各级政府土地储备机构储备的土地大部分未实现供应。在该省 32763 亩土地储备中,已经供应的土地有 10220 亩,占所有收购储备土地面积的 34.2%,尚未供应的土地有 22543 亩,占 65.8%[②]。由此可见,政府土地储备实现了土地涨价归公,减少了桌下交易产生的权力寻租,增加了政府在商业及房地产等经营性用地的土地级差收益,为城市建设提供了重要资金来源。但是必须看到,这时也恰恰是农民利益遭受极大损失的时候。中国社

---

① 中国土地政策改革课题组:《土地解密:政府征用农民土地全程解析》,《财经》2006 年 2 月 23 日版。

② 中国土地政策改革课题组:《土地解密:政府征用农民土地全程解析》,《财经》2006 年 2 月 23 日版。

会科学院农村发展研究所党国英教授曾经算过一笔账:从我国"一五"建设开始,农民除了通过剪刀差为国家的工业化做出 30 万亿元的贡献之外,农民在土地的收益上又为城市化贡献将近 30 万亿元。当然,这两个 30 万亿元,说白了就是对广大农民兄弟利益的"剥夺"①。

解决土地储备制度实施过程中损农利益问题的法规政策不健全。土地储备制度已经在全国 1000 多个城市陆续实行。据国土资源部门统计,前几年地方政府土地出让金收入每年平均为 450 亿元左右,而同期提供给失地农民的征地补偿费用却只有 91 亿元,农民的土地权益明显受损②。在中央、地方、开发商、农民之间,政府的宏观调控成为围绕土地而展开的一场利益的博弈。当农民群众对自己土地权益的保护意识猛然觉悟过来的时候,政府又以土地储备制度与农民保护土地使用权的迫切要求相制衡。由于缺乏有效的法制保障,往往是"小闹小解决,大闹大解决,不闹不解决"。中央政府对解决农民土地权益问题,基本上采取"贴膏药"的办法(即头疼医头,脚疼医脚);要么紧急发出"安抚性"文件,即使每年的"1 号文件"也"只管 1 年",农民的土地权益问题始终没有能够从立法和执法上得到妥善解决。为此,中国人民银行发布的《关于进一步加强房地产信贷管理的通知》③,对土地收购储备贷款专门作出了规定:一是对土地储备机构发放的贷款为抵押贷款,就是说政府的信用已不再作为储备贷款的担保;二是贷款额度不得超过所收购土地评估价值的70% ,贷款期限最长不得超过 2 年。西部民族地区政府财政对土地收购储备机构基本上是无力支持的,在土地储备机构的资金来源中,有的土地储备机构银行贷款占 100% 。当银行严格地控制土地储备贷款的发放之后,其运作必将更加艰难。从整体来看,该《通知》将对土地收购储备制度带来积极和消极两方面的影响:积极方面的作用是促使我国土地收购储备行为更加规范化,融

---

① 王平:《地根政治:全面解剖中国土地制度》,《中国改革》2005 年 7 月 8 日版。
② 根据贵州师范大学凌振华老师在舟山市委党校发表的《尽快改革我国现行征地制度》一文中提供的数据。
③ 见银监会于 2006 年 8 月 16 日公开发布 7 月 22 日签发的《关于进一步加强房地产信贷管理的通知》。

资渠道多元化;消极方面的影响是一些地方对侵犯相对人的做法将变本加厉。譬如,有可能加剧地方"见好才收"的趋势,只看重升值潜力大的地段、只注重眼前和短期利益,不重视长远利益和整个土地市场的宏观调控。

六、西部民族地区城市化进程中土地储备制度的完善

我们认为,西部民族地区城市化进程中的土地储备制度应当从如下几个方面加以规范和完善:(1)规范土地收购储备的概念、内涵、性质和对象范围,明确土地收购储备机构的性质、地位和权利等。(2)规范土地收购储备运作方法与管理制度,包括规范土地收购储备的运作程序及方法;规范土地收购补偿费的确定方法及支付方法;规范已储备土地的拆迁整理管理制度,如对已储备的土地应由谁执行拆迁,是土地储备中心还是企业,如果是企业则应以何种方式交由企业,以及企业取得储备土地整理业务的必要资质等;规范储备土地的出让方法,即储备土地应当以什么方式出让,以招标、拍卖、挂牌几种方式,还是以其中某一种方式。(3)规范土地储备资金的运作管理办法,对土地储备资金的取得渠道、资金的运作与管理,土地储备中心贷款的数额与力度,以及土地储备增值收益的分配与管理等方面进行规范和约束。(4)建立土地储备人员考核制度。由于土地储备的专业性、复杂性及其后果的社会性、影响的严重性等,必须从人的因素把关,有必要建立从业人员考核制度,考核内容应当涵盖土地、房地产、城市规划、经济管理、行政管理、金融等专业知识及相关法律知识,考核合格者才给予从业资格。(5)建立土地储备的监督制度。土地储备严格说来是一种行政行为,如果没有有效的监督制度,则这种行政权力很有可能被放大、被滥用。因此,必须明确土地储备的监督机构及其可采用的监督措施;明确行政责任的处分权行使机构;建立土地储备成效的监测与考察制度,要通过有关指标监测土地储备的成效,并对土地储备机构的主要责任人进行考察等。(6)建立土地储备制度的法律责任制度,明确违反土地法律有关条文的法律责任,规定违法的处分权、处分力度、处分标准以及相应的执行机构。

完善土地储备制度还必须从法制建设方面作出艰巨努力。应该结合我国

民法典的制定,从重新构筑我国土地的物权制度入手完善土地储备制度。在我国现在的公有制情况下,应当尽量少通过这种手段批地,哪怕通过出租土地或者以很低的价格出租再收取不动产税,以使土地出让中的投机行为造成的国有资产流失最小化,把发展商投机的空间压缩到最小,把土地储备部门出让土地的权利和腐败的可能尽可能降低①。为此就必须改变单凭银行贷款来筹措资金的做法以分散风险,如可以通过设立土地基金、实施土地债券化、推行换地权益书等做法,吸纳社会资金实施土地储备。这样做既能够保证政府在土地盘活中取得合理的收益,又能够有效地调动社会资金,共享利益、分担风险,保证政府对城市土地资产的有效经营。必须改革土地管理制度,统一、平等地对待城市和农村土地,采取稳健的步骤整合城市和农村的土地市场,减少政府对城市土地一级市场的垄断,确保农民以土地参与工业化和城市化的权利。这就要彻底打破土地制度二元结构的现状,实行农村集体土地和城市建设用地的"同地、同价、同权"。在政策上尽快结束因土地所有制不同就被赋予不同权利的二元结构,让农民以土地权利参与工业化和城市化,遏止地方政府利用行政区划调整、村改居、新一轮的城市规划修编等手段,变土地农民集体所有为土地国有,导致农民的失地、失业、失权。要尽快结束现行法律限定农民宅基地"一户一宅"、转让限于本村的半商品化状况,赋予农民宅基地及其房屋所有人以完整的物权。必须逐步打破政府对土地一级市场的垄断,发挥市场在土地资源配置中的作用,建立与国有土地一级市场相对应的集体土地一级市场,形成"城乡统一的土地一级市场"。其具体措施是对行政划拨的公共建设用地的用途和比重进行严格限定,以降低稀缺土地的不经济利用;对建设用地中用于公共建设的比重,尤其是作为所谓提升城市品位的大广场、大马路、豪华办公楼等做出严格限定;清理一些以公共利益目的为名实际上是进行营利性目的的划拨用地。同时,可以尝试政府放弃对工业用地的垄断供应,让农民集体土地直接进入工业用地市场。在市场中的土地权利主体不仅可以是国家,也可以是农民集体。所谓"城乡统一"就是要消除城乡壁垒,城镇和

① 周珂:《中国土地储备制度之病和政府的边界》,《中国新时代》2004年12月第12期。

农村的经营性用地,一律进入土地市场公开交易。"统一的市场"主要是指交易政策法规一致、交易程序一致、交易信息互通,而不是说只有一个有形市场。目前各大城市都设有土地交易市场,主要从事国有土地使用权交易。可以考虑在适当的时机,在城市的远郊区县设立土地交易分市场,作为农村集体土地交易的主要平台。这样既可以减轻政府的财政压力,又有利于农民分享土地级差收益,使稀缺的建设用地按市场价格配置到更有价值的领域。广东省政府积极推行以农民集体建设用地直接进入市场的做法,值得在西部民族地区推广①。

第二节 我国城市规划制度的完善与西部民族地区农民土地权益保障

一、走城市化道路是西部民族地区发展的最佳选择

在大规模的农业剩余劳动力和大中城市有限容纳力的双重压力下,我国城市化发展初期强调控制城市规模,对小城镇发展给予很大关注,提出"控制大城市规模、合理发展中等城市、积极发展小城市"的城市化指导原则。小城镇如雨后春笋般兴起,这在东部沿海地区表现得尤其突出。"离土不离乡"的"小城镇战略",一度被一些学者评价为有中国特色的城市化发展道路。应当肯定在城乡隔绝的社会结构体制下,在城市工业生产力水平较低的条件限制下,小城镇为依托的城市化发展战略,对于促进社会经济发展特别是农村人口生活水平的提高有着积极的进步意义。但是,小城镇城市化的起点太低,乡镇布局星罗棋布,比较分散,有的城镇只有3000—4000人,城镇人口数量不足使得商业和服务业难以发展。城镇虽小,但是医院、学校都要五脏俱全,基础设施和社会事业建设的投资效益低下,造成社会资源的极大闲置和浪费。城镇

---

① 中国土地政策改革课题组:《土地解密:政府征用农民土地全程解析》,《财经》2006年2月23日版。

规模小的另一方面,是难以进行有效的基础建设和环境污染治理,公共物品难以积累,于是在不少地方"村村像城镇,镇镇像农村"。各小城镇都以劳动密集型产业为基础,地方保护主义造成生产要素在城镇之间的流动壁垒,使企业之间难以合并和资产重组,产业同构现象严重,相互之间恶性竞争,削弱了进一步发展的潜力。同时,小城镇缺乏现代大工业最基本的规模效益和最起码的交通、通信、供电等社会生产条件,现代工业很难发展起来,也抑制了第三产业的发展,特别是较高层次的第三产业的发展。研究的一般结论认为,25万人是城市靠自身力量健康发展所要求的最低人口规模,从20世纪90年代中后期以来,人们越来越认识到以小城镇为主体的城市化战略,对于社会和经济发展都是不可持续的。

从国际城市化发展"集中—分散"的历史经验看,与我国经济发展水平相适应的城市化道路,应当采取以大城市为主导的发展战略。大城市一般处于交通运输的集散地,基础设施比较齐全,社会化服务体系比较完善,大城市土地、人才相对集中,信息发达,技术创新能力强,文化娱乐高度发展,是现代大工业和现代生活方式的载体,其人口吸纳能力和空间辐射扩散效应更强。因此,我国西部民族地区的开发要向纵深发展,就必须紧紧依托农村城市化这一战略决策。西部民族地区城市化发展和建设的导向,是建立和完善社会主义市场经济体制,建构集约化的经营方式,依法制定科学合理的城市化发展规划,完善城市化多元投资体制和合理征用土地机制。西部民族地区城市化的发展目标要与国家城市化战略目标相适应,与国家整个农村和农业改革的总体部署相一致。

二、城市规划的演变发展及发达国家的主要经验

城市是一个国家中人口、物力、科技相对密集的地区,在政治、经济、文化等方面发挥着重要作用。城市能否满足生产、生活、交通运输及环境各方面的综合要求,同其规模、性质、发展方向及其布局是否科学合理密不可分的,而这些恰恰是城市规划所要解决的重要问题。古代城市的形成与扩展都是自发的,在生产力尚不发达的时期,尽管有些城市发展规模较大,但是同今天的城

市相比,不仅其发展速度难以匹敌,而且其发展也不具备规划性。近代意义上的城市规划主要是由于资本主义的兴起,尤其是产业革命后各国资本家为了追求高额利润,在土地交易方面主要依靠市场调节,没有进行规划使城市协调发展的意识,或者是不愿意接受规划的管制,而完全在商业利润的驱使下肆意兴建,导致城市土地利用处于一种无序状态,带来诸如环境污染、交通阻塞、普通工人生活环境恶化及疾病盛行等城市问题。所有这些,不仅阻碍了城市功能的有效发挥,而且阻止了城市的进一步发展。人们开始意识到对城市进行规划的重要性,这一时期城市规划的理论研究、组织机构的建立以及专业人员的教育和培养都有较快的发展,逐渐成熟并走上与经济同步发展的轨道,城市规划作为一门科学应运而生。人们也开始意识到对城市进行规划的权力,应当统一掌握在国家和政府手中,否则就难以保证城市规划的有效制定与颁布,更无法保障其得到贯彻和实施,各国对搞好城市规划、完善城市规划立法开始予以重视,城市规划逐渐步入了法制的时代。

　　城市规划、乡村规划与国土规划、区域规划,同属于空间规划体系,是规划的不同层次,衔接非常紧密,体现了共同的管理目标和意图,差异仅在于地域范围大小、规划的深度和重点有所不同。规划是政府的一项重要职责和调控手段,在大多数国家,一级政府做一级规划:市县政府做市县空间规划(城市规划、乡村规划和市县内区域规划),省、州政府做省、州空间规划(省、州区域规划和跨市县的区域规划),中央政府做国家空间规划(国土规划和跨省区的区域规划)。规划师在所有的空间规划领域广泛发挥着积极作用。对于发达国家的规划体系而言,国土规划和区域规划同城市规划一样被高度重视。城市规划和土地利用规划一般是在区域规划编制的前提下而编制的,应该属于专项规划。但是,城市规划和土地利用规划,也是具有一定区域范围的综合性规划。城市规划和土地利用规划应该属于区域规划的一种。譬如,德国以国家法律的形式即《联邦空间秩序法》提出国土规划的纲要,用来指导各个州的规划和区域规划。而作为空间规划体系的各个重要组成部分的结构关系,则是通过联邦的基本法来确定的①。无论如何划分规划的层次，国家都要有一个法律或者有效的指导性文件作为支撑。城市和区域发展的战略性内容是由中央政府直接过问的，因为城市规划编制和实施不是一项单纯的工程技术工作，而是一个政府表述空间发展政策的过程和手段。

城市规划的实施是落实中央政府认同的城市发展战略和计划的关键环节。因此，即使主要由地方政府对开发申请做出审批决策，许多国家的中央政府仍然通过法律规定保留一定的否决权力或者调整、审查的权力，或者规定一些有重要影响地区的规划许可由中央直接做出决策②。譬如，在英国城市规划体系中，地方规划的编制是以中央政府批准的结构规划为依据的，结构规划一经批准，就成为中央政府和地方政府之间的一种政策上的"协约"，地方无权违背结构规划规定的内容。地方规划在编制过程中，尽管已经有结构规划作为依据，但是也需要接受来自中央政府的政策指导，而且要加以切实落实。中央政府对于地方政府的规划保留调整、审查的权力和否决的权力。尽管不经常使用这些权力，但是，它从制度上能够确实保障中央有关政策的实施。不论是在怎样的政体下，也不论在怎样的行政管理体系下，各个层次的规划行政主管部门之间用不同的手段，保持行动的协调，以保证宏观政策的顺利实施和上下衔接。这一点确实是值得我们借鉴的。

我国城市规划立法经历了一个曲折发展的过程。新中国成立初期，在城市规划立法方面基本处于空白。我国当时为了配合国民经济的恢复和社会主义生产建设的开展，制定了一些行政法规规范城市建设活动。譬如，1951 年国家政务院财经委员会发布的《基本建设工作程序暂行办法》，1952 年又将它修订为《基本建设工作暂行办法》。在此后的 30 多年里，我国在城市规划方面主要是以此作为依据的。1956 年国务院又发布了《关于加强新工业区和新工业城市建设中几个问题的决定》，国家建设工程部以及各省市自治区和各大城市，也纷纷制定了一系列以城市建设以及建筑工程管理为内容的建设与

①　国家建设部编写组：《国外城市化发展概况》，中国建筑工业出版社 2003 年版，第 176 页。
②　国家建设部编写组：《国外城市化发展概况》，中国建筑工业出版社 2003 年版，第 176 页。

规划方面的部门规章和地方法规。但是由于诸多历史原因,关于城市规划的立法以及法规体系始终没有建立起来。在"文化大革命""期间,城市规划的各种法规遭到彻底破坏,已有的一些城市规划也不再执行。1972 年以后,国务院转批了国家计委、建委和财政部《关于加强基本建设管理的几项意见》,才算对城市的建设与规划进行了重新肯定,使城市规划工作有所恢复。1978 年中共中央召开第三次全国城市工作会议,发布了《关于加强城市建设工作的意见》,要求加强城市规划工作,对城市建设进行规划管理。根据会议精神,原国家建委开始着手国家《城市规划法》的起草工作。但由于我国当时城市的各项改革工作刚刚起步,很多重要的社会关系与管理体制尚未理顺,制定城市规划法律的时机尚不成熟。因此,于 1984 年 1 月 5 日由国务院先行颁布了《城市规划条例》,并且在此后由国家建委和城乡建设环境部发布了一系列有关城市规划编制办法和有关城市建设规划管理的部门规章,直至 1989 年 12 月 26 日才由第七届全国人大第十一次会议通过了《中华人民共和国城市规划法》[1],至此城市规划在我国终于上升为国家法律。此后国家建设部和各省、市、自治区又根据城市规划法的立法精神及实践发展的新要求,对原有的行政法规、地方法规和部门规章进行了修改与完善,并且制定了许多新的法规,初步形成了以《城市规划法》为主体的城市规划法规体系。

研究发达国家的城市规划法规体系,可以为我国城市规划法规体系的完善提供宝贵的经验借鉴。从世界范围来看,近代意义上最早的城市规划实践,应该是 1847 年普鲁士通过划定道路红线的方式所进行城市规划。而世界上第一部城市规划法,当属于 1909 年英国的《住宅、城市规划法》,以后各国都颁布了相应的立法,如美国的《城市规划法》,德国的《联邦城市建设法》,日本的《都市计划法》。从这一时期开始城市规划法逐渐形成体系,如以英国为代表的以国家城市规划法为核心的城市法规体系,和以美国为代表的以地方区划法为主要内容的城市规划体系[2]。经过长期实践,各国在城市规划以及用

---

① 《中华人民共和国城市规划法》,见《中华人民共和国常用法律大全》,法律出版社 2006 年版,第 854—857 页。

② 符启林著:《城市房地产开发用地制度研究》,法律出版社 2000 年版,第 27 页。

地规制方面都逐步形成了各具特色的制度体系。

第一,英国的城市规划法规体系。由于英国是资本主义发展较早的国家,其城市发展缺乏规划带来诸多弊端的现象暴露得也比较早。因此,英国在城市规划方面较早地步入了法制阶段。英国的城市及地方规划法,在全国范围内是统一适用的。英国规划的主管部门是环境部,具体负责规划的编制与实施工作的是县政府及地方规划厅。英国城市规划中较有特色并值得我们借鉴的,是它在制定城市规划过程中的居民参与程序,而且这项制度的具体形式和方式,根据基本规划和地方实施规划的情况而有所不同。前者是指在编制基本规划时采用公开审查的方式,但是它并不具有准司法性质,仅指在地方城市规划部门编制城市规划方案后,一方面呈交给国务大臣审批,另一方面将副本予以公布,居民可据此提出异议或者建议。而这些从居民中反馈的信息,均需同规划方案的附本一同提交国务大臣以供其审查并作出准确、客观的判断。后者则类似司法手续,由居民提出异议申诉,再由地方政府召开地方公开审问会,给居民广泛听取规划方案和提出意见的机会。由于这项制度主要发挥了预防性司法功能,并且因群众的参与使规划的编制更为科学、合理,易于被接受与执行,也使群众能有效发挥监督职能。因此,这种做法为各国所仿效,我国亦应该对这项制度加以吸收和借鉴,以完善我国城市规划编制程序,切实提高规划水平。

第二,美国的城市规划法规体系。美国是实行联邦制的国家,州政府有较大的立法权限,在城市规划及土地利用方面,州政府也是如此。联邦政府仅规划、管理属于政府所有的土地,并不像其他国家那样编制全国性的国土利用规划。因此,研究美国城市规划对土地利用的规划,主要应当集中于其各州所编订的规划。一般而言,根据规划的范围和详尽程度分为州的土地利用规划、区域性土地利用规划、城市规划和社区规划四个层次。其中,州的土地利用规划主要是根据该州内土地的不同用途,如农业、森林、交通、城市等,进行编制,注意各种用途土地之间的协调性。在州的规划中对城市的发展规划也较为重视,主要是为了合理利用土地并加强城市间的联系,而城市规划一般都较为详细,对城市的功能分区、交通运输、公用设施、普通建筑分布及园林、绿地等,都不仅严格限定必要空地尺寸,用地最小规模、最小区划宽度、停车空间等,都进行具体量化,有明确的数字性规定,形成了美国在城市规划方面较具特色的地域制。

第三,日本的城市规划法规体系。日本的规划法规体系相对完备,对土地尤其是城市土地的利用均需通过法律程序进行。在规划的编制权限及管理方面,日本同美国有着显著的差别。国家土地综合开发规划、土地利用规划都由日本国土厅负责编制,对全国的土地综合开发利用,提出长期性和全局性的指导,并且注重同国家其他资源的利用、国家产业的发展及基础设施、公用事业的建设等进行充分协调。而其城市规划主要是针对某一具体城市的功能分区、土地利用进行规制,其编制权限由城市自行掌握。日本在编制规划方面的某些理念和原则,对中国规划编制工作影响很大,值得我们参考和研究。如针对日本土地所有权主体多元化的现状,提出城市规划不仅应当以协调城市功能、促进城市良性发展为出发点,还应当以其作为一种工具或者手段,协调各方利益主体的矛盾。唯有如此,才能使城市规划得到各方主体自觉自愿的贯彻执行,这一观念同日本的土地所有制是密不可分的。

三、我国城市规划法规建设存在的主要问题

第一,国土规划和城市规划缺少政策制定和执行方面的协调与沟通。改革开放以来,我国在取得持续的高速经济增长和城市化快速发展的同时,国土资源开发和建设布局无序乃至失控现象也大量出现,经济和社会的发展与资源、生态、环境之间的关系也愈来愈紧张。1990年4月1日起施行的《城市规划法》,标志着我国城市规划开始走上依法行政的轨道。但是,由于城市规划行政主管部门职责、手段和人员有限,很难将城镇体系规划切实有效地作为区域内部协调发展的依据和手段。在一些跨行政区的区域发展中,这类问题尤为严重。随着我国经济高速发展和城市化进程的加快,区域发展不协调的问题,极大地损害了国家和区域利益。仅仅依靠现行的《城市规划法》看来无法解决这个问题,需要在修改城市规划法的工作中加以重点研究。在我国经济迅速发展和政府职能调整日益取得进展的前提下,城市规划依法进行的重要

性愈来愈突出了①。从市场经济国家城市空间结构的合理性来看,城市规划法应当包括两个方面的内容:一是建筑在土地不同所有者和使用者基础上的土地流转、交易和登记机制,调节土地使用整体化和分区化,使商业、工业、居住等合理布局;二是通过法律和法规来调节城市规划的严肃性,以法治来实现城市空间结构合理化。我国急需出台战略性和具有空间约束力的区域规划,以打破地区行政分割,发挥各自优势,统筹重大基础设施、生产力布局和生态环境建设,提高区域的整体竞争力。必须指出,地域(空间)规划是政府通过空间资源的合理配置,协调人口、资源、环境与经济和社会发展关系的重要手段。

第二,城乡规划管理体制不适应城市化迅速发展的需要。我国在城市规划方面出现了许多新的情况,城乡分割的规划管理体制已不能适应城镇化快速发展的需要,城乡规划制定的科学性、严肃性需要进一步加强,城乡规划管理机制应当适应土地有偿使用的需要,对城乡规划行政管理权的监督制约机制需要完善,需要进一步明确法律责任并加大对违法建设者的处罚力度,等等。我国现行的《城市规划法》存在的主要问题,包括对土地有偿使用、农村规划等基本未考虑,只是把规划看作单纯的技术问题,而没有把它看成是政府的公共政策问题;对违反规划行为的处置,法律责任规定得比较含糊,对规划行政主管部门和公务人员的自身监督也比较缺乏。我国现行的规划管理体制已经不能很好地适应城乡发展和市场经济建设的实际需要了。这是因为一方面城市高速发展,在控制和引导建设的过程中还有很多薄弱环节,普遍存在规划滞后、管理粗放、人为干扰严重的现象,很多城市的规划没有得到认真执行;规划指标、设计规范本身也存在粗放用地问题。我国的城市规划理论基本上是采用西方的一套模式,要求办公、生活、工厂都要建立在环境优美、空间敞亮的环境地区里。在现行体制的惯性作用下,我们在做城市规划时,通常重视建设规划,而忽视经济社会发展规划。城市规划基本上都是建设规划设计机构

---

① 陆大道:《关于我国大规模城市化和区域发展问题的认识和建议》,《中国科学院院士建议》2006年第1期。

做的建设规划,经济社会发展规划最多是在建设规划的总论部分顺带地提几句或者写几段文字。其实比建设规划更重要、更基础的应当是城市的经济社会总体发展规划。经济社会总体发展规划是制定建设规划的前提,没有城市产业和经济的发展,基础设施建设就必然成为无源之水。因此,我国的规划指导思想要调整,要多鼓励向空中发展。另一方面,我国的城市规划片面强调以经济建设为中心,在基础设施建设、土地使用、工程、资金安排上,严重倾向于提高产值和增加财政收入的项目。乡镇发展没有及时地得到全面的规划和管理,城乡结合部的建设由于体制上的原因,同样缺乏有效的协调和管理[①]。

第三,城市空间规划体系中的矛盾缺乏解决的协调机制。长期以来,我国城市规划体系缺乏综合性的地域规划,即使是全国性的国土规划和重点地区的区域规划。为了适应国民经济和城市化又好又快发展的需要,国土资源部门加强了土地规划,建设部也加强了城市规划,特别是进行了区域性的城镇体系规划。这两种规划都希望起到区域协调作用。但是实际上,由于这两个政府部门的职能所限,所编制的规划实际上起不到区域协调作用。而且其规划功能之间相互交叉和大面积重复,带来了规划资源的浪费和规划结果的矛盾。一些地区部门规划互不协调,一些跨行政区域范围的地区在资源利用、环境保护、基础设施建设及管理方面的利益和权限矛盾重重,迫切需要整合规划[②]。我国空间规划的主要工作由三个部门分头管理,即国土资源部主管国土规划、国家发改委主管区域规划、建设部主管城市规划,各种规划之间缺乏协调,规划内容重复、规划空间重叠甚至各种规划之间互相矛盾、彼此冲突的情况时有发生。有关部门的职责交叉或者职责不当,具体的实践活动开展也甚少,国家缺少统一协调的国土利用规划,各类各级规划关系不清,相互之间重复劳动,规划未能成为市场经济条件下政府宏观调控的有权威的手段[③]。从另一方面看,城市规划本身应当具有一定的独立性,但是由于政府换届或者政绩驱动的

① 国家建设部编写组:《国外城市化发展概况》,中国建筑工业出版社 2003 年版,第 176 页。
② 陆大道著:《关于我国大规模城市化和区域发展问题的认识和建议》,《中国科学院院士建议》2006 年第 1 期。
③ 国家建设部编写组:《国外城市化发展概况》,中国建筑工业出版社 2003 年版,第 176 页。

影响,这种独立性在行政干预下难以保证,严重地削弱了城市规划的长期指导作用。从监督程序上看,尽管城市规划受到地方人大审议和国务院审批的双重约束,但是由于其地域性和专业性很强,监督的有效性不高。如地方政府可以通过不切实际的人口规划获得相应的城市建设用地,而监督者往往难以察觉。作为构成完整的空间规划体系所必需的层次,国土规划与区域规划开展的深度、广度以及约束力都过于薄弱。我国主管编制和主管实施的部门之间不但没有理顺关系,而且分设于不同的政府部门,因而体现不出技术原理上应有的系统性和完整性。这种体制和职能的矛盾,使本应当立即开展的国土规划难以正式启动,对地方具体土地使用和建设活动,仅靠政府行政审批的详细规划是难以真正做到依法管理的。因此,迫切需要加以改进的不是名义上的法定,而是切实在编制、修改、审批等一系列程序问题上的法律化①。

第四,政府"经营城市"与城乡土地使用制度严重背离。伴随着工业化和城市化步伐的加快,产生了土地资源供应短缺和土地退化严重等现象。其原因就在于我国的城市规划与城乡土地使用制度脱节,规划与建设脱节。出于增加财政和预算外收入的考虑,政府对土地增量的需求异常强烈,往往与现行的土地利用规划存在着激烈的矛盾。要扩大土地增量,只有在土地"农转非"和"改变用地性质"上做文章,由此导致了大量的失地农民、严重侵占耕地等经济社会问题。城市的盲目扩大加剧了对农民土地的侵占,从根本上忽视了城市以外更广泛的区域——农村。对此一些学者提出,市场经济也要有计划性,很重要的体现就是城市规划、土地利用结构要合理,土地资源要合理规划分配。对于我国的城市规划来说,既要坚持城市规划的整体性和统一性,又要强调农民对农村集体土地的权益,不能以城市统一规划来否定农民对土地的权力。一些地方政府在"经营城市"的口号下,玩的是经营土地的游戏,而经营土地又常常以侵犯农民土地权益为代价。在社会主义市场经济条件下,政府不应当成为经营的主体,政府只能为经营主体提供服务。城市不是以政府为主体"造"出来的,而是由市场"育"出来的。在现行土地使用和管理体制

---

① 国家建设部编写组:《国外城市化发展概况》,中国建筑工业出版社 2003 年版,第 176 页。

下,城市土地基本上处于"需求引导"的分散无序供应状态,缺乏土地年度供应计划的法律依据。我国的城市规划应当以不损害土地所有者和使用者利益为前提,土地规划应当成为促进经济发展、平衡土地供需、保护生态环境、促进社会进步的杠杆和工具①。我国的农村城市化应该是"以产业为龙头"推进城市化,而不是"以规划为龙头"。我们必须清醒地认识到,古今中外的城市都不是"规划出来"的,而是依托产业发展成长起来的,规划只是为产业和社会发展服务的手段,只有产业发展才是城市化或者城市发展的"龙头"。工业化是城市化的基础,没有产业发展就没有城市化,城市规划必须建立在产业发展的基础之上。

四、从整体上进行城市规划制度的内容创新

城市规划的基本目标是在城市与区域发展中维护整体利益和公共利益,保护自然和文化遗产,促进社会经济的可持续发展,所有这一切都是通过对土地使用的规划和管理来实现的。严格地说,城市规划是综合考虑城乡发展因素的土地使用规划,并不是局限在城市建设范围内来考虑土地使用。同样道理,土地使用规划也不仅是以土地资源保护为唯一目的,它必须达到社会、经济、环境可持续发展的综合目标。在国家实施对规划的管理过程中,空间规划和管理应当视为一种调控管理经济的重要手段,它的意义并非仅限于"保护农田"。虽然农田保护应当受到高度重视,但它只是规划工作的一个组成部分。不能把城市规划作为一种仅仅在城市地区发挥管理作用的政府职能来看待,也不能设置多个平行的政府部门来分割管理土地使用事务,更不能将以资源保护为目的的土地利用规划,同综合的城市规划(土地使用规划)对立起来、混淆起来。在以资源保护为目的的土地利用规划作为框架时,城市规划不能作为一个专项规划来对待,它应当是一种平行的关系。如果单纯考虑土地资源保护而把城市规划孤立起来,就可能导致城乡发展的对立和城乡利益的损害,导致对城乡结合部开发建设混乱状况的失控,最终导致农民土地权益受

---

① 周天勇著:《维护农民土地权益的几个问题》,《中国经济时报》2004年2月10日。

到长期的损害。

必须从根本上进行城市规划的制度创新。针对城市建设发展中存在的诸多现实问题,当务之急是抓紧修订《城市规划法》,赋予城市发展战略一定的法律地位,确立其对城市总体规划的指导作用,使其成为指导城市建设的必备要件之一。赋予城市发展战略对城市规划一定的监督权,原则上不允许同一法人机构同时制定城市发展战略和城市总体规划。建议由国家发展改革委员会或者成立新的部级协调机构来承担,以加快国土规划编制并对国土规划进行立法。从城市规划平衡公众利益的理念出发,要切实加强城市规划的公众参与力度,支持公众参与、监督城市规划的制定和实行。在未来修改《城市规划法》的时候,要增加相应的条款,从制度上对公众参与的主体、方式和监督举报办法作出明确的规定,依法严厉查处违反城市规划的违纪行为和违法行为。要深入研究城市土地出让制度的改革,从源头上防止政府不当行为的发生。现行的城市土地出让制度,在实践中暴露出很多弊端,尤其是刺激了地方政府对增量土地的需求,引发了土地使用中的短期行为。以税收制度代替出让金制度是一个可行的思路。针对城市规划确定的不同类型用地,研究制定不同的税率标准,用市场调节代替计划调节。同时要依法确立在土地税收收益中,中央政府和地方政府的分成比例、分配机制,以及相应的税收返还或者财政转移支付的办法,用以支持农村发展,尤其是补贴农业、农村教育事业和社会保障事业。通过这些依法进行的政策调整,就能够大幅度地提高城市土地的利用效率,引导地方政府集约使用存量土地,避免对增量土地的盲目需求,缓解城市土地的供需矛盾;就可以改变目前存在的城市建设无序局面,实现规划所确立的城市空间结构和产业结构平衡;就能够有效地遏制城市土地运营中的"寻租"行为和暗箱操作,从源头上切断政府官员从土地经营中牟利的可能性;就能够保证各级政府财政收入的稳定性,也有利于改善中央政府与地方政府在土地收益问题上的紧张关系;最终能够保证以税收调控机制反哺农村,有利于城乡统筹,有利于农民收入的提高和社会保障体系的建立,提高城市化的有效性①。

五、完善西部民族地区农村城市化规划的决策体系

西部民族地区农村城市化的合理规划,应当建立在促进当地经济社会又好又快发展的基础之上,保证人均 GDP 显著增长,高新产业增多,科技水平明显提高;社会全面进步、民主氛围更加浓厚,教育文化更加繁荣;城市聚集效益增大,辐射能力普遍增强,居住环境优化,城市的发展与资源、环境的可持续承载能力更加协调;人均收入增多,居民生活质量显著提高,城乡差距缩小,乡村社区与城市社区在诸多方面基本达到同一水平。目前我国民族地区农村城市化存在诸多问题,最突出的就是城市发展规划不科学、不合理。农村城市化规划存在的具体问题是城市规模小,建设投入资金少,基础和公共设施建设水平较低;高新技术产业少,经济增长速度缓慢,居民经济收入较低;社会保障制度不完善、政府管理水平不高,城市布局不合理,缺乏科学规划,聚集和辐射作用不显著;城市建设用地盲目扩张,土地使用制度和流转制度市场化程度较低;西部地区财政体制改革滞后,农村城镇建设资金匮乏,等等。

要进一步完善西部民族地区农村城市化规划决策体系,必须切实抓好如下几个方面的工作:

第一,民族地区农村城市化的基本原则。加快西部民族地区农村城市化进程,必须有科学的发展规划。农村城市化规划不仅关系到农村城市化后的布局、功能和风格,而且关系到整个西部民族地区农村区域的建设水平和质量,关系到该区域发展的百年大计和千家万户的幸福安康。因此,城市规划是农村城市化建设的总纲和依据,也是提高农村城市化质量的重要蓝图和措施。在制定西部民族地区农村城市化的规划时,应当明晰内涵、确定原则,精心规划、不断完善,因地制宜、突出特色,加强管理、重在落实。城市规划包括农村城市化发展规划、城区规划和城乡体系规划,城区规划是对农村经济、教育、文

---

① 参见袁晓勐著:《我国城市规划和与土地利用的问题与建议》,《中国社会科学院月报》2004 年10 月号第 10 期。

化聚集的中心进行规划,城区的发展又是和周边地区密切相关的。城区规划应当树立区域观念,不仅仅只是考虑城市,而且应当充分考虑城市目前和将来的吸引和辐射范围。该范围一般包括两个方面:一是考虑全市发展的需求,二是考虑周边地区发展的需求。城市和乡村社区的结构与布局既要有所区别,又要在诸多方面相互渗透。城市社区、农村城镇社区、乡村社区在功能上要相互补充,促使城乡统一协调发展。农村城市化的发展规划是提高农村城镇化质量的重要环节。农村经过若干年的建设和发展,能否达到经济发达、社会文明、环境优美、人民生活富裕、城市功能比较完备,农村城市化的发展规划起着非常重要的促进和保障作用。制定和完善农村城市化发展规划应当遵循如下原则:(1)超前性原则。农村城市化的规划应当面向未来,规划者应当具有高瞻远瞩的战略眼光,制定出来的规划应当经得起历史的考验,为城市社区和乡村社区的发展既指明方向,又有具体的目标措施和方法。(2)科学性原则。农村城市化的发展规划应当面向世界,吸取各国有益的先进经验和科学技术,同时又要结合当地农村的实际,使城市和乡村的基础设施、公用设施在相当长时期内能够满足不断发展的需要。(3)系统性原则。农村城市化的规划是一项系统工程,它涉及面广,覆盖面宽,要在全面系统规划的同时,公平、公正地处理各方面的利益关系,使整个区域协调、有序、快速发展。(4)可持续发展原则。农村城市化质量规划既要有利于当代经济社会的发展,又要营造良好的生态环境,保存富裕的自然和人文资源,为后代持续发展奠定坚实的、良好的基础。

第二,明确民族地区农村城市化的功能定位。功能定位是农村城市化规划避免产业雷同、防止重复建设的关键。城市的功能定位要依据其区位条件、资源状况、经济社会基础、未来的发展潜力、区域经济的发展趋势及对该城市的发展需求等。民族地区农村城市化规划的内容很多,如综合评价农村城市化的发展条件,制定区域内城市化的发展战略,预测一定时期内人口增长和城市化水平,拟定区域内城市化的发展方向、功能、规模和目标,制定农村城市化质量的评价指标体系,统筹规划城市的功能分区和区域内的基础、公用设施,制定实施规划的政策及措施等。其中民族地区农村城市化规划应当着重考虑如下几点:(1)各个城市的功能和规模定位,应当科学、务实、留有余地。(2)制定的目标要既有远期的又有近期的,二者既有区别,又有密切联系。(3)城市的工业区、商业区、文化区、生活区要布局合理。(4)基础和公用设施要协调配套,能够支撑经济社会又好又快发展。(5)要设计出富有魅力和吸引力的城市形象。由于各地的经济社会基础不同,发展条件不一,必须根据各地实际情况和全面的经济社会发展走向,科学地制定农村城市化的发展目标。要准确地预测远期的农村城市化目标和各个城市的发展规模,制定出的远期发展规模要有弹性。要正确处理近期规划和远期规划的关系。农村城市化建设要以近期规划为依据,把近期规划目标作为实施目标,制定措施认真付诸实施;把远期目标作为奋斗目标,鼓励人们创造条件去实现。当然,城市化的发展目标应当根据各地客观实际去制定。在制定西部民族地区农村城市化规划的过程中,一定要广泛征求各界人士的意见和建议,根据合理的意见和建议进行认真修改。规划制定出来后,还必须根据经济社会的变化和农村城市化过程中出现的新情况、新问题,及时地对原有的规划进行必要的调整。要充分考虑当地的自然条件和经济承受能力,力戒争相攀高,华而不实。规划方案经过征求民意、科学论证并经上级主管部门批准后,各单位、各部门都要服从规划,任何单位和个人都不能自行其是,随意变更规划。城市规划确定的功能分区、路网骨架、园林绿地、重要公共建筑和各种市政设施,都要力争按规划逐步实施。为了使农村城市化规划更加科学,管理更加规范,使广大居民对城市化规划有知情权、建议权、参与权,自觉遵守农村城市化的规划,可以实施农村城市化规划的公示制度。公示的内容包括规划报批前公示和批准后公示、规划变更、调整公示、建设项目报批前公示和批准后公示,等等。

第三,西部民族地区农村城市化发展规划中农地使用的统筹安排。西部民族地区在大中城市中土地有偿使用制度虽然已经推开,但是,因西部民族地区市场发育不完善和经济基础薄弱的原因,多数建设用地仍然是以划拨形式出现的,有偿使用的比例很低。随着西部大开发战略的顺利实施,城镇国有土地应当而且逐步纳入有偿使用的轨道。一是房地产开发用地应当实行公开、公正、公平的拍卖或者招标形式出让;二是政府要控制和掌握土地一级市场,防止炒卖地皮,盲目抬高土地价格;三是政府要把国有土地看作是一种极其重要的资产,依法引导土地资本运营,以便为城市基础设施建设筹集资金;四是强化土地管理职能,规范地产市场,培育和推进二级市场的发育。西部民族地区农村的集体土地由于土地资源状况差别较大,可以依据本地区的实际情况采取不同的政策:(1)应当允许农民集体土地在承包期间内流转,把少量的耕地集中在耕地能手的手中,以提高单位面积农作物产量;(2)鼓励高山地区农民有计划地进行集体搬迁;(3)地方政府要统筹农用土地和城镇土地的利用规划,以规划为龙头指导农业和城镇经济的发展;(4)政府对城乡结合部的土地应当做出长远规划并强化管理,谨防在西部民族地区出现三不管地带。

第三节 民族区域自治法律体系的完善与 西部民族地区农民土地权益保障

一、西部民族地区土地管理法制建设的成就与不足

(一)西部民族地区土地管理法制建设的主要成就

新中国成立 50 多年特别是党的十一届三中全会以来,我国民族地区土地资源管理法制建设成绩斐然。譬如,2001 年 2 月全国人大常委会修订的《民族区域自治法》,就对农村土地使用权和民族地区农牧民土地权益作出了原则性的规定。《民族区域自治法》第 27 条规定:"民族自治地方的自治机关根据法律规定,确定本地方内草场和森林的所有权和使用权。民族自治地方的自治机关保护、建设草原和森林,组织和鼓励植树种草。禁止任何组织或者个人利用任何手段破坏草原和森林。严禁在草原和森林毁草毁林开垦耕地。"第 28 条规定:"民族自治地方的自治机关依照法律规定,管理和保护本地方的自然资源。民族自治地方的自治机关根据法律规定和国家的统一规划,对

可以由本地方开发的自然资源,优先合理开发利用。"①第65条还规定:"国家在民族自治地方开发资源、进行建设的时候,应当照顾民族自治地方的利益,作出有利于民族自治地方经济建设的安排,照顾当地少数民族群众的生产和生活。国家采取措施,对输出自然资源的民族自治地方给予一定的利益补偿。"②

民族区域自治法为民族地区农村土地收益和农牧民权益保护特殊法规(如自治条例、单行条例、变通规定、补充规定)的制定提供了立法依据。近年来,民族自治地方在农村土地使用制度以及减轻农牧民负担的立法方面做了许多卓有成效的工作。譬如,西藏自治区和吉林省的民族地区,根据国家有关农牧民利益保护的法律法规,制定了相应的变通规定、单行条例和地方性行政规章,如《延边朝鲜族自治州农民负担管理条例》(1991年),《玉树藏族自治州农牧民负担管理条例》(1994年)。在土地开发与使用管理方面,西部民族地区逐步以地方性法规、规章、自治条例、单行条例等形式,规定了本地区对土地资源的开发利用以及保护的措施。譬如,广西壮族自治区就先后颁布了《广西壮族自治区实施〈中华人民共和国城镇国有土地使用权出让和转让暂行条例〉办法》(1990年)、《广西城镇经济开发区土地征用开发管理办法》(1992年)、《广西壮族自治区土地管理实施办法(修正)》(1992年)、《广西壮族自治区实施〈中华人民共和国土地管理法〉办法》(2001年)、《广西壮族自治区行政执法责任制实施办法》(2001年)、《广西壮族自治区人民政府关于加强我区耕地保护和建设用地管理工作的通知》(2002年)。内蒙古自治区先后颁布了《内蒙古自治区关于违反土地管理法规行政处罚暂行规定》(1990年)、《内蒙古自治区土地复垦实施办法》(1991年)、《内蒙古自治区土地监察办法》(1992年)、《内蒙古自治区实施〈中华人民共和国土地管理法〉办法》(2000年)、《内蒙古自治区人民政府关于印发城镇国有土地使用权招标拍卖

① 《中华人民共和国民族区域自治法》,《中华人民共和国常用法律大全》,法律出版社2006年版,第83页。
② 《中华人民共和国民族区域自治法》,《中华人民共和国常用法律大全》,法律出版社2006年版,第85页。

管理办法和土地市场管理暂行办法的通知》(2001年)、《内蒙古自治区土地市场管理暂行办法》(2001年)。宁夏回族自治区于2001年制定了《宁夏回族自治区土地管理条例》以及《宁夏回族自治区基本农田保护条例》。新疆维吾尔自治区于1999年和2001年分别制定了《新疆维吾尔自治区实施〈土地管理法〉办法》和《新疆维吾尔自治区土地登记办法》。西藏自治区在1999年和2001年制定了《西藏自治区实施〈中华人民共和国土地管理法〉办法》和《西藏自治区实施〈中华人民共和国草原法〉细则》(修改)。除了5个少数民族自治区制定了相关法规和规章外,许多自治州、自治县(旗)也纷纷制定了本地方有关土地资源的地方性法律规范。其中,民族自治地方的单行条例有:《湘西土家族苗族自治州国土资源开发保护条例》(1991年)、《大通回族土族自治县土地管理条例》(1992年)、《海南藏族自治州土地管理条例》(1994年)、《杜尔伯特蒙古族自治县土地管理条例》(1995年)、《循化撒拉族自治县土地管理条例》(1996年)、《甘南藏族自治州土地管理办法》(1996年)、《莫力达瓦达斡尔族自治旗土地管理条例》(2000年)等。民族自治地方执行有关土地资源保护法律的变通规定和补充规定的有:《阿坝藏族羌族自治州施行〈四川省土地管理实施办法〉的变通规定》(1990年)、《阿坝藏族羌族自治州施行〈四川省土地管理实施办法〉的变通规定》(1991年)、《峨边彝族自治县实行〈四川省土地管理实施办法〉的补充规定》(1991年)、《凉山彝族自治州施行〈四川省土地管理实施办法〉的变通规定》(1993年)、马边彝族自治县施行《四川省〈中华人民共和国土地管理法〉实施办法》的变通规定(1996年)等①。

(二)西部民族地区土地管理法制建设存在的主要问题

随着社会主义市场经济的发展以及经济体制改革的不断深入,尤其是我国农村城市化建设的整体推进,西部民族地区的土地使用和管理制度越来越不能适应经济发展的要求,不能满足西部民族地区保护农民土地权益的要求。如何加快西部民族地区土地管理法制建设步伐,已成为当前西部民族地区各项事业发展进程中的一个紧迫课题。民族立法与西部民族地区经济社会发展

---

① 宋才发等著:《中国少数民族经济法通论》,中央民族大学出版社2006年版,第156页。

需要之间的矛盾主要表现在如下几个方面:

第一,民族法规不完备。民族地区在过去很长一段时间内,缺乏立法的规划和预测,民族法制法规的废、改、立工作极其不力,致使现行法规规章单行性、应急性的多。加之经济学界、法学界对本自治地方的客观条件和发展战略缺乏统一认识,也致使制定经济法规时缺乏明确有力的价值选择。因此,为适应我国民族地区依法行政和民族自治地方进一步改革和发展的需要,以及保护民族自治地方城市化进程中农民的土地权益,目前迫切要求加快民族自治地方立法的步伐,尤其要抓紧进行民族法律法规的起草、修订工作,建议尽快出台《民族地区农民土地权益保障法》,制定全国民族工作的基本法——《中华人民共和国民族关系法》,以此促进民族法规体系的建设和完善,使我国以民族地区土地资源保护为标志的整个民族工作尽快走上法制化的轨道。

第二,民族法规针对性差、特色不鲜明,对经济自治权缺乏应有的法律重视。现行的民族法规无论是中央制定的还是地方制定的,基本上都是参照《宪法》《民族区域自治法》等法律法规中有关民族问题的规定,本着与这些法律法规基本精神相一致的原则制定出来的,一个几乎共同的特点就是立法技术落后、照抄照搬实际普通立法,没有很好地体现本地区民族法规所应有的特殊性。缺乏积极主动运用立法自治权来实现经济自治权的精神,没有意识到通过自治立法把经济自治权最大限度地运用起来,可以有力推动民族自治地方经济社会的发展。反映在民族地区制定土地管理法规的理论与实践的过程中,就是既针对性不强,又缺乏切合本地区实际的鲜明特色。

第三,目前正在实施的大多数民族法规不规范。在民族地区现行的民族法规规章中,有不少法律形式极不规范,立法名称庞杂混乱,如大多法规用"意见"、"通知"、"指示"、"报告"、"批复"等名称,难以判断其法律效力、法律等级、适用范围,而且多数属于政策性质,法律语言不规范、不准确,有些就是直接搬用政策语言,灵活性太大、变动性太快、可操作性太差,从而直接降低了立法地位,削弱了立法效力,影响了立法的稳定性、严肃性、权威性。纵观各民族自治地方制定的法律规范,缺乏以解决某一方面实际问题、专门为照顾民族自治地方民族特点而制定的单行条例。单行条例主要被用于具体规范经济自治权,由于各民族自治地方经济发展政策一直不够稳定,对经济自治权的认识也不够明晰和准确,因此,绝大多数民族自治地方没有能够很好地运用单行条例这种立法形式来为本地区经济社会发展服务。

第四,自治机关的民族区域自治意识不够强。《民族区域自治法》规定了大量的关于自治机关自主地安排、管理、发展民族自治地方各种事业的原则、权限,它们只是为民族自治地方人大和政府的自治提供了法律依据和方向,民族区域自治的真正实现需要靠民族自治机关按照宪法、民族区域自治法和其他法律规定的自治权主动的行为,这是能否真正实现自治和实施自治权的关键。民族自治地方的自治机关在实际管理过程中,必须高度增强民族区域自治的意识,决不能把自己摆到只是简单地充当一般地方国家机关的角色上,如果那样就是法律上的典型不作为。

第五,民族法学理论研究相对薄弱。我国民族立法和民族法实施的滞后性和曲折性,对于我国民族法学的研究不能不产生一定的影响。当前,我国民族法学研究虽然已取得了巨大的成绩,但是也存在某些不足之处。譬如,较多地对《民族区域自治法》的注释、研究,而对民族法的自身体系以及民族法本身理论的发展,包括理论水平的提高和理论体系的完善等相对地有所忽视,尤其对民族法中的一些基本理论和基本制度,运用历史的和比较的方法进行纵向和横向的系统研究,做得相当不够。与《宪法》、《刑法》、《行政法》等部门法学相比,民族法学的研究在系统性、超前性、指导性等方面起步较晚,基础比较薄弱,有待于今后进一步加以改进①。

二、西部民族地区农村土地资源保护的立法依据

如何在西部地区自然资源开发利用的过程中避免西部地区的生态环境继续恶化,西部开发的产业引导以及中央政府对西部大开发担负的责任,西部民族地区城市化过程中农民土地权益的保障问题,迫切需要国家通过一定的法律程序,以法律制度形式予以解决。民族立法是人的一种有目的、有意识的社

---

① 吴大华,徐杰著:《西部大开发的法律保障》,民族出版社2001年版,第257页。

会活动,人们对民族矛盾和民族问题及其相互关系的认识以及民族法观念,对于民族立法活动具有直接的决定性影响。由于历史条件的限制,我们的民族法制观念显得比较陈旧和淡薄,有关立法部门也重视不够。尤其是民族自治地方的立法机构,在这个问题上更显得迟钝。在国家致力于构建和谐社会,尤其在中央政府着力推进社会主义新农村建设的新形势下,我们进一步探讨民族法制建设观念的转变,深入探讨民族地区土地资源保护的法律途径,对于民族自治地方立法的实践以及民族法规体系的完善,具有十分重要的现实意义。

民族自治地方关于土地资源立法的重点应当放在土地资源保护和加快民族地区经济发展上。从我国所处的国际大环境和民族自治地方所处的国内外环境看,如果民族自治地方政府还不面对现实,不把解放生产力、发展生产力作为完善民族自治地方的根本任务,不始终坚持以经济建设为中心不动摇,不加快民族自治地方的经济社会建设,贯彻落实民族区域自治制度就会成为一句空话。民族法制是国家法制的一个重要组成部分,加强市场经济条件下的民族法制建设,是社会主义市场经济发展的内在要求,是建立完善的市场经济体制的题中应有之义。我们必须把民族法的功能、内部机制、民族问题的长期性、复杂性、重要性等问题弄清楚,扬弃过去那些立足于产品经济基础之上的、已经过时的民族法观念,代之以与社会主义市场经济体制相适应的新的民族法观念,在注重《民族区域自治法》的政治功能的同时,更加注重将维护经济秩序、发展社会生产力作为贯彻落实《民族区域自治法》的中心任务。我们认为现时西部大开发的重点,绝对不能简单地放在西部地区资金投入的力度上,而应该放在加大制度创新上。具体地说,西部地区应该通过实施"一增一减"的政策措施来加快本地区的经济发展。这里的"增"是指要增加西部地区的各项制度变革和观念创新。实证分析表明,一个地区的经济发展固然受该地区的自然环境状况所制约,但是从根本上讲,制度安排与观念意识方面的差异才是关键与根本。从西部地区的发展的现状来看,加快私营经济成分的发展比重,应当成为西部民族地区经济大开发的重点,政府应当通过加大自身体制改革、推动市场化进程等方式,努力降低私营企业主从事经济活动的交易费用,通过完善社会保障制度来推进国有企业产权制度改革。这里的"减"是指要减少西部地区的人口数量,特别是要减少牧区的人口数量。如果不是这样,那么在维持现有土地制度和不转移西部草原地区人口的情况下,基于生存、发展以及东西部地区竞争等方面的压力,西部民族地区的自然资源的大规模开发甚至粗放式经营必然在所难免。一旦西部经济发展的重点仍然放在土地资源、自然资源的开发与利用上,那么,我国的生态环境恶化问题必将进一步地加深。在当前尤其要加强民族地区农村土地使用制度的民族法制建设,切实保护农牧民安身立命的土地权益。因为赋予民族地区农牧民长期的土地使用权,使其享有自由让渡土地使用权的权利,是解放和发展西部民族地区社会生产力的一个非常重要而有效的法律途径。西部民族地区只有充分运用好国家给予民族自治地方的经济社会发展的自治权,通过自治立法的方式制定出稳定的、长期的、完善的农村、农民土地使用法规,才能够使民族地区的群众真正享受到《民族区域自治法》赋予民族地区经济社会发展的所有优惠政策。

三、民族自治地方应当通过立法来保护农民土地权益

《民族区域自治法》赋予了自治地方立法机关依法保护和促进本地区资源保护和经济社会发展的立法自治权。《民族区域自治法》第 19 条规定:"民族自治地方的人民代表大会有权依照当地民族的政治、经济和文化的特点,制定自治条例和单行条例。"第 20 条规定:"上级国家机关的决议、决定、命令和指示,如有不适合民族自治地方实际情况的,自治机关可以报经上级国家机关批准,变通执行或者停止执行"①。这个法律规定,实际上是国家赋予民族自治地方自治机关的一种特定立法权力。民族自治地方的立法自治权,就是指民族自治地方的自治机关依照宪法和法律的规定,按照社会主义的法制原则,根据本自治区域的实际情况,制定民族区域自治地方性法规的一种立法权力。民族区域自治地方的立法制度,是我国民族区域自治制度的有机组成部分。民族立法自治权根据法律规定,主要包括制定自治条例和单行条例,制定对国

---

① 《中华人民共和国民族区域自治法》,《中华人民共和国常用法律大全》,法律出版社 2006 年版,第 82 页。

家法律、法规授权的变通规定或者补充的规定,制定变通执行或者停止执行上级国家机关的不适合民族自治地方实际情况的决议、决定、命令和指示,等等。

民族自治地方立法自治权具有不同于一般地方立法机关立法的特征。这些立法特征主要包括如下几点:

第一,民族区域自治地方立法自治权是国家赋予民族自治地方自治机关的一种特定权利。具有可以制定和颁布地方性法规和规章权的机关,根据宪法关于地方各级人民代表大会、地方各级人民政府组织法的规定,限于省、自治区、直辖市的人民代表大会及其常务委员会,省、自治区的人民政府所在地的市和经国务院批准的较大的市的人民代表大会及其常务委员会。具有制定规章权的政府机关,限于以上的同级的人民政府。此外,其他地方的权力机关和行政机关,均无权享有和行使制定、颁布地方性法规和规章的权利。但是,法律规定了自治区以外的自治州、自治县的人民代表大会,具有权制定自治条例和单行条例,有权变通执行或者停止执行上级国家机关的不适合民族自治地方实际情况的决议、决定、命令和指示的权利。所以说,民族区域自治地方立法自治权是一种法律的特定权利。

第二,民族区域自治地方立法制度是国家立法的重要组成部分。民族区域自治地方立法自治权的行使,是有前提和条件的。这就是不得与宪法和国家法律相抵触,必须依照民族自治地方的民族政治、经济和文化的特点实际,必须报经法定机关予以批准和备案。因为"不相抵触"是国家立法制度的基本要求,而"批准"和"备案"则是国家立法的集中统一原则。《宪法》已经明确规定,我国法律的制定和修改的职权,只能由全国人民代表大会及其常务委员会来行使。任何一级自治地方的自治条例和单行条例,都必须报全国人民代表大会常务委员会批准或者备案。

第三,民族区域自治地方法规具有特殊而又广泛的自治性。其广泛的自治权又是由宪法、法律所规定的。民族区域自治地方法规中的自治条例具有民族自治地方的"小宪法"之称。由于自治条例的体例、内容等方面的特点,决定了它具有民族自治地方的纲领性文件的性质。这是地方性法规当中最为特别的地方法规种类。《民族区域自治法》规定的自治机关的自治权,是非自治地方的国家权力机关的自主权所无法相比的。如《民法通则》等法律,就授权民族自治地方的人民代表大会可以制定变通的或者补充的单行条例或者规定,而没有授权给其他地方的人民代表大会。

第四,民族区域自治地方法规的制定主体具有特殊性。具有一般地方性法规制定权的权力机关,法律法规为省、自治区、直辖市及省、自治区的人民政府所在地的市和经国务院批准的较大的市的人民代表大会及其常务委员会。而有权制定民族区域自治地方法规的权力机关,除了自治区以外,还有自治州和自治县的人民代表大会。

第五,民族区域自治权强调民族立法要突出民族特色和地方特色。设定民族区域自治权的目的就是要求注重民族地区的特殊需要,使其立法具有自身的特点。民族自治地方立法权的内容之一,就是立法主体必须深入研究本地区民族经济发展规律和特点,加强立法预测。在选择立法形式上,对较为成熟而且运行起来是行之有效的经验和做法,或者是需要严格法律约束的行为,可以制定地方性法规予以规范;对那些必须加以规范但是仍需要探索和实践的行为,可以先制定规章,待条件成熟后再由权力机关进行立法。

四、民族自治地方土地资源立法保护的基本原则

民族自治地方土地资源立法保护必须始终坚持如下基本原则:

第一,坚持民族立法的不抵触原则。《宪法》第 5 条规定:"一切法律、行政法规和地方性法规都不得同宪法相抵触。"[①]这是一个硬性的规定。因此,民族自治地方制定土地资源保护的法规,不得与宪法、法律的基本原则相抵触。地方立法不得与国家立法相抵触,这是地方立法实践必须始终遵循的基本原则,民族区域自治地方立法也不例外。"抵触"的含义界定范围是:(1)与法律、法规的具体规定相反的;(2)立法的目的抵消法律、法规的规定的;(3)与法律、法规的立法目的和立法精神相抵触的;(4)处罚重于法律、法规对同一单项的处罚规定的;(5)对国家立法范围内的事项进行地方立法,侵犯中央

---

① 《中华人民共和国宪法》,《中华人民共和国常用法律大全》,法律出版社 2006 年版,第 3 页。

专属立法权的。"适当合理变通补偿"含义的界定范围是:(1)法律、法规明确规定自治地方可以变通补充的;(2)法律、法规没有明确规定可以变通补充,但是在不属于中央法权限范围内,根据自治地方民族的政治、经济和文化的特点,需要进行变通补充的;(3)在具体单项法律、法规中已经对民族自治地方如何执行有专门规定的,不得再变通或者补充;(4)《宪法》的规定不得变通或者补充。社会主义法律体系是一个整体。民族区域自治地方法规是国家民族区域自治法律制度的有机组成部分,民族区域自治地方法规,必须服从宪法和自治法以及其他法律关于民族区域自治法制的统一原则。因为只有坚持国家民族区域自治法制的统一,才能保证国家集中统一的领导,形成一个强有力的国家政权;只有民族区域自治法制的统一,才能保证国家法律和政策在民族自治地方的贯彻和实施;只有民族区域自治法制的统一,才能保证民族区域自治制度和法律的稳定。因此,在制定民族区域自治地方法规的过程中,既要充分发挥民族自治地方立法的积极性,用法律形式来确保民族区域自治权利的实现,维护少数民族的合法权利和利益。同时,也要防止忽视国家利益甚至违反宪法和法律的现象①。

第二,民族立法突出民族特色和地方特色原则。我国《宪法》第116条和《民族区域自治法》第19条,在赋予民族自治地方的人民代表大会制定自治条例和单行条例的自治权上,规定要以"依照当地民族的政治、经济和文化的特点"为前提。它不同于《宪法》第100条和《地方组织法》第7条、第33条的规定,即对省、自治区、直辖市的权力机关制定地方性法规,其依据是"根据本行政区域的具体情况和实际需要,在不同宪法、法律、行政法规相抵触的前提下"进行。省、自治区的人民政府所在地的市和经国务院批准的较大的市的权力机关制定地方性法规,依据是"根据本市的具体情况和实际需要,在不同宪法、法律、行政法规和本省、自治区的地方性法规相抵触的前提下"进行。从法律的规定来看,民族自治地方的自治条例和单行条例的制定是以"依照当地民族的政治、经济和文化的特点"为前提,不是以"根据本行政区域的具

---

① 宋才发主编:《民族区域自治法通论》,民族出版社2003年版,第158页。

体情况、实际需要和在不同宪法、法律、行政法规相抵触"为前提。

第三,促进民族地区经济发展原则。少数民族地区经济立法的目的只有一个,就是为了规范少数民族地区的各种经济关系,从而有效地推动其经济的发展,最终实现各民族、各地区共同繁荣富强。我国虽然废除了民族压迫和民族剥削制度,民族之间实现了政治上、法律上的平等。但是由于历史的及地理的原因,各民族的经济、文化发展水平仍然存在很大的差距,要消除这些差距只能通过发展少数民族经济去实现。西部民族地区城市化理念也是居于此目的而提出。现在少数民族地区经济、科技还十分落后,随着市场经济体制的不断完善,很多在原来计划经济体制下制定的关于少数民族经济方面的法律制度,已不再适应当前的需要了。所以,立法机关有必要对改革开放以来制定的法律、法规、规章制度进行全面清理,凡与西部大开发和对外开放政策相抵触的,不利于少数民族地区经济、科技、文化发展需要的,不利于推进西部民族地区城市化进程的一律予以修改或者废止,并制定出有利于推进西部民族地区城市化进程、有利于保护西部民族地区土地资源和生态环境、促进少数民族地区经济社会发展的法律、法规及规章制度。

第四,少数民族权益保障原则。少数民族权益涉及到社会的各个方面,保障其权利的实现是国家立法的重要任务。譬如,根据法律规定确定草场和森林的所有权和使用权,是民族自治地方的自治机关合理调整生产关系和经济结构的一项重要内容。民族自治地方内的草原面积占全国草原面积的75%,森林面积尽管只占全国森林面积的37.2%,但是林木蓄积量却占全国林木蓄积量的56.3%[①]。长期以来由于草原和森林的所有权和使用权不明确,导致了滥砍滥伐,既破坏了草原、森林的覆盖率,又导致生态环境恶化,严重地损害了牧区和林区少数民族的利益,影响了各个兄弟民族之间的关系。民族自治地方机关依法确定本地区内的草原和森林的所有权和使用权,既符合全国人民的根本利益,也符合牧区和林区少数民族的根本利益。民族自治地方大多数都有丰富的自然资源,但是自然资源的大多数又是不能再生的资源。依据

---

① 敖俊德著:《中华人民共和国民族区域自治法释义》,民族出版社 2001 年版,第 65—66 页。

法律管理和保护自然资源,是民族自治地方自治机关义不容辞的权利和义务。为了加速民族自治地方经济发展,变资源优势为经济优势,民族自治地方的自治机关可以根据法律规定和国家的统一规划,优先合理开发利用可以由本地开发的资源,不能在开发利用自然资源时破坏和浪费资源。国家在民族自治地方开发资源,进行建设时要照顾民族自治地方的利益,要作出有利于民族自治地方经济建设的安排,要照顾当地少数民族群众的生产和生活。国家要采取措施,对输出自然资源的民族自治地方给予一定的利益补偿。国家还要引导和鼓励经济发达地区的企业按照互惠互利的原则,到民族自治地方投资,开发多种形式的经济合作。

五、提高民族地区农民土地权益保障的立法质量

西部民族地区土地使用和管理的立法数量不足,立法质量也亟待提高。质量方面存在的突出问题是:(1)照抄照搬上位法的内容过多,切合民族地区实际情况的东西太少,实际效用不大。(2)民族自治地方的特点不突出,既没有地方特色,也没有民族特点,缺乏针对性。(3)土地资源保护的生态化意识相当淡薄。(4)现行的许多土地资源法规规章,法律形式极不规范,立法名称庞杂混乱,而且大量地直接搬用政策性语言,灵活性大,变动性快,可操作性差,削弱了民族自治地方立法的效力,影响了立法的稳定性、严肃性和权威性。衡量民族地区土地使用和管理立法质量的高低,在“不得违背”的前提下,首先要求“突出特点”(即突出民族特点和地方特色),着眼于国家立法不能解决的民族地方的土地使用与生态之间关系问题,其立法特点越突出,实用性就越强,质量也就越高。其次是操作性要强,在立法中要避免使用原则性、口号性语言,要克服过于笼统、模糊等缺点,在法定的原则、界限、范围内作出明确具体的规定,可量化的要尽力量化,能细化的尽量细化,以防止执法中的主观性和随意性。

民族自治地方权力机关应当从如下几个方面提高保护农民土地权益的立法质量:

第一,做好立法规划。目前,西部民族地区的土地资源保护及农民土地权

益保护的形势相当严峻,治理难度很大,改善土地生态环境的任务非常艰巨。必须立足于这一基本态势,从本地实际出发,突出重点,严肃慎重地作出立法规划,确定分期分批立法的项目,并逐步实施,切忌立法的盲目性和随意性。

第二,严把起草关。当前有相当一部分法规规章是由有关行政执法部门负责起草的,虽然这些部门具有熟悉业务的优势,但是,由它们负责起草法律法规(草案),极容易形成权力多、义务少的状况。今后的立法工作要提倡组建由实际工作者、立法工作者和法学工作者三结合的起草班子,发挥各自的优势和长处。特别是要注意培养一批高素质的民族立法工作者,他们不仅要熟悉宪法、法律和诸多行政法规有关生态环境问题的规定,还要熟悉民族地区的政治、经济、文化等方面的问题,更要了解农民土地权益保护的趋势,以适应民族地区土地使用制度立法工作的需要。

第三,认真做好民族法规审议工作。在严格起草的基础上严把审议关,要注意处理好三个关系:(1)权力与责任的关系。要注意法律授予行政部门的权力与其承担的法律责任相匹配,不可权大责小,或者有权无责,或者有责无权。(2)政府与市场的关系。重视政府的作用是非常重要的,今后也不应该减少政府的责任和作用。但是,全部由政府大包大揽,对生态环境的治理实际上管不了,也管不好。在对西部民族地区农村城市化过程中农民土地权益保护的法规制定,要重视发挥市场作用来推动农民权益的保护。如通过确立和完善资源的产权制度来协调各方利益,提高土地资源利用效率;通过建立土地有偿使用制度来促进土地的合理开发、利用和节约使用,等等。(3)权益与义务的关系。要尽快将保护农民土地权益的规定在立法中具体化和程序化,以确保农民发展权的实现。目前农民的土地权益至少包括:土地使用权、土地转让决策参与权和土地使用救济权。当然,农民在享受农村土地权益的同时,也负有保护土地资源可持续发展的义务。

第六章 健全西部民族地区城市化中农民土地权益保障的配套制度与措施

　　土地产权登记制度是政府以国家的公信力来保护土地权益人的合法权益，维护土地市场交易安全的基本制度。建立西部民族地区农村土地产权登记制度是确认农村土地权属关系，保护农民土地合法权益，维护农村社会稳定的根本途径。我国长期实行城乡分割的二元户籍制度对社会的影响极其深刻，现行户籍制度不进行彻底改革，受到最大损害的是西部民族地区失地农民的权益。西部民族地区不仅要城市化，而且要从建立农民社会保障制度入手，最终建立城乡统筹的社会保障制度。

第一节 建立西部民族地区农民土地权益保障的土地产权登记制度

一、建立农村土地产权登记制度的重要意义

　　土地产权登记制度是政府以国家的公信力来保护土地权益人的合法权益，维护土地市场交易安全的基本制度。土地登记是以国家的信誉作保证，直接决定着权利人的实体权利。不论当事人实有的土地权利如何，只有以国家建立的土地登记簿上记载的权利为正确的权利，才能依法构建一个完善的、基础统一、公正有序、规范的土地产权交易秩序。西部民族地区农村土地是我国土地的有机组成部分，依法对西部民族地区农村土地实行统一登记是土地管理工作中的重要内容。只有通过对土地的统一登记，才能实现真正意义上的

对土地全面、依法、统一、科学的管理。

第一，建立西部民族地区农村土地产权登记制度是确认农村土地权属关系，保护农民土地合法权益，维护农村社会稳定的根本途径。从物权法的角度看，登记作为不动产物权公示的法定方式，它的主要功能就是完成物权的建立、变动和终止，使物权的变动获得社会的承认和法律的保护。土地作为一项重要的不动产，只有通过登记的方式才能实现土地作为一种资产、一种财产权利的价值。因为登记制度的功能就是确定某项财产权利归谁所有，登记记载的权利人，实际上就是对权利的归属主体在法律上的确定。通过对西部民族地区农村土地的产权登记，可以使西部民族地区农民获得对农村土地的物权的法定效力。(1)以物权的排他力保障农民对土地享有充分的合理使用权。(2)以物权请求权保障农民的合法权益不受侵犯。(3)以物权法定原则保障农民对农村集体土地享有的权利明确且具体，不受非法侵犯。经过登记，可以将农民对农村土地的各种权利和义务以法律的形式固定下来并公之于众。这些法定的权利和义务均属强制性规范，这样西部民族地区农民的权益就能切实地得到法律的保障。在我国现行的农村集体土地所有制形式下，集体土地的产权主体如何界定，国家、集体土地之间的权属界线在哪里？农民集体对土地权利义务的具体内容是什么？法律规定一直不太明确。农民对自身的土地上的权利不清，必然导致无法真正享有合法的土地财产权。通过建立农村土地产权登记制度，依法明确农民集体土地所有权的主体地位，明确农民与农民集体土地所有权的法律关系，依法确认农民长期而稳定的土地使用权及其范围，切实有效地保障农民土地合法权益，是保护农民的根本利益，贯彻落实党的建设社会主义新农村政策的需要。同时，通过对农民土地产权登记制度，依法对存在争议的土地进行调解、确权，将从根本上解决农村土地权属纠纷，消除影响农村稳定的消极因素。

第二，建立西部民族地区农村土地产权登记制度是促进农村土地合理、有序流转的制度保障。我国土地产权法律制度的根本任务，就是保障土地权利持有的安全和土地权利交易的安全，以满足全社会对土地使用的不同需要。随着西部民族地区农村经济的快速发展，城市化进程的不断加快，农民集体土地流转的需求日益增加,建立农村土地登记制度的功能之一,就是为土地使用权交易的实现予以法律上的保障。西部民族地区农村土地的交易,实际上是土地使用权的转移。为了使土地使用权转移能够正常进行,防止转移中的欺诈行为,就必须使交易双方充分了解土地使用权的权属状况,了解使用权的各种必要信息。如农民是否真正享有使用权、土地使用权的存续期限、土地使用权是否存在抵押等负担。通过土地登记的法定程序,对土地权利进行公示、确权就会使信息公开化,权利的变动透明化,土地使用权的让渡得以顺利、有序地进行。同时,土地登记制度中的查询制度,也为交易双方提供极大的便利。因为登记制度的公信力,使当事人充分信赖登记的内容,交易双方不必耗费过多精力获取交易信息,从而减少了交易费用并提高了效率,使交易变得更加快捷便利。

　　第三,建立西部民族地区农村土地产权登记制度是强化耕地保护机制,调动亿万农民自觉保护耕地积极性的重要举措。建立农村土地产权登记制度,可以从两方面强化耕地的保护:一方面通过农村土地产权登记发证,明确集体的产权主体地位,明确农民对土地使用权的财产权利和义务,明确农民与农民集体土地所有权的法律关系,将农民与土地财产权紧密联系起来,就能够激发农民和农村集体经济组织保护耕地的积极性,从而在机制上将保护耕地真正变成农民的自觉行动,主动抵制乱占滥用耕地等违法行为。另一方面通过农村土地产权登记,可以加强土地用途管制,从根本上有效地保护耕地。鉴于我国当前人口激增、耕地锐减的实际情况,为实施可持续发展战略,国家实行土地用途管制制度等宏观调控手段,以保护土地资源及生态环境,确保耕地动态平衡缓解人地矛盾,它是一项具有救助性质的法律制度①。土地用途管制的出发点是严格控制农地尤其是耕地转为非农建设用地,切实保护耕地。但是,土地用途管制必须通过农村土地产权登记制度,才可以掌握农村土地的使用

---

　　① 其含义是指国家为了保护土地资源和耕地,确立土地利用的约束机制,防止土地滥用、土地投机、土地垄断和在土地上谋取非法利益而规定土地的法定用途、土地的用途能否改变以及如何变更的制度。1997年4月15日,中共中央、国务院《关于进一步加强土地管理、切实保护耕地的通知》,提出了对农地和非农地实行严格的用途管制,即土地用途管制。

信息和流转动态,了解其是否符合土地利用总体规划及详细规划要求,并由此接受登记机关的监督,取缔非法用地,保护合法用地,使土地用途管制得到确实加强,既有效地保护耕地,又可为国家或者集体收取税、费提供事实依据。

第四,建立西部民族地区农村土地产权登记制度是解决农村土地管理问题的有效措施,能够实现国家对农村土地的统一、全面、科学和规范的管理。西部民族地区农村与城市不同,土地产权长期以来在农村地区一直受到冷落。原因就在于农村土地房屋登记制度一直比较薄弱,由于缺乏有效的管理手段,使得农村土地管理工作无法展开。理顺农村土地产权关系,加强土地权属管理是解决农村土地问题,依法加强农村土地管理的突破口。集体土地所有权是我国农村土地产权制度的核心。集体土地所有权、集体土地建设用地使用权、宅基地以及农民土地使用权等,是法律确定的农民集体和农民个人的重要财产权。通过对集体土地所有权的登记发证,明确集体土地产权主体,明确国家、集体之间的权属界线,明确集体土地的权利义务,有助于农村土地管理工作的全面到位,保证各项管理手段的充分落实。将农村土地纳入到统一的登记体系中,实现土地登记的统一性,是加强国土资源统一管理的重要措施。把西部民族地区林地、草地、耕地及建设用地等各类用地纳入到统一的登记体系之中,必将有效地避免各类用地的权属纠纷,保证土地登记的统一性,从而为全国城乡地政统一管理奠定坚实的基础。

二、我国土地产权登记制度存在的缺陷

现行土地产权制度的基本框架是按照所有权、使用权两权分离的原则进行的。在城市和农村分别设置了国有土地所有权和集体土地所有权,对国有土地使用权实行地方政府代理制,推行土地使用权市场政府垄断的经营模式;对集体土地使用权实行农民集体所有的家庭承包经营责任制。随着国家经济体制、财政体制改革以及城市化和工业化的加速发展,土地所有权的归属问题越来越突出地反映了土地所有权的代表者与土地的实际占有者、使用者之间的矛盾。国有土地的所有权代表是国务院并委托地方政府代理经营,国有土地使用权实行城镇法人、自然人有偿使用,而使用者的目的在于以地生财、实

现土地的资产功能。农村集体土地的所有权代表是农村集体经济组织,农村集体土地使用权实行家庭承包经营责任制,目的在于解决粮食安全、农村社会稳定、农民生活保障、实现土地的资源功能作用。但是,地方政府在市场利益的诱惑下,为了实现对土地市场的垄断利润,不惜损害农民的土地权益,大量征用农民集体土地搞城市建设,追求土地的财政利益,从而引发了我国耕地急剧锐减和行政权"寻租"现象等腐败问题,损害了政府的诚信,造成了局部地方的社会不稳定,出现政府维护产权制度失灵的局面。而这种局面出现的主要原因之一,就是因为土地登记制度不规范、不合理。

我国尚未颁行专门的农村土地产权登记法规,不合理、不规范甚至相互矛盾的登记规定大量存在。目前,我国土地登记实行的是部门分割登记和政府分级登记的制度,这种做法对保护农村土地产权权益和保证农村土地市场交易安全极为不利,并且导致大量的农村土地权益纠纷,农村土地流转中土地权益无法实现等问题,严重地影响和制约了农村土地使用权流转的正常交易。此外,对于历史和现实中出现的大量土地争议问题,法律规定应当由政府部门调处。然而由于政府部门人力、财力有限,以及必要的行政和司法调解、救济力度不够、渠道不畅通,致使大量的土地权益纠纷难以及时处理。同时我国关于土地登记的查询制度也不完备,登记机关审查把关不到位,常常造成登记内容失真,这种状况不仅使农民的土地财产权益得不到应有的合法保护,而且极大地挫伤了土地产权人对土地资源进行集约利用的积极性。因此,迫切需要制定一部完善的、统一的不动产登记制度,依法扭转目前的混乱局面,切实有效地规范我国农村土地登记行为。目前学术界已达成共识,即我国土地登记制度方面的缺陷主要存在"五不统一":土地登记法律不统一,土地登记机关不统一,土地登记效力不统一,土地登记的权属证书不统一,土地登记程序不统一。因此,在完善我国西部民族地区农村土地登记制度的过程中,必须逐步解决这"五不统一"的问题。实事求是地说,在我国西部民族地区农村土地登记制度中的"五不统一"当中,最为关键的问题就在于"法律登记不统一"和

"登记机关不统一"①。

(一)不动产登记的法律不统一

目前调整我国农村土地登记的法律法规主要有《土地管理法》、《农村土地承包法》、《土地管理法实施条例》、《土地登记规则》等。《物权法》上关于土地登记的制度安排尚在襁褓之中。土地登记主要是解决土地产权变动中的安全问题,即土地产权怎样才能够安全地由权利取得人取得的问题,以及从客观公正的角度看土地产权的变动如何才能达到排除第三人干涉的问题。因而只能依靠《物权法》自身来解决,也就是通过物权变动制度来解决。《不动产登记法》也已经列入全国人大法工委立法计划。《物权法》是登记制度的源头,《物权法》和《不动产登记法》的出台,对我国土地登记制度的建立和完善具有历史性的意义。《物权法》第 10 条规定:"不动产登记,由不动产所在地的登记机构办理。国家对不动产实行统一登记制度。统一登记的范围、登记机构和登记办法,由法律、行政法规规定。"②这就说明,《物权法》规定的土地登记制度是属地管辖原则。

我国目前实行的不动产登记制度基本上算是属地管辖。但是,土地登记机构为了解决中央直属或者跨地区不动产登记问题,却采取了分级多头登记办法。在现行法律规定的框架下,我国的土地登记机关和房产登记机关乃至其他不动产登记机关的职能,在很大程度上表现出重复、交叉、且又各自为政的特点。土地管理部门和房产管理部门,分别主管土地权属登记和房屋权属登记。按照《房地产法》及有关规定,国务院建设行政主管部门负责全国的房屋权属登记管理工作,省、自治区建设行政主管部门以及直辖市、市、县人民政府房地产行政主管部门,负责本行政区域内的房屋权属登记管理工作,属于块块管理。按照《土地管理法实施条例》的规定,国土资源管理部门主管全国土地的统一管理工作,属于条条管理。房屋权属管理在操作上按照建设部颁布的《城市房屋权属登记管理办法》等执行;土地权属管理按照国土资源部颁布

---

① 董伟俊著:《不动产登记制度的"五不统一"及对策》,《法学》2000 年第 1 期。
② 《中华人民共和国物权法》,《国务院公报》2007 年第 14 期,第 5 页。

的《土地登记规则》(国家土地局[1995]国土[法]字第 184 号)执行,在操作规范及程序上有不同的地方,也有重复的地方。值得注意的是《城市房地产管理法》第 60 条规定了两种截然相反的登记程序,即"在依法取得的房地产开发用地上建成房屋的,应当凭土地使用权证书向县级以上地方人民政府房产管理部门申请登记……房地产转让或者变更时,应当向县级以上地方人民政府房产管理部门申请房产变更登记,并凭变更后的房屋所有权证书向同级人民政府土地管理部门申请土地使用权变更登记,经同级人民政府土地管理部门核实,由同级人民政府更换或者更改土地使用权证书"①。也就是说,开发土地建成房屋的,首先要办土地证,然后凭土地证办理房产登记;转让房地产的则首先办理房产登记,然后凭房产证办理土地登记。法律规定的前后矛盾,登记程序的不协调,再加上土地部门和房产部门工作中相互不配合,造成了实践中很多难以解决的问题②。我国不动产登记机关分散,而且依据的法律也不尽相同。由于法律依据"政出多门",使已经制定的法律、法规中相互之间存在着大量矛盾,不动产登记申请、操作和各项权利保护的法律依据严重不统一。

在当今世界凡建立不动产登记制度的国家和地区,不论这种登记被称为土地登记还是被称为不动产登记,总是在一个法定机构统一进行的。(1)土地及其地上物在自然属性上的不可分性决定了不动产登记机关应当统一。(2)统一不动产登记机关有利于提高效率和增强交易安全。现行土地管理体制由于存在着房政与地政之间职能交叉的矛盾,不仅导致了行政效率的低下,更重要的是增加了土地市场的交易费用③。在实践中,国土局和房管局分别对地产和房产进行登记,不但增加了当事人的费用支出,而且会出现同一项不动产中的房屋所有权和土地使用权在生效时间上不同,从而可能会损害当事

---

① 《中华人民共和国城市房地产管理法》,《中华人民共和国常用法律大全》,法律出版社 2006 年版,第 868 页。
② 王卫国、王广华主编:《中国土地权利的法制建设》,中国政法大学出版社 2002 年版,第 18 页。
③ 浙江省哲学社会科学规划办公室编:《城市发展中的土地利用制度研究》,中国社会科学出版社 2002 年版,第 126 页。

人的合法权益。登记机关统一的前提条件是登记的客体关系要理顺。在登记的客体上应当明确土地的附着物与土地一并登记。按照附着物随地(包括房随地)的原则一并登记,登记的证书是一证,不是两证或者多证①。

我国目前大量的不动产登记内容,大多数仍然是按照原来计划经济时代的要求进行的,这些制度是为了满足国家对土地、房屋、森林、草原进行行政管理的需要而设计的,不是为了确定权利归属、保护权利人合法权益和为权利人实现财产的让渡价值而制定的。从根本上来说,这种制度不可能满足依据物权公示原则和物权交易的客观公正原则对不动产交易进行保护的需要。这就使得我国建立统一的土地产权登记制度极为困难,因而统一土地使用权流转市场、促进农村城市化、保护农民合法土地权的目标就更难以实现。我们必须借鉴国外不动产登记制度国家和地区的经验,不断地丰富和完善我国不动产登记法律制度的内容。

(二)不动产登记机关的不统一

我国目前不动产登记体系相当分散,各个相关政府部门根据其职能不同而分别行使其登记的职权。这种做法源于对登记制度功能的误解。事实上登记应当是不动产物权公示的一种方式,而不是政府管理经济的一种手段。依据我国目前的登记体制,有多个部门可以进行不动产登记。《土地管理法》第11条就规定了我国不动产登记的机关及确权的类型:农民集体所有的土地,由县级人民政府登记造册,核发证书,确认所有权;农民集体所有的土地依法用于非农业建设的,由县级人民政府登记造册,核发证书,确认建设用地使用权;单位和个人依法使用的国有土地,由县级以上人民政府登记造册,核发证书,确认使用权②。其中,中央国家机关使用的国有土地的具体登记发证机关,由国务院确定。同时《农村土地承包法》第23条又规定:"县级以上地方人民政府应当向承包方颁发土地承包经营权证或者林权证等证书,并登记造

---

① 王卫国、王广华主编:《中国土地权利的法制建设》,中国政法大学出版社2002年版,第18页。
② 《中华人民共和国土地管理法》,《中华人民共和国常用法律大全》,法律出版社2006年版,第1311页。

册,确认土地承包经营权。"①但是,由于该法并未明确具体的登记机关,登记程序、登记内容等,因此登记工作尚未开展。

由于西部民族地区农村集体土地登记机关的不同,各自的登记办法、程序也不尽相同,相应的土地权属证书也不同。其弊端主要在于:一方面登记的信息不能得到及时、全面的公开,在某个区域内无法形成完整的不动产产权档案和资料,交易的当事人不能够通过登记全面了解权利的状况以及权利上是否存在负担等信息,不利于交易安全和防止欺诈。另一方面,这种分散的登记制度,也给当事人办理登记造成极大的不便,尤其是增加了交易成本。不同不动产的行政审批、登记分割在不同的部门出现多部门登记和分级登记的现象,使得不动产交易往往因部门利益原因而不能实现快捷而又安全的交易②。另外,分散登记制度造成了所进行的登记,只具有行政管理上的效益而没有物权公示性,这就必然地损害了经济的发展和权利人的正当利益。而且在两个以上的登记机关的权利出现交叉重合时,还会造成物权变动的法律基础互相冲突,扰乱正常的法律秩序。土地权属证书的不统一,不但会加重权利人的经济负担和市场规范的矛盾,还加重了土地管理机关之间的争执。因而在有关立法中统一土地登记机关,建立统一的土地登记标准和程序,核发统一格式的土地权属证书是十分必要的。

三、完善我国土地权利登记制度

(一)强化土地权利登记的法律效力

土地登记的法律效力是指土地经登记之后所产生的法律效力。土地登记具有公示力和公信,不问当事人行为在实体法上有无撤销或者无效的原因,也不问第三人为善意或者恶意,均发生不可推翻的效力。依法登记的土地所有权和使用权受法律保护,任何单位和个人不得侵犯。在我国目前的土地登记立法中,规定了土地权利的设立、变更和废止必须进行登记。

---

① 《中华人民共和国农村土地承包法》,《中华人民共和国常用法律大全》,法律出版社 2006 年版,第 177 页。

② 董伟俊著:《不动产登记制度的"五不统一"及对策》,《法学》2000 年第 1 期。

　　大陆法系对不动产公示原则的法律效果有两种不同的规定：一是登记要件主义；一是登记对抗主义。登记要件主义又称登记成立主义，或者登记成立要件主义，即土地权利的取得或者变更，非经登记不发生效力，登记具有强制性。该制度为德国和我国台湾地区所采用。成立要件主义是强行性法律规定，要求所有的物权变动都必须公示，将物权公示的表面形式与物权变动本身紧密结合，所以也称为形式主义的立法。登记成立要件主义对物权变动的公示采取严格的、强制的规定，使物权行为和债权行为明确分开，法律关系清楚，有利于人们确定物权变动的时间和明晰权利的归属状况，从而进行正确、有效的交易活动。同时也便于国家了解和掌握交易状况并进行管理和监督。其不足之处在于，由于偏重于形式，对交易日益频繁、种类日益增多的经济现实，灵活性不够，交易成本加大，登记机关的工作任务加重①。登记成立要件主义使得登记公示同权利转移一致化，赋予登记公信力，较有利于交易的进行，符合市场经济条件下交易频繁的社会保护交易安全和善意第三人的价值取向。同时对真正权利人则给予制度上的救济，相比之下成立要件主义更有利于法律关系的明确和交易安全的保护。登记对抗主义即土地权利的生效不以登记为要件，仅依据当事人之间的契约便可生效。但是，未经登记的权利不得对抗第三人。在此种情况下登记具有选择性。该制度为法国、日本所采用。对抗要件主义完全按照当事人的意思表示来决定物权变动的效力，而将公示问题与物权变动分开，所以也称为意思主义的立法。对抗主义则将公示作为任意性规定，由物权变动的当事人决定是否进行公示。登记成立要件主义和登记对抗主义两种不同的立法对物权变动的要求不同。两种制度的法律效果也不同，其社会功能也有很大的区别。登记对抗主义将公示与否的决定权交给当事人，虽然具有灵活性，但是对于第三人很难判断交易的变动状况及权利的有效性，因而不利于保护交易的安全。

　　我国长期以来对土地采取严格的管理方式，以土地使用权为中心的权利交易受到严格的限制。同时由于我国土地登记立法的主要功能侧重于对土地

---

　　①　王卫国、王广华主编：《中国土地权利的法制建设》，中国政法大学出版社 2002 年版，第 18 页。

的行政管理,因而对于土地使用者的合法权益保护,促进土地资源的合理配置和流动等方面的力度不够。当前在经济比较发达的沿海地区,土地权利的流转已经相当普遍,绝大部分是没有办理有关登记手续,属于私下非法交易。因而法律学者呼吁应当尽快制定出台一个在"规则"、"办法"基础上的权威性的全国土地登记法,完善土地登记法律制度,将现有的登记规则、办法上升为法律,以增强其强制力。在土地登记法律效力方面,采取登记成立要件主义为主,土地权利的变动必须进行登记,不登记不发生法律效力。同时以登记对抗主义为例外,对个别情况、不适合强制登记的,可以允许当事人自由决定登记。譬如,土地使用权租赁,因其债权的特性,登记与否由当事人行使选择权。在日本和我国台湾地区的土地登记,均不包括土地使用权租赁。这样就可以吸收登记成立主义和登记对抗主义各自的优点,既体现原则性,又有灵活性①。

　　农村土地使用权"物权化"的一个重要前提条件就是建立健全土地产权登记制度。土地产权登记制度,一方面使得土地产权有了明确的权利主体归属;另一方面以法定形式固定了土地的登记之用途。西部民族地区的农村土地产权登记制度采取登记要件主义,这将对西部民族地区农地使用权制度产生两方面的积极意义:一是农地使用权的设定或者转移,非经登记不发生效力;二是农业用地的登记之用途的变更,非经登记亦不发生效力。我国对农村土地权利的确认应当实行登记发证制度,其特点是除了登记之外,还需要交付权利证书的要求。并且土地产权一经登记就具有不可推翻的效力,国家给予强有力的法律保障。在对西部民族地区农民土地核资清产的基础上,将其作为一项独立的登记对象纳入土地登记体系。即在逐项确认集体土地所有权、用益物权、担保物权及土地债权后对其登记造册,向集体颁发财产权证书,并对其权利变更以及相关经济利益进行动态登记,为解决土地权益纠纷提供可靠的原始依据。

(二)建立城乡统一的土地登记机关

　　土地权利登记原本是基于土地权利变化的特点设计的一种不动产物权变

---

① 王卫国、王广华主编:《中国土地权利的法制建设》,中国政法大学出版社 2002 年版,第 18 页。

化公示方式,动产的公示方式为交付,不动产的公示方式为登记,作为不动产的土地其公示产生物权登记的公信力,为土地权利的流转提供信用保证,达到降低交易风险的目的。但是,由于我们长期以来将土地产权登记作为行政机关的职能,而不是一种权利归属的公示方法,过分强调国家利益,强调行政管理。在我国经济体制转轨时期国家利益又多为部门利益所代替,形成部门利益之争,从而造成了土地权利的登记与行政机关的设置与职能合一的问题。由于多个行政机关负责对不同种类和形态的土地上权利进行管理,由此形成了多个登记机关负责登记的现象。尤其在西部民族地区的农村,仅仅从土地上产出或者功用的不同,如耕地、牧场、林地、草地、海域等基于土地的自然效用,就能划出不同的登记部门,县政府、林业局、国土资源部等等。再加上级别、跨地域登记面积,城乡建设、农转非等等各种与土地有关的使用方式稍有特殊性或者土地用途的转换,都会导致登记部门的更迭,权属五花八门、权属纷争不断。有基于此,我国《物权法》把解决我国不动产登记的"五不统一"问题,从立法上予以解决。房产登记机构和土地登记机构应当通过信息共享制度一并办理并提供便利。不动产登记制度如果缺乏《物权法》对它的基本建构,那么随后的《不动产登记法》制定工作不仅会失之基准,而且会留下较多部门利益争夺空间,也会引起物权法律体系的不和谐与不协调问题①。

　　解决问题的根本途径是统一不动产登记机关。为维护在不动产登记上的司法统一性,同时也因为不动产在自然联系上的紧密性,国际上通行不动产权属登记是"帘幕原则",即只能透过这一个窗口来了解不动产权属状态,政府的登记簿是公众获得信息的唯一来源。为保证这种唯一性,就只能由一个机构来管辖不动产的权属登记。即不论是土地房屋还是其他不动产,也不论是何种不动产物权,均实行统一的登记机关。德国的《土地登记条例》,不论在其内容中还是在其法律解释上,均包括着地上物的登记。这一点不论是在德国的《土地登记条例》中,还是在德国的《地上权条例》中,以及《住宅所有权法》中都有明确的规定。在德国法学解释中,登记意义上的"土地",就是不动

---

① 易继明著:《对物权立法的思考》,《学习时报》2005 年 7 月 18 日第 5 版。

产的意思①。因此,在制定"土地登记法"的国家和地区,其立法均明确规定,土地登记包括地上物物权的登记。因此,他们的不动产登记也是统一的,这种名义上的土地登记实际上就是不动产登记,而且这种登记仍然可以为不动产的交易秩序,提供由国家公信力支持的、公开的、统一的法律基础。这种做法给我国立法提供了有意义的借鉴②。我国的不动产登记机关应当统一,这是一个必然的趋势。而且将来的统一,必然是以土地为基础和核心的统一。因为这是自罗马法以来,一切建立不动产登记制度的市场经济国家和地区的普遍做法。其理论根据就是不动产物权的核心是土地的物权,非直接针对土地的不动产物权也必然是以土地物权为基础的,各种权利实际上都是在土地之上形成的,围绕着土地使用权而展开的。因此,未来的不动产登记,应当发挥土地行政主管部门业已建立起来的一整套土地登记机制、作用和网络资源优势,以土地管理机构为依托,由不动产所在地的土地登记机构管辖。实践证明土地证应当是土地物权的唯一凭证,林权证只能代表林权,草原证只能代表草权,只有土地证才能证明土地物权的效力进入市场,进行抵押、担保等融资和交易行为。《物权法》第 10 条规定,不动产登记由不动产所在地的登记机构办理,国家对不动产实行统一登记制度。但是,统一登记的范围和统一的登记机构究竟为哪个部门,《物权法》没有作出明确而具体的规定,毕竟它涉及国家机构的重新设置和部门管理体制改革等重大问题,目前还难于一蹴而就。

至于将来我国的登记机关确定在哪一个部门仍然应当根据法理和国际惯例确定。考察世界各地的不动产登记制度可以发现,各国不动产的登记机关无非是司法部门和土地管理部门两种。不动产登记机关,在德国为属于地方普通法院系统的土地登记局;在日本为司法行政机关法务局、地方法务局及其派出所;在瑞士大多为各州的地方法院。这种作法是以土地登记直接或者间接地决定权利人的实体权利,故登记应当与司法系统建立直接的关系。如在德国,不动产物权登记的争议直接进入诉讼程序,当事人在此程序中不必起

---

① 孙宪忠著:《德国当代物权法》,法律出版社 1997 年版,第 54 页。
② 孙宪忠著:《土地登记的法理和登记机关的选择》,《中国土地科学》1998 年第 2 期。

诉,而是向上级法院直接上诉。我国历史上制定民法之初,为贯彻民法规定的不动产物权变动规则,也曾采用法院统一登记的做法。但是,后来因为民国初期司法的混乱而改为属于行政机构的地政局统一登记,此种做法在我国台湾省沿用至今。由法院来管辖土地登记的原因,在于不动产物权登记,均具有决定公民与法人的财产权利的司法的意义,故各国法律一般均把不动产登记机关当作司法机构之一。这既有利于减弱公权对私权的干涉,同时一旦产生纠纷也有利于法院调查取证。但是,登记制度的设计首先必须符合国情,将人民法院作为我国不动产的登记机关存在一定的弊端:(1)我国司法机关本身受行政权力影响极大,在法院本身还在极力寻求独立的过程中,如果由法院来履行登记职能,未必能达到如在其他国家一样的效果。(2)在物权发生争议的情况下,法院要确定真正的权利人,必须要审查登记的真实性问题。然而如果由法院进行登记,必然会对法院最后裁判的公正性产生影响。(3)如果为了调查取证的方便来论证法院应当履行登记职能,显然要牺牲法院的中立性,更何况取证责任原属当事人责任。因此,方便于调查取证不足以成为理由。(4)由法院承担登记义务,如果法院的工作人员没有按照登记的规则进行登记,玩忽职守或者徇私舞弊,或者在登记中运用欺骗性手段而造成登记错误的,按理应当承担相应的法律责任。这时真的由法院来追究责任将会十分困难。即使追究了责任,也有损于司法的权威。

由土地管理部门进行登记同样是符合法理的。因为根据不动产的特性,凡不动产大多与土地有关,而不动产物权在本质上,要么是直接指向土地的物权(如土地所有权、土地使用权、地上权等),要么是建立在土地物权之上的物权(建立在土地所有权、土地使用权或者地上权之上的房屋所有权、林地使用权、草原使用权等)。所以,以土地登记为基础的登记,当然可以包容其他的不动产物权的登记①。尽管登记是一种公示方法,但是在我国登记也具有一定的行政监督作用。因此,土地登记总是与对不动产的监管工作联系在一起的。由于土地的管理机关对土地登记信息掌握最为全面也最为熟悉,由土地

---

① 孙宪忠著:《土地登记的法理和登记机关的选择》,《中国土地科学》1998 年第 2 期。

管理机关来承担登记具有一定的合理性。最好的办法就是由不动产所在地的登记机关管辖。我国台湾省就采纳了土地登记部门作为不动产统一登记部门的做法。我国台湾《土地登记规则》第3条规定："土地登记，谓土地及建筑改良物之所有权与他项权利之登记"①。在土地登记的名义下面，该"规则"第69条至第101条，专门规定了"建物所有权的第一次登记"。

有学者从申请登记行为的私权性质出发，认为应该由与上述两种不同机关的机关来实行登记，创立一种具有服务功能的中介机构如公证机关。如果登记机关完全是一个中介机构，在性质上是一个民间组织，尽管有利于防止行政权对民事权利的不正当干预，能够在一定程度上强化不动产登记的民事行为性质。但是也会因之带来新的问题。一方面不能借助于行政权力来进行登记的实质审查工作。换言之在从事实质性的审查时，它缺乏一定的权威性。另一方面由于土地归国家所有，许多不动产使用权的转让、变更等并非完全按当事人意思进行，其中，还存在国家的宏观调控功能实现问题。许多不动产使用权的获得也更多的要通过国家的审批。因此，登记行为在一定程度上仍然具有国家管理不动产的性质。至于专门重新设立一个独立的行政机关负责登记，则因不能为不动产交易建立统一的法律基础，违背不动产登记的法理，而且也不符合行政机构精简的原则和发展方向。总之，我国的土地权利登记，要么采用司法部门登记，要么由土地管理部门登记，因为在上述两种可以采纳的登记机关中，目前以土地管理部门的登记为基础建立我国的不动产登记法制，应当说较符合中国的实际和具有可操作性。

四、农村土地产权登记的内容

(一)土地所有权登记

法律规定的两种土地所有权②仍然有保留的必要。因为国家土地所有权的变化涉及到政治体制改革和宪法修改问题，所以不宜贸然更动。农民集体

---

① 《土地登记规则》，《新编六法参照法、令判解全书》，五南图书出版公司1986年台湾版，第1160页。

② 这两种土地所有权，即是指我国法律规定的"土地国家所有权"与"土地农民集体所有权"。

的土地所有权,现在不仅发挥着巨大的经济功能,而且还发挥着对 8 亿多农民的生存到养老提供保险的社会功能。因此,这种土地所有权也是不可以否定的。我国体制决定了我国在相当长的时期内土地权利制度的发展,还不可能走以土地所有权进入市场为基础的道路①。目前国家对土地所有权要做的重要工作,是尽快确定农民集体土地所有权的权属,通过土地登记发证,使西部民族地区农民集体作为权利主体,对其拥有的所有权具有清晰的界定。通过土地登记制度,并且明确农村集体土地所有权的权利内容和义务。通过统一的土地登记制度,进一步明晰农村集体土地与国家土地的界线划分,以达到定纷止争的目的。

(二)土地使用权登记

在以土地使用权进入市场构筑土地权利体系方面,我国已经有了比较成功的经验。譬如,法律明确规定划拨的土地使用权不能进入市场流通,就是根据我国实践的经验总结。随着西部民族地区经济与社会的发展,土地使用权流转的制度安排难以满足西部民族地区市场经济和人民生活的需求。因此,对那些实际上已经形成独立民事权利的土地使用权,应当依法许可其流通。同时应当许可在土地使用权上设立其他物权,即将土地使用权进一步细化、明确化,以满足权利人多方面的需求:一是许可这种权利在公民、法人之间转移;二是许可在这种权利上设立法律规定的他项权利。其效果与国有土地使用权不应当有较大的差别。在建立了严格的土地登记制度和完善的不动产登记簿之后,农村土地使用权的流通安全也就有了充分保障了。当然,法律对其流通也可能建立适当的管理制度。

(三)房屋所有权登记

房屋产权登记内容包括权利人的基本情况、房屋所有权内容、房屋的客观现状及土地使用权的情况并附房屋及土地测绘图。权利人为单个自然人的,记载单个自然人的基本情况。权利人为多个自然人的,同时记载多个自然人的基本情况;权利人为法人或者其他社会组织的,记载法人或者其他社会组织

---

① 孙宪忠著:《论我国土地权利制度的发展趋势》,《中国土地科学》1997 年第 6 期。

的名称及其法定代表人。房屋所有的形式为共有的,应当明确共有的范围。特别是公共空间及设施的所有权和使用权要予以界定。房屋的客观现状包括房屋所使用土地的宗地界线、宗地面积、房屋的坐落位置、房屋结构和房屋建筑面积等。建立西部民族地区农村房屋所有权登记法律制度是发展市场经济的需要,是确定房屋所有权的需要,也是实现房屋财产权能的需要,更是维护西部民族地区社会稳定的需要。

五、建立农村土地产权数据登记数据管理信息系统

在西部民族地区加强农村土地产权登记数据管理信息系统建设,将农村土地产权登记的数据编辑入库,可以使公众在因特网上查询有关土地权属信息,增强土地产权归属和流转的透明度。具体做法是:作为土地管理信息系统的组成部分,应当将土地确权登记发证和宗地资料档案,包括土地权属核定书、界址点坐标、宗地图、表格及文字资料成果全部实现数字化。将农村每宗地的名称、面积、坐标、坐落、土地证号、土地所有者、宗地图形、土地属性等地籍要素逐一录入电脑,建立西部民族地区农村土地电子档案,做到登记发证、资料建档、数据建库"三位一体"。以实现土地确权登记发证与土地市场管理工作的信息化。系统建成投入运行后,实现以省为单位的地籍信息系统联网,做到信息共享。

在为西部民族地区农村土地核发所有权证书时,要弄清西部民族地区每宗地的权属,必须收集查阅大量的原始档案资料,包括土改时期的文书证明、"文化大革命"时期"革命委员会"颁发的证明、批地手续等。每宗地的位置界线都需要重新核查,明确坐标,测绘交接点。在确权办证中,通过测绘和地籍调查,宗地的位置、权属、界线、数量和用途等基本情况都一一调查确认。在办证过程中即可获得农村国有土地和集体土地权属的充分资料。在农村集体土地确权中,通过调查测绘收集的大量信息数据,建立城乡地籍信息系统。每宗地块的坐标界址、权属情况、利用状况等都保存在数据库中,形成数字化地籍图件。通过办公室的电脑,就可以查询到地块的具体信息,使用变更情况也能及时记录下来。从而使产权信息系统覆盖整个城区和农村,按照土地所有权、

土地使用权和房屋所有权分为三个层次。地籍产权信息系统建成完善后,只要鼠标轻轻一点,每宗土地房屋的权属、位置、面积、使用情况等信息都一目了然。这将为城乡规划建设和管理提供重要基础依据,并推动权籍管理不断规范化。

第二节　改革西部民族地区城市化中农民土地权益保障的户籍制度

一、城市化过程中人口增长对农村土地利用的影响

城市化是经济发展的必然趋势,农村人口转化为城市人口即农民向城市集聚,是我国城市化最基本的特点。土地是人类赖以生存与发展的物质基础,每一个人都需要一定量的土地资源维系其基本的生存。为了满足新增人口对最基本的生活资料的需要,将会有大量的农用地转化为住宅用地、基础设施及公共设施用地。我国在向联合国人类居住大会提交的报告中指出,到2010年,全国城镇人口将达到6.3亿,城市化水平提高到45%左右。根据这个目标,中国在未来10年间城市人口将增加2亿,按照人均实际用地面积为90平方米计算,10年共需增加180万公顷的城市建设用地,年均增加18万公顷[①]。在短期内农村人口城市化会大量占用农业用地,使农业用地转化为非农业建设用地。因为我国目前正处于工业化和城镇化加速发展的阶段,在今后相当长的一段时期内,农村的土地利用结构,会随着工业恶化和城市化的进程而急剧变化。在没有新的可开发复垦土地资源的地区,必然会导致耕地减少,建设用地增加的趋势。从长远看,人口城市化可以缓解农村人多耕地少的矛盾,有利于保护农用地。因为城市土地集约利用土地的程度高于农村,城市人均用地面积小于农村的非农用地面积。农村人口转移到城市后,如果不再占有原有住宅的土地的话,经土地整理后会减少农用地非农占用面积。

---

① 宋戈著:《中国城镇化过程中土地利用问题研究》,中国农业出版社2005年版,第84页。

西部民族地区城市化水平明显偏低,结构及布局严重不合理。这主要表现在如下几个方面:(1)城市布局发展不平衡。四川、内蒙古、新疆、广西和云南5省区拥有较多的城市,宁夏、重庆、青海、西藏等省区城市较少。(2)城市发展以小城市为主。民族地区小城市的比重高于全国平均水平15.3个百分点,中等城市、大城市、特大城市的比重分别低于全国水平10.1、4.0、1.3个百分点。(3)城市综合经济实力较弱。西部民族地区城市化滞后,已经成为制约该地区经济发展的突出问题。西部民族地区虽然地域辽阔,但是土地贫瘠、人口增长快、人居环境差,能够进行生产生活的空间有限,土地资源的承载力有限。由于土地具有多种生产、养育、承载功能,人们利用土地求得生存和发展的方式也是多样的。在一定条件下,存在土地之上的人口容量超过了土地承载力,就会发生掠夺式生产,和谐的人地关系却是土地生态系统正常运行的根本条件。过密的农牧业人口已经成为西北民族地区农业现代化的沉重负担。西部民族地区人口、资源、环境关系不协调,可持续发展的基础薄弱。一方面,多年来由于不合理的开发利用,生态环境遭到日益严重的破坏,水资源匮乏、植被大面积减少、水土流失、草原退化、土质变坏、生物多样性减少、生态环境显著降低。在生态环境已经恶化的条件下,种植业和畜牧业的每一步发展都将以对环境的更大破坏为代价,较低的粮食单产以较多的耕地面积来弥补,较低的现金收入水平要依靠更大数量的牲畜饲养量来提高。久而久之就陷入了一种恶性循环。另一方面,西部民族地区人口自然增长率较高,贫困地区尤其如此。人口的过快增长加剧了人地之间的矛盾,加重了生态环境的负担,并且导致生活在恶劣生态环境中的人们愈来愈贫困,而贫困人口又愈来愈集中在生态环境恶劣区。在民族地区人口继续增长的既定态势下,只有正确运用人口政策,才能实现人类自身建设与自然建设的同步和统一,实现人地协调。西部民族地区唯有城市化,才能缓解农村人口的增长速度;只有加速城市化发展进程,才能使农民更好地享有土地权益。因此,加快剩余人口和劳动力的转移,对促进西部民族地区的城市化具有十分重要的意义。唯有改革现行的户籍制度与人口政策,才能够促进西部民族地区城市化发展,户籍制度改革也是西部民族地区农民土地权益保障不可或缺的抓手。

二、城乡分割的户籍管理制度对社会的影响

我国户籍管理制度的形成与变迁大致可划分为三个阶段:第一阶段 1958 年以前,户籍制度初步形成,户籍管理呈现自由迁徙的特点。第二阶段 1958—1978 年,户籍制度正式形成,在变迁中强化控制效果是这一阶段户籍制度的特点。第三阶段 1978 年以后,户籍制度进一步发展,但是,半开放与逐步开放成为这一阶段变迁的方向。中国户籍制度变迁的重要原因,是因为这一制度本身不是一项独立的、自成体系的政策法规,而是围绕着户口登记和管理这一核心,随时粘附其他规定和措施的一种粘附性制度。国家的或者行政的观念的变化,随时都有可能在其上面附上这样或那样的规定;同样也可能从其上面剥离一些附带性政策[①]。改革开放以前的户籍制度,是 20 世纪 50 年代在国家工业化进程曲折发展的情况下逐步建立和形成的。它的建立深刻地反映了工业化进程受制于城乡二元结构的深层次矛盾,是在短缺经济情况下的制度安排。在证明公民身份、维护公民的权利和义务、维护社会秩序、了解人口国情、为国家管理社会、编制国民经济计划和制定相应政策、提供人口依据等方面起到了重要的作用。没有户籍制度的存在,当时国家对社会的管理、社会主义公有制的巩固以及在短缺经济条件下保证计划经济体制的运行都是不可想象的。所以,这个时期的户籍制度更多的是通过管理功能来完成一种政治制度的控制职能,它是当时历史条件下中国政治体制、经济体系建立不可或缺的制度设计。在完成特定的政治管理与经济功能、人口管理职能外,这一时期的户籍制度还附加了许多利益分配的功能,如户口制度与粮油供给制度、副食品与燃料制度、住宅制度、生产资料供给制度、教育制度、就业制度、医疗制度、养老保险制度、劳动保护制度、人才制度、兵役制度、婚姻制度、生育制度、知识分子改造甚至托儿所体制等浑然一体,成为区分社会成员权利和义务、决定社会成员身份地位的标志,城镇居民享有福利待遇和劳动就业机会,而农民则被严严实实地束缚在土地上,形成了两种不同的身份等级制度,其结

---

① 刘传江,郑凌云等著:《城镇化与城乡可持续发展》,科学出版社 2004 年版,第 164 页。

果是固化和加重了城乡二元社会结构的弊端。

长期实行城乡分割的二元户籍制度对中国社会的影响极其深刻。该制度在粮食、教育、文化、就业、社会保障等方面长期向城市倾斜,人为地形成了"城里人"和"乡下人"在身份上的明显区分。农村人口进城和农村人口向城镇转移,受到传统户籍制度的严重束缚。限制城乡流动的制度安排所造成的城乡二元结构固化,不仅仅是人口和经济要素的不合理安排,更重要的是造就了两个完全不同的经济、社会、文化、心理和管理体制系统,对我国农村城市化发展带来长久而深远的消极影响。城乡分割的户籍制度阻碍了劳动力的流动,尤其是在市场经济条件下,户籍制度使得劳动力市场无法发挥调节人力资源配置的功能,劳动力不能根据市场价格信号自由流动,人为地拉大了地区之间因人力资源因素产生的贫富差距。而长期严格控制的户籍制度,不但固化了地区之间的贫富差异,还给人们的心理造成了极大的扭曲。

三、小城镇户籍制度改革与农村城市化

改革开放初期我国推行了"自理口粮"的户籍制度改革,又在 1997 年进行了小城镇户籍制度改革试点,这在一定程度上激发了农民进入小城镇的热情。但是,"自理口粮"进镇落户的农民,只是实现了身份由农民向居民的转化,并不能享受政府给予非农业户口的各种福利和社会保障,在很多方面得不到一般城镇居民的同等待遇[1]。"自理口粮"制度为农民在小城镇务工经商提供了可能和机会,但并没有从根本上改变城乡二元结构的户籍制度状况。政府对过去城乡分隔的户籍制度的调整,很大程度上是面对巨大农村人口迁移压力所做的妥协和让步,其根本指导思想仍然是阻止农村剩余劳动力进入大中城市就业和生活。尽管城镇户口有所松动,但这种放松程度与范围是十分有限的,仅有限度地放宽了向小城镇迁移的限制,仍然没有降低进入大中城市的门槛,没有从根本上触及传统的城乡人口流动机制,城乡二元户籍管理制度并没有实质性的突破。招工招干、住房分配等各种社会保障、甚至上学基本上

---

① 邹兵著:《小城镇的制度变迁与政策分析》,中国建筑工业出版社 2003 年版,第 162 页。

都是以户口为基础,这实际上产生了一种新的形式上的体制分割:小城镇自理口粮户与普通城镇户口的差别,两种非农业户口事实上存在待遇的不平等。自理口粮户制度在对进镇落户农民的待遇问题上,许多方面存在着"就低不就高"的倾向,如在计划生育方面要求按照城镇居民对待,而在子女入学和企业招工上又按照农村户口对待。按照农民们的说法,"城乡义务都要尽,城乡好处都不沾"。他们和农业户口相比,除了名分上变化以外没有别的优势,反而失去了土地经营权,失去了重要的生产资料和重要的生活支撑。特别是自1993年起,在全国范围内终止粮票流通,取消国家的口粮定量供应制度,使得粮食供应和消费基本上进入市场调节,所谓"自理口粮"已经完全失去了原有意义。并且自进入90年代后,城市推行了就业、住房、医疗等方面一系列的制度改革,使得过去附带于城镇户口上的许多福利都不存在,非农户口的吸引力大不如从前。1992年公安部颁布《关于实行当地有效城镇居民户口制度的通知》,即开始实施所谓的"蓝印户口"制度,就是为"沟通"城乡二元户籍制度的鸿沟所设立的一种新的制度安排。1999年6月,中央人民政府在《国务院批转公安部小城镇户籍管理制度意见的通知》中,同意对一批小城镇进行为期两年的户籍管理制度改革试点。试点方案是在小城镇已有合法稳定的非农职业或者已有稳定的生活来源,而且在有了合法固定的住所后居住已满两年的农村户口人员中,可以办理城镇常住户口。经批准在小城镇落户人员的农村承包地和自留地,由其所在的农村经济合作组织或者村民委员会收回。据统计,在此期间有9382个小城镇共有544万人办理了"农转非"手续,正式进入小城镇落户。

尽管我国在户籍制度方面进行了试点改革,但是其效果并没有获得大多数农民的满意。原因是城市居民作为社会中的一个占有特殊地位的等级身份制并没有消失,城乡隔离制度也没有完全打破,大中城市对农民的开放程度仍然不够,对农民进城的知识水平要求过高,小城镇相对于农民来说基本上仍是半封闭的,户籍制度仍是困扰我国农村城镇化进程的问题之一,也是困扰小城镇作用发挥的瓶颈之一。农村城市化基本上被限制在农村小城镇这个层次上,而且各自为政,遍地开花。这样一种战略不仅给大中城市的市场经济建设带来了阻碍,妨碍了城乡间的交流,不利于城市体制改革推进,而且形成了城镇布局分散,小城镇相对于大中城市数量过多、发展过快,形不成规模效应,造成资源配置不适当和土地资源的大量浪费。目前全国建制镇已达 20600 个,其中县城 1660 个,非农业人口约 1.5 亿人。而根据我国第一次农业普查资料,全国建制镇镇区平均只有 12211 户,45186 人,镇区面积 22 平方公里。建制镇尚且如此,一般集镇的规模就更小①。况且 1997 年举行的小城镇户籍制度改革试点与"自理口粮"户籍制度改革都规定,农民获得小城镇户口的条件是要退回农村的承包地和宅基地,无形中弱化了小城镇户口的吸引力,损伤了农民进镇落户的积极性。

小城镇户籍管理制度改革进入全面推进阶段。2001 年 5 月国务院批转了公安部《关于推进小城镇户籍管理制度改革的意见》,该意见强调:(1)小城镇户籍管理制度改革的实施范围是县级市市区、县人民政府驻地镇及其他建制镇。凡在上述范围内有合法固定的住所、稳定的职业或生活来源的人员及与其共同居住生活的直系亲属,均可据本人意愿办理城镇常住户口。已在小城镇办理的蓝印户口、地方城镇居民户口、自理口粮户口等,符合上述条件的,统一登记为城镇常住户口。(2)对经批准在小城镇落户的人员,不再办理粮油关系手续;根据本人意愿可保留其承包土地的经营权,也允许依法有偿转让。(3)对办理小城镇常住户口的人员,不再实行计划指标管理。各地公安机关要严格按照办理城镇常住户口的具体条件,统一行使户口审批权,严格按照户口迁移程序办理落户手续,各地区均不得借机收取城镇增容费或其他类似费用。这一新政策的出台无疑将有力地推动户籍制度改革,降低农民进城门槛,促进农地长期租赁市场的培育,加快城市化进程。到 2001 年 10 月 1 日,全面放开县级市和城关镇以下的小城镇户口,取消"农转非"指标,把以往的"蓝印户口"、地方城镇居民户口、"自理口粮"户口等,统一登记为城镇常住户口。凡在当地有固定的住所、稳定的职业和生活来源的外来人口,均可办理城镇常住户口。与此同时,一些地方的城乡户籍改革制度推进力度更大。

① 陈鸿彬主编:《农村城镇化研究建设及管理》,中国环境科学出版社 2005 年版,第 308 页。

2001 年 5 月广西率先出台政策,以居民身份证制度取代户籍管理制度,逐步取消农村人口到城镇落户的"农转非"计划指标限制。而广东省更是于 2002 年初进一步推行"城乡一体化"户口制度,取消农业和非农业户口而统一为居民户口,标志着 40 余年的城乡二元户籍制度在全省范围内寿终正寝。但是,对于经济发展落后而又贫穷的西部民族地区来说,绝大多数城市至今仍在用户口限制着剩余劳动力向城市的转移。当然,按现行的土地制度规定,这些剩余劳动力他们始终享有一份承包田,这是他们的退路。总之,由于当前户籍管理制度的一些规定和内容以及长期户籍制度的影响依然存在,对农村人口流动仍然有很大的限制作用。

四、户籍制度改革背后的农民土地权益

深圳市于 2004 年 6 月 29 日作出决定,将该市尚存的 27 万农民在 10 月 31 日前全部变为城市居民,原集体所有土地收归国有,从而深圳将成为中国首个无农村、无农民的城市。"深圳的做法并不值得欢呼!"一位土地问题专家对记者说,在他看来这是以解决户口问题对农民土地的变相剥夺,"过去在二元户籍制度下,利用'剪刀差'剥夺农民的产品,现在倒好,利用户籍改革,把农民最后的生存基础也剥夺了。"[①]从农民户籍制度改革的历程及不同省份的做法上面,人们看到了隐藏在农民户籍制度背后巨大的土地利益。从最初将农民完全束缚在土地上,不允许有丝毫的迁徙自由;到允许农民迁居到小城镇,前提是必须交足城市安置费,并交出承包的土地;再到农民可以在小城镇自由地按照一定条件迁居,并不用交出承包的土地,但是大中城市的大门仍然紧闭;最后甚至个别省市出台规定,以更为省事的办法直接将农民所承包的土地以户籍制度改革为由收归国有,所得回报就是直接变为特区的城市居民。

户籍制度改革应当突破土地制度对农民的束缚。中国农民世世代代被束缚在土地上,潜在的创造力受到极大地遏制,广大农民渴望土地,但是土地同

---

① 2005 年的在北京"两会"上,北京市政协委员、中国人民大学国际关系学院教授张惟英的提案《关于建立人口准入制度,控制人口规模,保持人口与城市资源平衡的建议》。记者邹建锋:《当权利遭遇利益》,《中国经济时报》2005 年 4 月 27 日。

时又成为农民新的拖累。特别是在农村城市化过程中,大批农村剩余劳动力要求离开土地进入城市,由于土地未能实行必要的有偿转让和合理流动,他们离土不离乡,长年累月忙碌于农村和城市之间,成为典型的"工农两栖人"。现在又有人极力维护农民的利益,严格维护家庭承包责任制不变,分给农民的土地一律不准收回。这看似为农民着想的观点恰恰束缚了农民。时代在前进,广大农村已经发生了巨大变化,有不少外出打工的农民愿意放弃责任田,严格的增人不增地,减人不减地政策的钳制性,使承包责任田对部分农民来说成为"鸡肋"。这就要求我们在制定法律或者政策时,要根据农村发展的实际情况,制定出一些赋予农民具有选择权的法律规范。

五、城市化中户籍制度改革的心理障碍

相对于土地的承载能力而言西部农村的剩余人口比例大于东部。实践证明,人均耕地少的地区恰恰是人们对农业耕地需求最低的地区,因为这里的农民更愿意也更容易从土地上转移出去。在"长三角"地区和"珠三角"地区,本地农民宁愿撂荒,只是为避免撂荒而受处罚,才把土地包给外来户。苏南发达地区农民甚至贴钱给外来的承包耕地者。东部地区的经验表明,只有城市化才是最终解决人多地少矛盾的出路。要完成西部农村劳动力从农村向城市的转化,从农业向制造业和服务业的转化,比较经济的途径就是西部移民与东部城市化的同步推进。西部地区与东部地区不同,西部大开发需要的是"反向移民",需要"移民城市化",增加内地农民以及边疆居民向东南沿海移民的机会,改善中国的人口分布——这是实现劳动与土地的最优结合,促进东部都市带建设,提高东西部全体中国人民生活水平的一条光明之路。但是,西部移民不能再依靠政府的行政命令来完成,而应该依靠市场经济调节资源配置的手段进行,即通过改革户籍制度使农民完全从制度束缚中解放出来,依赖自己追求利益最大化的目标自由选择转移的方向。

(一) 农村农民的心理障碍

农村户口迁入城镇的费用很高。西部民族地区很多城镇为了解决建设资金来源问题,仍然对农民进城收取费用,少则几百元,多则几千元,较高的进城

门槛进一步降低了农民进城的愿望。目前在我国的城乡人口政策方面差别很大,尤其是在计划生育政策方面的差异。农村户口可以生两胎,城市户口只能生一胎,这就为农民向城市的转移制造了一个新的心理障碍。在农村生两胎,一是为农业生产积蓄劳动力,传统观念认为"人多力量大"、"男性比女性力气大"。二是为了传宗接代、延续香火、老有所养。西部民族地区农村普遍都是多子女家庭,这是造成西部民族地区农村贫穷的一个重要原因。西部民族地区农民不像东部,可以通过土地增值、在工厂就业或者参加社会保障来保证自己的晚年生活,他们只能指望在瘠薄的土地上从事低效的苦力劳动来过上自给自足的温饱生活,他们晚年的依靠只能是子女,或者主要的只能是靠儿子。这就走进了万劫不复的"越穷越生,越生越穷"的陷阱。而在东部、在城市,他们基本上看不到和体会不到这种情况。环境不仅可以改变人,而且还可以改变人的生育观念。在东部地区和城市里,人们对生男生女已无所谓,而在西部地区重男轻女的观念至今还根深蒂固。

(二)城市居民的心理障碍

城市居民中有些人总担心户籍制度、人口政策一放开,城市承载不了那么多人,而且还会引发社会不安定因素。他们认为城乡差别大,经济反差大,城市富、农村穷,一旦放开农民都会流向城市。其前提假定是农民急于跳出"农门",以追求更大的利益和富裕的生活。其实这种考虑是不必要的。这是因为:(1)西部民族地区农村人口中有条件、有意愿进城的多为青壮年、在农村无发展机会的剩余劳动力。农村人口中大多数为中老年,身体原因加上感情因素,他们一般不愿轻易挪动地方,充其量是想到城市来看看就回去。(2)现在的农民也会算账,去城市还是在农村,他们会做出利益上的权衡与比较。现在一些地方的农村经济发展也较快,农民的生活比城市一般工人的生活都要好,住房面积也相当大,小楼房也很多。因此,进不进城对于农民来说是有利益比较的。(3)对外来人口流入的担心不如加快城市建设、加强城市管理。城市作为一个经济文化系统,自有它的承载能力或者容量。当城市容量饱和之后再进入的人口,其在城市求利的可能性就会大减小、成本大增加,当他们发现无利可图,在城市不如在农村或者在其他城市时,自然就会离开。从这个角度说,城市对人的流动也具有自动稳定器的功能。目前我国1亿多外出就业的农民,90%以上是进入城镇,3/4的人一年之中在流入地就业半年以上,他们已在城市就业、生活。对有留城意愿而又通过多年就业在城市站住脚的农民工容许定居,只是对现实的承认(不是所有进城农民工都愿意和能够留在城市),基本上不会带来新的人口膨胀。在工业化过程中城镇要发展,农民变市民是一个渐进发展的过程。

六、城市化过程中户籍制度改革的思路

西部民族地区农村剩余劳动力是流动性较小的一个群体。在西部民族地区群众中的多数人不愿意改变居住区;但是在他们中间也有一个高流动群体即青年农民,尤其是受过初、高级中学教育的青年农民,他们向往外面的世界。国家不应当为这些人设置任何制度上的障碍。户籍制度改革应该遵循市场经济规律和社会管理规律。劳动力向着具有最佳比较收益的地区流动,是劳动力市场发展的规律。人口向一个国家的知识中心、技术创新中心、产业中心集聚,是人才学习与成长的必然途径。当西部不发达地区逐步改善环境具有经济起飞的适当条件的时候,人才还会回流,这就是为什么近年来印度与韩国外流人才会纷纷回国的根本原因。因此,西部民族地区根本不用担心户籍改革会造成人才流失的问题。现行户籍制度不进行彻底改革,受到最大束缚的是人才,受到最大损害的是西部民族地区的利益,是国家的根本利益。

在西部民族地区城市化过程中,必须从如下几个方面思考户籍制度改革:

第一,户籍制度改革的方式应当是渐进式的推进。鼓励农民到小城镇以及集镇落户居住,并给予一切可能的方便。放开小城市的户籍管制,为在小城市生活数年、有稳定职业及生活着落的人登记城市户口。改革大中城市的用工制度,打破过去招工招干以户口为基础的传统做法,实现户口和就业相分离。同时要打破城市与城市间的流动限制,允许城镇人口在城镇之间自由流动,以促进全国统一的劳动力市场的形成。松动大城市户籍管制,为两地分居夫妻、异地子女父母入城提供方便,为各类人才、劳动力自由流动提供方便。原则上不再设置任何障碍,不收取任何费用地给予迁移人口以城市户籍。放

宽大中城市对农民户口迁入的管制。一个国家或者地区的城镇化和经济现代化不能没有大中城市的发展,只有允许并促进劳动力等生产要素在大中城市之间广泛流动和组合,大中城市才能获得持久的生命力。因此,户籍制度改革最终要解决的不是要不要乡村人口进入大中城市的问题,而是何时和怎样才能稳妥地让农村人口逐步落户于大中城市的问题。

第二,改革的制度取向不是取消户籍登记管理,而是剔除附在户籍上的不合理的制度。既不应该让城镇人口继续维持因为户籍身份而享有的特殊利益,也不应该要求进入城市的农村人口去分享旧城市人的特殊利益,而是进一步剥离与户籍直接联系的福利,让户口只具有标志居住地的意义,真正做到城乡居民可以在发展机会面前地位平等,获得统一的社会身份,实现城乡人口的平等权利。

第三,在户口失去特殊福利含义的条件下,打破城乡分割、区域封闭,实行按居住地划分城乡人口,按职业确定身份的户籍登记制度。平等对待新进城落户居民与原城镇居民的权利和义务,赋予进城农民在就业、身份、子女入学等方面与原城镇居民以同等待遇,同时取消城镇增容费等歧视性收费,允许进城农民选择保留已有农村集体承包地的使用权或者将使用权进行有偿转让的权利,以解决农民离土的后顾之忧。逐步实现人口的自由迁徙,建立起城乡一体的户籍管理制度。

七、户籍制度改革的配套措施

现在的城市户籍制度改革并不能看作是具有方向性和全局性的,它只是各个地方政府追求本地方利益最大化的一个手段。要想从全局的角度解决户籍制度的问题,国家必须相应地制定出台户籍制度改革的配套措施。

第一,要废除城镇对农民歧视性的壁垒政策,坚决避免新的社会屏蔽制度的替代,彻底改革城镇户口管理制度。在这方面需要放开大、中、小城市和建制镇户口,取消“农转非”式的户籍迁移方式,实行按属地和职业划分户口类别、以身份证为合法证件的自由迁移、登记有效制度,允许居民在辖区内自由流动。不管是城镇的老住户或者是新住户,都应当一律平等,不应当对新迁入住户采取歧视态度。对已在城镇登记落户的进城农民,实行与当地居民同等的权利和义务,取消因人为原因形成的子女入学、就业、参军以及参加养老、医疗、失业保险等方面的差异。禁止对进入城镇落户的农民收取或变相收取各种费用,降低农民进城的"门槛"。近年来户籍制度改革的经验和教训也表明,改革的配套措施是否完善,决定了改革的成效。由于户籍制度改革需要以其他配套措施的改革为前提,因此,简单地从户籍制度本身入手,采取城乡一体化的办法并不能达到解决实际问题的目的。与户籍管理制度改革相配套,就是尽快建立覆盖城乡的全社会保障体系,消除人为的城乡分割的行政藩篱。当前的关键在于,取消城市户口背后各种复杂的附加利益,让农民享有与城镇居民同等的国民待遇,逐步取消城乡之间利益分配的差距,实现城乡融合。必须建立起相应的失业保险、养老保险和医疗保障制度。户籍制度改革的最终完成,有待于覆盖城乡的全社会保障体系的建立和完善。

第二,要建立现代化的全国联网的人口信息管理网。按照循序渐进原则和因地制宜、因时制宜的原则,从整体上为户籍制度改革营造良好条件。如摸清人口底数、稳定性之后,建立健全有力的基层网络;利用电脑信息设备,实现人口管理的科学化和现代化,建立劳动力就业信息网络和一支能够进行科学人口管理的队伍。建立个人信用系统,实现户籍管理由静态管理模式向动态管理模式转变。由于中国的城乡差别很大,地域广阔,流动人口数量惊人,户籍管理成本高、难度大,并且流动人口犯罪率高、超生问题严重等等,都和城市管理难以到位有着直接关系。建立城乡一元的管理体系,用法律手段和市场机制来调节人口流动,是静态管理模式向动态管理模式的转变。实现户籍管理的全国联网,建立公民身份号码查询服务中心,是对人口进行动态管理的一项重要的基本建设。以公民身份证制度和现代信息技术手段相结合进行人口动态管理,核心是建立起社会信用系统。建立个人信用系统对于维护良好的市场秩序非常必要,但是必须慎重地把握公民权利和公共管理的边际界限。

第三,要扩大城市规模,发挥城市的集聚效益。要建立覆盖城乡的全社会保障体制,最大的问题是资金问题。对农民来讲,进城的目的是为了谋生,谋生需要本钱,还是一个资金问题。经过户籍制度改革,城镇政府不能再靠买卖户口筹集建设资金,农民也不可能再期望享受城镇的福利保障。国家已经对农民作出土地承包50年不变的承诺,从而保证了农民土地使用权的长期性。用法律来代替政策,进一步明晰农村集体财产的产权关系,允许农民将供自己使用的已经量化的集体资产变现流动或者保留其迁移后继续收益的权利。在农业用地效益递减和农业发展资金严重匮乏的情况下,农民最终的出路在于国家进行土地市场化、资本化的制度创新。将农村土地使用制度与城市土地使用制度并轨,以货币化的形式实现土地使用权的自由流转,是我国土地产权制度创新的重要对策。

第三节 建立西部民族地区农民
土地权益的社会保障制度

一、西部民族地区城市化中农村社会保障现状

(一)西部民族地区城市化中的最低生活保障制度

西部民族地区经济发展相对滞后,贫困人口相对较多,城乡发展极不平衡,客观上给开展农村社会保障工作带来了一定的难度。然而随着土地分散经营向集约经营转变,农村剩余劳动力向非农业转移,农村城镇化建设步伐加快和户籍制度改革的推进,建立农村最低生活保障制度并逐步与城镇居民最低生活保障制度并轨已是大势所趋。从有利于缓解城乡矛盾,有利于促进城乡协调发展,有利于提高农民生活质量的大局着眼,西部民族地区亟待建立一套切实可行、系统规范的农村最低生活保障制度。

最低生活保障制度是根据维持最起码的生活水平的消费需求设立的一个最低生活保障标准。每一个公民当其收入水平低于最低生活保障标准而生活发生困难时,都有权得到政府按照明文公布的法定程序和标准提供的现金和实物救助。然而迄今为止,我国社会仍然是城乡二元社会,从上个世纪90年代开始,中国政府建立最低生活保障制度的努力,仍然是按将城市和农村分为两个相对独立部分对待的思路进行的。到目前为止,我国中西部的23个省

（自治区、直辖市），以实施特困户救助为主，领到特困证的将近800万人，共支出特困户救助资金18.3亿元。据调查统计，目前全国农村共有需要救助的特困人口1972万，东部8省市领取"低保证"的和中西部23省份领取"特困证"的加起来共有1257万人，得到低保救助的占调查特困人口总数的64%[①]。目前虽已在西部地区初步建立农村最低生活保障体系，但是，绝大部分地区在社会救济中，还是继续沿用不规范、不统一、随意性很大的传统办法，还存在标准过低、覆盖面过窄、城乡有区别、地区差别较大等问题。西部民族地区农村最低生活保障制度，是为保障收入难以维持基本生活的少数民族地区农村贫困人口而建立的社会保障制度，是国家整个社会保障制度的重要组成部分。建立西部民族地区农村最低生活保障制度，不仅是改革和完善民族地区社会救济制度的重大举措，而且也是尽快建立西部民族地区社会保障制度的关键所在。

（二）西部民族地区城市化中的社会养老保险制度

长期以来我国农村实行的养老保险方式主要有：家庭养老、土地保障、农村社区养老、商业养老保险、五保户制度和农村社会养老保险。这些社会养老保险制度在农村的覆盖面小，保障水平低且在地区间发展不平衡，除了少数经济发达地区之外，基本上处于以家庭养老为主的传统阶段。随着农村城市化和工业化的逐步推进，农村人口老龄化、农村家庭规模小型化、家庭养育老人负担越来越重，传统的家庭养老受到极大的挑战，西部民族地区农村社会养老正在成为重要的社会问题。家庭养老即以家庭为单位、以血缘为纽带，由家族成员对上一辈老人提供衣、食、住、行、医，直至死亡送葬等一列社会服务行为，其养老的功能具有明显的家族性和排他性。由于这种传统的家庭养老是建筑在传统道德基础上的行为，虽然法律明文规定子女有赡养老人的义务，但是随着农民观念的变化其保障功能正在弱化。

现行养老保险制度是根据1995年民政部《农村社会养老保险基本方案》

---

① 有关数据见中国社科院社会政策研究中心唐钧：《城乡低保制度：历史、现状与前瞻》，由《中国社会学网》2005年8月27日提供。

建立起来的。进入 20 世纪 90 年代以来,农村开始推行农村社会养老保障制度,使传统的养老方式发生了变革。到 1999 年底,全国共有 30 个省(区、市)的 2097 个县(市、区)开展了这项工作,有近 3800 万人参加农村社会养老保险而成为保障对象,有 50 多万人正在领取养老金,已积累养老保险基金逾 140 亿元[①]。在西部少数民族地区农村社会养老保险才刚刚起步,家庭养老仍然占主导地位。随着农村社会养老保险制度的推广,在实践中逐步暴露出一些问题。农村社会养老保险基金采用"完全积累制"——个人缴费、集体补助和政府政策扶持相结合,政府不承担直接财力支持的责任,集体补助也常常落空,社会保险演变为"个人储蓄保险",从而失去了它应有的意义。加之参保农民缴费水平低,现行的缴费标准为 2 元/月—20 元/月共设 10 档,在执行中多数农民选择了保费最低的 2 元/月,按民政部《农村社会养老保险交费领取表》计算,10 年后每位参保者每月可领取养老金 4.7 元,15 年后每月可领取 9.9 元,这显然不足以解决他们的养老问题。另一个问题是在实践中出现了"保小不保老"倾向,19 岁以下的投保者占全部投保人数的 60% 以上,这显然与制度设计的初衷相悖[②]。

　　农村养老保障的另一个问题是土地对农民"最终保障"功能的有限性。有人认为,农村的老年农民可以通过让渡土地来获得晚年保障。但是,这只是一厢情愿。(1)农村养老无法完全依赖土地保障。根据《中国统计年鉴》提供的数据,从 1978—1998 年,全国农民平均来自第一产业的收入比重由 91.5% 下降到了 57.2%,其中纯农业收入仅占总收入的 42.9%。目前在农民家庭经营收入中,大约 40% 来自第二、三产业,1/4 左右来自劳动收入。来自转移性与财产性的收入约占纯收入的 5.7%。由此可见,来自土地的农业收入已难以保证农民的基本生活,以之养老更是奢望。(2)由于农民不拥有土地的完整财产权或者相对完整的财产权,这一方面使得土地权利让渡难以顺畅进行,

---

① 有关数据见何文炯、金皓、尹海鹏:《农村社会养老保险:进与退》,由武汉"白云黄鹤"网站 2004 年 12 月 8 日提供。

② 有关数据见阳加林、范增源:《统一我国社会保险制度》,载《2004 年调研报告选编》,2006 年 3 月 14 日,《文档库》2006 年 3 月 14 日提供。

另一方面又使得土地权利的让渡价格远远背离土地的实际价值,没有完整财产权或者相对完整财产权的土地流转价值不大,不足以解决农民的养老问题。根据有关专家的预测,再过 15 年我国人均耕地面积将由现在的 1.2 亩下降到 0.96 亩,30 年后全国人均耕地面积将会降至 0.7 亩,那时也恰是我国人口老龄化的高峰期,0.7 亩的土地的让渡所得能有多少? 而且人均耕地 0.7 亩的水平已经低于联合国测算的土地对人类生存最低保障的警戒线,也无法指望土地养老①。农村的社会保障制度建设尤其是养老保险体系建设与我国城乡统一市场的早日形成、城市化与工业化的发展进程、农业的健康发展以及需求的合理增长这 4 个因素都有着密切的联系,这 4 个因素关系到农村养老保障制度改革的成败。

(三)西部民族地区城市化中的医疗保险制度

目前我国农村的医疗保险事业大体上有合作医疗、医疗保险、统筹解决住院费及预防保健合同等多种形式,其中合作医疗是最普遍的形式。西部民族地区农村合作医疗制度是由政府支持、农民群众与农村经济组织共同筹资,在医疗上实行互助互济的一种具有医疗保险性质的农村健康保障制度。20 世纪 70 年代曾一度作为新生事物的"赤脚医生"活跃在广大农村,对解决农村缺医少药、无钱看病的问题起过积极作用。但是,到 80 年代几乎全部废弃了,近些年虽有一定程度的恢复与发展,然而进展缓慢。1996 年实行合作医疗的村数只占全国村数的 17.6%,农村人口覆盖面仅为 10.1%,西部民族地区实行合作医疗的更是寥寥无几。因此,有必要在民族地区加快恢复和建立农村合作健康医疗保险制度,使广大少数民族地区的农民群众获得医疗所需的保障。从全国各地实行的合作医疗模式看,农民既是合作医疗的受惠者,又是基金的主要筹集者,合作医疗必须坚持农民自愿参加的原则。建立合作健康医疗制度必须从广大少数民族地区农民群众的经济支付能力出发,充分考虑到他们对合作医疗的经济承受能力。为解决农民就医难问题,国家开始在部分

---

① 有关数据来自于安徽大学职业技术学院工商管理系教师张德元:《农村社会养老保险的昨天,今天! 明天?》一文,"中国农业信息"网 2005 年 3 月 31 日提供。

地区进行农村新型合作医疗试点。从 2006 年起,国家进一步加大中央和地方财政对建立西部民族地区农村合作医疗制度的支持力度。譬如,2006 年中央财政投入 47.3 亿元,比 2005 年增加 41.9 亿元,设想到 2008 年在全国农村基本普及新型合作医疗制度。按照规划从 2004—2009 年,中央和地方还将共同安排资金 216 亿元,到 2010 年基本建立起与农民收入水平相适应的县、乡、村三级农村医疗卫生服务网络。政府还将加强农村计划生育服务设施建设和实施农村计划生育家庭奖励扶持制度。在中共中央、国务院《关于进一步加强农村卫生工作的决定》的推动下,2003 年中央投入 3 亿元支持中西部地区实施农村医疗救助。民政部会同其他有关部门下发了《关于实施农村医疗救助的意见》,财政部、民政部联合出台了《农村医疗救助基金管理办法》。目前全国已有 24 个省(自治区、直辖市)相继出台实施办法,943 个县(市)实施医疗救助,492 万困难群众得到了实惠①。

　　兴办健康合作医疗要坚持民办公助和自愿参加的原则。资金筹集以个人投入为主,集体扶持、政府适当支持,这对于广大民族地区的农村来说无疑是适用的,它与县乡村三级医疗网、农村卫生队相结合,成为民族地区农村卫生工作的三大支柱,有利于减轻农民的医疗费用支出负担,增强抵御疾病的能力和抗风险的能力,为西部民族地区农民的健康增加保障条件。其主要内容包括:(1)正确选择合作医疗形式。目前农村合作医疗主要有乡办乡管、村办乡管、乡村联办、村办村管四种形式。其中以乡办乡管为好,因为在乡镇范围内能开展“互助互济”,有更强的抗风险能力,能进行更有效的监督管理,并且可以逐步提高社会化程度。(2)从合作的内容看,目前农村合作医疗主要有合医合药、合医不合药、合药不合医等三种形式。(3)建立科学合理的合作医疗筹资机制。合作医疗资金的筹集应采取以个人缴纳为主,集体补助为辅,政府予以支持的办法。(4)合理确定报销比例。医疗费用的报销比例应当由各地合作医疗管理组织根据筹资数额与以往医疗费用实际支出情况,按照“以收

---

　　①　转引自唐钧著:《中国城乡低保制度发展的现状与前瞻》,《中国社会蓝皮书·2005》,社科文献出版社 2005 年版。

定支,略有节余"的原则自主确定,一般可以控制在 30% - 80% 的范围内。

(5)强化管理与监督。建立健全各项管理规章制度并严格执行,加强审计与监督。要成立由有关部门和农民代表参加的监督组织,定期对合作医疗的实施情况进行监督检查,特别是对医疗资金的筹集、管理和使用情况,要进行严格审计并向农民张榜公布。但是,农村卫生医疗服务体系不适应农民健康需求的矛盾仍然相当突出。绝大多数乡镇卫生院条件差,服务能力弱,无法满足基本需求。根据统计资料显示,中西部地区农村乡镇卫生院危房率达 33%,八成以上的乡镇卫生院需要配备或者更新 X 光机等常规设备。

(四)西部民族地区城市化中农民义务教育的法律保障

农村基础教育对于城镇化的实施具有极为重要的作用,切实保障农民义务教育权是巩固城市化积极成果的重要基石。我国目前城乡分割的义务教育体制以及现行按户籍所在地接受普及九年义务("普九")教育的做法,导致了农民工子女就地接受教育需要支付高昂的"借读费"和"赞助费",形成了目前义务教育体制中的一个真空地带。城市适龄儿童的义务教育费基本由各级政府负责,而农村的义务教育费过去由乡镇人民政府以教育统筹的形式向农民征收,等于由农民自己掏钱解决义务教育问题。在由乡统筹费中开支的乡村两级九年制义务教育支出中,并没有包含农民工子女的教育经费,导致了在城市打工就业农民的下一代处于城乡义务教育体系的交错地带,他们成为了"两不管"的边缘人群。农村税费改革的实施,意味着过去向农民收取的教育附加费和集资费取消,从根本上减轻了农民的负担。但是,城乡各级政府对新体制实施过程中认识上不统一、执行不到位,反而导致了农村基础教育的下滑。在西部民族地区由于地域辽阔,学生的入学半径大,绝大部分学生需要寄宿学习,生活费用较高,这是西部民族地区无法保障学生完成九年义务教育的主要原因。同时,西部民族地区农村周边小城镇的迅速崛起,引发了农村基础教育硬件资源的优化整合和农村教师资源的重新分配。在农村内部产生了资源分配的不均衡,原有分散的中小学校向城镇中心集中,民办教师被逐步取消,这一切在提高农村基础教育质量的同时,也导致了西部边远地区原本就稀有的教育资源流失,不利于贫困地区的农业人口接受义务教育。

二、失地农民土地权益保障必须制度创新

(一)城市化过程中失地农民的社会保障

城市化过程中的失地农民是随着城市扩展和小城镇建设的逐步深入,基于城市建设用地需要,因耕地被征用而成为失地农民。现代农业经济理论认为,每征用一亩地就伴随着1.5个农民失业。据不完全统计,近7年来全国有近亿亩耕地被征用,其直接后果是造成了4000多万徘徊在城市边缘的"失地大军"。这是我国社会稳定的巨大隐患和社会经济持续发展的重大难题。据不完全统计,目前农村群众到省城和首都北京上访的问题中,有70%是由于农民失地所引起的,在一些地方还出现了因农民失地问题没有解决好而引发的冲突。

目前普遍实行的货币安置政策没有很好地解决社会保障的难题。从长远看,失地农民随着安置费用逐渐用完,失地农民的就业和社会保障问题日益凸显。要从根本上解决失地农民的生活问题,必须实施失地农民以土地换保障的措施。政府应该规定任何征地都有个前置条件,就是必须稳妥地解决农民的保障问题。不解决保障问题就不能征地;中国不能用制造城市贫民的方法来实现城镇化。所谓"以土地换保障"是指这样一种用社会保障替代土地保障的方案:农民在年老、到乡镇企业就业、进入小城镇定居的时候,让出其原先承包经营的土地,由转包者缴纳一定数量的经济补偿,使其参加相应的社会保险;或者在因建设被征用土地的情况下,征地单位用征地补偿费的一部分为被征地农民建立社会保险。"以土地换保障"的实质或者核心,是承认农民在让出承包土地或者被征用土地的情况下,应当获得某种补偿并且这种补偿应当被用来为其建立社会保险。要让农民放弃土地的承包经营权,起码要保证农民达到的经济补偿不低于耕种土地的收益,这里的收益不仅要包括土地自身的产出,还应当包括土地为农民提供的养老、医疗、失业等社会保障的利益。《土地管理法》第47条规定,征用耕地的补偿费用包括土地补偿费、安置补偿费以及地上附着物和青苗补偿费。虽然《土地管理法》没有对安置补偿费的用途加以具体规定,但是从各地执行情况看,基本上是用于被征用土地的农民

的生活安置和就业安置。这就为在征地补偿中实行"以土地换保障"预留了法律空间,因为被征用土地的农民建立养老、失业保险也属于生活安置和就业安置的范畴。《土地管理法》第47条还对土地补偿费和安置补偿费的标准做了具体规定并且有一定的幅度,这也为在征地补偿中实行"以土地换保障"提供了可能①。

(二)土地换保障的基本经济条件

失地农民的产生过程与土地的增值过程具有同步性。在土地增值的过程中,土地对农民的保障性也在逐渐提高。当地价高到一定程度或者经济发展到一定程度的时候,土地就具备了对农民进行保障的物质基础。这个时候出让土地就可以保障失地农民未来的生计。但是,在经济发展水平比较低的时候或者地价不高的时候,土地的保障作用就很弱。关注土地问题的学者指出,在征地过程中由于政府对土地一级市场实行垄断,低成本从农民手中征地后,在土地交易中获得较为可观的收益,使得农民不能参与土地增值收益分配。这对西部民族地区的失地农民来说极不公平。因此,社会保障资金的来源应该来自农民出让土地的收益。

当前引起失地农民问题的主要根源是对失地农民补偿标准过低,使得农民不具有基本的社会保障水平。但是,补偿过高又会加大城市化和工业化的成本,影响城市化的正常进程,对我国经济发展和"三农"问题的最终解决产生不利影响。在西部民族地区城市化过程中,征地不应该牺牲农民的利益,也不应该对城市自身的健康发展构成危害。对于城市和农民来说,征地应该是个互惠互利的行为。这种互利性就体现为"土地能换到农民的保障",而社会保障包括养老保险、医疗保险、失业保险、最低生活保障等项目。其中,农民最关注的是养老、保险、保障功能的落实。养老保障的落实,在一定程度上就能实现"以土地换保障、以保障换就业,以就业促发展"的良性循环发展机制②。分析为失地农民建立基本养老保险应该具备的经济条件,是建立失地农民社

---

① 陈颐著:《论以土地换保障》,《学海》2000年第3期。
② 潘久艳著:《土地换保障:解决城市化过程中失地农民问题的关键》,《西南民族大学学报》2005年第5期。

会保障的基本经济条件,也就是对失地农民进行合理补偿的依据。"以土地换保障"就是要把对农民转让土地和征用土地的补偿直接转换为社会保障基金,这就形成农村社会保障体系建设的制度化的资金来源渠道。当然也应当清醒地看到,仅靠对转让土地和征用土地的补偿并不能解决农村社会保障体系的全部资金需要。尽管如此,"以土地换保障"对农村社会保障体系建设的促进作用将是实质性的、深远的。"以土地换保障"把征地补偿同解决被征地农民的社会保障有机结合起来,其基本做法是将征地补偿费直接转变为社会保障基金,把被征地农民直接纳入城镇社会保障体系,这样做既保障了被征地农村人口的合法权益,有效地化解了他们的生活风险,又促进了城市的发展建设。

(三)土地换保障的制度条件

第一,完善和保护农民的土地财产权利。在目前的征地制度下土地使用权的出让,并不是由农民自己决定的,使用权出让过程农民也没有与买方平等地坐下来谈判价格的权利。造成这一现象的主要原因是农村土地产权权属不明,农民个人只拥有农地的承包经营使用权。这种集体产权性质的农村土地存在着严重的所有权主体不明确的问题,致使农村土地被当作公共品来对待,农民的土地财产权利经常被任意损害,农村土地征用失控就是其表现之一。要解决征地过程中出现的问题,就必须完善农民的土地使用权制度,赋予农民对土地使用权的让渡权利,使农民在征地过程中获得土地使用权的部分增值收益,分享城市化所带来的好处。

第二,农地使用权直接入市交易,国家以土地使用权转让增值税的形式调控土地供应并获得部分土地增值收益。在城市化过程中,国家没有用市场经济的手段而是沿用计划经济的手段去解决农地的征用问题,因此产生了目前农民失地的种种问题。如果建立农地使用权直接入市交易制度,就可以用市场经济手段来解决失地农民问题。农村土地按照政府的土地供应计划直接进入建设用地市场,农民以转让土地使用权的方式实现农地的转用,这样就可以运用市场机制对农民土地使用权转让进行合理的直接补偿,保证农民在进入城市时能够支付转岗培训成本和社会保障成本。在农地转用过程中,由于土地用途的变化使土地价格从农用土地价格上涨到建设用地价格即发生土地增值。这种土地增值并非是由农民对土地的投资和劳动形成的,而是由政府或者投资者投资建设以及土地资源的稀缺性导致的。这种土地增值应当由社会所共享,而不能单独由农地使用者独享。解决这个问题的办法是国家采用间接调控方法,开征土地增值税。这样国家既可以保障农民的合理利益,也可以获得相当部分的土地增值收益。政府还能利用税收调节土地供应,避免出现现行征地制度下政府干预土地使用权交易过程造成出现各种问题都要政府最后"兜底"的局面[①]。

三、西部民族地区农村社会保障立法的必要性

从我国社会保障立法的现状和内容看,社会保障法律制度建设严重存在社会保障立法不健全;规范性法律文件的立法层次较低,多数是以行政条例、决定、规定、通知等形式公布,缺乏较高的法律效力和必要的法律责任制度;社会保障的法律实施机制较为薄弱等问题。除此以外,还存在如下具体问题:(1)适用范围的有限性,适用对象的身份性。现行社会保险的适用范围是针对城镇职工制定的。以社会保险为主体包括养老保险、医疗保险、失业保险、工伤保险、生育保险在内的我国社会保障制度,是用于解决城镇职工和城镇居民的养老、医疗和基本生活问题的。对于西部民族地区农村农民的同类问题没有涉及。西部大开发就是要把西部民族地区的资源优势转化为经济优势。但是,经济优势并不等于就是西部民族地区的农民优势,西部民族地区的农民在市场化的开发过程中,由于集体保障功能的弱化、家庭结构的变化、农民思想观念的滞后、人口年龄的老化以及受自然灾害的影响,他们承担的风险仍然在加大。(2)农村社会保障无法可依。虽然我国已经颁布了《宪法》、《老年人权益保障法》、《农村五保户供养工程条例》和《劳动保险条例》等法律和法规。但是,这些法律法规或者由于其规定的原则性,或者由于调整对象和调整范围

---

① 潘久艳著:《土地换保障:解决城市化过程中失地农民问题的关键》,《西南民族大学学报》2005年第5期。

的特定性,并不能够解决西部民族地区农村的社会保障问题。到目前为止,我国还没有一部关于农村社会保障的法律。(3)农村社会保障形式和途径的有限性。我国农村社会保障的途径极其有限,仅在遇到各类重大灾害之后才能从国家民政部门获得一些临时性救济、救助,没有由国家和社会提供资金支持的常规化、制度化的社会保险形式。随着农村经济体制改革的不断深入,农村社会保障作为一项必不可少的配套工程也必须逐步建立和完善起来。为保证农村社会保障体制的顺利建立和最终纳入到全国统一的社会保障体制之中,进行农村社会保障方面的单独立法势在必行。

要使农村社会保障工作走上规范化的轨道必须加紧制定相应的法律法规。现阶段西部民族地区农村社会保障工作存在的主要问题是:(1)保障对象不明确、保障范围窄。现阶段农村社会保障开展了以救灾、扶贫为重点的社会救济,以复员退伍军人的安置、军烈属的优待抚恤为主要内容的优抚安置,以"五保"供养、残疾人的扶持等为主要内容的社会福利,同时在农民养老、社会保障、农村合作医疗等农村社会保险方面进行了试点和推进等工作。但是,仍然没有把全体农民纳入应有的社会保障安全网中,保障范围仍然很窄。(2)保障资金来源不稳、保障水平太低。现有农村社会保障的资金主要来自于乡(镇)、村两级统筹费中的一部分、农村集体经济的支持部分、农民在养老保险及合作医疗等社会保险中自己交纳的部分,以及国家对救灾救济和扶贫等方面的财政支持部分。但是,在各种资金来源中不仅量少而且不稳定。因而使得农村社会保障水平总体偏低,难以维持受保障者的基本生活需要,尤其是在集体经济薄弱及农民收入水平低的贫困地区保障水平更低,甚至基本无保障。(3)保障的社会化程度低。现有的农村社会保障主要是由乡(镇)进行统筹和开展,只有少数条件较好的地区针对少数保障项目(如农民养老保险)进行县统筹,甚至部分保障项目(如"五保"供养)主要是由村解决。这种农村社会保障体制社会化程度相当低,实际上只能算是一定程度上的农村社区保障。(4)保障管理的随意性和盲目性。一是部门分割、切块管理、各自为政,这样既不能统筹考虑农村社会保障整体发展,又不能适应分散风险和社会化要求,同时还难以提高管理效率和降低管理成本;二是政、事、企合一,制定政策、监督和操作职能集于一身,既缺乏监督制约机制,又难以界定和强化责任;三是随着农村社会保险升温,部门争办保险日趋激烈,各部门之间的管理体制和利益刚性的矛盾日益突出。农村社会保障在长期的社会实践中,主要是依靠高度集中统一的行政管理系统组织实施的,缺乏法律的规范性。在社会保障立法上应当基于城乡二元型保障体制差异性,按社会保障的本质要求对农村社会保障进行单独立法。通过法律手段逐步缩小二元型保障体制的冲突、同化及理顺各种社会保障关系的转轨过程,为最终打破城乡二元保障格局,实行普遍的、统一的社会保障制度,真正为实现全体社会成员间的社会保障权利平等这一终极目标创造条件。更进一步地说,如果不对农村社会保障进行单独立法,而是进行城乡一体的社会保障立法只会导致:由于广大农民在近期内尚不具备与城市居民享受相同标准和水平的社会保障的条件——既不能降低城市居民现有保障水平以迁就农民,也不能一下子使农村居民与城市居民享受相同的保障水平,统一的社会保障制度难以建立,从而使得社会保障法难以实施而失去其应有的法律权威性;或者为保证有关保障法的实施,维护其法律权威性而不顾条件地建立起统一的社会保障制度,这就必然超越农民的承受能力或者增加国家的大量财政负担,最终也会使这种"社会保障制度"难以为继。因此,在进行社会保障立法时必须基于我国国情,针对农村社会保障进行符合市场经济价值取向的单独立法。农村社会保障立法是整个市场经济法制体系中不可忽视的一个组成部分,社会的安定在很大程度上是由法制来维系的,农村社会保障立法则是保证社会安定与和谐发展的杠杆之一。

四、农村社会保障法律制度的总体框架设计

建立完善的法律体系以确保我国农村社会保障制度的建立,实现城乡公平、地区公平的城乡统一的社会保障制度是我国经济发展的重要目标之一。

(一)建立起农村社会保障的制度体系

农村社会保障制度覆盖的范围应是全部农村区域和所有农民,既包括全体务农农民也包括农村非农产业农民,同时还应当包括流入城市中的无

城市常住户口的民工,以使农民所享有的社会保障权益切实得到有效的落实。农村社会保障的主体内容或者项目应当以完善传统保障内容(如农村救济、优抚安置、"五保"供养等)和建立新型保障项目(如农民养老社会保险、农村医疗保障等)并重。针对不同保障项目和内容,个人、集体、国家所应当承担的缴费义务和责任应有所不同。农村社会保障水平的确定,总体应以保障农民基本生活为原则,具体标准应当由省级政府加以确定,部分保障项目如优待抚恤的标准应当确定在农民中等生活水平上。农村社会保障的管理,应当明确统一的管理机构及其管理职能,同时允许针对不同保障项目采取不同的管理方式。要明确国家在农村社会保障中的责任,这种责任的内容有组织引导、财政支持、管理监督三个方面。如国家财政中应适当增加对农村救济、优抚安置、农村卫生医疗机构及设施建设等方面的支出。同时对各级政府的具体责任要做出明确的界定,如中央政府主要侧重于对经济不发达地区农村社会保障的支持,地方政府主要侧重于当地农村传统保障项目和农村福利设施建设的支持等方面。违反农村社会保障法律法规所应当承担的责任应以行政责任(包括行政处罚)为主,辅之必要的刑事和民事责任。在农村社会保障立法时应当对违法的情形及违法所应承担的相应责任做出具体规定。

(二)完善农村最低生活保障制度

要搞好民族地区社会保障制度建设就要以民族地区农村最低生活保障制度建设为突破口,加快建设步伐力争早日能建立和完善这一制度。当前建立西部民族地区农村最低保障体系应当注意做好如下几项工作:(1)科学确定保障线的标准。适宜以县定线,民族地区的县级政府可根据本地的实际情况,考虑维持农村最基本生活的物质需要,测算出贫困人口年人均消费水平和人均基本生活费支出;考虑农村经济发展水平即当地人均国民生产总值和农民人均纯收入;考虑地方财政和乡村集体的承受能力以及当时的物价上涨指数等综合因素,在此基础上确定一个科学可行的最低生活保障线标准的参考系数,逐步缩小地区和城乡之间的低保差距,至少做到条件相近的地区之间参考系数要相同或者接近,最终达到城乡一体。(2)正确界定保障对象。农村最低生活保障对象一般包括因缺少劳力、低收入造成生活困难的家庭;因灾病及残疾致贫的家庭;无劳动能力、无生活来源以及无法定抚养人的老年人、未成年人、残疾人等。要建立最低生活保障对象的档案,以便及时掌握保障对象家庭经济状况的变化,将符合条件的人全部纳入最低生活保障范围并提高基数。(3)合理筹集保障资金。完善中央、省两级财政对农村低保财政转移支付制度,确保资金落实。通过多渠道、多形式,采取多种措施筹措保障资金。如可由国家、集体、社会甚至个人等多方筹措,各级政府还应当把农村最低生活保障资金列入财政预算。要加强对筹集到的保障资金的管理,可由各级政府中相应的社会保障管理部门统一管理保障资金,专款专用,保证使保障对象能用此资金维持其基本的最低生活。当然保障的方式可以灵活多样,可通过发放救济金、补助实物(如粮、棉、油或者燃料等)、或者给予政策上的优惠或扶持等。

(三)制定农村社会养老保险条例

为使我国农村社会养老工作走上规范化轨道,应当尽快制定我国农村社会养老保险条例,对农村社会养老保险条例的立法目的和依据,农村社会养老保险的指导思想和原则等方面进行明确规定。(1)养老保险的形式要灵活多样。农村社会养老保险的具体形式很多,按照投保人的情况不同可归纳为两类:一类是普遍保险即由个人直接向农村社会养老保险机构投保而形成的保险;一类是职业保险即与某种职业有关的保险,如乡镇企业职工养老保险、村干部养老保险、农村义务兵养老保险、民办教师养老保险、蚕农养老保险等。正确确定养老保险基金的筹集办法。农村社会养老保险基金的筹集,在现阶段实行"以个人缴纳为主、集体补助为辅、政府予以扶持"的办法是符合农村实际的,这里关键是要把握好"为主"、"为辅"、"扶持"的度。针对目前集体补助比重过小、国家扶持微乎其微的状况,应当适当提高集体补助的比重,加大政府扶持力度。(2)做好养老保险基金的保值增值工作。社会养老保险基金应当由专门机构实行分级专户存储和专项管理,明确管理服务费的提取比例及用途。基金的保值增值可通过存入金融机构或者购买国家债券及金融债券,也可由地方财政担保,通过银行贷款尤其农业发展银行贷款用于地方建设,尤其是农村经济建设等途径而实现。同时应当明确基金管理机构财务制度和审计监督制度。鉴于近几年来民政部门负责组织和管理农村社会养老保险工作,取得了很大进展并积累了经验,条例中可明确指定民政部门在农村社会保障委员会指导下主管农村社会养老保险工作①。要按照行政管理与业务管理相分离、基金管理与基金运营相分离的要求,成立相应的组织机构,完善管理体制。要认真研究养老保险基金的保值增值的办法与措施,逐步使基金运营走向市场,实现基金的合理组合和最大增值。当前除应当注意搞好与银行的合作,提高储蓄与购买国债的收益率外,还应当根据国际上的成功经验考虑在较安全原则下的多渠道投资。(3)加强养老保险的管理。要建立健全适合当地实际工作需要的业务、财务、基金和档案管理等规章制度,实行岗位目标管理责任制,强化约束机制和激励机制;要严格监督和检查,及时向各方面公布有关情况,增加透明度;要健全实务规程,大力推行和普及规范化操作,逐步推广和运用计算机个人账户管理系统,不断提高工作效率。要加强对保险干部和一般工作人员的培训,争取在2—3年时间内将在岗人员轮训一遍,努力提高干部和一般工作人员的管理水平和业务素质。

在西部民族地区的一些特别贫困的地区,目前还无法建立统筹规划的社会养老保险体系。不管是发达的农村地区还是欠发达的农村地区,都应当建立综合性、多渠道的养老保障体系,以对付农民的老龄风险。除了农村社会养老保险外,还应当积极采取其他的保障措施。这些措施主要有:(1)坚持家庭养老。中华民族有着尊老爱幼的传统美德,赡养和孝敬父母也是中华传统文化的核心之一。我国《宪法》和《老年人权益保护法》对赡养老年人问题都有明确的规定,家庭养老具有一定的法律规定性。几千年来,家庭始终在养老问题上发挥着重要的作用。家庭养老可以避免西方国家出现的那种由于过度推进社会保险而带来的家庭危机,从而维护良好的社会道德规范,促进农村社会进步。(2)建立健全农村最低生活保障制度。农村

---

① 欧阳仁根著:《我国农村社会保障立法的若干问题》,《政治与法律》1999年第5期。

最低生活保障制度是对家庭人均收入低于生活保障标准的农村贫困人口按最低生活保障标准实行差额补助的制度,是确保农村贫困人口基本生活的措施。在一些欠发达地区仍然存在生活困难、甚至不具备维持生存条件的情况。特别是这些地区的老年人,他们的养老保障存在很大的问题。因此,欠发达地区建立和健全农村最低生活保障制度对于解决养老问题具有非常重要的意义。(3)发挥土地的保障功能。改革开放后家庭联产承包责任制在我国农村普遍实行,农民由于承包了土地而有了一定的生产资料。生产资料是生产力的重要因素,拥有了生产资料,农民就获得了生活或者养老的一定保障。农民既可以自己耕种获取收入,也可以通过其他方式如出租或者出让土地使用权来获得养老保障。如一些地区的无子女的农村老人,通过政府组织以自愿协议的形式,将土地使用权与其他生产资料转移给愿意承担养老义务的村民(甚至外来民工)以解决养老问题。土地承包的长期性决定了土地作为农民基本养老保障的长期性。对于失地农民的养老保障基金,其资金来源可由以下几块组成:被征地单位的征地补偿费;政府土地出让金收益提成;政府财政每年专项列支。基金主要用于两个方面:一是充实基本养老保障制度中基本保险部分;二是对农民职业技能培训费用进行补贴。(4)发挥商业保险和储蓄的养老保障功能。对于发展社会养老保险条件尚未成熟的欠发达农村地区,宜强调自我积累、自我储蓄和自我保障。储蓄是我国农民应付未来经济需要的常用手段,应当鼓励农民储蓄作为今后的养老之用。同时也应当鼓励农村中收入较高的那部分农民参加商业保险,国家要为保险公司在农村开展养老保险业务创造条件。

(四)完善农村合作医疗条例

农村医疗保障是农村社会保障中的重要组成部分,制定农村合作医疗条例旨在推动农村医疗保障事业的进程,规范合作医疗过程中涉及的各方面的关系。(1)发展合作医疗的指导原则。贯彻自愿量力、因地制宜原则,民办公助、受益适宜原则,服务第一、厉行节约原则,科学管理、民主监督原则等。根据群众意愿和农村经济发展实际选择多种合作医疗形式,逐步形成以村合作医疗组织为基础、乡(镇)合作医疗组织为重点、一定范围(如大病及康复医疗合作)的县(市)联合的多级合作医疗组织体系。按照农民个人为主、集体为辅、国家支持的总体要求,农民在自愿基础上承担大部分,集体投入主要来自乡村集体提留和企业福利基金中的一部分,国家支持体现在重点对老少边穷地区的合作医疗专项补贴及对农村卫生机构设施建设和医务人员培训等方面。(2)关于医疗费用的补偿。要坚持以收定支,确定合理的报销比例。既要考虑到让群众普遍受益,又要重视对大病、重病患者的重点补助。以民主管理为基础的合作医疗经营管理制度。包括财务管理制度、转诊制度、处方用药管理制度等。(3)鼓励社会对农村医疗卫生事业的支持和参与。鼓励社会对农村卫生事业的资金捐赠;鼓励城市卫生机构以人员培训、技术指导、巡回医疗、设备支持等方式,对口支援农村卫生事业,鼓励医学教学科研机构到农村建立实习科研基地等。要明确政府对农村卫生事业的支持和管理职责,切实把卫生工作的重点放到农村去。在财政预算中增加对农村卫生事业的资金支持,明确农村合作医疗的主管部门及其职责,强化对农村卫生事业的行政管理与监督。

(五)完善农村社会保障其他相关条例

对农村社会保障进行立法时,除了前述的农村社会保障法、农村社会养老保险条例和农村合作医疗条例之外,还应当制定农村社会救济工作条例、农村优待抚恤工作条例等条例和完善农村"五保"供养工作条例等内容。(1)确定特定的保障对象,如农村社会救济的对象应是因受灾或者其他原因而暂时或长期处于最低生活标准之下的农村群众。(2)确定保障资金来源。农村社会救济、农村优抚安置、农村"五保"供养等保障项目的资金来源应当主要由政府财政和集体投入,确定保障水平。(3)针对不同保障项目而确定不同的保障水平。如农村社会救济、农村"五保"供养应确保受保障人员不低于当地最低生活水平,而农村优待优抚这一保障项目应当使保障对象不低于当地平均生活水平。(4)确定享受特定保障的程序。为使保障工作规范展开,应当制定相应的程序,主要包括申请、审核、批准等环节。(5)确定享受保障的方式。针对不同项目可灵活采取不同的保障方式,如农村社会救济应根据不同对象可采取发放钱物、帮助恢复生产、兴办经济实体为其提供就业机会等方式。(6)确定管理责任。明确管理部门、管理职责、违法责任的追究、保障对象的权益受到侵害时的行政和司法救济方式等①。

---

① 念富强著:《论我国西部农村社会保障问题及法律对策》,《西北民族学院学报(哲学社会科学版)》2002 年第 5 期。

附：调研报告

西部民族地区城市化过程中农民土地权益法律保障问题的调研报告

根据我们所承担国家"985 工程"二期建设项目和司法部 2005 年研究课题的客观要求,我们选择了广西壮族自治区的贺州市和内蒙古自治区的赤峰市两个调查点,于 2006 年 5—7 月就"西部民族地区城市化过程中农民土地权益法律保障"问题进行了实地考察调研。根据项目调研的需要并结合当地的实际情况,我们将调研的现场确定为广西壮族自治区贺州市的八步区和内蒙古自治区赤峰市的红山区。本次调研活动的主要内容为:(1)西部民族地区城市化过程被征地农牧民的生存和发展现状;(2)西部民族地区城市化过程中国家保护农牧民土地权益的法律及政策落实状况;(3)西部民族地区城市化过程中农牧民土地权益受损的主要表现与原因分析。现场调研的主要方法是:走访相关政府部门、调取相关统计和调查数据、被征地农户问卷、对被征地农户重点访谈、开座谈会等。现场调研工作较为顺利,基本达到预期目的和要求。现场调研工作结束后,我们对现场调研所取得的所有资料进行了整理和分析,并形成研究项目的系列调研报告。

一、样本地概况

(一)广西壮族自治区贺州市八步区基本情况

2002 年 6 月,经国务院批准,撤销广西壮族自治区贺州地区,设立地级贺州市。同时批准撤销县级贺州市设立八步区。八步区是中共贺州市委、贺州市人民政府所在地,是贺州市政治、经济、文化的中心。行政区域下辖 19 个乡镇、两个瑶族乡,国土面积 5152 平方公里,占整个贺州市 11855 平方公里的

43.5%,在广西各县(市、区)居第二。总人口93万,占整个贺州市人口210万的44.3%。八步区2003年、2004年连续两年获得"广西经济发展十佳县(区)"称号。2005年,全区实现生产总值78.16亿元,比2000年增长71.5%,年均增长11.4%;2005年,八步区人均生产总值为1038美元,生产总值78.16亿元,占整个贺州市167.02亿元的46.8%,地方财政收入3.112亿元,占整个贺州市5.182亿元的60%。"十五"期间,八步区积极实施项目建设和交通基础设施建设大会战,固定资产投资迅猛增长。"十五"期间全社会固定资产投资累计完成83.96亿元,是"九五"时期投资总和的1.8倍,年均增长44.4%。全区新开工项目901个,竣工项目540个。在积极配合洛湛铁路八步段、桂梧和广贺高速公路(贺州段)以及国道323线莲鹰段改造等重大交通项目建设的同时,八步区加大了本区内的交通基础设施建设。贺州市整个城市化建设的一半以上的资金是投放在八步区内,近几年来八步区城市化建设得到了迅猛的发展。城市建设规划的面积也一再扩大,集体的土地征收规模在逐渐增加。

(二)内蒙古自治区赤峰市红山区基本情况

1983年11月实行市管县体制,撤销昭乌达盟建立地级赤峰市,改原赤峰市为红山区。红山区位于内蒙古自治区东部、赤峰市南部,是赤峰市的政治、经济、文化中心。全区总面积169.6平方公里,其中城市规划面积27平方公里,建成区面积20.4平方公里。红山区辖9个街道、3个镇、1个乡。全区总人口30万,居住着蒙、汉、回、满、朝鲜等22个民族。红山区地处东北、华北两大经济区的结合部,是连接东北、华北和内蒙古西部地区的重要交通枢纽。城区内集中了上百家中直、自治区直、市直大中型企业和一些科研单位、大中专院校,具有广泛的科技和信息资源。"十五"建设期间,红山区突出"加快发展,强区富民"的主题,实施"工业强区、商贸立区、开发兴区"三大战略,"十五"期末全区生产总值完成51.5亿元,比"九五"期末增长124%,年均增长17.6%;财政收入完成6.19亿元,比"九五"期末增长113%,年均增长16%;城镇居民人均可支配收入8196元,比"九五"期末增长56%,年均增长9.4%,农牧民人均收入5157元,固定资产投资完成22.15亿元,比"九五"期末增长 2.7 倍,年均增长 30%。同时重点项目建设力度加大,城市化发展进程加快。根据红山区城市规划与建设局提供的资料显示,2004 年城市建设总投资 2170 万元,均为财政投入。2005 年城市建设总投资 7877 万元,其中国债 4500 万元,社会集资 85 万元,财政投资 3292 万元。2006 年建设项目共 6 大项,估算总投资 9800 万元,其中国债投资 1660 万元,其他投资 8140 万元。在城市建设的同时,红山区的工业园区和专业市场建设发展也相当迅猛。由于城市建设的快速发展、工业园区建设的逐步完善和专业市场的不断增加,红山区的集体土地征收面积也迅速增长。

二、问卷调查分析

(一) 问卷表及调查方法

调查问卷表主要由 6 个主题组成:(1)被调查者的基本情况。主要涉及到被调查者本人及家庭的自然状况、土地承包情况、家庭收入情况及所在地农民组织状况等。(2)土地征收。主要涉及到被调查者对土地征收的知悉程度及对征地的态度、征地过程中村委会(村民小组)的作用、征地过程中土地数量的确定、被征地农民意见的反映渠道等。(3)补偿安置。主要涉及到征地补偿款的数量及发放情况、被征地农民对补偿标准的知悉程度、征地补偿款发放中是否存在违法问题、被征地农民希望的安置方式。(4)就业状况。被调查者及家庭成员在征地后的培训及就业状况、求职中的主要障碍、对安置工作的态度等。(5)生活变化。被征地农户征地前后生活的变化情况。(6)满意程度。被征地农民对土地征收的支持或者反对的原因及对征地补偿安置政策的期望。

本调查横截面设计样本。以 16 岁以上成年人口为总体,用分层随机抽样的方法抽出来自不同街道或乡镇被征地人口为对象进行问卷调查。分层依次为区—街道/乡镇—居委会/村委会。本次调查共发放 300 份问卷,收回 286 份,有效问卷 272 份,回收率和有效率分别为 95.3% 和 95.1%。由于农地征收中的补偿与安置是城市化发展中的敏感问题,同时调查涉及到收入、支出、补偿金额等隐私,因而在调查中存在个别不实回答的倾向,经过测试与修正,最后的数据基本符合事实。

(二)样本的分布与构成

在272份有效问卷中,贺州市八步区138份,占50.7%;赤峰市红山区134份,占49.3%。样本中男性占62.5%,女性占37.5%;平均年龄42.7岁,20岁以下占0.4%,20—39岁占39.6%,40—49岁占32.3%,50—59岁占12.7%,60岁以上的占15%。在文化程度方面,小学文化程度及以下占38.5%,初中占47.5%,高中占12.9%,高等教育(主要是电大、自考)占1.1%。调查数据显示,有86%的被征地农民文化程度在初中和初中以下。样本的婚姻状况:未婚占6%,已婚占87.1%,离婚占1.5%,丧偶3.3%,分居占0.4%,未回答占3.2%。样本的政治面貌:中共党员占6.2%,共青团员占3.3%,民主党派占0.8%,无党派人士占62%,不回答占27.7%。

(三)土地征收

在有效问卷中,被调查者知道政府为什么征地的占85%,不知道的占0.5%,其余未回答。有82.5%选择了通过村委会的途径知道政府要征地、为什么征地;12.5%的人选择了政府公告的途径。有72.3%的人知道一些国家土地征收的法律和政策,有18.6%的人选择"基本不知道",选择"都清楚"和"完全不知道"的各占0.11%和2.2%。有67.5%的人选择通过"村委会"了解国家土地征收的法律和政策,有6%的人选择"政府宣传",另有14.5%的人是通过"自己学习"来了解的,其余的则选择了"别人告诉"和"其他途径"。在问及"政府征地前,村委会(村民小组)召开全体社员会议讨论"的问题时,有42.4%的人选择了"没有",有50.2%的人选择"有",其余未作答。有22.8%的人认为在征地过程中村干部的作用很大,完全是他们说了算,或者作用大,主要是他们拍板。有52.3%的人则认为,村干部的作用一般,主要是起召集人的作用,社员大会决定主要事项。有1.1%的人认为,村干部没有作用,他们基本上不管事。在问及"政府征地过程中,如果你有意见,你会向谁反映"时,有32.4%的人选择"自治区、市、县、乡党委",有25.5%的人选择"自治区、市、县、乡人大",有16.7%的人选择"司法机关",有12.1%的人选择"自治区、市、县、乡人民政府",11%的人选择"其他组织"。

问卷调查表明,被征地农民对自己的土地为什么被征收比较清楚,主要是通过本村委会知道的。但是,大部分被征地农民对国家土地征收法律和政策并不清楚,地方政府相关的宣传工作开展得不够。在现阶段农村土地征收过程中,村干部所起的影响和发挥的作用十分有限。被征地农民反映意见渠道的意愿比较集中在党委、人大和司法机关,而对政府部门不太信任。

(四)补偿安置

对于因城市规划建设而全部失地的农民,样本地均采取了一定程度上的安置。失地农民也因此"农转非",享受城市"低保待遇;而对于因城市规划建设未全部失地的农民,样本地往往是采取一次性货币补偿的做法,不存在安置的问题。对于因铁路、高速公路建设征地的农民都是采取一次性的货币补偿,没有安置。在问及补偿款的发放有无拖欠时,有92.5%的人回答是没有拖欠,1.1%的人认为发放有些不及时,其余未作答。在有效问卷中,只有16.8%的人被安置。另有12.3%的人是在整个村变成街道后,集体开办的各类企业或者市场上班。有3.9%的人未作回答。在问及"你知道谁是征地安置责任部门吗?"时,有21.3%的人回答是"开发单位",有53.4%的人回答是"区政府",无人回答"委托安置",回答"不知道"的占25.3%。在问及"土地被征收后,你希望的安置方式是哪种"时,有42.8%选择"就业安置",有11.3%选择"待业安置(在未就业前每月领取待业费)",有6.4%选择"一次性补偿安置",7.9%选择"提前养老安置",另有32.5%选择了"保障加补偿安置",有24.8%选择"接受养老安置"。从调查的情况看,选择"一次性补偿安置"的动机是,有24.8%的人认为自己有一技之长,可以靠自己自谋职业或者自主创业,不需要安置;有15.5%的人在农地征收前已经有了比较满意的工作,而且自己工作的单位已经给自己买了各种保险;有23.7%的人是由于不愿或者年龄的原因安排不了工作,希望或者只能一次性了结,从而"落袋为安";还有12.5%的人不相信有关部门真的能安置。

问卷调查表明,失地农民绝大部分没有得到相关部门的安置,主体部分是自谋职业。多数失地农民不知道谁应当负责自己的安置工作。失地农民对于政府和相关部门的就业安置愿望强烈,同时也对于政府是否有安置能力和安置诚意表示一定程度上的怀疑。

(五) 就业状况

在有效问卷中,有82.3%的人根本没有被安置,有75.8%的人没有参加任何部门组织的就业培训。在问及"谁应该负责就业安置"时,有72.5%的人认为应当是政府,有19.7%的人认为是用地单位,有8.3%的人回答"不知道"。在自谋职业遇到的困难中,选择"文化水平低和技术能力低"的占69.3%,选择"没有适合自己发挥与发展的岗位"的占38.6%,认为"年龄与健康状况的限制"的占18.9%,认为"获取就业信息太难"的占16.7%,另有4.2%的人选择了"外来劳动力强占市场,竞争压力大"。在问及对所安置的工作是否满意时,有67.8%的人认为不满意,有24.9%的人认为"还可以",有11.2%的人认为这个问题"说不清"。

问卷调查表明,失地农民的就业非常困难。在寻求就业机会的过程中,政府对于失地农民的就业培训工作力度不够。被征地农民自谋职业遇到的最大的困难是文化水平低和技术能力差。在由相关部门实施的被征地农民就业安置的工作中,农民的满意度较低。

(六) 生活状况

在收回的有效问卷中,当问及"现在的收入比征地前收入如何"时,有63.4%的人认为现在比过去低,有18.7%的人认为现在比过去高,有5.2%的人认为差不多。在回答比较"征地后生活的压力比征地前生活的压力"时,有72.4%的人回答是征地后生活压力大,只有12.7%的人回答是征地后生活压力小,8.6%的人认为没有区别。62.5%的人认为主要压力是没有稳定的收入来源,24.3%的人认为是没有各种社会保障,有7.6%的人认为是日常生活各种开支比以前要大。有58.7%的人认为与同村未征地农民的生活水平相比较有所下降,有22.1%的人认为有所提高,17.4%的人认为差不多。

问卷调查表明,近六成以上的被征地农民认为征地后的收入有所下降,有超七成的被征地农民认为征地后的生活压力增大,有接近六成的被征地农民认为与同村未征地农民的生活水平相比较有所下降,有六成以上的被征地农民认为征地后生活的主要压力是没有稳定的收入来源。从总体上看,大部分被征地农民认为征地后收入水平下降,生活压力增大。

(七)满意程度

在对被征地农民的满意程度的调查中,有43.2%的人反对土地征收,有48.3%的人支持土地征收,有4.5%的人表示说不清。在支持土地征收的农民中,有86.7%是属于国家铁路和高速公路建设征地。在反对土地征收的农民中,有76.4%是属于城市规划建设征地。支持征地的主要理由是国家工程建设的需要,老百姓理应支持。国家铁路和高速公路的建设,对于发展地方经济和改善群众生活有帮助。反对土地征收的主要理由是征地补偿费太少,征地后生活水平下降,就业困难。在问及"对现行征地补偿安置政策的期望"时,高达69.3%的人都选了问卷表中给定的全部七个选项,即应按照市场价格补偿征地农民、补偿安置政策应当更多地考虑就业安置、安置政策必须配套社会保障,提高现行的养老和医疗保险水平、安置政策要公平、公开、能够完整享受城市居民的待遇、服从国家制定的政策,但必须认真执行、要彻底改革征地制度等。

问卷调查表明,在土地征收过程中,农民并非完全反对或者完全赞成他们的土地被征收。一般而言,对于国家大型项目建设征地,农民还是比较支持的;而对于因地方城市化建设征地,农民的反对是一种表象。实际上农民非常渴望成为城里人,并非愿意固守自己的"一亩三分地"不放。他们反对的是现行的农地征收补偿制度的极端不合理性。从总体上看,绝大部分被征地农民对现行的土地征收制度表达了强烈的不满,希望国家对此进行彻底的改革。

三、农户访谈

为了比较全面和深入地了解八步区和红山区征地农民的生活状况,我们还在两个样本地进行了入户访问调查,共选取了八步区八步街道、莲塘乡、黄田乡和红山区城郊乡、站前街道、东城街道共6个抽样调查点,入户调查对象40位。访问主要围绕下列7个方面的主题进行。

(一)征地带来的变化和影响

入户调查情况表明,由于六个样本地分别处于八步区和红山区不同的地理位置,离城区的远近不同,农地征收的原因不同(国家铁路与公路建设征地、城市建设征地),受访者的回答也各不相同。在大多数受访者看来,征地带来的最大变化是脱离了农地耕作,但是对未来的生活充满了担忧。

案例一:受访者(户主),48 岁,小学文化程度,妻,46 岁,小学文化程度,家庭人口 4 人。家庭模式为核心家庭结构。全家只有 2 人分得承包土地 4亩,其中耕地 2 亩。由于铁路建设被征农地 1 亩,补偿费 18000 元。2005 年全家纯收入为 2 万元左右。其中,农田收入 5000 元,外出打工收入 10000 元,家庭副业收入 5000 元,农田收入占整个收入的 25%。家庭年支出约 12000 元(妻子生病花出 7000 多元)左右。农地征收实行的是一次性货币补偿,无安置。受访者认为,征地带来的最大变化就是家中耕种的农地减少了,但补偿费太低,18000 元的补偿费只相当于他们家征地前一年的收入,几年就可能花光了。从此以后,家中的 1 亩耕地却永远失去了。由于自己的文化程度不高,国家征地又没有安置工作和参加社会保险,因此,非常担心自己和家人一旦生了大病,就可能迅速陷入一贫如洗的境地。受访者还称,这个问题在他们同村被征地农户中是一种普遍的现象,大家的想法和担心都差不多。

(二)征地前后的生活状况

在对征地前后生活状况比较问题上,40 位受访者中有 8 位认为差不多,有 27 位认为征地前好于征地后,有 4 位认为不好比较,有 1 位不作回答。认为征地前生活状况好于征地后的主要原因是,征地后的日常开支明显增加,食品和副食品都要到市场上买,小孩的教育费用增加,人情礼节开支增加,还增加了原先没有的煤气、水电等费用。同时,家庭副业减少(如养鸡、养猪等在城市里是禁止的)。认为差不多的主要原因是,这些家庭原本总收入中农田收入所占比例就很低,或者家庭生活来源基本上就不靠农田收入,而主要是依靠其他收入来源。

案例二:受访者,28 岁,女,高中文化程度,已婚。因城市规划建设需要,农地被征收后转为城镇户口,无安置,自谋职业。征地补偿款共 3 万多元(夫妻二人和小孩均无承包地)。现购置一辆电动三轮车搞客运,月纯收入 600元左右。丈夫 30 岁,高中文化程度,原在一家私人企业上班,后企业破产下岗,现在一家建筑公司打工,月收入1000元左右。有一小孩上小学4年级。公公、婆婆都快60岁,主要在家带小孩。平时偶尔帮人打点杂活,全年收入不到1000元,另有拣废品等其他零星收入约1800元。家庭年总收入大体上为22000元左右,家庭成员没有参加任何保险。受访者家庭征地前3年年均收入大约为35000元左右。其中农田收入为5000元,副业收入为10000元左右(主要养猪、种植蔬菜和少量的水果),自建房屋出租收入2000元左右,丈夫外出打工收入15000元左右,其他收入3000元左右。征地前家庭年支出大约8000多元。现家庭年支出15000元以上。开支增大主要是食品、水电煤和教育、人情礼节等方面的费用。

受访者认为,征地带来的最大变化是由农村户口变为城市户口,最大好处是小孩就读的学校教育质量比以前的要好。但是家庭的收入不稳定且有一定程度下降,生活必要的开支大幅度增加,整体上生活水平有所下降。受访者主要有三点担忧:一是担心不知道什么时候政府出台取消三轮车客运导致自己失去工作;二是担心自己丈夫的工作能干多久;三是担心自己和家人生病而陷入困境。她认为,虽然现在家人都进城了,但是生活的压力比原来要大得多,生活水平不如原先的状态。征地补偿多与少并不是最重要的,关键的问题是能否有一份有稳定收入且持久性的工作。

(三)征地前后的收入来源

在40位受访者中,征地前有21户家庭总收入中农田收入占总收入比重在30—50%之间,有14户在10—30%之间,只有5户在50%以上。目前家庭的收入来源,完全失地的农户主要是外出打工收入。部分失地的农户收入来源依然是三部分构成:农田收入、副业收入和打工收入。

案例三:受访者,男,53岁,初中文化程度,党员。家庭人口6人,劳动力3人,夫妻二人和大女儿在家务农,二女儿在八步区私人服装厂上班,三儿子上高中,还有一位年近70岁的老母亲。全家只分到夫妻二人的承包地1.5亩,其中耕地1.2亩。被征地0.7亩,剩下0.8亩耕地,得到补偿费1.1万元,无人被安置和参加任何保险。去年全年全家纯收入是8130元,其中,耕地收入1030元,"四荒"地上收入300元,家庭养殖收入200元,其他副业收入2000

元,工资性收入(主要是二女儿的工资)4600元。征地后,农田收入明显减少,粮食基本上只能勉强够吃,农田基本上没有纯收入,"四荒"地上收入也没有了。其他的收入状况基本上没有变化,征地前后的开支也大体上差不多。受访者认为,这样的征地对于他家这样的情况是划不来的。一是他们夫妻二人均无其他的生存技能,只会种田。二是如果碰上年景不好,粮食都不够吃,还要花钱买粮食就麻烦了。两个女儿出嫁后,家中就无收入来源,而儿子将来要上大学,受访者说真不知道今后怎么办。

(四)征地前后的就业状况

在40位受访者中,有4位征地前和征地后均在家务农,有23位是务农兼外出打工,有6位是征地前后均在企业上班,有2位是征地后企业上班后又无业在家,有5位征地后一直无业在家。在40位受访者中,有15人表示曾求职3次以上,有11人曾在2家以上企业工作过。求职主要的困难,一是年龄大,二是文化技能低,三是有的企业还要交一笔数额不菲的风险抵押金。受访者认为,征收农地在他们那里,政府和用地单位对他们都不安置,实行的都是一次性的货币补偿,且不把他们纳入社会保险。另外,他们即使找到工作,也大多数是临时性的,工作环境差,条件艰苦,收入又低。受访者认为,他们那里没有自己的村办企业,到外面去找工作困难重重。

案例四:受访者,男,33岁,初中文化程度,全家4口人,夫妻二人和两个小孩,两个小孩上小学。全家只有他一人分得承包地0.8亩,其中耕地0.5亩。后耕地全部被征收,只剩0.3亩旱地,获征地补偿费8000多元,无安置和参加任何保险。征地前一年家庭纯收入为17000元左右,其中农田收入1500元,副业收入12500元,其他收入3000元。受访者本人在征地前后均不务农,一直在外打工和本地企业做事,目前在本地一家大理石加工厂上班,年收入为12000元左右。

受访者求职打工的经历十分曲折。一开始通过区职业介绍所推荐到广东东莞一家电子装配厂上班,从事电子元件加工工作。后因企业自身经营问题倒闭而失业,又回到广西贺州。不久在贺州市一家电器专卖商场当推销员。大约半年后,电器专卖商场关门歇业,受访者又一次失去工作。后经人介绍,在一家儿童玩具加工厂上班,负责仓库保管工作。不到一个月,因身体健康方面的原因被辞退。在家休息和疗养半年之后,正好一台商在受访者本村投资办大理石加工厂,区及乡政府提出要优先考虑本地人员进厂,特别是要优先考虑被征地农民。这样,受访者进入了该厂工作,担任仓库保管员一职。受访者认为,他是非常幸运的,在本村上班,既拿工资又能照顾到家,尤其对小孩的教育来说非常重要。实际上,许多受访者都提出,农地征收是正常的,并不可怕。关键是能否有合适的工作可做,能养家糊口,将来有所保障。

(五)征地安置的情况

从调查的结果看,农地被征收后大多数失地农民没有被安置。少量是由街道利用自身的条件而创办一些街道企业进行安置。在受访者当中,基本上分为三种不同类型:一是城市规划整体并入城区,原来的村变成了街道,全体村民成为城市居民;二是因城市建设部分农地被征收,村民身份并未改变,村集体依然存在;三是在离城市较远的农村,由于铁路建设和高速公路建设等管线工程项目建设农地被部分征收的,村民身份也没有改变,村集体也依然存在。在这三类失地农民中,只有因城市规划整体并入城区的农民,享受城市居民的“低保”待遇,有少量的被安置工作或者享受自谋职业的一些优惠政策与措施。

案例五:受访者,男,58岁,初中文化程度。家庭人口4人,其中劳动力3人。征地前,全家3人分得承包地2.8亩,年均收入在14000元左右。其中,农田收入2000元,家庭养殖收入2500元,副业收入2500元,工资性收入5000元,其他收入2000元。因城市规划,该村整体并入城区,原来的村变成了街道,受访者一家全部转变成为城市户口。原有的土地全部归为国家所有,共获得补偿费5万余元。受访者本人及家人享受城市“低保”待遇,每月享有养老金不到100元。儿子被安置在一家街道企业从事运输工作,每月基本工资待遇800元。受访者一家进入城市后,农田收入和家庭养殖收入均没有了,副业收入也减少了。现整个家庭的年收入大概为16000元左右,但是,消费支出却比以前增加了一倍多。进城前他家的生活水平在当地是中上等,年末除去各种开支,尚能节余1万元左右。进城后自己年事已高,无事可为,只得拾捡破烂废品变卖,补贴家用。妻子身体不好,呆在家中养病。补偿款除去在县城购房后所剩无几,而且一切物品都得从市场购买。各种开支接踵而来,水电费、物业费、卫生费等,现每月开支要1000多元,生活水平有较大幅度下降。

(六)对今后生活的看法

医疗保障和养老保障是受访者最关心和最担心的问题。由于除了因城市规划整体并入城区的失地农民或多或少、或早或迟能够享受到医疗保险和养老保险之外,另外两类失地农民目前还无法享受到医疗保险和养老保险。部分农地被征的补偿费更是少得可怜,受访者对未来生活普遍感到极度迷惘和不安,个别人甚至失去生活信心。当然,产生这些问题并非完全是由于农地征收带来的,地方经济不发达是导致问题出现的最根本原因。

案例六:受访者,女,42岁,丈夫去世多年,3个小孩,2女1男。大女儿20岁,在家务农即将出嫁;二女儿18岁,在广东打工,年收入近10000元;小儿子上高中。全家只有原夫妻二人分得的承包地1.6亩,其中耕地0.9亩。因铁路建设被征地1.2亩,获得补偿费近2万元。现剩下旱地0.4亩,所种粮食不够一家人吃饭,每年还要从市场上购买部分粮食。同时受访者身体不好,常年吃药打针,每年都要花去2000元左右的医疗费。受访者是经常彻夜不能寐,一是担心自己的身体不行,二是担心大女儿出嫁、小儿子考上大学后,日子不知道如何过。受访者告诉我们,不是看到小孩子可怜,她真的不想活下去了。尽管当地政府对他们一家的生活问题也非常关心,但是受访者总觉得失去了农地就失去了最大依靠,失去了对未来生活的希望。

(七)对征地安置工作的诉求

在调查中,受访者对于征地安置工作的意见主要集中在如下6个方面:
(1)补偿费太低。受访者都表示,国家为了本地区经济与社会发展、改善地方群众生活而进行铁路和高速公路的建设,是造福子孙后代的好事情,他们都应该全力支持。政府征收他们的农田,他们没有任何意见,也不应该有任何意见。但是,他们为国家和地方所做出的牺牲(或者承受的负担),是应该得到公正、合理的补偿。现在一亩地补偿一万元,也就是一个健壮劳力一年外出打工所挣的钱。钱用完了还可以再挣,而农地一旦失去却永远回不来。他们非常想知道这个标准是怎么计算出来的,计算的依据是什么。实际上,他们也曾多次询问政府相关部门,政府部门的人员也不知道,只是告诉他们法律和上级政策就是这样规定的。另外,政府有的征地实际上是搞城市开发,从他们手中强行低价将农田拿去,高价卖给开发商,一亩地的差价是十几倍、几十倍。他们没有得到任何好处,好处都让政府和开发商得了。另外,有的农户种的是经济作物,产值较高,但是补偿都是按照一般农地的产值来定,这样做很不公平。现在中央对农民和农村的政策都是好的,到下面来就走样了。(2)补偿标准不统一。在调查中受访者提出,现在农地征收中补偿标准不一样,被征地农民的意见很大。国家铁路和高速公路建设征地的补偿标准,比城市建设征地的补偿标准要低得多。同样差不多的地,因不同的用途存在着较大差价,他们也不知道这是为什么。他们还提出,实际上在城市建设征地中,城市郊区被征地的农民,他们得到的补偿要比国家建设铁路和高速公路征地补偿的钱多得多。国家项目不能讨价还价,补多少就是多少,没有讨论和选择的余地。而开发商和投资商用地的补偿就不一样,往往可以向对方讨价还价多要一些,或者以解决其他方面问题来得到一些补偿。有时候一亩地可能多出好几千甚至上万块钱。(3)货币补偿安置等于没有安置。受访者认为,现在征地实行的都是拿钱来补偿,就给那么一点钱地就拿走了,其他什么事也就不管了。既没有什么工作安排,也没有什么社会保障,反正钱已经给了,要死要活是农民自己的事情了,好像与国家和政府没什么关系似的。年龄大的人,没有安置也就算了,就靠这点补偿款过紧日子。但是年轻人咋办? 没有能力的人咋办? 地被征了不要紧,要是能像城里人那样有份收入稳定的工作,他们就不用担心了。(4)没有社会保障。在调查中受访者说,现在农民最怕的就是生病和老了以后的生活负担问题。虽然农田的经济产出不多,但是它能够保证有饭吃,维持生计没有太大的问题。现在国家把农业税都免去了,种田还有补贴,有地就有温饱。现在地没有了,就这几万块钱,将来的"生、老、病、死"怎么办? 他们听说东部很多地方征地后给办理养老保险、失业保险和医疗保险,他们一方面感到非常羡慕,另一方面又感到自己非常失落。(5)征地农户没有发言权。受访者说,现在征地和上个世纪的 1998 年、1999 年征地时的情况大不一样。在

1999年前,用地单位要征地(包括补偿和安置),都要来和村里面的人商量,特别是在补偿费用问题上,集体要开会讨论,征求大家的意见。在补偿问题上还可以和用地单位讨价还价,双方都觉得还划算。那时候开发商还招工,村里面有不少年轻人都进厂工作,大家还感谢开发商,农民和开发商的关系要比现在好得多。现在不一样了,国家要征地,土地部门贴个通知,找村里面的干部一说地就征了。至于补多少钱,国家和上级政府都有"红头文件",有规定的标准。被征地的农户也见不着用地单位的人员,现在都是土地局的人来操办征地的事情,说征就征了。说是国家建设和城市发展需要,谁知道是咋回事。有许多被征收去的农地,政府骗老百姓说是城市建设需要,实际上是卖地给开发商赚钱。补偿费多少,都是上面说了算,同不同意就这么多,不同意也得征地,实在不行政府就来硬的,警察就上门抓人。(6)农民没有地方去申诉。在调查中,受访者告诉我们,农民地被征了,老百姓有怨言,没有地方去诉说。找政府吧,地是政府征的,谁会为农民说话,都是"官官相护";找人大吧,人大说话又不起什么作用;找法院吧,法院又不受理;上访吧,到了省城和北京,立马就有人把你押送回来,最后还是交由地方政府办理。他们村就有人到北京去上访,刚到北京就被送回来了。

四、部门访谈

(下面内容是项目组根据谈话录音和现场记录整理而成的,未经被访谈者审阅,项目组对整理的材料负责)

(一)与八步区"铁路、公路办"负责人Z的访谈

本区当前涉及到集体土地征收的情形,大部分是因铁路、高速公路(洛湛铁路和广贺高速等公路)的建设而形成的。对此,区里还专门成立"铁道办"和"公路办"这样的临时性机构来协调土地征收中出现的问题。现在对于农村集体土地的征收,一切都是按照国家的法律法规和政策来执行的,地方对被征地农民的补偿安置标准,是根据自治区颁布的相关标准来制订并执行的。在具体执行的过程中,尽管还存在和出现一些问题,但总体上来讲,国家铁路和高速公路建设用地的征收,相比较城市规划建设用地征收难度要小得多。

主要是地方政府的大力宣传和动员的力度较大,加上老百姓对国家工程建设项目也非常支持。实际上老百姓也非常明白,国家的事情是没有办法来阻止的,也没有多少讨价还价的余地。但是由于铁路和高速公路是一项跨越几个省的大型管线工程,各个地方因经济发展水平的不同,补偿标准差异也比较大。如洛湛铁路跨越湖南省、广西壮族自治区和广东省等省区,我们正好处于中间地带,与湖南省和广东省相交。广东省的补偿标准就要比我们高很多,但是这没有办法。这一点老百姓也清楚,毕竟是客观现实,但是临界地区的老百姓心理上是非常不平衡的。近几年来,因铁路建设而对集体土地进行征收的过程中,没有发生太大的矛盾和冲突。一般经过政府和相关部门做动员工作后,老百姓也就没有什么意见了。毕竟修筑铁路和公路是造福于子孙后代的好事,在这一点上,老百姓是通情达理的。由于建设投资资金到位,铁路建设征地补偿款的发放,完全按照法定的程序及时地发放,并对发放的过程实行严格的监督,所以老百姓基本上没有什么怨言。从内心来讲,的确希望国家和地方政府能够提高征地补偿标准,实行"土地换保障",尽一切可能对于因失地而导致生活水平下降的农户要给予足够的保障。

(二)与红山区国土资源局副局长 L 的访谈

本区属于经济发展刚起步的地方,在土地征收问题上,我们借鉴发达地方的经验和做法,制定了地方土地政策和措施。但是,在实践中由于国家法规与政策的限制,不能很好地开展。由于本区城市规划的修改,原有的建设规划已经不适应发展的需要。现在整个城市的主要规划就是在西部建立新城区,在东部建立工业园区。过去交通不便、地理位置差使得招商引资困难,资源不充分,土地问题引发"零地价"。政府基础设施投入的费用,企业建成后,向财政交纳税收高于地价,相对地价会低,给予一些优惠政策,利用土地条件吸引外来资金投入。现在国家加强了土地管理,新增建设用地的土地有偿使用费增高。根据上面的政策和要求,撤销了一些文件。土地具有双重属性,既是资源也是资本。地方政府受利益最大化的驱使,加上土地增殖的空间太大,近年来本地土地资源不断减少,用地违法根源都在政府。在 2000 年之前,土地征收都是由用地单位和农户协商,国土资源部门的任务主要是协助办理相关手续。

新土地管理法实施以后,村民意识到补偿费问题,开始计算补偿费用。这样一来,2000 年以后村集体与农户之间的矛盾越来越尖锐。自 2000 年开始,征地补偿款项 100% 的按自治区文件的标准要求,实行"两公告、一登记"制度,对被征地农户进行补偿。补偿最高标准为前 3 年农地产值的 23 倍,农户得到其中的 15 倍,集体得到其中的 8 倍。在征地过程中,土地部门实际面临着很大的难题。如无人能够向农民解释清楚,补偿标准是如何计算出来的。仅这一点,就使得土地部门非常被动。在本区土地规划是跟着城市规划走,服从于城市规划的需要,保证城市建设用地。现在国家实行省以下土地管理部门领导体制改革,即双重领导,实际上土地部门变得更加的被动,建议国家应当对土地实行更加严厉的管理。

五、基本结论与相关建议

(一)通过对两地区的实地调研,结合其他西部民族地区城市化过程中农民土地权益法律保障的情况,课题组得出如下几点基本结论:

1. 西部民族地区在城市化过程中征收农地的积极性较高,同时存在着一定程度上的违法征地现象。西部民族地区许多地方人稀地广,城镇化建设较为落后。地方政府通过对老城改造或者城市扩展,一方面获得巨额的土地出让金,弥补财政收入的不足;另一方面带动地方经济的发展,改善投资环境。许多地方政府出台招商引资的土地优惠政策仍是"零地价",同时还存在"以租代征"的问题。

2. 西部民族地区在城市化过程中对农民土地权益保障不到位,保障程度较低。西部民族地区由于工业化水平低,中小企业不够发达,加之地方财政收入有限,城镇化程度不高,吸纳农村转移劳动力十分有限。被征地农民的再就业机会较少,大部分只能从事一些简单的、收入非常低的体力劳动和小商品买卖,生计维持非常困难。西部民族大部分地区对于被征地农民实行的是一次性货币补偿("一脚踢"),社会保障、养老保障和医疗保障等都不到位。同时,有关政府部门和用地单位对于被征地农民的再就业培训力度和成效不大,被征地农民再就业的成本几乎都是由农民自身承担。

3. 西部民族地区农地征收补偿标准不统一,极易导致矛盾和纠纷。西部民族地区土地征收的主要类型和东、中部地区不同,国家大型项目建设所占比重较大,补偿标准较低;商业用地所占比例在西部民族地区的差异较大,补偿标准较高,这样就导致"同地不同价"等问题出现。尤其是铁路、高速公路、管道等越境工程,西部民族地区和经济较发达地区之间的补偿标准差距更大,西部民族地区被征地农民普遍表达出极强的不公平感。随着西部民族地区工业化的发展和城市化的推进,如果相关的法律和政策不能及时调整,激烈的矛盾和冲突将是不可避免的。

4. 西部民族地区被征地的农民几乎没有与政府之间协商和沟通的渠道,在征地过程中始终处于劣势地位。西部民族地区的许多地方较为偏远,农户对国家相关的法律法规和政策了解的渠道有限,加之政府有关部门出于自身利益考虑,对于国家有关土地方面政策法规宣传的力度不够。有些地方政府在实施农地征收时行为不规范,甚至存在违法强行征收的现象,侵害农民合法的土地权益。被征地农民的意见和合理诉求,很难通过有效的渠道得到表达和满足。

5. 西部民族地区政府对于国家土地宏观调控政策总体上是支持的,但是也有一些担忧。西部民族地区是我国相对欠发达地区,处于后发展阶段。国家"一刀切"的土地调控政策与措施,对西部民族地区经济发展影响很大。从长远来看会进一步加大地区之间的差异,不利于农民权益的保障和西部民族地区社会主义新农村建设。西部民族地区城镇化发展中农民集体土地不断地被征收,将会对西部民族地区生态环境和少数民族文化传承带来负面影响。

(二)针对西部民族地区城市化过程中农民土地权益法律保障中存在的问题,课题组提出如下解决问题的相关建议:

1. 依法实施城市规划和土地利用规划。坚决制止借城市和土地利用规划修编的名义,随意扩大建设用地规模的做法,依法禁止擅自通过"村改居"等方式将农民集体所有的土地转为国有土地;禁止以建设"现代农业园区"或者"设施农业"等名义占用基本农田变相从事房地产开发;严禁实行土地"零地价"政策和"以租代征"的做法。

2. 依法完善征地补偿办法。西部民族地区的地方政府要采取切实措施，使被征地农民的生活水平不因征地而降低；要保证依法足额和及时支付土地补偿费、安置补助费以及地上附着物和青苗补偿费。通过增加安置补助费和补贴，确保被征地农民保持原有生活水平不下降。抓制定征地的统一年产值标准或者区片综合地价，征地补偿做到同地同价。

3. 依法妥善安置被征地农民。对有稳定收益的项目，农民可以经依法批准的建设用地土地使用权入股。在城市规划区范围内，政府应当将因征地而导致无地的农民，纳入城镇就业体系并建立社会保障制度；在城市规划区外，征收农民集体所有土地时，政府要为被征地农民留有必要的耕作土地或者安排相应的工作岗位；对不具备基本生产生活条件的无地农民，应当实行异地移民安置。

4. 依法健全征地操作程序。在征地报批前，应当将"拟征地"的用途、位置、补偿费标准、安置途径等告知被征地农民；对于拟征地现状的调查结果须经被征地农村集体经济组织和农户确认；确有必要的，国土资源部门应当依照有关规定组织听证会。要将被征地农民知情、确认的有关材料作为征地报批的必备材料。要加快建立和完善征地补偿安置争议的协调和裁决机制，切实维护被征地农民和用地者的合法权益。

5. 加强对征地实施全过程的监管。征地补偿安置不落实的，不得强行使用被征土地。依法制定土地补偿费在农村集体经济组织内部的分配办法，被征地的农村集体经济组织应当将征地补偿费用的收支和分配情况，向本集体经济组织成员公布并且接受群众监督。政府部门要加强对农村集体经济组织内部征地补偿费用分配和使用情况的监督。

6. 加快清理拖欠和挤占挪用农民征地补偿安置费问题。设立统一的土地征用补偿金专用银行账户，村民凭银行支票直接领取，征迁工作人员不得经手现金。要形成由政府牵头、监察机关、审计机关、村民代表多方参与、齐抓共管、通力合作的监督机制，对土地征管部门、乡（镇）政府、村委会、村民小组进行跟踪监督，落实农村集体经济组织的民主理财、村务公开和财务审计制度，确保土地征用补偿金规范使用。发现问题要及时处理，把矛盾消灭在萌芽状态。

7.依法保证征地过程中土地权利人有充分的知情权、参与权和申诉权。政府在提出用地申请时一定要事先进行公告,让土地权利人对其合理性和合法性提出质疑;在批准用地后要再次公告,并就赔偿、补偿等问题与土地权利人进行协商,如有争议应当允许当事人申诉和申请仲裁。

8.严格土地管理责任追究制度。着力查处有法不依、执法不严、违法不究和滥用行政权力侵犯农民合法权益的问题。要加大土地管理执法力度,严肃查处非法批地、占地等违法案件。要严格追究责任,对于有关责任人员由上级主管部门或者监察机关依法定权限给予行政处分。同时上级政府要责令限期整改,整改期间暂停农用地转用和征地审批。

(本报告执笔人:潘善斌、宋才发;调研人员:宋才发、潘善斌、陈正华、李莉、贾娅玲)

问卷调查表

接受调查者(签名):　　　　　　　　　　调查员签名:

调查地点:　　　区　　乡镇(街道)　　村

调查地点位于:(1)城区;(2)城市郊区

一、基本情况

1.本人文化程度　　　政治面貌　　　从事的职业　　　
　性别　　　年龄　　　婚否　　　。

2.家庭人口　　人,其中劳动力　　人。

3.全家分地　　人,承包地　　亩,其中耕地　　亩。征地后承包地　　亩,其中耕地　　亩。

4.去年全年全家纯收入是　　　元,人均　　元,主要来源:(1)耕地经营收入　　元;(2)四荒地上的收入　　　元;(3)家庭养殖收入　　元;

（4）其他副业收入　　　　元;（5）工资性（本地企业上班、省内外打工、非企业组织的劳务、其他）收入　　　　元;（6）财产性（利息、股息、租金、售财物、转让无形资产）收入　　　　元;（7）其他收入　　　　元。预计2006年收入比2005年是增加还是减少:

5. 全年劳动力安排:种地　　人　　天;本地企业务工　　人　　天;外出打工　　人　　天;其他　　;　　;休闲　　人　　天。

6. 征地前和征地后住房面积比较,是增加了还是减少了,增加或减少了多少?

7. 你及家人有没有参加医疗保险、养老保险等,是商业保险还是社会保险?

8. 你认为农民拥有哪些土地方面的权利?

9. 你所在的村有没有农民专业协会、社区合作经济组织?

10. 你们村有土地抛荒的现象吗? 原因是什么?

二、土地征收

1. 你知道政府为什么征地吗?(1)知道;(2)不知道。通过什么途径知道政府要征地、为什么征地?(1)政府公告;(2)村委会会议;(3)村干部通知;(4)别人告诉;(5)用地单位通知;(6)其他途径。

2. 你了解国家土地征收的法律和政策吗?(1)都清楚;(2)知道一些;(3)基本不知道;(4)完全不知道。你是通过什么途径知道国家土地征收法律和政策的?(1)政府宣传;(2)村委会会议;(3)自己学习;(4)别人告诉;(5)其他途径。

3. 你愿意政府征收你的土地吗?(1)不管怎样都不愿意;(2)因为国家需要而愿意;(3)只要补偿高,不管怎样都愿意;(4)反正土地也没有多大收益,征地还能给补偿,愿意;(5)反正大家都被征,没意见;(5)没有办法,只能同意。

4. 在政府征地前,村委会(村民小组)召开全体社员开会讨论过吗?(1)没有;(2)有。在政府征地中,你认为村干部起的作用大吗?(1)很大,完全是他们说了算;(2)大,主要的是他们拍板;(3)一般,他们只是起召集人的作用,社员大会决定主要事项;(4)没有作用,他们基本不管。

5. 在政府征地中,你家的土地重新丈量过了吗?(1)没有;(2)有。按照承包合同上的面积征收补偿你有意见吗?(1)没有;(2)有。土地被征后,你所在的村承包土地有调整吗?你认为这样做合理吗?为什么?

6. 在政府征地中,如果你有意见,你会向谁反映?(1)自治区、市、区、乡党委;(2)自治区、市、区、乡人民政府;(3)自治区、市、区、乡人大;(4)司法机关;(5)其他组织。

三、补偿安置

1. 你家被征了多少地？一共补偿了多少钱？补偿款项是在征前还是征地后发放的？是谁发放的？有无拖欠补偿款的情况？最长拖了多长时间？

2. 你知道征地补偿款的标准吗？集体和农户之间补偿款分配的比例大致是多少？补偿款分配是村民开会集体讨论决定的，还是村委会或者主要的几个村干部决定的？集体留成的补偿款主要是用于哪些方面？你觉得合理吗？

3. 你所在的村(组)是否有因为补偿款项的分配问题，出现较大的纠纷和违法违纪的现象？上级有关部门过问过吗？处理的情况怎样？

4. 你知道谁是征地安置责任部门吗？(1)开发单位；(2)乡政府；(3)委托安置；(4)不知道。土地被征收后，你希望的安置方式是：(1)就业安置；(2)待业安置(在未就业前每月领取待业费)；(3)一次性补偿安置；(4)选择保障加补偿安置；(5)提前养老安置；(6)接受养老安置。你选择的理由主要是什么？

四、就业状况

1. 征地后你家劳动力中有　人继续务农,从事非农职业的有　人,至今没有职业的有　人。征地后,你家劳动力中政府组织就业培训的有　人,通过征地安置单位组织就业培训的有　人,通过其他途径参加各类就业培训的有　人。

2. 求职中遇到的困难主要是:(1)文化水平和技术能力低;(2)年龄与健康状况的限制;(3)就业安置及招工中不正之风影响普通人群就业;(4)没有适合自己发挥与发展的岗位;(5)外来劳动力强占市场,竞争压力大;(6)获得就业信息太难;(7)其他。

3. 对选择就业安置待遇的是否安排过工作:(1)安排过;(2)未安排。有关部门对你及家人就业安置的工作做得如何?对安排的工作是否满意:(1)非常满意;(2)基本满意;(3)不满意;(4)非常不满意;(5)说不清。

4. 拒绝安置的岗位以及离开岗位的原因:(1)没有自己发展的空间;(2)工作辛苦或者待遇差;(3)企业经营不善,破产、转并或者下岗;(4)病退或者养老退休;自己创业;(5)其他。你征地后的工作经历(换工作):(1)一次;(2)两次;(3)三次;(4)三次以上。

5. 你认为谁应负责就业安置?在征地安置中,男性和女性有区别吗?村干部和普通群众有区别吗?

五、生活变化

1. 征地前后你家庭收入有无变化?现在的收入比征地前收入:(1)高;(2)低;(3)差不多。你感觉征地后生活的压力比征地前生活的压力:

(1)大;(2)小;(3)没有区别。压力大的原因主要是哪些方面?

2. 征地前你家的生活水平在本村属于:(1)上等;(2)中上等;(3)中等;(4)中下等;(5)较差。征地后你家的生活水平在本村(区)属于:(1)上等;(2)中上等;(3)中等;(4)中下等;(5)较差。与同村或者相邻村组现在仍然是农民的生活状况相比较,你认为你的生活状况:(1)高于现农民;(2)差不多;(3)低于现农民;(4)不愿意回答。

六、满意程度

1. 你支持土地征收吗? (1)支持;(2)反对;(3)说不清。
支持征地是因为:(1)城镇化使自己和子孙后代有了城市居民户口;(2)生活质量提高了;(3)征地后有了基本生活保障;(4)征地后有了养老与医疗保障。
反对征地是因为:(1)生活水平有所下降;(2)失去了作为财产的土地;(3)就业困难;(4)被抛入市场竞争,无法适应。

2. 对于征地补偿安置政策,你的期望是:(1)应按照市场价格补偿征地农民;(2)补偿安置政策应更多地考虑就业安置;(3)安置政策必须配套社会保障,提高现行的养老和医疗保险水平;(4)安置政策要公平、公开;(5)能够完整享受城市居民的待遇;(6)服从国家制定的政策,但是必须认真执行;(7)要彻底改革征地制度。

(本报告执笔人:潘善斌、宋才发;调研人员:宋才发、潘善斌、陈正华、李莉、贾娅玲)

关于富川瑶族自治县西岭山自然保护区水源林保护与生态补偿的调研报告

根据承担国家"985 工程"二期建设项目和司法部 2005 年研究课题的客观要求,2006 年 7 月 1—11 日,我们课题调研组一行 5 人,前往广西壮族自治区贺州市及其所辖区县和乡镇进行实地调研。通过实地考察、走访农户、与当地有关部门座谈,对贺州市所辖的富川瑶族自治县西岭山自然保护区水源林保护与生态补偿的情况有了初步了解,现将有关情况报告如下:

一、西岭山自然保护区的基本情况

富川瑶族自治县西岭山自然保护区地处庞岭余脉(俗称西岭山),位于贺州市富川西部,与广西钟山县、恭城瑶族自治县和湖南的江永县接壤,南北长 60 多公里,东西宽 15 公里,包括富川西部的朝东、城北、富阳、柳家 4 个乡镇的 15 个村的大部分或者部分山林,总面积 2.44 万公顷。其中,有林地面积 17618.0 公顷,森林覆盖率达 87.8%。保护区气候属亚热带季风气候区,年降雨量在 1800 毫米以上,全年气候温和、无霜期长。保护区内森林资源丰富,历来是富川的主要木材产区,森林覆盖率达 70% 以上,常绿阔叶林占 70%;保护区内有国家一级珍稀野生保护动物娃娃鱼、黄腹角雉和二级保护动物白鹇、水鹿、穿山甲、大小灵猫、林麝、鬣羚、红腹锦鸡、猕猴等,还有国家保护的珍稀濒危植物伯劳树、红豆杉和福建柏等。森林是陆地生态系统的主体,绿色是人类的希望。据有关专家的调查研究,1 公顷林地与裸地相比,至少可多储水 3000 立方米。为了保护好西岭山这座面积约 3 万多公顷的"天然绿色水库",1982 年自治区人民政府批准将西岭山一带 193.27 平方公里面积,划为西岭山水源林保护区,批准建立为自治区级自然保护区,2000 年自治区重新确定为县级自然保护区,2001 年改称西岭山自然保护区,主要保护对象是水源涵养林,平均每亩林地的涵水量达 630 立方米。

富川瑶族自治县人民政府对水源林的保护、管理高度重视。自 1982 年以来,保护区内先后设置了富阳、朝东两个水源林保护区派出所,成立了 2 个西岭山水源林保护区管理站,配备管理干警 8 人,管理干部 9 人,另有兼职护林员 29 人。为了有效保护西岭山水源林,富川加大对西岭山水源林自然保护区的宣传力度,通过广播、电视、召开会议、建立宣传碑、深入到山头地块、走家串户等形式,宣传水源林区保护的意义,提高广大群众的护林意识;并且在 6 个村成立了护林委员会,制定护林公约,依靠群众护林。关闭了一些耗林企业,对全县范围内的天然水源林全部停止砍伐,实行封山育林。同时,对水源林护林区实行原粮补助和粮差补贴,鼓励、扶持山民植树、护林,划清水源林自然保护区的界线,做好退耕还林工作。目前,已明确勘定 21 万亩为水源林保护区,对坡高 25 度以上的林地实行退耕还林。与此同时,该县还大力实施能源生态环境建设。1983 年以来,精心组织实施造林灭荒和绿化工程、珠江防护林体系建设、退耕还林工程、速生丰产林建设、改燃节柴等一系列能源生态建设工程;相继实现造林灭荒达标、绿化达标,完成珠江护林工程造林 0.9 万亩,封山育林 1.5 万亩,改燃节柴 20 多万立方米,相当于保护了 11 万多亩森林免遭砍伐。经过多年保护发展,富川瑶族自治县西岭山水源林自然保护区如今已成为名副其实的绿色天堂。大面积水源林的存在使富川雨天能蓄,干旱能吐,多年没有受到洪涝灾害威胁,同时也成为周边钟山、贺州等县(市)"绿色水库"和"天然氧吧"。保护区下游的钟山县、贺州市几十万人畜饮用水和 16 万多亩的农田用水,富川境内有 14 万人畜饮用水及农田用水,均由保护区提供。毋庸置疑,保护区建立后,西岭山以她那博大的胸怀,供给丰富的水源,养育着贺州市所辖的八步、钟山、富川、昭平一区三县数十万人民。保护区为贺州市(原贺州地区)的母亲湖——龟石水库(又称碧溪湖),既为贺州市提供了主要水源,也为贺州市的龟石、合面狮两大水力发电厂提供了丰富的水利资源。水利资源的开发利用为上百万人民提供了照明、生活用电,年均产生几千万的经济效益。总之,西岭山自然保护区促进了桂东生态环境的良性循环,维护了桂东的生态平衡,对桂东工农业生产的发展起着举足轻重的作用。

二、西岭山自然保护区水源林保护与生态补偿的矛盾

西岭山自然保护区的建立,给高寒山区的瑶族群众采伐利用森林资源带来诸多限制,却没有建立完善的补偿机制和替代产业发展政策,造成了当地社区群众以牺牲自身利益来承担资源保护的责任。林农们由于自身利益受损,有的农户甚至脱贫后又返贫,最终影响了水源林的有效保护。自然保护区内和周边群众生活贫困对生物多样性保护形成的压力也很大。

富川境内的西岭山自然保护区共涉及高宅、石林、泗源、洋溪、涝溪和大湾山等6个高寒山区村委会,平均海拔都在800米以上,6个山村共居住着"过山瑶"村民7000多人,管护28万余亩林山场,其中水源林22万多亩。这些瑶族村民祖祖辈辈都生活在高寒山区,世世代代以砍伐树木和狩猎为生。由于历史的和环境的因素,他们的生活比较贫穷,解放前曾有"吃了一山过一山"的历史,"过山瑶"因此而得名。新中国成立后,党的富民政策使居住在高寒山区的群众生活状况有了一定的改善,生活方式亦改变了原先的游移状态,基本达到居有定所,生活水平也有了较大提高。但是,保护区的建立要求对保护区域内的林木和野生动物采取保护措施,居住在高寒山区的瑶族同胞砍伐树木和狩猎受到严重制约,传统的生活生存方式受到了巨大的冲击;林区林农以林为主,砍伐树木指标受到严格限制。据了解,林业部门分配给保护区内6个村委每年的砍伐任务为年人均0.5—1.2立方米。按当前木材市场价格为立方米110—220元,也就是说平均每个人每年木材收入方面仅有110—220元。而一些交通不便的山村,把这约1立方米的木材从山上砍下、晒干、搬回家,然后从家里又挑到山脚下通车的地方去卖,这一系列的劳动过程除去人工外,每人从生产木材所取得的效益不足200元,根本不够支付买粮食开支。因此,保护区内的7000多村民的生活水平极为低下,最高的村人均收入在1200元以下,最低的村人均收入只有400元左右。为了解决一天三餐的基本饭菜问题,有些村民只能以捕蛇、山猪、野鸡等野生动物和偷偷地砍伐诸如五角枫、栎树

等野树、杂树烧木炭出售为生。

　　为了妥善解决西岭山林农生活困难问题,1990年富川瑶族自治县人民政府以(富政发[1990]101号文件)下发了《关于解决西岭山林区林农生产生活问题的通知》,对居住在6个高寒山区村的群众给予每人每年每斤粮食补助0.1元,按每人每年350斤粮食计,每人每年给予35元的粮食补贴。同时,对林农按计划砍伐交售的木材,每交售给国家1立方米,另外补贴20元。由于县财政困难,这唯一对山区林农的优惠政策也只执行了9年,到1999年便中断执行。为了摆脱生活困境,山区群众曾探讨过发展种植杜仲、黄柏、厚朴等中药材,以此增加经济收入,也曾取得一些效果。大湾山有一农户在20世纪90年代初曾经一株杜仲卖了2400多元。但是随着市场的制约,杜仲、黄柏、厚朴等中药材价格很快由原来的12—15元/斤,大幅降至现在的3.0—3.2元/斤。而且2000年、2001年均无人收购。种植中药材不再成为增加山区林农收入的门路,大批药材销不出去,堆放在家里成为垃圾。由于中断了政策的补贴,同时又缺乏资金、技术和销售渠道上的扶持,加上木材价格滑坡、粮食价格放开、基础设施落后、交通不便、产品结构单一等一系列问题,生产力低下的保护区内7000多瑶族群众致富无门,生活水平在逐步下降,出现了严重的返贫现象,有的人均收入甚至不到400元,保护区内的劳溪村就有30%的农户靠借贷来维持生活。由于家庭收入日益减少,高宅、石林、劳溪等村村民每年应上缴国家的合理负担(教育费附加、优待金统筹费等)近几年均因收入减少实际上无法上缴。

三、西岭山自然保护区矛盾背后的主要原因

(一)水源林保护资金短缺,效益分配不公

　　缺乏经费导致保护区难以正常运转,处于瘫痪或者半瘫痪状态中。缺乏经费导致保护区内与保护区外关系紧张、矛盾尖锐,摩擦冲突频繁,保护区经常受到侵害。因此,经费短缺成了保护区最大的瓶颈和障碍,突破资金瓶颈是保护区走出困境的关键。由于西岭山自然保护区属于县级自然保护区,其水源林保护经费均由县级财政负担。目前富川瑶族自治县财政勉强自给自足,

保证全县干部职工工资的正常发放尚有一定困难,根本没有剩余财力投入到水源林保护之中。保护区范围内 6 个高寒山区村 7000 多瑶族群众担负着富川水源林的保护职责,常年开山植树使山上绿树成荫,山下细水长流。但是,这些瑶族群众做出了贡献却没有享受到实惠和足够的资金补贴,他们没有水田,粮食不能自给,甚至连传统的以林、猎为主的生活方式也受到了严重冲击,生活处于极度困难之中。由于缺乏对水源林保护的投入,每年秋冬季,发源于西岭山保护区的 21 条溪流有 60% 以上断流,直接影响了龟石水库的有效库容。另一方面,西岭山自然保护区建立后受益较大的保护区下游的贺州市、钟山县和龟石、合面狮水力发电厂在经费的投入上却没有发挥应有的作用。目前,贺州市正在实施的日供水 5 万吨饮水工程、钟山县 30 万亩农田灌溉项目均靠龟石水库提供水源,而出钱投入水源林保护只由富川瑶族自治县一县负担,这种做法既不合理也不公平,很难真正实现有效的水源林保护。

(二)地方政府优惠政策的不连续性

为解决保护区范围内群众的生产生活问题,富川瑶族自治县人民政府于 1990 年下达文件对居住在高寒山区村的群众每年给予每人补助 35 元的粮食补贴和给予每交售给国家 1 立方米木材补贴 20 元。由于经济发展不平衡,县财政极其困难,一些政策制定后由于财力因素而缺乏执行的连续性,导致山区林农无法享受到地方性补助政策更多的优惠。由于县财政困难,《关于解决西岭山林区林农生产生活问题的通知》于 1990 年当年中断执行,保护区内 7000 多群众要享受其他的地方性补助政策更是无从谈起。为了了解水源林保护区群众的生活情况,县委、县人民政府及各有关部门领导多次深入到保护区进行调研,并帮助山区群众解决了一些实际困难,如帮助泗源村大源山群众安装 33 台小型发电机,结束了大源山无电的历史;帮助洋溪村群众购买了 2000 多株板栗苗进行种植等;一些乡镇对保护区内群众生产、生活也极为关心,如朝东镇人民政府考虑到山区群众生活困难,近年来对高宅、石林等山区群众应上缴的各种统筹尽可能地予以减免。这些都体现了党和政府对山区群众的关心,但都属于临时性的扶持、帮助做法,杯水车薪,无法从根本上解决山区群众生产生活困难。

(三) 地方政府项目引导的缺位

为了扶持保护区内林农生产的经济发展,地方党委、政府曾千方百计寻找过适合山区经济发展的路子。20 世纪 90 年代初富川瑶族自治县县政府曾大力扶持和引导保护区林农在山上种植杜仲、黄柏、厚朴等中药材,产生过一定的经济效益,对在种植药材过程中涌现的典型也进行了大力宣传和表彰。1992 年富川瑶族自治县曾表彰了在生产、流通领域涌现的 10 大劳动模范,其中就有劳溪山上的药材大王赵有保。随着市场价格的回落,种植杜仲、黄柏、厚朴等中药材已是昨日黄花,一时又难以找到其他适合山上发展种植的路子。另一方面,平原地区 20 多万农村群众亦需要政府引导他们去发展、致富,当地政府的工作精力大部分都放到了平原地区群众的发展上而无暇于山区群众的发展。山区群众发展什么? 资金如何落实? 怎样进行技术指导? 如何开发市场? 这些摆在当地政府面前的现实问题,迫切需要解决。

(四) 群众生态保护意识的淡薄

保护区内外是相互作用极强的整体,保护区内影响并可改变区外社会结构过程和社会组织方式。西岭山自然保护区位于山区、贫困地区和民族地区,经济不发达,信息不畅通,群众生活困难。当保护区建立后,禁止区内外的群众使用保护区内的资源和空间,造成区内外群众陷于经济拮据和资源缺乏双重困境之中。加之受一些旧的习惯和传统的影响,有相当一部分干部、群众环境保护意识较差,少数群众根本不知道保护区的含义,认为水资源都是老天爷赐予的,采取保护措施是多此一举。更有甚者不知道方圆 190 多平方公里的高寒地区居住着 7000 多的瑶族群众,即使知道的也只是给他们一个"山瑶佬"、"土包子"的称呼。山下少数群众与高寒山区瑶族群众之间有一层无形的隔膜,他们不是千方百计地融洽关系,而是想方设法上山偷盗、砍伐林木,造成山上、山下群众关系的紧张,严重的还导致群体性斗殴事件的发生。近几年发生的涝溪村与山宝村群众斗殴事件,高宅与溏源村斗殴事件,大湾山与下源洞、茅樟、洞井、新寨村斗殴事件以及 1998 年发生的洋溪与大石脚村斗殴事件,都是由于山下群众到山上偷砍竹木和伐木烧炭而引发的。尽管在当地政府的正确引导下,这些纠纷都得到了妥善解决,但是毕竟给社会治安和民族团结工作带来了极坏影响,同时也为新一轮的纠纷埋下了隐患。

(五)自然保护区管理能力的不足

少数国家工作人员有法不依,执法不严,对偷砍水源林保护区林木行为只是简单地没收林木或者简单地予以少量罚款,没有给予严厉地打击和处理,导致偷盗保护区林木之人怀揣侥幸心理,偷盗林木时有发生,屡禁不止。同时由于受机构编制制约,西岭山自然保护区管理机构不健全,管理人员太少,执法力量薄弱,很难承担保护区管理保护任务。现有保护区的管理都以区内管理工作人员为主,完全摒弃区外群众参与,并且把区外群众当作潜在的破坏者加以防范,这就给区外群众留下了难以融合的障碍。禁止性或者限制性极强的保护,主要以法律手段和行政手段进行管理和保护,基本上不用经济手段,因而管理手段单调,不易组合运用。缺乏经济机制和经济杠杆的支持和保障,这样法律手段或者行政手段的使用就必然受到限制和诸多阻力,难于收到预期的效果。缺乏经济机制的管理又致使保护区难以开展募捐活动和生态补偿活动,难以筹集资金。

四、西岭山自然保护区水源林保护与生态补偿的政策建议

以保护和合理利用生物多样性资源为目的,对保护区的投资实施分类指导,按照"谁受益,谁补偿,受益对象明确的,由受益者补偿;受益对象不明确的,由政府补偿"的原则,对保护区提供的生态效益给予足额价值补偿,按照"谁投资,谁受益"的原则,合理培育和开发利用保护区资源,增强保护区自我发展能力,实现政府补偿和市场补偿的有机结合,不断提高自然保护区投资保障水平和资源利用效益,发挥自然保护区在优化环境和促进发展方面的重要作用。突破保护区的保护困境,提高保护效益,必须以经费和资金为核心,以生态补偿为突破口,以效益为纽带,建立一系列相应的保护机制。

(一)晋升区级自然保护区,增加国家财政投入

自然保护区的经费应当列入各级财政预算。一般来说,国家级保护区知名度较大,资金来源较广,所获资金额也比较多。国家级保护区的资金渠道主要有国家主管部门,省政府主管部门,省财政,所在市、县主管部门和市、县财

政,以及政府其他部门和社会各界的投资等。但是,对于一些地县级保护区来说,经费渠道则明显减少,数额也不大。如果西岭山自然保护区晋级成功,那么县级财政投入不足的状况将会有所改观。并且西岭山自然保护区已经具备晋升自治区级自然保护区的条件。西岭山自然保护区是富川、贺州、钟山3县(市)人畜饮用、农田灌溉和贺州市龟石、合面狮两大水力发电厂的主要水源,同时也是珠江水系支流——贺江的源头,有着丰富的珍稀动植物资源。特别是近年来保护区周边地区砍伐森林较为严重,猕猴等珍稀动物纷纷成群结队来到保护区内栖息,目前保护区内猕猴群已由原来的2—3群增至4—5群。在2001年召开的富川瑶族自治县五届人大三次会议上,县人大代表提出了《关于保护西岭山水源林的议案》。但是由于富川瑶族自治县财政困难,对加大保护区的投入心有余而力不足。与西岭山保护区同年建立的县级自然保护区如贺州市的姑婆山、滑水冲、灌阳县的千家峒、恭城瑶族自治县的银锭山、武鸣县的大明山、全州县的海洋山、灵川县的青狮潭等自然保护区,都已升级为自治区级保护区;然而保护面积相当于贺州市姑婆山、滑水冲两个自治区级自然保护区面积总和、珍稀野生动植物较多的西岭山自然保护区仍是县级保护区,远远不能适应现实发展的需要。因此,有必要将西岭山自然保护区列为自治区级保护区的行列,保证对其管理经费的投入,使西岭山自然保护区发挥更大的经济和社会效益。现实也在告诉人们,西岭山晋升自治区级自然保护区之路已不再遥远。2004年贺州市富川县对西岭山自然保护区进行总体规划和全面科学考察。通过总体规划和科学考察,深入研究本区域中各种植被类型特征与涵养水源、森林生态环境与野生生物生存和发展的关键因子,为保护生物多样性做出贡献。2006年,广西壮族自治区林业局组织开展崇左板利——岜盆以及西岭山等4个自然保护区的综合科学考察和总体规范,争取晋升国家级自然保护区1个,晋升自治区自然保护区2个,新建自然保护区5个。

(二)受益者分担保护经费

对龟石水库水资源实行有偿使用,由富川、贺州、钟山三县市和龟石、合面狮两大水力发电厂共同负担保护西岭山水资源所需经费。这种办法体现了

"谁受益,谁补偿"的原则,有利于理顺钟山县、贺州市以及龟石、合面狮两大水力发电厂的关系,实现利益共享负担共承。可以考虑由富川、贺州、钟山三县市和龟石、合面狮两大水力发电厂按照一定的出资比例,共同负担保护西岭山水源林所需经费:(1)从富川县城使用的生活、工业用水中和目前实施的贺州市、钟山县日供水 8.5 万吨饮用水工程中,按销售每立方米商品水费中提取 1 分钱的比例缴纳水资源保护补偿费,年投入约 40 万元用于保护西岭山水源林区;(2)在龟石水库工程管理处(年设计发电量约 6600 万千瓦时)和合面狮水力发电厂发电用水中按每千瓦时销售电价提取 3—5 厘钱的比例缴纳水资源保护补偿费,年投入约 35—50 万元,用于保护西岭山水源林区;(3)在富、贺、钟三县市所使用龟石水库灌溉农田用水中,从应当缴的每亩水费中提取 0.2 元钱,年投入约 10 万元缴纳水源林保护补偿费。通过自治区及地方等多方面的资金投入,对西岭山 22 万亩水源林给予每亩 10—15 元的水源林管护费补助,从而调动林农保护森林的积极性,加大水源林保护力度,以实现更大的综合效益。短期内这种办法会导致受益单位的效益减少,但是从长远看来,这些资金投入上游水源林的建设,必然会提高水源涵养和水土保持能力,从而增加枯水期的水流量,减少泥沙淤积量,最终惠及资金投入单位。

（三）森林生态公益补助金的落实

自 2001 年以来,国家在广西实行森林生态效益补助资金试点,西岭山自然保护区的森林属于国家重点特殊用途林,全部列入试点范围,享受国家森林生态效益资金补助。群众也通过对森林的保护和管理,获得部分管护经费。目前国家每年的公益林补助资金都基本到位,这在一定程度上缓解了保护经费的紧张状况,不仅有利于自然保护区的生态建设和环境保护,而且有利于林区群众生产、生活的稳定。此项资金主要用于重点防护林和特种用途管护人员的工资或劳务性费用支出,每亩补助资金 5 元,其中每亩补到林农及管护人员的为 3.5 元。尽管此项资金不多,但是毕竟能从某种程度上缓解林农困难,调动了林农保护森林的积极性。另外,上级国家机关在贯彻和实施中央有关西部大开发优惠政策时,应当全局考虑,让更多的群众得到实惠。目前我国实行的退耕还林政策,对于退耕还林种植经济林或者生态林的,每年每亩补助谷子300斤,分别补助5年和8年,但是能享受到退耕还林的优惠政策的只是平地或者山下群众,保护区的群众居住在高寒山区之中,没有水田也没有耕地可进行退耕,根本无法享受到退耕还林的优惠政策的补助。因此,建议上级国家机关在制定或者实施西部大开发优惠政策时,多考虑自然保护区和高寒山区的实际情况,让更多群众能够享受到西部大开发政策带来的实惠。

(四)加强地方政府的政策扶持和资金补助

实施森林生态补助金后,领取补助金的对象是保护区而不是周边群众,因此仅仅靠中央有限的补助金并不能完全解决问题。作为地方政府的富川县在西岭山水源林保护中扮演着重要角色,一方面从长远着眼要禁止砍伐恢复生态,另一方面又要解决保护区内高寒山区群众眼前的生计问题。建议县人民政府继续执行1990年富川瑶族自治县人民政府下发的《关于解决西岭山林区林农生产生活问题的通知》,并且根据现实情况适时提高补助标准。同时根据高寒山区的特点,加大对生产发展门路的探讨和扶持力度。我们通过调研发现,目前在山区种植灵香草具有较好的发展前景。灵香草种植周期短,生的灵香草收购价为每斤3块钱,效益显著。现保护区内约有60—70户林农种植灵香草。因此,建议县政府及有关部门在技术上给予指导。同时引导山区林农发展种植适宜于山区种植的八角、毛栗、山七等,并且可以借助贺州市农业博览会的东风,帮助他们寻找市场打开销路。

(五)积极引进生态合作项目

为了西岭山自然保护区的生态环境进一步优化,应当根据实际情况投入一定资金,尽快上马社会效益和经济效益兼具的环保项目。(1)营造1000公顷西南桦项目。西南桦是近年南方筛选出来的高山树种,既有良好的蓄水、保水性能,又具备速生、成材期短、材质优良的特点,是制造高级家具和建筑装饰的首选材料,兼有良好的生态效益和经济效益,在西岭山保护区内种植具有广阔的发展前景。(2)建立1400公顷毛(楠)竹种植项目。目前市场的需求对发展毛(楠)竹种植前景看好。在保护区建设集约型发展的毛(楠)竹生产基地,不仅有利于扶持、帮助高寒山区林农发展生产,脱贫致富,也有利于自然保护区的生态环境建设。西岭山优良生态环保项目的实施,将给整个保护区带来巨大的生机,保护区内的森林资源将能得到飞速增长,林农也会因为项目实施得到实惠。保护区管理部门要进一步积极争取和引进合作项目,在保护区和周边地区广泛实施,推动保护区和周边地区协调发展。

(六)强化保护区环境保护意识教育和保护区队伍建设

加强保护区内外干部群众的环境保护意识教育是实现保护区与周边社区和谐发展永恒的主题。保护区内外环境保护意识的高低,与保护区资源保护有着很大的关系,保护区管理机构要花大力气做好环境保护意识的教育工作,充分发挥保护组织在自然资源保护中的积极作用,使保护水源涵养林、保护西岭山成为区内外群众的自觉行动,确保西岭山保护区和周边地区可持续发展目标的实现。保护区管理队伍担负着保护区资源管理与维护保护区完整性的重要职责,同时有责任和有义务为周边地区的发展做出努力。保护区管理和周边地区发展的成果如何,直接体现出保护区管理者的能力与水平。因此,必须进一步强化保护区队伍建设,进一步提高保护区管理者的管理能力和管理水平。西岭山保护区的管护队伍要搭建沟通区内 7000 多高寒山区瑶族群众和富川县政府的桥梁。

五、基本结论

西岭山自然保护区水源林保护与生态补偿的问题,只是当前西部民族地区面临的环境保护与生存发展矛盾的一个缩影。自然保护区发展的路径应当是"以保护为根本、以改革为动力、以可持续发展为最终目标"。如何辩证地处理自然保护区资源保护与地区发展之间的关系,是当前的一个新热点,同时也是一个难点,它是当今世界生态环境保护和可持续发展主题的具体表现之一。从社会历史发展和资源利用的角度来看,生态环境和生物多样性保护与社会协调发展是历史的必然选择。从经济的角度分析,对于人类社会而言,生态环境和生物多样性保护是一种公益性的社会活动,人类为了其自身的生存发展对生态环境和生物多样性保护将给予愈来愈高的重视。因此,在解决生态环境和生物多样性保护问题之时,需要考虑经济激励的方法,促使当地农民在生物多样性保护和资源持续利用上获得一定的经济收益。政府应当努力寻找一种途径,既保证林农能从生态环境和生物多样性资源中获得一定的经济利益,又不使生态环境和生物多样性资源退化。生存是人的第一需求,当人的生存受到威胁时所产生的破坏力是无法阻止的,这也正是在自然保护区既要致力于保护区的资源得到有效保护,又要为周边地区的经济发展服务的原因。只有标本兼治,减少威胁,才是解决西岭山自然保护区矛盾冲突的真正途径。不能仅仅考虑保护区的保护能力,还要注意提高自然保护区对区内居民和周边群众的经济支持能力,建立起保护区与周边互利合作、共同发展的机制。

（本报告执笔人:李莉;调研人员:宋才发、潘善斌、陈正华、李莉、贾娅玲）

国家土地调控政策在西部民族地区实施中存在的问题及对策

——课题组赴广西壮族自治区贺州市、
内蒙古自治区赤峰市的调研报告

在工业化、城市化进程迅速加快的今天,土地是政府可调控的重要资源,也是推动经济社会快速发展的要素之一。国家将土地政策纳入经济调控范畴,一方面说明土地在当今经济社会发展中的重要地位,另一方面也表明在构建和谐社会过程中土地问题的极端重要性。加强和改善土地宏观调控措施,实行严格的土地管理制度,不仅仅是解决经济过热,实现经济平稳运行的迫切需要,也是保障社会可持续发展战略的重要举措。西部民族地区如何贯彻落实国家的法律法规,宏观政策如何在西部民族地区发挥有效调控作用,如何协调国家土地调控政策与民族地区自治条例、单行条例等地方性法规之间的关系,是稳定少数民族地区土地市场、发展西部民族地区经济、促进社会和谐发展的关键因素。根据承担国家"985 工程"二期建设项目和司法部 2005 年研究课题的客观要求,课题组成员于 2006 年 7 月 1—11 日、9 月 23—30 日,就农地保护问题前往广西壮族自治区贺州市、内蒙古自治区赤峰市进行调研。此次调研的目的是:(1)了解国家土地调控政策在当地的实施情况;(2)收集并整理当地关于土地调控政策的落实措施;(3)听取自治区相关部门对国家土地调控政策制定的建议和要求。通过走访有关政府机构、举行座谈会、分发调查问卷以及个案采访等形式获取第一手资料,了解并分析国家土地调控政策在西部民族地区的落实情况以及存在的问题和困难,并就西部民族地区土地调控过程中出现的困难和问题,提出我们的改革和改进建议。

一、调研地土地基本状况

(一)广西壮族自治区贺州市土地基本状况

贺州市位于广西壮族自治区东北部,处于湘、粤、桂三省区的结合部,东与广东省肇庆市、清远市毗邻,北与湖南省永州市相连。贺州市总人口 210 万,其中,市区面积 15 平方公里。贺州是个多民族聚居的地区,境内居住着 20 多个少数民族。贺州市土地总面积为 1177153 公顷,占广西整个土地面积的5%。贺州市土地的主要特征是丘陵、山地多,平地少。全市有耕地 174544.3公顷,占土地面积的 14.83%;园地面积 11389.7 公顷,占 0.97%;林地面积754183.3 公顷,占 64.1%;牧草地面积 45441.7 公顷,占 3.9%;居民及工矿用地面积 26456.8 公顷,占 2.2%;交通用地面积 5980.8 公顷,占 0.5%;水域面积 35594.3 公顷,占 3%;未利用地尚有 123563 公顷,占 10.5%。

(二) 内蒙古自治区赤峰市土地基本状况

赤峰市位于内蒙古自治区东南部、蒙冀辽三省交汇处,与河北承德、辽宁朝阳接壤。全市总面积 9 万多平方公里,辖 3 区 7 旗 2 县,有蒙、汉、回、满等30 个民族,总人口 500 多万,其中,蒙古族人口 82 万。赤峰市地域十分辽阔,资源非常丰富,是具有生物和地质多样性的天然博物馆。全市有草原面积9000 万亩,林地面积 3000 万亩,森林覆盖率达到 23%。地处内蒙古高平原向松辽平原过渡地带,海拔一般在 500—1500 米之间,海拔最高点为 2067 米。地貌形态可分为山地、高平原、熔岩台地、低山丘陵、沙丘平原。其中,山地面积占 17.74%;高平原占 5.72%;熔岩台地占 3.21%;低山丘陵占 19.44%;黄土丘陵占 22.9%;河谷平原占 8.17%;沙地占 23.3%。

二、有关土地调控政策的具体情况

(一)国家土地调控政策的制定情况

现行的土地管理制度的主要依据是 2004 年 8 月 28 日修正的《中华人民共和国土地管理法》(以下简称《土地管理法》)。经过三次修正的《土地管理法》,从土地的所有权和使用权、土地利用总体规划、耕地保护、建设用地、监督检查和法律责任等方面,为解决土地管理过程中出现的问题提供了法律依据。另外,全国人大、国务院以及国家各部委下发的有关决定等,也是我国土地管理制度的重要组成部分。譬如,《中华人民共和国土地管理法实施条例》(1998 年 12 月 27 日)、《中华人民共和国农村土地承包法》(2002 年 8 月 29日)、《国务院关于深化改革严格土地管理的决定》(2004 年 10 月 21 日)、《国务院关于加强土地调控有关问题的通知》(2006 年 8 月 31 日)等。国家通过不断出台新的法规、新的政策来应对土地调控中出现的新动向、新问题,所有这些在实际工作中已经取得了一定的成效。

国家相继出台了一系列与土地管理制度相适应的宏观调控政策。2004年的"28 号文件"(即《关于深化改革严格土地管理的决定》)以及 2006 年的"31 号文件"(即《关于加强土地调控有关问题的通知》),都对土地管理、土地征收、建设用地流转做出了严格的规定,以应对当前土地管理中出现的诸多棘手问题。为制止乱占滥用土地,防止突击批地,抑制某些行业、地区固定资产投资过快增长,早在 2004 年 4 月 29 日,国务院办公厅就发布了《关于深入开展土地市场治理整顿严格土地管理的紧急通知》(国办发明电[2004]20 号),从土地市场治理、建设用地审批、基本农田保护、土地利用总体规划、耕地占补平衡以及国土资源管理体制改革等 6 个方面规定了当期土地调控管理的任务[1]。面对土地市场出现的盲目投资、低水平重复建设、圈占土地等新问题,国务院又发布了《关于深化改革严格土地管理的决定》(国发[2004]28 号),在严格土地执法、加强规划管理、保障农民权益、促进集约用地、健全责任制度等方面,做出了全面系统的规定。其中,在第 1 条严格执行土地管理法律法规的第 4 款(关于"禁止非法压低地价招商")中规定:"省、自治区、直辖市人民政府要依照基准地价制定并公布协议出让土地最低价标准。协议出让土地除必须严格执行程序外,出让价格不得低于最低价标准。"[2]最低价标准的出台,对许多地区特别是西部民族地区的土地开发、招商引资带来了不小的震动。

---

① 《土地管理法律手册》,法律出版社 2005 年版,第 96 页。
② 《土地管理法律手册》,法律出版社 2005 年版,第 99—100 页。

在"28号文件"下发不到2年,面对建设用地总量增长过快,低成本工业用地过度扩张,违法违规用地、滥占耕地的现象日益凸显等问题,国务院于2006年8月31日又下发了《关于加强土地调控有关问题的通知》(国发[2006]31号),以进一步严格土地管理、严把土地"闸门"、加强土地调控。

(二)西部民族地区落实土地宏观调控政策的措施

依据国家土地宏观调控政策的规定,5大自治区先后出台了相应的土地管理政策。譬如,《广西壮族自治区人民政府转发国务院〈关于深化改革严格土地管理的决定〉的通知》(2004年11月12日)、《新疆维吾尔自治区实施〈中华人民共和国农村土地承包法〉办法》(2005年7月29日)、《新疆维吾尔自治区人民政府转发〈关于深化改革土地管理的决定〉的通知》(2005年5月9日)、《宁夏回族自治区土地储备办法》(2003年5月12日)、《宁夏回族自治区土地管理条例》(2000年11月17日)、《西藏自治区拉萨市人民政府关于转发国土资源部〈关于当前进一步从严土地管理的紧急通知〉的通知》(2006年9月1日)、《西藏自治区实施〈中国人民共和国土地管理法〉办法》(1999年11月26日)、《内蒙古自治区人民代表大会常务委员会关于修改〈内蒙古自治区实施〈中华人民共和国土地管理法〉办法〉的决定》(1997年11月20日)、《内蒙古自治区人民政府办公厅转发国务院办公厅〈关于深入开展土地市场治理整顿严格土地管理的紧急通知〉的通知》(2004年4月29日),等等。所有这些都表明西部民族地区对国家的土地宏观调控政策是积极支持的。

自治区政府、自治县(旗)的有关部门也以出台土地优惠政策来吸引资金、发展本地区经济建设。譬如,广西壮族自治区《梧州市土地优惠政策》(后改称为贺州市)、《新疆维吾尔自治区关于西部大开发土地使用和矿产资源优惠政策》、《拉萨经济技术开发区土地优惠政策(试行)》、《赤峰市红山高新技术产业工业园区招商引资优惠政策的若干规定》、《阿拉善经济开发区招商引资优惠政策》、《入驻赤峰市红山高新技术产业开发区企业享受土地、房产方面的行政事业性收费优惠政策》等。这些优惠政策给当地的招商引资、经济发展带来了便利条件。但是,这些地方的优惠政策与国家土地调控政策之间也存在悖理的地方。譬如,内蒙古自治区赤峰市于2006年5月25日下发的

《赤峰市对外开放若干政策措施规定》就规定,投资者可享受的税收优惠政策、土地优惠政策、收费优惠政策以及他项补偿优惠政策。其中,土地优惠政策包括:"1.市外投资者可在本市境内选择有利于生产经营的土地,凡符合土地利用总体规划、城市规划和行业规划的,可以按国家法律、法规允许的各种方式取得土地使用权。2.市外投资者投资项目符合法律、法规划拨用地规定的,以划拨方式提供土地。3.市外投资者利用国有荒山荒地,用于发展农、林、牧、水利、旅游项目,依法无偿划拨土地使用权。4.市外投资者收购关、停、破产的国有企业,接受原企业职工,享受企业转制土地资产处置有关政策。5.以出让方式有偿取得土地使用权的市外投资者,开发建设投资额达到合同规定的总投资额25%以上的,或已形成工业生产用地条件的,在使用期限内,可以依法转让、出租、抵押或作为合资、合作、联营的条件。6.市外投资者兴办工业项目使用土地,在市级工业园区内固定资产投入1亿元以上的,根据合同或协议约定,工业园区基础设施配套费先征后退;投入高新技术产业和工业加工企业的,根据合同或协议,可以适当放宽。"诸如此类的优惠政策在西部其他地区也是普遍存在的。在与相关部门领导访谈中我们了解到,赤峰市所辖各区、旗都出台了类似以土地作为引资条件的招商优惠政策。这即是说,不少西部民族地区为了眼前的经济利益和一时的快速发展,忽略了土地是农民生存与发展的基础,违背了地方行政规章不得超越上位法的规定。在良好动机的驱使下出台了一些包括有违上位法规定和不符合国家土地宏观调控政策的地方优惠政策。

三、土地调控政策执行中存在的问题

在土地宏观调控过程中不能实行"一刀切"的管理模式。在《国务院关于加强土地调控有关问题的通知》新8条规定中,就有切实保障被征地农民的长远生计,社会保障费用不落实的不得批准征地的规定。在内蒙、广西两个自治区调研期间,我们前往国土、财政、经济、民委、社保等有关部门,搜集了大量关于土地开发、土地规制、土地征收方面的相关材料。在与有关负责人和工作人员的座谈中我们了解到,作为西部民族地区的各自治州、自治县(旗)在新

城区开发、城市化发展过程中,除了面临着类似于我国东中部地区在发展过程中曾经出现过的,诸如农地征收、征地补偿、失地农民权利权益保障、生态环境保护等焦点问题外,在执行国家土地宏观调控政策的过程中还面临着如下问题:

(一)国家土地调控政策制定本身存在的问题

为了保障西部大开发战略的实施,国家制定了一系列向西部地区倾斜的经济优惠政策。党的十五届四中全会通过的《关于国有企业改革和发展若干重大问题的决定》正式提出"实施西部大开发战略"。《国务院关于实施西部大开发若干政策措施的通知》(国发[2000]33号),规定了实行土地和矿产资源优惠政策,对土地使用权、基本农田保护以及建设用地使用权等方面均制定了优惠政策。《国土资源部关于实施西部大开发土地和矿产资源若干政策措施细则》,也提出了适合于西部地区经济发展的特殊优惠政策。如实行土地使用优惠政策:"使用国有未利用地,可以免缴土地补偿费;西部地区各省(区、市)上缴中央的新增建设用地土地有偿使用费,原则上通过安排土地开发整理项目全额下拨;基础设施建设占用耕地的,在保证耕地占补平衡的前提下,其耕地开垦费可按各省(区、市)所定的标准下限收取。"①2004年国务院又在《进一步推进西部大开发的若干意见》中,对加强西部地区农业和农村基础设施建设,改善农民生产生活条件做了进一步的规定。为了保障西部大开发战略的顺利实施,国家制定了一系列向西部民族地区倾斜的优惠政策。

与开发相对应的概念就是土地资源的保护问题。尤其是农地,它属于不可再生的稀缺资源。为了保护耕地、保证我国粮食安全,国家同样必须制定宏观调控政策。协调好西部大开发与土地资源保护的关系,是实施可持续发展战略的重要任务。而国家在制定开发与保护的宏观调控政策时,却陷入两难的境地,并未就西部地区国土资源尤其是农地保护问题做出特殊规定、给予特殊政策。如《国务院关于实施西部大开发若干政策措施的通知》规定:"进一

---

① 国土资源部西部地区开发领导小组办公室编:《实施西部大开发若干政策措施》,地质出版社2001年版,第25—26页。

步完善建设用地审批制度,简化程序,及时提供并保障建设用地。现有城镇建设用地的有偿使用收益,主要用于城镇基础设施建设。"①这个规定与在前不久下发的"31号文件"明显不符,它从根本上违背了"31号文件"规定的"国有土地使用权出让总价款全额纳入地方预算,缴入地方国库,实行'收支两条线'管理。"土地出让总价款必须首先按规定足额安排支付土地补偿费、安置补助费、地上附着物和青苗补偿费、拆迁补偿费以及补助被征地农民社会保障所需资金的不足。其余资金应当逐步提高用于农业土地开发和农村基础设施建设的比重,以及用于廉租住房建设和完善国有土地使用功能的配套设施建设。因此,必须对过去的规范性文件进行清理,所有的政策规定都必须统一到《土地管理法》上来,统一到维护农民土地权益上面来。

(二)市场机制调节与行政手段干预之间的均衡问题

在现行的二元管理体制下,土地要素的市场配置成为各方争夺利益最大化的突出表现,实际上表现为中央与地方的利益博弈。在西部少数民族地区,严重地存在国家垄断、行政过多干预、造成土地要素市场不能有序发展的实际问题。因此,土地资源保护问题不能仅靠土地调控政策来解决,更多的应当发挥市场的主体作用。西部民族地区由于其地域、文化等特殊性,国家在制定土地资源保护政策和城市化发展战略时,更需要关注民族自治地方的特点和需要,这也完全符合《民族区域自治法》的精神和要求。不论是经济发展较快的东中部地区,还是经济落后的西部民族地区,都应当把握市场的自发调节和国家宏观调控的均衡,过度的调控会使得市场失灵,而没有管制的市场也不可能健康发展。对于西部民族地区来说,正确地把握两者的关系更为重要,只有均衡中央和地方的利益,才是推进西部地区土地市场平稳运行的重要保障。

(三)影响土地调控政策在西部民族地区实施的因素

西部民族地区所处的地理环境位置、交通条件、社会文化背景以及经济状况等,限制了民族地区自身的发展,环境因素、社会因素和经济因素也成了国

---

① 国土资源部西部地区开发领导小组办公室编:《实施西部大开发若干政策措施》,地质出版社2001年版,第5页。

家土地调控政策在西部民族地区实施过程中的障碍。地理位置影响了交通、信息的沟通,使西部民族地区相对闭塞,再加上民族地区特有的生活习俗和文化底蕴无形当中都成了当地经济发展的一道道屏障。在这里我们仍以经济因素为例:2006 年 8 月 31 日下发的《国务院关于加强土地调控有关问题的通知》(即"31 号文件")第 2 条规定:必须切实保障被征地农民的长远生计;要做好被征地农民就业培训和社会保障工作。被征地农民的社会保障费用要纳入征地补偿安置费用,不足部分由当地政府从国有土地有偿使用收入中解决。社会保障费用不落实的不准征地。西部地区征地补偿办法基本上都是进行一次性货币补偿,社会保障由被征地农民自愿选择。以赤峰市为例,在 2000 年之前以安置为征地补偿办法,不给予货币补偿。但是在实际运行中,并未能做到失地农民的全部安置,而是实行调整机动地的征地办法。我们在调查中还发现,被征地农民当中只有极少数人参加了社会保险。一部分农民认为征地补偿款较少,担心以后无力继续支付费用。还有部分农民根本就没有参保的意识。而"31 号文件"明确规定了社会保障的责任,这无疑增加了政府的负担,甚至是给民族地区政府背上了沉重的包袱。这个"包袱"到底应该由谁来背? 是由社会保障部门,还是土地管理部门? 至今还没有明确的责任承担者。对于经济落后的西部民族地区来说,地方政府根本无力解决这些困难。按照"31 号文件"规定,征地必须保障农民的长远生计,保障没有着落的就不能征地。再如"31 号文件"第 5 条规定,建立工业用地出让最低价标准统一公布制度。国家根据土地等级、区域土地利用政策等,统一制定并公布各地工业用地出让最低价标准。工业用地出让最低价标准不得低于土地取得成本。而在现实的土地征用过程中,位于偏远地区的西部少数民族地区,吸引投资的唯一优势就是土地资源,以较低的土地价格吸引投资者以发展民族地区的基本建设。国家在规定统一最低价标准时,应当考虑到不同区域的差异性,尤其要考虑到与经济发达的东部地区发展差距的悬殊性,对西部民族地区在"土地出让最低价标准"上,不能笼统地采取"一刀切"的做法。

四、我们的建议

根据对广西壮族自治区贺州市和内蒙古自治区赤峰市的调研情况,结合我国西部民族地区在城市化发展中遇到的问题,针对国家土地宏观调控政策在西部民族地区的可操作程度以及土地调控政策在西部少数民族地区实施的实际困难,我们提出如下几点建议:

第一,编制有利于西部民族地区的土地规划。土地利用规划和城市发展规划是国家土地管理的重要依据,也是保证我国耕地保有量、保证粮食安全的重要手段。城市发展规划应当符合土地利用总体规划的要求。我们在调查中发现,由于近年来工业化、城市化的迅速发展,为了保证城市发展用地,原有的土地规划显然已不适应现有的发展趋势。因而不得不改变发展规划。本应该在土地利用总体规划下,修改、完善城市发展规划,但是在不少地区都是根据城市发展规划更改土地利用总体规划的,这无疑是一种本末倒置的做法。部分地区在现实的土地开发中,存在大量的土地资源浪费现象。由于可以享受较低的土地出让价格,许多企业就占用大面积的土地进行开发,出现了"小企业、大厂房"、乱占乱用、大片囤地等违规现象,这是一种土地资源的巨大浪费。因此,合理利用土地资源、制定有利于西部民族地区的土地规划是西部民族地区土地管理的首要任务。国家"十一五"规划纲要就提出了促进区域协调发展的战略任务。要根据资源环境的承载能力、发展基础和潜力,按照发挥比较优势、加强薄弱环节、享受均等化基本公共服务的要求,逐步形成主体功能定位清晰,东中西部地区良性互动,公共服务和人民生活水平差距趋向缩小的区域协调发展格局。"人多地少、耕地资源有限"是国家严把土地闸门,强化土地管理的主要原因。应当在国家土地调控政策的指导下,合理利用土地资源、进一步加快经济发展步伐,提高西部少数民族地区经济水平。

第二,制定向西部民族地区倾斜的土地调控政策。应当针对不同地区的区域差异性,制定与之相适应的土地调控政策。对于西部少数民族而言,应当适当降低土地出让金标准,有效开发土地资源发展当地经济;给予西部民族地区土地开发利用方面的优惠税费政策;加大国家财政对经济落后地区的专项转移支付,完善土地开发利用的补贴措施等。西部地区拥有较为广阔的土地资源,由于西部地域条件的限制,土地资源开发面临着诸如招商难、引资难的困境。所以,西部民族地区需要更多优惠的土地政策、更大的扶持力度来缩小与东中部地区的差距。国家在制定宏观调控措施时,应当充分考虑我国西部少数民族地区的地域特点、经济状况。具体地说,就是要适当放宽条件,制定向西部倾斜的土地政策,加强土地调控政策在西部民族地区实施的可操作性和适应程度。当然放宽条件,制定倾斜政策,也不是无节制的放宽,无条件的倾斜。必须考虑到西部民族地区的长远利益、资源的有效开发、生态环境等方面的可持续发展战略目标。

第三,加强对西部民族地区的农地保护。国务院在关于落实《中华人民共和国国民经济和社会发展第十一个五年规划纲要》主要目标和任务工作分工的通知中指出,将耕地保有量、单位国内生产总值能源消耗降低、主要污染物排放总量减少三个约束性指标直接分解落实到各省、自治区、直辖市。并将耕地保有量确定为1.2亿公顷。我国大部分农地位于西部地区,这无疑对西部地区土地调控管理提高了要求。对西部民族地区的土地不仅要开发、更要保护,要在开发中保护,在保护中开发,注重可持续发展。西部地区农用地的流转,必须符合土地利用总体规划、城市总体规划、村庄和集镇规划的总体要求。必须依法严格农用地审批过程,杜绝大面积圈地,禁止"以租代征"。要加大对集体所有农用地的监督管理,禁止非法进行非农业建设。尤其要根据西部大开发战略,合理规划和管理"退耕还林还草、退牧还草",保证西部地区生态资源保护。不得超计划批地用地、不得通过调整土地利用规划擅自改变基本农田位置,必须严格实行问责制。

第四,加强对西部民族地区的生态环境保护。西部地区正面临着水土流失和荒漠化严重、生态环境极度脆弱的局面。在全国水土流失总面积360多万平方公里中,西部地区占80%。全国荒漠化土地面积已达262万平方公里,每年新增荒漠化面积2400多平方公里,大部分荒漠化也集中在西部民族地区。因荒漠化造成的特大沙尘暴对华北、京津地区造成了严重的大气污染,每年给西部地区造成的经济损失高达540亿元①。《中华人民共和国国民经济和社会发展第十一个五年规划纲要》提出了尊重规律谋发展的理念。打破了原有的所有区域都要加大经济开发力度的思维模式,将国土空间划分为优化开发、重点开发、限制开发和禁止开发四类主要功能区,分别指明了优化开发、重点开发、限制开发和禁止开发区域的发展方向,并且明确了部分限制开发区域和禁止开发区域的范围。因此,在西部大开发和城市化过程中,我们不得不考虑为开发所付出的代价,必须提高对西部地区尤其是西部民族地区的生态保护意识。要加大国家对西部民族地区生态环境保护的政策扶持力度,为可持续发展战略着想,加强对西部民族地区的生态保护。

第五,建立西部民族地区农村社保特殊基金。《国务院关于加强土地调控有关问题的通知》从三方面对保护农民利益提出了新要求。(1)在征地过程中,要求征地补偿标准必须达到保证失地农民原有生活水平不降低,长远生计有保障。"31号文件"中也规定,要根据国务院办公厅转发的"29号文件"(国务院办公厅转发劳动保障部《关于做好被征地农民就业培训和社会保障工作指导意见的通知》国办发[2006]29号),将社会保障费用按规定纳入征地补偿安置费,不落实的不准征地。(2)要把被征地农民的征地补偿安置费用纳入政府的财政预算支出,确保足额及时支付。(3)提高新增建设用地有偿使用费的标准,用于"三农"和基本农田建设。虽然国家规定了被征地农民的生活保障费用的来源,但是对于西部少数民族地区来说,地方政府实际上无法保证被征地农民将来的生活水平不下降。现行的一次性货币补偿,实际上就是变相地解脱政府负担。在东部经济发达地区,个体民营企业或者村集体企业在这方面发挥了重要作用。在西部民族地区只有少数村集体有各自的企业、集体经济实体,而且这些集体及经济实体远不能解决全部失地农民的将来生活问题。在内蒙古自治区赤峰市调研期间,我们走访了赤峰市西城市场(赤峰市西城市场属于赤峰市红山区城郊乡贾营子村村办市场,主要经营蔬

---

①　国土资源部西部地区开发领导小组办公室编,《实施西部大开发若干政策措施》,地质出版社2001年版,第37页。

菜、瓜果)。该市场为当地被征地农民提供了广阔的发展空间,为农民提供了就业机会,安置了部分劳动力,并且通过改制吸纳失地农民入股。但是也仅有一个这样的企业典型,远不能解决赤峰市广大失地农民的长远生计。我们认为可行的办法就是建立西部民族地区农村社保特殊基金。国家可以采取特殊措施,加大政府转移支付的力度,适当加大对西部地区的补贴力度,将上缴的土地收益集中纳入农村社保特殊基金,基金全部用于失地农民将来生活保障。通过建立专门的社保基金,将失地农民纳入社会保障体系,不仅完善了我国社会保障体系,也解决了失地农民的未来生活问题。

(本报告执笔人:贾娅玲;调研人员:宋才发、潘善斌、陈正华、李莉、贾娅玲)

后 记

　　《西部民族地区城市化过程中农民土地权益的法律保障研究》是由本人主持完成的国家司法部 2005 年一般项目(项目编号:05SFB2056 号)的最终成果,同时也是本人主持完成的国家"985 工程"二期建设重点立项《中国民族自治地方政府自治权研究》(项目批准号:CUN985 - 3 - 2 - 3)的系列研究成果之一。成果经过 5 名同行专家通信评审鉴定和司法部研究室审查复核,于 2007 年 10 月通过结项验收,成果评审鉴定等级为"优秀"。

　　参加本项目调查研究和书稿撰写工作的所有成员都是本人指导的历届法学博士,该成果是师生共同智慧和友谊的结晶,著作权共享,排名不分先后。具体参加书稿撰写工作的有中央民族大学宋才发教授、贵州民族学院潘善斌教授、北京市地平线律师事务所柳琳博士、中央民族大学黄伟副教授。参加了本项目前期调研活动和调研报告撰写工作的有天津工业大学陈正华副教授、广西大学李莉副教授、贾娅玲博士。潘善斌教授在本项目申报的材料准备和论证过程中做了大量的工作。

　　本书引用和借鉴了不少理论工作者和实际工作者的研究成果,除了已在书中作了注释和说明之外,在此一并致以诚挚的感谢。限于我们的学识和眼界,书中存在的错误和欠缺肯定不少,敬请广大读者批评指正,以便于进一步修改和完善。

宋才发

2007 年 10 月 20 日定稿于北京